财政部规划教材
全国高等院校财经类教材

统　计　学

赵雪艳　仇丹虹　主编

中国财经出版传媒集团
中国财政经济出版社

图书在版编目（CIP）数据

统计学／赵雪艳，仇丹虹主编. --北京：中国财政经济出版社，2019. 12

财政部规划教材　全国高等院校财经类教材

ISBN 978 -7 -5095 -9301 -1

Ⅰ. ①统…　Ⅱ. ①赵…②仇…　Ⅲ. ①统计学-高等学校-教材　Ⅳ. ①C8

中国版本图书馆 CIP 数据核字（2019）第 226268 号

责任编辑：樊　闽　　　　　　责任校对：徐艳丽

封面设计：孙俪铭

中国财政经济出版社出版

URL：http：//www. cfeph. cn

E-mail：cfeph@cfeph. cn

社址：北京市海淀区阜成路甲 28 号　邮政编码：100142

营销中心电话：010-88191537　北京财经书店电话：64033436　84041336

北京密兴印刷有限公司印刷　各地新华书店经销

787×1092 毫米　16 开　18 印张　437 000 字

2019 年 12 月第 1 版　2019 年 12 月北京第 1 次印刷

定价：47. 00 元

ISBN 978-7-5095-9301-1

（图书出现印装问题，本社负责调换）

本社质量投诉电话：010-88190744

打击盗版举报热线：010-88191661　QQ：2242791300

前　言

统计是一门聚集了人类上千年智慧结晶的深奥科学，对其研究始于古希腊的亚里斯多德时代，迄今已有两千多年的历史。在科学技术飞速发展的今天，统计学广泛吸收和融合相关学科的新理论，不断开发应用新技术和新方法，深化和丰富了统计学传统领域的理论与方法，并拓展了新的领域。今天的统计学已展现出强有力的生命力。统计学的分支学科有：理论统计学、统计调查分析理论、经济统计学、社会统计学、卫生统计学、人口统计学、管理统计学、生物统计学、档案统计学等，统计学已经渗透到了几乎所有科学领域。

本书是关于统计学基本理论和方法的教材，适用于经济类、管理类等非统计学专业，可作为统计学专业的统计学入门教材，也可作为广大经济管理人员学习统计学的参考书。

本书对部分较复杂的统计方法用图形的形式表述，使其通俗易懂，并通过大量典型案例和习题帮助理解相关重要知识点。另外，把统计知识的学习与计算机软件的运用相结合，采用 Microsoft Excel 作为数据处理软件。Excel 是最普及的数据处理和分析软件，非常便于统计计算和统计制图，本书结合实际案例介绍其应用。

具体章节内容如下：第一章绪论，介绍统计学的含义、产生和发展，统计学的分科及统计数据的类型、来源，统计学的一些基本概念等；第二章数据的搜集、整理与显示，介绍统计调查的概念、类型、方案的设计、组织方式、特点及应用，统计整理的作用、步骤，统计分组作用及种类，统计图表的编制方法等；第三章数据特征的描述，介绍总量指标、平均指标、相对指标、变异指标的概念、作用、分类及应用，利用统计软件 Excel 计算相关指标等；第四章抽样与抽样分布，介绍抽样、抽样误差、抽样分布的含义，几种常用的抽样方法，运用 Excel 进行抽样，样本均值、比例和方差的抽样分布，中心极限定理的应用等；第五章参数估计，介绍参数估计的基本思想，点估计和区间估计的基本原理，总体均值、比例、方差的区间估计，样本容量的确定方法等；第六章假设检验，介绍假设检验的含义、类型、基本原理与步骤，两类误差与显著性水平，单侧检验和双侧检验，总体均值、比例、方差的假设检验，运用 P 值进行决策等；第七章方差分析，介绍方差分析的概念、基本思想和原理、基本步骤与基本假定，单因素、无交互作用双因素、有交互作用双因素方差分析的方法及应用，运用 Excel 进行方差分析；第八章相关与回归，介绍变量间的相关关系及计算，总体回归函数与样本回归函数，一元线性回归、多元线性回归参数的估计与检验，回归预测方法，使用 Excel 进行相关与回归分析等；第九章时间序列，介绍时间序列的概念、作用、类型、各项分析指标、影响因素及模型，趋势变动分析与预测方法，季节变动分析与预测方法等；第十章统计指数，介绍统计指数的含义、类型，综合指数、平均指数的概念、特点和编制方法，利用指数体系进行因素分析，几种常用的经济指数等。

全书由赵雪艳、仇丹虹主编，编写具体分工如下：赵雪艳第一、四、五、六、七、八章，仇丹虹第二、三、九、十章。限于编者水平，书中难免有疏漏和错误之处，敬请专家、同行和读者批评指正，以便进一步修改和完善。

本书在编写、出版过程中，得到了中国财政经济出版社编辑的大力支持和帮助，得到了南昌大学经济管理学院的资助，在此表示感谢。另外，本书参阅、引用了许多统计学方面的著作、教材，在此对有关作者表示感谢。

编　者

2019 年 11 月

目 录

第一章
绪　论

学习目标

- □ 了解统计学的重要性
- □ 了解统计学的含义、产生和发展
- □ 理解统计学的分科
- □ 理解统计数据的类型、数据来源
- □ 理解统计学中常用的基本概念

【案例导入】

房地产网络舆情分析与应用

2014 年 8 月厦门大学数据挖掘研究中心获得了国家统计局科学研究所研究基地项目《网络舆情分析的统计方法及其应用》。2014 年 10 月，由国家统计局统计科学研究所、厦门大学数据挖掘研究中心、台湾辅仁大学商学研究联合成立“厦门大学大数据实验室”，是一次由政府、企业、学术界协同创新平台。

第七期舆情分析报告：2018 年 4 月 28 日，向社会发布了“2018 年第一期 DMRC 网络舆情分析之中国房产”研究报告。本期分析以“中国房产”为主题，从近期受民众关注度较高的“调控升级”“共有产房”“长效机制”“租赁时代”“房住不炒”“房企突破”“限”“金融去杠杆”等多个热点话题出发，利用网络爬虫技术对全国 10 家大型门户网站的房产频道和权威房地产门户网站进行舆情信息获取，共获得住房相关网络舆情信息 220670 条，经过筛选分类得到 170514 条有效舆情信息，通过词云分析、关联分析以及分地区倾向性分析技术着重描绘了 2017 年相关的全国房地产话题间热度差异、内容特征、关联关系以及不同地区情感倾向趋势，从而对该时段民众的房产话题关注特征进行了刻画，并发布 2017 年度房地产舆情倾向性指数。

随着网络舆情分析研究内容的不断扩大，其社会影响力愈来愈广，同时得到了社会各界人士以及新闻媒体高度重视，国内各大网站给予了关注和报道。2015 年 7 月 29 日，由国务院主办的中央直属党报——《经济日报》第 10 版报导了厦门大学数据挖掘中心互联网舆情分析研究成果，该报导受到了新华网、人民网、新浪网、网易、搜狐等国内重要媒体的转载。

在我们的日常生活中，经常会接触到大量统计数据或一些统计研究结果，这些统计研究结果通过各种媒体以统计数据、图表等形式展示。统计学研究什么？有哪些研究方法？怎样获取所需要的统计数据？这就是本章将要介绍的内容。

1.1 统计的重要性

1.1.1 统计学是认识社会最有利的武器之一

随着信息技术的不断发展，大数据时代已然来临，大数据对于我们的经济生活产生了重大影响，如何从海量的数据中找到客观事物的内在规律，需要一整套的统计方法和理论作为指导。例如，编辑可以通过输入法和搜索引擎中经常出现的词，进行热点推送；通过海量词汇的对比，找出哪些是网民的关注；在陌生的地点，通过高德地图去导航，地图上出现的每一个坐标和路线都是通过数据堆积起来的；在淘宝、京东等网站上进行物品搜索后，主页就会变成你所关心的物品推送，这就是大数据时代统计学的应用。

大数据无处不在，作为数据分析科学的统计学，在大数据环境中应用越来越广泛和深入。因此，我们需要学好统计学，理解统计所要认识的客体是一个总体现象，并且是从数量方面对其进行分析研究以达到对其认识的目的。运用好统计学这一武器可以更好地认识社会，认识我们所处的这个时代。

1.1.2 统计学是一门应用范围非常广泛的科学

统计学的目的是揭示客观事物的规律性，是一门应用性非常强的科学，几乎所有的科学领域都离不开统计学。在金融领域，证券市场投资及风险分析、外汇市场投资及风险分析、保险经营中的精算模型和计算分析等，离不开统计学；在企业管理领域，市场信息的搜集与处理，物流、财务、生产的一体化网络处理、科学决策、风险控制等方面，统计扮演着重要角色；在人力资源管理领域，利用统计方法对企业员工的年龄、性别、受教育程度、工资等进行分析，并作为企业制度、工资计划、奖惩制度的依据等；在财务管理领域，上市公司的财务数据是股民投资的重要参考依据，一些投资咨询公司主要是根据上市公司提供的财务和统计数据进行分析，为股民提供参考，企业自身的投资也离不开对财务数据的分析，其中要用到大量的统计方法；在医学领域，生物现象的一个重要特点是普遍存在变异性，如在同样条件下，用同一种药物来治疗某病，有的病人被治愈，有的疗效不显著，有的可能无效甚至死亡，引起客观现象差异的原因多种多样，并以某种偶然性的形式表现出来，要从看起来错综复杂的偶然性中揭露出潜在的必然性，即事物的客观规律性，需要进行科学的统计分析才能实现，因此统计学成为医学研究的重要工具；在心理学领域，将统计学主要应用于测量人的智力和性格、态度和信仰、教育产出以及健康等方面，科学心理学离不开科学实验或调查，必然要面临处理数据资料的问题，要解决这些问题就必须依靠科学的统计方法；在考古学领域，将统计方法应用到考古实际工作中，对考古资料进行定量分析，如通过统计方法推断特定发掘物的历史年代。

美国管理学家、统计学家爱德华·戴明有一句名言：“除了上帝，任何人都必须用数据说话。要知道如何运用数据说话就需要学习统计学。”

1.1.3 统计学与我们的生活息息相关

我们生活中的每一天都会遇到大量统计问题，很多时候都要用到统计学的知识来解决。统计学在我们生活的吃、穿、住、行中发挥着非常重要的作用。首先是吃，如出门去哪家饭馆吃饭，可以查在大众点评网上统计的饭馆中有多少好评多少差评，以此来决定去哪家饭馆吃饭；其次是穿，买服装等生活用品时，可以上淘宝、京东等网站搜索，后台会根据你的要求，快速统计出符合你要求的商品供你挑选；然后是住，买住房主要考虑统计后的入住率、周边环境信息等；最后是行，驾车出行时很多人会看正点统计的路况信息，避开拥堵，决定行车路线。

统计学与我们的生活息息相关，懂得基本的统计方法，运用会说话的数字，可以帮助我们客观准确的对日常生活、学习乃至工作中的很多问题做出决策。

1.2 统计的含义

"统计"一词通常有统计活动、统计资料（统计数据）和统计学三个方面的含义。离开了统计数据，统计方法乃至统计学就失去了其存在的意义。统计学正是结合现象的"量"，也就是数据，来研究现象的"质"，也就是对事物总体综合的科学认识，也就是"数据的科学"。

1.2.1 统计学

统计学是一门搜集、整理、显示和分析数据的科学，其目的是探索数据内在的数量规律性。正是因为统计学总是在和数据打交道，因而也可称统计学为"数据的科学"。怎么理解数据内在数量规律性呢？下面看几个例子。

【例1-1】 我们都做过抛硬币和掷骰子的游戏，知道随机地掷一次硬币或骰子不能事先确定会出现正面和反面或某个点数，也就是说个别游戏或实验中充满了不确定性或偶然性。但当我们重复做多次实验，就会发现掷一枚均匀硬币出现正面和反面的比例大致相同，为1/2:1/2，实验的次数越多，这个结果就越稳定。同样，在掷一枚骰子时，出现1~6点中任意一点的可能性也越接近1/6。这里的1/2和1/6就是掷硬币和掷骰子出现某种特定结果的概率，也就是我们探索到的数据内在数量规律性。

【例1-2】 为了解大学生的日常生活费支出以及生活费来源，某高校对在校本科生进行了抽样调查。选择了2000名大学生作为样本，对他们进行调查。如何科学地从学校里抽取2000名学生，并对这2000名学生反馈的日常生活费支出以及生活费来源反映的信息进行科学推断，找出其中的数量规律，这是统计工作者的工作。

【例1-3】 快递服务作为新兴的基础性产业，是现代服务业的重要组成部分。然而，全国各地区的快递业发展并不平衡，那么影响各地区快递业发展的主要因素是什么？影响快递业发展规模的有"国内异地快递量""城镇居民可支配收入""人均地区生产总值""互联网宽带接入用户”“邮政包裹数量”等，我们可以统计各地区的这些数据，通过对数据的分析，找出影响各地区快递发展不平衡的主要因素，这是通过统计学做出的判断，体现了数据内在的数量规律性。

1.2.2 统计活动

统计活动是指搜集、整理和分析客观事物总体数量资料的工作过程，包括统计调查、统计数据整理、统计分析和统计预测，是统计的基础。例如，我国进行的人口普查活动、农业普查活动等。从事统计活动的部门主要包括：政府统计，如国家统计局、政府相关职能部门；企事业单位统计，如工厂统计机构等；经营统计，如调查咨询公司、统计事务所等；其他机构，如研究性统计机构等。

1.2.3 统计资料

统计资料是统计活动所取得的各项数字资料及有关文字资料，一般反映在统计表、统计图、统计手册、统计年鉴、统计资料汇编和统计分析报告中。例如，我国每年在国家统计局上所公布的年度统计公报。

统计活动、统计资料、统计学三者之间的关系是：统计活动的成果是统计资料，统计资料和统计学的基础是统计活动，统计学既是统计活动经验的理论概括，又是指导统计活动的原理、原则和方法。统计活动和统计资料是过程与结果的关系，统计资料是统计活动的成果或结晶，它来源于统计活动又服务于统计活动。统计活动和统计学是理论与实践的关系，统计学是统计活动发展到一定阶段的产物，是统计实践经验的理论概括，并用于指导统计实践，为统计活动提供理论依据。统计活动的发展会不断完善和丰富统计理论，而统计理论的丰富又促进了统计活动的发展，使之更有效、更科学。

1.3 统计学的产生与发展

1.3.1 统计学的产生

在原始社会，人类只有最初的一般计数活动。例如，结绳记事（计数），绳子每打一个结表示一个或一次，以此类推，以绳结形式反映客观经济活动及其数量关系的记录方式，是被原始先民广泛使用的记录方式之一。

随着奴隶社会国家的产生，出现了各种各样的统计活动。例如，中国公元前一千多年前在夏朝时有人口、土地等方面的记载，如中国分为九州，人口约 1355 万人，土地约 2438 万顷。当时的生产力水平很低，统计仅仅处于初级阶段。

到了封建社会，人类的统计活动已初具规模。公元前 300 年，我国战国时期的商鞅变法中就明确提出，一个强国应该了解 13 个方面的数字资料，否则的话，即使人口众多，地理位置优越，国力也会被削弱。

统计学的产生是近300年的事情。17世纪，当人类步入资本主义社会后，统计活动有了很大发展。在许多国家，人口、工业普查已成为一种制度；对于工业、商业、交通、海关、物价、外贸等的统计，也趋于经常化。特别是19世纪中叶以后，概率方法在社会经济中被广泛应用，统计学作为一门科学逐渐成熟起来。

推动统计学成为一门科学的主要社会因素有：

（1）西方民主制度的产生实现多数人“统治”“投票制”，一人一票，要求进行人口统计和民意调查。

（2）保险业的发展。早在14世纪，商人和海员就发明了保险业，由商人出钱来分担船主、货主和海员的风险。1347年世界上第一张最古老的保单，在意大利问世。1384年在意大利的佛罗伦萨，诞生了世界上第一份具有现代意义的保险单，叫比萨保险。19世纪中叶，保险业才真正发展成为一种广泛和普遍的事业。对于人寿保险公司来说，一年里会有多少客户由于死亡而要求索赔？保险公司应准备多少储备金来支付死亡索赔？投保的客户中会有多大的比例发病、遇上事故？这些问题具有很大的不确定性，但是通过大量的统计调查，是可以找到规律的。

（3）工业化的进程。企业运用标准程序制造能满足所有顾客的标准产品，但标准如何制定，这需要人们进行各种各样的试验、调查和统计分析。

1.3.2 统计学的发展

统计学的产生与统计实践活动密不可分，从统计学的发展过程来看，可分为三个阶段：古典统计学时期、近代统计学时期和现代统计学时期，贯穿整个过程的主线是统计方法的逐步充实、完善和发展。

第一阶段：古典统计学时期（17世纪中至18世纪中）

统计学的萌芽产生在欧洲，17世纪中叶至18世纪中叶是统计学的创立时期，即古典统计学时期。在这一时期，统计学理论初步形成了一定的学术派别，主要有国势学派、政治算术学派和概率论学派。

国势学派又称记述学派，产生于17世纪的德国。由于该学派主要以文字记述国家的显著事项，故也称为记述学派。其主要代表人物是海尔曼·康令和阿亨瓦尔。海尔曼·康令是第一个在德国黑尔姆斯太特大学以“国势学”为题讲授政治活动家应具备知识的学者。阿亨瓦尔在格丁根大学开设“国家学”课程，其主要著作是《近代欧洲各国国势学纲要》，书中讲述“一国或多数国家的显著事项”，主要用对比分析的方法研究国家组织、领土、人口、资源财富和国情国力，比较了各国实力的强弱，为德国的君主政体服务。国势学派命名了“统计学”，提出了“统计数字资料”“数字对比”等术语，运用对比的方法研究各国实力的强弱，为统计学的发展奠定了经济理论基础。由于在进行国势比较分析中，偏重事物性质的解释，而没有注重数量对比和数量计算，因此尽管它首先提出了统计学之名，确无统计学之实。

政治算术学派产生于17世纪中叶的英国，创始人是威廉·配第（1623—1687年），其代表作是他于1676年完成的《政治算术》一书。这里的“政治”是指政治经济学，“算术”是指统计方法。在这部书中，他利用实际资料，运用数字、重量和尺度等统计方法分析了英国、法国和荷兰三国的国情国力。他认为“计量”方法是很不寻常的方法，赋予了统计学发展史的一个全新思路，即实证思路，而实证结果则通过数字的形式给予表述，初步构建了政治算术学派的理论体系，为近代统计学奠定了初步基础。马克思曾经评价："威廉·配第——政治经济学之父，在某种程度上也是统计学的创始人。"政治算术学派的另一个代表人物是约翰·格朗特（1620—1674 年）。他以 1604 年起伦敦教会每周一次发表的"死亡公报"为研究资料，在 1662 年发表了《关于死亡公报的自然和政治观察》的论著，分析了 60 年来伦敦居民死亡的原因及人口变动关系，首次提出通过大量观察，可以发现新生儿性别比例具有稳定性和不同死因的比例等人口规律；并且第一次编制了"生命表"，对死亡率与人口寿命作了分析，从而引起了普遍的关注。他的研究清楚地表明了统计学作为国家管理工具的重要作用。因此，在 19 世纪中叶，克尼斯、瓦格纳就声称政治算术才是"真正的统计学"。

概率论学派的创立人费马与帕斯卡，他们通过通信的方式，将赌博中出现的各种问题，归纳为一般的概率原理，为后来概率论和统计学的发展奠定了重要基础。雅各布·伯努利是"大数定律"的最早揭示者，他创立了大数定理中最早的一个定理——伯努利大数定理，证明了大数定理的局部情况，对概率论及其在统计学，特别是抽样法的应用方面，具有重要意义。贝叶斯首先提出了独特的贝氏统计理论，开始用概率来解决推断问题，从而开辟了统计学发展的一个新领域。概率论学派的主要贡献：提出了大量观察法、典型调查、定期调查原则；广泛运用分类、制表及各种指标来浓缩与显现数据资料的信息；有意识地运用可度量的方法，力求依靠数字来解释和说明社会经济生活。

第二阶段：近代统计学时期（18 世纪末至 19 世纪末）

18 世纪末至 19 世纪末是统计学的发展时期，即近代统计学时期。在这个时期，各种学派的学术观点已经形成，并且形成了两个主要学派，即数理统计学派和社会统计学派。在 18 世纪，概率论的日益成熟为统计学的发展奠定了基础。19 世纪中叶，概率论被引进统计学而形成数理统计学派，其奠基人是比利时的阿道夫·凯特勒（1796—1874 年），其主要著作有：《论人类》《概率论书简》《社会制度》和《社会物理学》等，他主张用研究自然科学的方法研究社会现象，正式把古典概率论引进统计学，为数理统计学的形成与发展奠定了基础，使统计学进入一个新的发展阶段。

社会统计学派产生于 19 世纪后中叶，创始人是德国经济学家、统计学家克尼斯（1821—1898 年），主要代表人物有恩格尔（1821—1896 年）、梅尔（1841—1925 年）等人。他们融合了国势学派与政治算术学派的观点，沿用了凯特勒的"基本统计理论"。在学科性质上认为统计学是一门社会科学，是研究社会现象变动原因和规律性的实质性科学。在研究对象上认为统计学是研究总体而不是个别现象，由于社会现象的复杂性和整体性，必须对总体进行大量观察和分析，研究其内在联系，才能揭示现象内在规律。这是社会统计学派"实质性科学"的显著特点。随着社会经济的发展，要求统计学提供更多的统计方法。社会科学本身在不断向细分化、定量化发展，也要求统计学能提供更有效的调查整理、分析资料的方法。因此，社会统计学派也日益重视方法论的研究，出现了向实质性方法论转化的趋势。

第三阶段：现代统计学时期（19 世纪末至现在）

19 世纪末 20 世纪初以来，科学技术迅猛发展，社会发生了巨大变化，统计学进入了快速发展时期。20 世纪以前，统计学的领域主要是人口统计、生命统计、社会统计和经济统计。随着社会、经济和科学技术的发展，到今天，统计的范畴已覆盖了社会生活的一切领域，几乎无所不包，成为通用的方法论科学。统计学已经发展成为有着许多分支学科的科学，新的研究领域层出不穷，统计方法也不断创新，如：小样本思想、t 分布理论、χ^2 分布、估计理论、误差理论、决策理论、多元统计分析、现代时间序列分析、贝叶斯统计、非参数统计、线性统计模型、探索性数据分析、数据挖掘等。统计应用方面也得到了突飞猛进的发展，如：医学统计学、管理统计学、金融统计学、社会统计学、心理统计学、生物统计学等，几乎应用到了所有科学领域。

统计在现代化管理和社会生活中的地位日益重要。随着社会、经济和科学技术的发展，统计在现代化国家管理和企业管理中的地位，在社会生活中的地位越来越重要。人们的日常生活和一切社会生活都离不开统计。英国统计学家哈斯利特说："统计方法的应用是这样普遍，在我们的生活和习惯中，统计的影响是这样巨大，以致统计的重要性无论怎样强调也不过分。"甚至有的科学还把我们的时代叫作"统计时代"，显然，20 世纪统计学的发展及其未来，已经被赋予了划时代的意义。

1.4 统计学的分科

统计学的内容十分丰富，研究与应用领域非常广泛。从统计方法的构成来看，可分为描述统计和推断统计；从统计方法的研究和应用来看，可分为数理统计与应用统计。

1.4.1 描述统计和推断统计

（1）描述统计。描述统计是指对采集的数据进行登记、审核、整理、归类，在此基础上进一步计算出各种能反映总体数量特征的综合指标，并用图表的形式表示经过归纳分析而得到的各种有用统计信息，目的是描述数据特征、找出数据的内在基本规律。主要步骤包括：搜集数据、整理数据、展示数据和描述性分析。描述统计的主要指标有均值、众数、中位数、方差或标准差、偏态系数、峰态系数等。描述统计的主要工具有：指标、统计表格、图形和曲线等。

【例 1－4】 某化妆品公司研发了一种新的化妆品，抽取了 200 名顾客做问卷调查，希望通过抽样调查了解顾客购买意愿。整理 200 份问卷制作的频数分布表，如表 1－1、表 1－2所示，结果显示十分喜欢并购买的顾客比例占 54%；该产品在不同年龄阶段顾客购买意愿不同，其中 40～49 岁这个年龄阶段最受欢迎，顾客购买意愿最强。

表 1－1　　200 名顾客对新产品的意见

意见	百分比（%）
十分喜欢并购买该产品	54
喜欢但不一定购买该产品	32
不喜欢该产品	14
合计	100

表 1-2　　200 名顾客按年龄分组后对新产品意见

年龄（岁）	样本年龄组中的人数		十分喜欢并购买该产品的人数	
	人数（人）	比重（%）	人数（人）	占各年龄组人数的比重（%）
15～19	10	5	1	10.0
20～29	20	10	4	20.0
30～39	72	36	38	52.7
40～49	76	38	62	81.6
50 及以上	22	11	3	13.6
合计	200	100	108	54.0

（2）推断统计。推断统计是研究如何利用样本信息推断总体特征的统计方法。比如，要了解一个地区的人口特征，不能对每个人的特征一一进行测量；对产品的质量进行检验，往往是破坏性的，不能对每个产品进行测量。这就需要抽取部分个体即样本进行测量，然后根据获得的样本数据对所研究的总体特征进行推断，这就是推断统计要解决的问题。统计推断的基本问题可以分为两大类：一类是参数估计问题；另一类是假设检验问题。

【例 1-5】 某灯泡厂使用一种新的灯丝来延长灯泡的使用寿命，为了知道灯泡平均使用寿命，从一批产品中随机抽取 200 个样本，测得平均使用寿命为 700 小时，这 700 小时能否作为灯泡的平均使用寿命？如果不能，为什么？如何估计灯泡平均使用寿命？此类问题属于推断统计中的参数估计问题。

【例 1-6】 某公司想从国外引进一种自动加工装置，厂方说这种装置的工作温度是 80℃，该公司从该装置试运转中随机测试了 30 次，得到的平均工作温度是 83℃。该公司需要考虑，样本结果与厂方所说的是否有显著差异？厂方的说法是否可以接受？此类问题属于推断统计中的检验问题。

（3）描述推荐与推断统计的联系与区别。描述统计与推断统计的联系：两者都以概率论为理论基础，都是数理统计学，是应用数学的一个分支，属于研究自然与社会现象的通用科学。数据分析的起点是统计数据，终点是探索出总体内在的数量规律性。在这一过程中，如果搜集到的是总体数据（如普查数据），则经过描述统计之后就可以达到认识总体数量规律性的目的；如果获得的是研究总体的部分数据（样本数据），要找到总体的数量规律性，需要应用概率论的理论并根据样本信息对总体进行科学的推断。

描述统计和推断统计的区别：①产生年代不同：一般认为描述统计学产生于 20 世纪 20 年代以前，推断统计学产生于 20 世纪 20 年代以后，这两个阶段并无明确的分界时间，其发展是渐进的，不是突变的。②研究特点不同：描述统计研究如何缩减数据并描述这些数据的方法，一般包括：统计分析方法、分类原理、汇总、统计表、统计图、频数分配等。推断统计研究如何在随机抽样的基础上推断有关总体数量特征的方法，一般包括：统计推断原理、实验设计、估计理论、抽样调查、序列分析、误差理论、假设检验、决策理论等。③研究样本不同：描述统计研究大样本理论，所谓大样本即包括多数个体或多数数值的样本；推断统计研究小样本理论，所谓小样本即包括少数个体或少数样本。应当指出，大小或多少之分也是相对的，缺乏严格的划分标准。据多数统计学者的意见：包含 30 项以上的数值或个体的样本即可视为大样本，否则为小样本。④应用统计的性质不完全相同。描述统计学派和推断统计学派都把其统计学看作是通用科学，可以用来研究自然与社会现象，但在其应用统计方面则略有不同。

1.4.2 数理统计和应用统计

（1）数理统计。数理统计是通过对某些现象频率的观察来发现该现象的内在规律性，并做出一定精确程度的判断和预测。数理统计在自然科学、工程技术、管理科学及人文社会科学中得到越来越广泛和深刻的应用，其研究的内容也随着科学技术和政治、经济与社会的不断发展而逐步扩大，但概括地说可以分为两大类：①试验的设计和研究，即研究如何更合理、更有效地获得观察资料的方法；②统计推断，即研究如何利用一定的资料对所关心的问题做出尽可能精确和可靠的结论，当然这两部分内容有着密切的联系，在实际应用中更应前后兼顾。

（2）应用统计。应用统计主要针对某个或者某一组数据进行详细的分析与解读，直至在某个学科领域得出有意义的结论。统计是一门数据科学，由于在自然科学、社会科学的所有研究和实际工作都要通过数据分析来解决问题，统计方法的应用就自然而然的扩展到几乎所有的研究领域。例如，统计方法在物理研究中的应用形成了统计物理，统计方法在生物学中的应用形成了生物统计，统计方法在微观企业管理中的应用形成了管理统计，等等。以上这些的应用基本方法都是一样的，即都是描述统计和推断统计的主要方法，但由于各应用领域都有其特殊性，统计方法在应用中就具有了不同的特点。

1.5 统计数据的类型与来源

统计数据是反映某一地理区域自然经济要素的特征、规模，结构、水平等指标的数据，是定性、定位和定量统计分析的基础数据。

1.5.1 统计数据的类型

统计数据是采用某种计量尺度对事物进行计量的结果，采用不同的计量尺度会得到不同类型的统计数据。统计数据的类型可分为以下几种：

（1）分类数据。分类数据是指只能归于某一类别的非数字型数据，是对现象分类的结果。如人口按性别分为男性和女性两类，分类数据可以用数字代码表示，如用“1”表示男性，“0”表示女性。

（2）顺序数据。顺序数据是指只能归于某一有序类别的非数字型数据，是对现象进行分类的结果，但结果有顺序。如人的受教育程度可分为文盲、小学、初中、高中、中专、大专、大学、硕士研究生、博士研究生，顺序数据也可以用数字代码表示，如“1”表示文盲，“2”表示小学，“3”表示初中等。

（3）数值型数据。数值型数据是指按数字尺度测量的观察值，也就是使用自然单位或度量衡单位、价值单位对现象进行计量的结果，结果表现为具体的数值。如某种蔬菜的成交价格为每斤 5.8 元。

1.5.2 统计数据的来源

统计数据来源于直接组织的调查、观察和科学实验，我们称之为第一手数据或直接数据；或者来源于已有的数据，我们称之为第二手数据或间接数据。

（1）直接获取数据。在进行科学研究和管理决策时，若没有现成的数据可以利用，就需要专门组织调查、进行科学实验或者从网上获取。统计调查是认识客观世界的一种手段，通过调查获取信息，进行管理决策和探索未来发展均具有重要意义。统计调查需要科学地反映客观情况，为解决问题、制定决策或策略提供依据，调查是为决策服务的。统计调查的方法主要有以下几种：普查、抽样调查、科学实验、网络获取

除了直接获取数据的渠道外，可以获取数据的渠道和工具也多种多样，读者可以参阅相关书籍进一步学习提高。

（2）间接获取数据。对大多数使用者来说，由于种种原因，不能直接获取数据，所使用的数据大多数是别人调查或科学实验的数据，称为二手数据。

在科学研究和管理中，要善于利用各种现成数据。这些数据主要包括公开出版或公开报道的数据。例如，统计部门和政府部门公布的有关资料，如各类统计年鉴；各类经济信息中心、信息咨询机构、专业调查机构等提供的数据；各类专业期刊、报纸、书籍所提供的资料；各种会议，如博览会、展销会、交易会及专业性、学术性研讨会上交流的有关资料，从互联网或图书馆查阅到的相关资料。近些年，几乎所有的政府机构和大公司都有自己的网站，并提供公共访问端口，访问者可以从中获得有用数据。表 1－3 给出了部分重要的政府网站，这些网站都建有可供公众访问的数据库。间接获取的数据也可以是一些尚未公开的数据。

表 1－3　　提供数据的部分政府网站

	相关网站	网址	数据内容
中国政府及相关网站	国家统计局网站	http：//www. stats. gov. cn	统计年鉴、统计月报等
	国务院发展研究中心信息网	http：//www. drcnet. com. cn	宏观经济、财经、货币金融等
	中国经济信息网	http：//www. cei. gov. cn	经济信息及各类网站
	华通数据中心	http：//www. acmr. com. cn	国家统计局授权的数据中心
	中国决策信息网	http：//www. china－policy. com	决策知识及案例
	三农数据网	http：//www. sannong. gov. cn	三农信息、论坛及相关网站
	中国经济时报网	http：//www. cet. com. cn	经济生产、资本市场信息
美国政府机构	人口普查局网站	http：//www. census. gov	人口和家庭等
	联邦政府数据网站	http：//www. fedstats. gov	美国政府 100 多个部门数据
联合国	各国际组织数据网站	http：//data. un. org	联合国各国际组织数据

1.6 统计研究过程及方法

1.6.1 统计研究过程

统计研究过程，也是统计数据分析过程，主要包括以下几个基本环节。

（1）制定统计调查方案。统计调查方案是统计调查前所制订的实施计划，是全部调查过程的指导性文件，是调查工作有计划、有组织、有系统进行的保证。统计调查方案应确定的内容包括调查目的与任务、调查对象与调查单位、调查项目与调查表、调查时间和调查时限、调查的组织实施计划等。

（2）数据搜集。按照制定的统计调查方案，搜集所需要的统计数据。搜集数据的方法主要有直接获取数据和间接获取数据，数据搜集的准确性、完整性、时效性、适用性直接关系到数据分析的质量，影响分析结果。

（3）数据整理。它介于数据搜集和数据分析之间，在统计工作中起到承上启下的作用，既是数据搜集的继续，又是数据分析的基础和前提，是对社会经济现象从感性认识上升到理性认识的过渡阶段。主要包括四个步骤：①制定统计整理方案，包括确定统计分组的方法，用哪些指标来说明总体特征和对总体资料的处理方法，是确保统计整理工作有步骤、有计划开展的首要前提；②审核数据资料，为保证统计资料的准确、及时、完整和系统性，对调查得到的资料要从逻辑和计算两方面进行审核；③统计分组和汇总，根据研究任务和要求，确定调查所得资料哪些需要分组或分类，统计分组的关键是选择正确的分组标志和合适的组限；④绘制统计图表，把汇总的资料按一定的规则在统计表或统计图上表现出来。

（4）数据分析。用适当的统计分析方法对搜集和整理来的数据进行详细研究，提取有用信息，形成概括性总结。在统计学领域，有些学者将数据分析划分为描述性统计分析、探索性数据分析以及验证性数据分析，其中，探索性数据分析侧重于在数据之中发现新的特征，而验证性数据分析则侧重于已有假设的证实或证伪。

（5）数据解释。通过数据分析得出了有价值的分析结果，如何成功被采纳和认可，理论联系实际付诸实践，是实现调查目的与任务非常重要的一个环节。例如，为了推动某一项目的实施，我们进行了大量数据分析，得出了有价值的分析结果，还需要对分析结果进行解释，在此基础上拟定切实可行的实施方案，让领导支持、认可我们的数据分析结论，帮助推进实施，让其他部门认可、配合实施，让底层具体实施人员按照拟定的方案实施。

1.6.2 统计研究方法

统计学根据研究对象的性质和特点，形成了它自己专门的研究方法，这些基本方法是：实验设计法、大量观察法、统计描述和统计推断。

（1）实验设计法。所谓实验设计法是指设计实验的合理程序，使得搜集得到的数据符合统计分析方法的要求，以便得出有效、客观的结论。它主要适用于自然科学研究和工程技术领域的统计数据搜集。

（2）大量观察法。大量观察法是统计学所特有的方法。所谓大量观察法，是指对所研究的事物的全部或足够数量进行观察的方法。社会现象或自然现象都受各种社会规律或自然规律相互交错作用的影响。在现象总体中，个别单位往往受偶然因素的影响，如果任选其中之一进行观察，其结果不足以代表总体的一般特征；只有观察全部或足够多的单位并加以综合，影响个别单位的偶然因素才会相互抵消，现象的一般特征才能显示出来。大量观察法的意义在于可使个体与总体之间在数量上的偏误相互抵消。

（3）统计描述。统计描述是指对由实验或调查而得到的数据进行登记、审核、整理、归类、计算出各种能反映总体数量特征的综合指标，并加以分析从中抽出有用的信息，用表格或图形把它表示出来。统计描述是统计研究的基础，它为统计推断、统计咨询、统计决策提供必要的事实依据。统计描述也是对客观事物认识的不断深化过程。它通过对分散无序的原始资料的整理归纳，运用分组法、综合指标法和统计模型法得到现象总体的数量特征，揭露客观事物内在数量规律性，达到认识的目的。

（4）统计推断。统计在研究现象的总体数量关系时，需要了解的总体对象的范围往往很大，有时甚至是无限的，而由于经费、时间和精力等各种原因，以致有时在客观上只能从中观察部分单位或有限单位进行计算和分析，根据局部观察结果来推断总体。在一定置信程度下，根据样本资料的特征，对总体的特征做出估计和预测的方法称为统计推断法。统计推断是现代统计学的基本方法，在统计研究中得到了极为广泛的应用，它既可以用于对总体参数的估计，也可以用作对总体某些分布特征的假设检验。从这种意义上来说，统计学是在不确定条件下做出决策或推断的一种方法。

1.7 统计学的基本概念

在开始统计学学习之前，需要了解几个重要的概念，它们对课程的学习和理解至关重要，并将贯穿在本书的始终。

1.7.1 总体

统计研究现象总体的数量特征，首先对总体要有明确的界定。总体是根据一定目的和要求所确定的研究事物的全体，它是由客观存在的具有某种共同性质的许多个体构成的整体。例如我们要研究全国工业企业发展情况，就以全国工业企业作为一个总体，有了这个总体，就可以研究全国工业的各种数量特征，例如从业人数、资金规模、经济效益等等。

总体具有三个基本特征：（1）大量性，总体是由许多个体组成，一个或少数个体不能形成总体，因为统计研究的目的是要揭示大量事物的普遍规律性，所以统计研究的对象必须包括足够多的个体；（2）同质性，构成总体的各单位必须具有某种共同性质，这是形成总体的客观依据，也是我们确定总体范围的标准。各单位必须具有这种共同性质，它是由统计研究的目的决定的；（3）变异性，总体的各单位除了某一方面的共同性外，在其他方面必须是有差异的，这些差异是统计研究的基础和前提。作为总体，必须同时具备上述三个特征，才能进行一系列的统计计算和分析研究，三者缺一不可。现象不同质，无法将其结合在一起；少量单位，反映不出现象的规律性；各个单位都一样，没有差别，无须进行统计研究。

总体根据其总体单位数是否有限，可分为有限总体和无限总体。有限总体是指总体中包含的个体数量是有限的。如全国人口普查，尽管我国有近 14 亿人，但其数量是有限的，所以是有限总体。无限总体是指总体单位数目无限，无限总体是假想的，其个体数或个体值个数是无限的。例如，研究某种药物治疗某种疾病的疗效，总体为假想的，包括所有使用该药治疗的病人，没有空间范围和时间范围限制，为无限总体。另外，当有限总体所包括的个体总数很大时，可以近似的将它看成是无限总体。

1.7.2 个体

个体是构成统计总体的个别事物（也称总体单位）。总体由个体构成，要认识总体必须从个体开始，总体是统计认识的对象。例如，研究某工业部门的生产情况时，该工业部门的所有工业企业可以作为总体，每个工业企业则是总体单位，将每个工业企业的某些数量特征加以登记汇总，就取得该工业部门的统计资料。

个体是指构成总体的个别事物，也称总体单位。总体由个体构成，要认识总体必须从个体开始，总体是统计认识的对象。例如，研究某工业部门的生产情况，该工业部门的所有工业企业可以作为总体，每个工业企业则是个体，将每个工业企业的某些数量特征加以登记汇总，就取得该工业部门的统计资料。

总体是一个集合的概念，个体则是集合的元素。应该注意的是，总体和个体是相对而言的，是根据统计研究目的来确定。在一定条件下，总体和个体可以互相转化。即同一事物，在一定条件下是总体，在另一条件下可以是个体。如要研究全国工业企业的经营状况，则全国所有的工业企业为统计总体，中国石化是其中的一个总体单位。而如果要研究中国石化公司的经营状况，则中国石化公司为统计总体。所以一个事物在一种情况下是个体，但在另一种情况下又是总体。总体和个体随着研究目的、研究范围的变化可以互相转化。

1.7.3 样本

样本是按照一定的概率从总体中抽取的部分单位的集合。样本又被称为子样，而总体也被称为母体。样本中的个体数量被称为“样本容量”。样本的特点：（1）构成某一样本的每一单位都必须取自某一特定的统计总体，不允许该总体以外的单位介入该总体的样本；（2）样本单位的抽取应是按一定概率进行，具体样本产生应是随机的，因此必须排除人的主观因素对样本单位抽取和样本生成的干扰；（3）样本是母体的代表，带有母体的信息，因而能够推断母体，然而样本只是母体的一个子集，且具有随机性，故由样本去推断总体会产生代表性误差。

总体与样本的关系：（1）总体是所要研究的对象，而样本则是所要观测的对象，样本是总体的代表和缩影；（2）样本是用来推断总体的；（3）总体和样本的角色是可以改变的；

(4) 总体和样本都具有大量性、同质性和差异性特征。

1.7.4 变量

变量是总体中个体单位所具有的特征和特性。变量的名称是针对总体中每一基本单位的属性都存在着差异而言。统计学中变量的分类如图 1-1 所示。

- 变量
  - 按计量尺度
    - 定性变量
      - 定类变量
      - 定序变量
    - 定量变量
      - 定距变量
      - 定比变量
  - 按变量性质
    - 确定性变量
    - 随机变量
      - 连续型变量
      - 离散型变量

图 1-1 变量的分类

统计学中的变量按计量尺度不同，可分为定性变量（也称分类型变量）和定量变量（也称数值型变量）。定性变量又可分为定序变量和定类变量。定序变量是描述事物等级或顺序，变量值是字符型，可以比较优劣，如喜欢的程度可以是很喜欢、一般、不喜欢。

定类变量是取值之间没有顺序差别，仅做分类，又可分为二分类变量和多分类变量，二分类变量是指将全部数据分成两个类别，如男、女，对、错，阴、阳等，二分类变量是一种特殊的分类变量，有其特有的分析方法，多分类变量是指两个以上类别，如血型可分为 A 型、B 型、AB 型和 O 型。

定量变量是反映定量数据的变量，定量变量按照计量尺度可分为定距变量和定比变量。定距变量是对现象类别或顺序之间的间距进行测度，数据之间的差是固定不变的，数据之间比值没有可比性。它除了包括定序变量的特性外，还能确切测量同一类别各个案高低、大小次序之间的距离，因而具有加与减的数学特质。但是，定距变量没有一个真正的零点。例如，摄氏温度这一定距变量，40℃比 30℃高 10℃，30℃比 20℃又高 10℃，它们之间高出的距离相等，而摄氏零度并不是没有温度。又比如调查数个地区的工人占全部劳动人口的比例时，发现甲、乙、丙、丁、戊五个地区的比例分别是 2%、10%、35%、20%、10%。甲区与丙区相差 33%，丙区与丁区相差 15%，这也是一个定距变量。定距变量各类别之间的距离，只能用加减而不能用乘除或倍数的形式来说明它们之间的关系。

定比变量也是区别同一类别个案中等级次序及其距离的变量。定比变量除了具有定距变量的特性外，还具有一个真正的零点，因而它具有乘与除的数学特质。例如，年龄和收入这两个变量，固然是定距变量，同时又是定比变量，因为其零点是绝对的，可以作乘除的运算。如 A 月收入是 60 元，B 月收入是 30 元，可以算出前者是后者的两倍。

按照变量性质不同，可分为确定性变量和随机变量两种。确定性变量是指受确定性因素影响的变量，即影响变量值变化的因素是明确的，可解释或可人为控制，因而变量的变化方向和变动程度是可以确定的。例如：统计学的平均分受学生人数和学生学习时间两个因素的影响，这两个因素的影响大小和方向都是可以控制的。随机变量是指受随机因素影响的变量，即影响变量值变化的因素是不确定的、偶然的，变量受随机因素影响的大小和方向是不确定的。按其数值的变化是否连续，可分为离散型变量和连续型变量。离散型变量的值只能用自然数或整数单位计算，其数值是间断的，相邻两个数值之间不再有其他数值，这种变量的取值一般使用计数方法取得。如：抽查100个产品，取到次品个数可能的取值为0，1，2，…，100；一家餐馆营业一天顾客数可能的取值为0，1，2，…；销售一辆汽车顾客性别男性为0，女性为1。连续型变量是在一定区间内可以任意取值，其数值是连续不断的，相邻两个数值可作无限分割，即可取无限个数值。如：抽查一批电子元件，使用寿命为$X \geqslant 0$小时；新建一座住宅楼，半年后工程完工的百分比为$0 \leqslant X \leqslant 100\%$；测量一个产品的长度，测量误差为$X \leqslant 0$（cm）。

总体、个体、样本和变量间的区分，最简单的理解是总体是要考察对象的全体，个体是每一个考察的对象，样本是抽取的考察对象的集体，变量是个体所具有的特征。

【例1-7】 为估计全国高中学生的平均身高，从20个城市中选取了100所中学进行调查。求总体、个体、样本、变量各指什么？

【解】 该项研究中的总体是全国高中学生每人身高的全体；个体是每名高中学生的身高；样本是100所中学高中学生每人身高的集体；变量是高中学生的身高。

【例1-8】 要了解一片麦田里所有单株小麦的产量，从中抽取了300株小麦，测得单株平均产量，然后估计这片麦田的单株小麦产量。问总体、个体、样本、变量各指什么？

【解】 该项研究中的总体是这片麦田里所有单株小麦产量的全体；个体是每株小麦的产量；样本是300株小麦单株产量的集体；变量是单株小麦产量。

【例1-9】 一个工厂用两种不同的工艺生产同一型号的电脑，现在要测试这种电脑的使用寿命，从两种不同工艺生产的产品中各随机抽取20台电脑进行测试。求总体、个体、样本、样本容量、变量各指什么？

【解】 该项研究中的总体是用第一种工艺生产的电脑使用寿命的全体和用第二种工艺生产的同一型号的电脑使用寿命全体；个体是用第一种工艺生产的每一台电脑使用寿命，和用第二种工艺生产的同一型号每一台电脑的使用寿命；样本是从用第一种工艺生产的电脑中抽取20台电脑使用寿命的集体，和从用第二种工艺生产的同一型号电脑中抽取20台电脑的使用寿命的集体；样本容量分别为20台；变量是电脑使用寿命。

本章小结

统计学是一门搜集、整理、显示和分析数据的科学，其目的是探索数据内在的数量规律性。大数据时代已经来临，懂得运用统计学进行科学的数据分析，才能更好的认识社会，认识我们所处的这个时代。

统计学经历了三个时期，分别是古典统计学时期、近代统计学时期和现代统计学时期。古典统计学时期主要有国势学派、政治算数学派和概率论学派；近代统计学时期各种学派的学术观点已经形成，主要有数理统计学派和社会统计学派；现代统计学时期进入了快速发展时期，统计学几乎渗透到所有科学领域。

从统计方法的构成来看，可分为描述统计和推断统计；从统计方法的研究和应用来看，可分为数理统计和应用统计。描述统计是用图形、表格和概括性的数字对数据进行描述的统计方法。推断统计是根据样本信息对总体特征进行推断的统计方法。数理统计是通过对某些现象频率的观察来发现该现象的内在规律性，并做出一定精确程度的判断和预测。应用统计主要针对某个或者某一组数据进行详细的分析与解读，直至在某个学科领域得出有意义的结论。

统计研究过程包括：制定统计调查方案、数据搜集、数据整理、数据分析、数据解释。统计研究的主要方法包括：实验设计法、大量观察法、统计描述、统计推断。

正确理解总体、个体、样本和变量间的区别与联系是本章的重点之一。总体是统计调查对象的全体，它是由客观存在具有某种共同性质的许多个体构成的整体。个体是构成统计总体的个别事物，是组成总体的每一个考察对象，总体由个体构成，要认识总体必须从个体开始。样本是按照一定的概率从总体中抽取的部分单位集合。熟练掌握变量的分类，正确区分变量的不同类型。

综合训练

一、思考题

1. 简述统计学的定义、含义。
2. 简述推断统计和描述统计的区别和联系。
3. 如何区别数据的不同类型，试举例说明。
4. 简述统计数据来源的主要渠道。
5. 统计研究的过程包括哪些内容？统计方法有哪些？
6. 什么是总体、个体、样本、变量，试举例说明。
7. 简述变量的分类。

二、单项选择题

1. 统计学是一门关于（　　）的科学。

A. 数据　　B. 数学
C. 概率　　D. 变量

2. 调查某企业职工的健康状况，总体单位是（　　）。

A. 这个企业　　B. 这个企业的所有职工
C. 每个职工　　D. 所有职工的健康状况

3. 两位大学生的身高分别为165 厘米、172 厘米，则165、172 是（　　）。

A. 2 个变量　　B. 2 个标志
C. 2 个指标　　D. 2 个数据

4. 通过有限数量的种子发芽实验结果来估计整批种子的发芽率，这种统计方法是属于（　　）。

A. 推断统计学　　B. 描述统计学
C. 数学　　D. 逻辑学

5. 职工人数是一个（　　）变量。
A. 离散型　　B. 连续型
C. 有时是离散型有时是连续型　　D. 无法判断

6. 人口普查属于（　　）。
A. 典型调查　　B. 抽样调查
C. 全面统计报表　　D. 全面调查

7. 要了解某班 50 名学生的学习情况，总体是（　　）。
A. 50 名学生　　B. 每一个学生
C. 50 名学生的学习成绩　　D. 每一个学生的学习成绩

8. 对大学生的一项调查表明，60% 的大学生愿意接受研究生教育。这一叙述是（　　）的结果。
A. 定性变量　　B. 试验
C. 推断统计　　D. 描述统计

9. 为了确定过去 3 年因交通事故死亡的比例，从全国部分地区中随机抽取了一个样本，在该项研究中，感兴趣的变量是（　　）。
A. 过去 3 年因交通事故死亡的人数　　B. 全国部分地区
C. 死亡人数　　D. 以上都不对

10. 研究者为了揭示学生学习成绩是否与学习时间有关，在图上绘制出了它们之间的关系，在这个例子属于（　　）。
A. 既是推断统计，又是描述统计　　B. 既不是推断统计，又不是描述统计
C. 推断统计　　D. 描述统计

11. 下列属于定距变量的是（　　）。
A. 职工的工龄　　B. 职工的性别
C. 职工的籍贯　　D. 职工的政治面貌

三、多项选择题

1. “统计”一词有三层含义（　　）。
A. 统计设计　　B. 统计活动
C. 统计资料　　D. 统计问题
E. 统计学

2. 下列各项中，属于连续变量的有（　　）。
A. 总人口数　　B. 商品销售额
C. 财政税费　　D. 汽车产量
E. 产品的次品率

3. 统计总体必须同时具备的条件有（　　）。
A. 同质性　　B. 差异性
C. 相关性　　D. 大量性

E. 等价性

4. 下列属于推断统计问题的是（　　）。

A. 根据样本信息对总体进行推断　　B. 感兴趣的总体或样本

C. 图、表或其他数据汇总工具　　D. 对总体推断结果的可靠性度量

E. 对数据模式的识别

5. 定量变量可分为（　　）。

A. 连续型变量　　B. 定性变量

C. 离散型变量　　D. 定序变量

E. 定类变量

四、判断题

1. 在全国工业普查中，全国所有工业企业是统计总体，每个工业企业是总体单位。（　　）

2. 总体单位总量和总体标志总量，可以随着研究对象的变化而发生变化。（　　）

3. 统计研究的结论是在对现象进行了大量的观察和分析之后得出的，结论不仅对总体有效，对个体事物也有效。（　　）

4. 总体单位的标志中至少要有一个不变标志，因为不变标志是总体同质性的基础。（　　）

5. 全国人口普查的总体单位是户。（　　）

6. 统计所研究的对象必须是可度量的现象。（　　）

7. “男性”是定序变量。（　　）

五、计算题

1. 某森林公园的一项研究试图确认有哪些因素有利于成年松树长到 60 英尺以上的高度。森林公园生长着 2500 棵成年松树，该研究需要从中随机抽取 250 棵成年松树并丈量它们的高度后进行分析。该研究的总体、样本、个体和变量分别是什么？

2. 试将下列变量区分为连续型变量和离散型变量、定性变量和定量变量。

（1）信用等级　　（2）销售收入　　（3）学习成绩等级

（4）人口数　　（5）投入产出比　　（6）广告类别

（7）速动比例　　（8）人口密度　　（9）汽车产量

3. 某灯泡厂使用一种新灯丝生产灯泡以延长灯泡使用寿命，从生产的灯泡中随机抽取了 100 个作为样本，旧灯丝的平均使用寿命为 600 小时。

（1）描述的总体、样本、变量分别是什么？

（2）如何推断新灯丝是否延长了灯泡的使用寿命？

第二章
数据的搜集、整理与显示

学习目标

- □ 了解统计数据的来源
- □ 理解统计数据搜集的含义和要求
- □ 熟悉统计数据搜集的各种方式、方法
- □ 了解统计调查方案的设计
- □ 理解统计整理的意义、熟悉统计整理的步骤
- □ 熟悉统计分组的类型、原则和方法
- □ 掌握不同分配数列的编制方法
- □ 了解各种统计图表和掌握 Excel 的相关应用

【案例导入】

如何获取网民规模、普及率及年龄结构

新闻媒体经常会报道各式各样的调查数据，如家庭收入情况和人口情况调查数据、电视的收视率数据、气象数据等。

中国互联网络信息中心（CNNIC）第 43 次调查结果显示，截至 2018 年 12 月，我国网民规模为 8.29 亿，互联网普及率达 59.6%，较 2017 年底提升 3.8%（见图 2－1）。

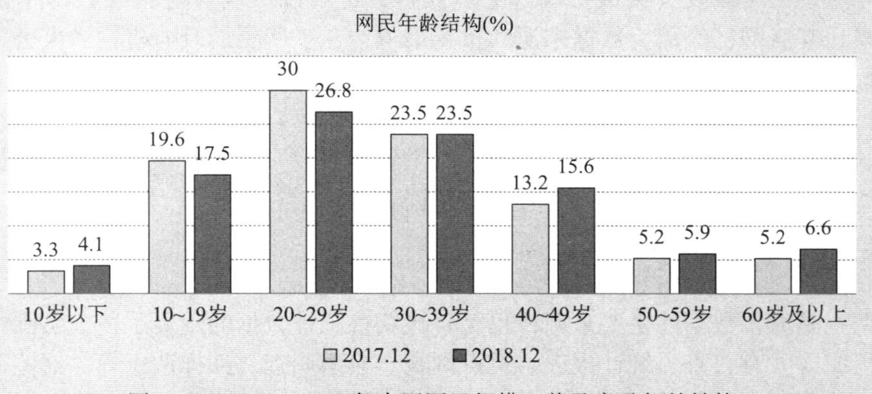

图 2－1　2017—2018 年中国网民规模、普及率及年龄结构

来源：CNNIC 中国互联网络发展状况统计调查。

如图2－1所示，我国网民以中青年群体为主，并持续向中高龄人群渗透。截至2018年12月，10～39岁群体占整体网民的67.8%，其中20～29岁年龄段的网民占比最高，达26.8%；40～49岁中年网民群体占比由2017年底的13.2%扩大至15.6%，50岁及以上的网民比例由2017年底的10.5%提升至12.5%。

上述数据和图形是怎么得到的？这就需要用到统计数据的调查、统计数据的整理与统计数据显示的知识。

2.1 统计数据的搜集

统计数据搜集即统计调查，是根据统计研究预定的目的、要求和任务，运用各种科学的调查方法，有计划、有组织地获取数据的工作过程。统计调查是统计工作的基础环节，决定着统计工作和统计研究的质量。对统计调查的基本要求是准确、及时。准确是指搜集的统计数据真实可靠，如实反映客观实际。及时是指在规定时间内，提供及时有效的统计数据。

2.1.1 二手数据与原始数据

从统计数据本身的来源看，统计数据最初都是来源于直接的调查或试验。但从使用者的角度看，统计数据的来源主要有直接和间接两种渠道，相应地，统计数据亦可划分为原始数据（direct data，即直接数据）和二手数据（indirect data，即间接数据），它们的区别仅在于使用者是否利用了与研究内容有关的已有数据。

受人、财、物、时、空等因素的制约，以及网络和数据库等技术提供的便利，二手数据在进行科学研究和管理决策时越来越受到人们的重视。这种数据既可以从报纸、图书、杂志、统计年鉴、网络以及公共数据库等渠道获得，也可以从调查公司或数据库公司等处购买。近年来，互联网已经成为数据来源的重要渠道，几乎所有的政府机构和大公司都有自己的网站并提供公共访问端口，访问者可以从中获得有用的数据。

在进行科学研究和管理决策时，若没有现成的数据可以利用，就需要专门组织调查、进行科学试验。对于社会经济管理和决策而言，主要是通过调查的方式获取原始数据，如客户满意度调查、电视收视率调查、家庭收支情况调查等。

2.1.2 统计调查的方式

统计调查是取得数据的主要来源，也是直接获得统计数据的重要手段。实际中常用的统计调查的组织方式有普查、统计报表、重点调查、典型调查、抽样调查等。这些调查方式具有不同的优势和不足，在统计调查实际工作中根据需要结合应用，才能保证统计资料的准确、及时。

（1）普查。普查是专门组织的一次性的全面调查。普查可用于搜集时点现象在一定时点上的数据，也可用于搜集时期现象在某一段时期内的总量。作为专门组织的一种全面调查，普查主要用来获取某些不能或不宜用定期的全面报表搜集的数据，其主要目的是为了详尽地了解某项重要国情、国力，为政府制定规划、方针政策提供依据。比如通过人口普查，就能了解到我国各种文化程度人口的比重，从而制定相应的教育政策；就能了解到各行业人口的分布，从而制定相应的就业政策；就能摸清就业人口的产业分布，从而为产业政策的制定和调整提供科学基础。此外，社会保障和福利政策、民族政策、老年人口政策等等，都需要根据人口资料进行研究。

由于普查涉及面广、调查工作量大，所花费的时间、人力、物力、财力都很大，因而只能间隔较长的时间进行一次。我国目前已经建立起了周期性的普查制度，每十年进行一次人口普查和农业普查，每五年进行一次经济普查、基本单位普查。

（2）统计报表。统计报表是按照国家或上级部门统一规定的表式、指标、报送时间和程序要求，自上而下布置、自下而上逐级提供统计资料的一种调查组织方式。

我国统计报表有很多种类型。按照报送范围的不同分为全面统计报表和非全面统计报表。全面统计报表要求所有的调查单位都必须填报，非全面报表只要求一部分单位填报。按照报表所属时间的长短分为日报、旬报、月报、季报、年报等。按照报送单位的不同分为基层报表和综合报表。按照报表内容和实施范围的不同分为国家统计报表、部门或行业统计报表和地方统计报表。

经过不断的发展，我国已形成比较完备的统计报表制度，是搜集国民经济社会发展状况统计数据的主要方式。但它也存在一定的局限性：要花费大量的人力、财力和物力；取得数据资料的时间较长；内容和程序比较固定呆板；还有一些重要的统计数据无法通过统计报表制度取得。因此，可以将统计报表与其他调查方式结合起来，更好地发挥统计报表的作用。

（3）重点调查。重点调查是在调查对象中选取一部分重点单位所进行的一种非全面调查方式。所谓重点单位，是指所调查标志的标志值在其标志总量中所占比重大的少数单位。

重点单位虽然较少，但从所要调查研究的标志来看，它们却在总体中具有举足轻重的作用。对这些单位进行调查，能从数量上反映整个总体的基本情况。重点调查适用于现象总量在各单位之间的分布极不均衡的场合。但需要注意的是，只有当调查任务是调查对象的基本情况，而在总体中确实存在重点单位时，才能进行重点调查。

（4）典型调查。典型调查是根据研究目的和任务，在对调查对象全面分析的基础上，有意识地选择若干有代表性的单位进行深入细致调查的一种非全面调查方式。

典型调查的特点有：

①典型调查的目的是通过典型单位来描述或揭示事物的本质和规律，因此调查单位是有意识地选择有代表性和典型性的单位，这些典型单位应具备所研究问题的本质或属性。

②调查单位少，可设计较多的项目和指标，进行深入细致的调查，可节省一定的人力、财力和物力。

典型调查的关键在于如何正确选择典型单位。应当根据研究目的和任务选择不同的典型单位，具体有下面三种方法：

第一，“解剖麻雀”法。当总体内部各单位差别不大时，可通过该方法了解总体的一般情况进而认识总体的内部构成、一般水平和发展规律。

第二，“划类选典”法。当总体内部各单位差别较大时，可在了解总体概况的基础上，将总体划分为若干类型，使各类型内部差异较小，然后从各类型中选择具有代表性的单位进行调查。这种方法既可适用于分析总体内部各类型特征及各类型间的差异和联系，也可综合各种类型对总体情况做出大致的估计。

第三，“抓两头”法。即分别从先进单位和落后单位中选择典型进行调查的方法，以便总结经验教训，推动整体快速发展。

（5）抽样调查。抽样调查是从全部调查对象中，按随机原则抽选一部分单位进行调查，并据以对全部调查对象做出估计和推断的一种非全面调查。抽样调查是统计调查中应用最广、最为重要的调查方法，它是通过随机样本对总体数量规律性进行推断的调查研究方法。虽然抽样调查不可避免地存在着由样本推断总体产生的抽样误差，但统计方法不仅可以估计出误差的大小，而且可以进一步控制这些误差。由于以上这些特点，加之其节省人力、财力、物力，又能保证实效性的特点，抽样调查已经成为科学研究及管理决策最重要的方法之一。

2.1.3 统计调查中数据的搜集方法

实际工作中，无论采用何种方式组织调查，调查单位确定后，搜集统计数据的具体方法主要有以下几种：

（1）直接观察法。直接观察法也称为现场调查法，是调查人员直接对被调查对象进行登记的调查方法。直接观察法是调查人员深入现场或进入一定环境，观察调查对象，获取第一手数据的方法，故可更多地了解实际。如农产品产量抽样调查中的实割实测就采用直接观察法。

（2）采访法。采访法又称派员调查，是调查者与被调查者通过面对面交谈从而得到所需数据的调查方法。又可分为标准式访问和非标准式访问两种。标准式访问又称结构式访问，是按照调查人员事先设计好的，有固定格式的标准化问卷或表格，有顺序地依次提问，并由受访者做出回答。其优点是能够对调查过程加以控制，从而获得比较可靠的调查结果。非标准式访问又称为非结构式访问，事先不制作统一的问卷或表格，没有统一的提问顺序，调查人员只是给一个题目或提纲，由调查人员和受访者自由交谈，从中获得所需资料。

（3）报告法。报告法是指被调查者按隶属关系，以各种原始记录和核算资料为基础，逐级向上提供统计资料的方法。定期统计报表和一些一次性调查表多使用这种方法。如果报告系统健全，原始记录和核算数据完整，采用报告法可以取得比较精确的资料。

（4）邮寄调查。邮寄调查是通过邮寄方式将调查表或问卷送至被调查者手中，由被调查者填写，然后将调查表寄回或投放到搜集点的一种调查方法。这是一种标准化调查，其特点是，调查人员和受调查者没有直接的语言交流，信息的传递完全依赖于调查表。但是邮寄调查的缺点是回收率往往比较低。

（5）电话调查。电话调查是调查人员利用电话同受访者进行语言交流，从而获得信息的一种调查方法。该方法具有时效快、费用低等特点。随着电话的普及，电话调查也越来越广泛。电话调查可以按照事先设计好的问卷进行，也可以针对某一专门问题进行电话采访。电话调查所提问题要明确，且数量不宜过多。

（6）网络调查。网络调查也叫网上调查，是指通过互联网所进行的统计调查，它具有其他统计调查方式方法所没有的优势，比如，组织方便，费用低廉，可全天候运作，消除了时间、空间的限制，缩短调查时间等。当然，网络调查也有局限性，主要是调查对象只能限于网络用户，另外网上资料的保密性和可信度也是控制难点。

2.1.4 统计调查方案设计

统计调查方案是统计调查前所制订的实施计划，是全部调查过程的指导性文件，是调查工作有计划、有组织、有系统进行的保证。调查方案的制定是统计设计在调查阶段的具体化。调查方案一般包括以下内容：

（1）确定调查目的和任务。在调查方案中首先应该明确为什么要进行调查，通过本次调查要解决什么问题。只有目的明确才能进一步确定向谁调查、调查什么以及用什么方法进行调查等，数据的搜集工作才能有序地进行。例如，我国第六次全国人口普查的目的是查清2000年以来我国人口数量、结构、分布和居住环境等方面的变化情况，为科学制订国民经济和社会发展规划，统筹安排人民的物质和文化生活，实现可持续发展战略，构建社会主义和谐社会，提供真实准确、完整、及时的人口统计信息支持。

（2）确定调查对象、调查单位和报告单位。调查对象是根据调查目的和任务确定的所要调查事物的全体，即统计总体。调查单位是调查项目的具体承担者，即总体单位。确定调查对象是确定调查范围，确定调查单位是明确具体向谁调查。报告单位（填报单位）与调查单位是两个不同的概念。报告单位是向上报告调查内容、提交统计数据的单位。报告单位一般是在经济上、行政上具有一定独立性的单位，而调查单位可以是个人、企事业单位，也可以是物，两者可能一致，也可能不一致。

（3）确定调查项目和调查表。调查项目是根据调查的目的和任务，确定的调查中需要登记的调查单位的特征，它由一系列标志构成。确定调查项目要注意：需要与可能相结合；调查项目的表达要确切具体；同类调查的项目应保持相对稳定。例如，人口普查主要调查人口和住户的基本情况，内容包括姓名、性别、年龄、民族、国籍、受教育程度、行业、职业、迁移流动社会保障、婚姻、生育、死亡、住房情况等。

把若干调查项目按照一定的顺序排列在表格上，即形成调查表。调查表不仅能够有条理地填写需要搜集的数据，还便于以后对数据进行整理。调查表有单一表和一览表两种。单一表是一个调查单位填写一份，可以容纳较多的调查内容。一览表是把多个调查单位的内容登记在一份表上，适用于调查内容不多的情况。在某些统计调查如民意调查和市场调查中，调查项目主要以提问的问卷形式出现。问卷是以书面文字或表格的形式了解被调查者的意见。问卷的主体部分由一系列问题及备选答案组成。

（4）确定调查时间、调查组织方式与方法。确定调查时间，包括调查数据的所属时间和调查工作的期限。数据所属时间即调查的标准时间，应明确规定所调查的是哪个时期或时点上的数据。例如：我国第六次全国人口普查的标准时间是2010年11月1日零点。调查的工作期限指调查工作从开始到结束的时间长度，包括调查的时间、数据的处理时间、数据分析和完成调查报告的时间等。

确定调查方式解决的是怎样调查的问题，是调查方案中的重要环节。无论是采用普查、重点调查、典型调查，还是采用最常用的抽样调查，或将它们有机结合，都需要充分考虑本次调查的目的要求及调查对象的特点。如果不是普查，还需要尽可能明确所选择的具体方法。

（5）确定调查的其他事项。为了保证调查工作顺利进行，在调查方案中还需要制订好组织实施的各项具体计划，包括调查机构的成立与调查人员的确定；调查前期调查人员的培训工作；调查经费的预算与开支办法；调查过程中的注意事项等等。

2.1.5 统计调查问卷的设计

市场调查在现代企业的营销与管理中扮演着越来越重要的角色，它是企业获取有关市场信息的重要手段。市场调查的工具主要就是调查问卷，问卷设计得好坏直接影响到数据的质量和分析的结论。

（1）问卷的基本结构。问卷是用来搜集调查数据的一种工具，是调查者根据调查目的和要求所设计的，由一系列问题、备选答案、说明组成的一种调查形式。不同的调查问卷在具体结构、题型、措辞、版式等设计上会有所不同，但在结构上一般由卷首语（开场白）、正文和结束语构成。

①卷首语。问卷的卷首语或开场白是致被调查者的信或问候语。其内容一般包括下列几个方面：

一是称呼、问候，如“xx 先生、女士：您好”；二是调查人员自我说明调查的主办单位和个人的身份；三是简要地说明调查的内容、目的、填写方法；四是说明作答的意义或重要性；五是说明所需时间；六是保证作答对被调查者无副作用，并替他保守秘密；七是表示真诚的感谢，或说明将赠送小礼品。

信的语气应该是亲切、诚恳而礼貌的，简明扼要，切忌啰唆。问卷的开头是十分重要的。大量的实践表明，几乎所有拒绝合作的人都是在开始接触的前几秒钟就表示不愿参与的。如果潜在的调查对象在听取介绍调查来意的一开始就愿意参与的话，那么绝大部分都会合作下去，而且一旦开始回答，几乎都会继续并完成，除非在非常特殊的情况下才会中止。

②正文。正文包括问题和回答。问题和回答是问卷的主体部分。一般包括调查询问的问题、回答问题的方式及对回答方式的指导和说明等。这些问题可以是开放式的问题，也可以是封闭式的问题，适用于所有的被调查者，并让被调查者能很快、很容易地回答，尽量避免难题或敏感问题。

③结束语。问卷的结束语可以是简短的几句话，对被调查者的合作表示感谢，也可以稍长一点，顺便征询一下对问卷设计和问卷调查的看法。

（2）问题的形式。

①开放式问题。开放式问题只提出问题，不提供答案，需要被调查者根据自己的语言自由地表达自己的意见和理由。例如，您抽烟多久了？您喜欢看哪一类的电视节目？

②封闭式问题。封闭式问题则是在提出问题的同时，给出若干个可供选择的答案，供被调查者根据自己的判断或实际情况选择回答。例如，你购买 D 牌洗衣粉的主要原因是（选择最主要两种）：

A. 洗衣较洁白　　B. 售价较廉

C. 任何商店都有出售　　D. 不伤手

E. 价格与已有的牌子相同，但分量较多　　F. 朋友介绍

开放式问题便于调查者自由地发表意见，能充分反映被调查者的观点和态度，有利于搜集深层次的数据信息，但调查结果受调查者主观意识影响较大，同时在调查数据的整理与定量化处理上存在较大困难。封闭式问题便于回答，答案不仅标准而且统一，便于后期的数据

整理与定量化处理，但其提供备选答案的方式在一定程度上限制了被调查者的回答，因此要想获得有价值的数据信息，必须尽可能全面、科学地提高调查问卷的质量。既然开放式问题与封闭式问题各有优劣，因此在实际应用中，一个问题选择何种形式取决于多种因素，需要综合考虑。

（3）问卷设计应注意的问题。

①问卷的开场白。问卷的开场白必须慎重对待，要以亲切的口吻询问，做到言简意赅，亲切诚恳，使被调查者自愿与之合作，认真填好问卷。

②问题的语言。由于不同的字眼会对被调查者产生不同的影响，因此往往看起来差不多相同的问题，会因所用字眼不同，而使应答者有不同的反应，做出不同的回答。故问题所用的字眼必须小心，以免影响答案的准确性。一般来说，在设计问题时应留意以下几个原则：

第一，避免一般性问题。如果问题的本来目的是在求取某种特定资料，但由于问题过于一般化，使应答者所提供的答案资料无多大意义。例如，某酒店想了解旅客对该酒店房租与服务是否满意，因而作以下询问：您对本酒店是否感到满意？

这样的问题，显然有欠具体。由于所需资料涉及房租与服务两个方面，故应分别询问，以免混乱，例如：

您对本酒店的房租是否满意？

您对本酒店的服务是否满意？

第二，问卷的语言要口语化，符合人们交谈的习惯，避免书面化和文人腔调。

总的来说，调查问卷的设计，应以被调查者为本，根据调查目的、调查内容等要求，设计合适的问题及其答案，并尽量保证调查问卷的可行性与科学性，切忌问卷内容过多、题量过大，以便于获得真实、可靠的统计数据，从而顺利实现研究目的。

2.1.6 统计数据的质量

（1）统计数据的误差。统计数据的误差来源有两类：登记误差和代表性误差。

登记性误差，是调查过程中由于调查者或被调查者的人为因素所造成的误差。调查者所造成的登记性误差主要有：调查方案中有关规定或解释不明确导致的填报错误、抄录错误、汇总错误等；被调查者造成的登记性误差主要有：因人为因素干扰形成的有意虚报或瞒报调查数据，这种误差在统计调查中应特别重视。登记性误差理论上是可以消除的。

代表性误差，主要是指在用样本数据进行推断时所产生的随机误差。代表性误差可以根据它是来自非随机抽样调查还是随机抽样调查区分为系统性误差和抽样误差（也称随机误差）。由非随机抽样调查所产生的代表性误差称为系统性误差。系统性误差的产生是由于从总体中抽取部分个体时没有遵循随机原则，而是有主观因素的影响。从理论说，系统性误差是完全可以避免的。抽样误差是由抽样的随机性产生的样本估计量与总体参数之间的误差。这种误差是抽样调查本身所固有的，对于任何一个随机样本，这种误差都是无法避免，但可以计算和控制的。

（2）统计数据的质量要求。数据的质量包括多方面的含义，不仅是指数据本身的准确性或误差的大小。就一般的统计数据而言，可将其质量评价标准概括为 6 个方面：①精度，即最低的抽样误差或随机误差；②准确性，即最小的非抽样误差或偏差；③关联性，即满足用户决策、管理和研究的需要；④及时性，即在最短的时间内取得并公布数据；⑤一致性，即保持时间序列的可比性；⑥最低成本，即在满足以上标准的前提下，以最经济的方式取得数据。可见，统计数据的质量是多方面要求的综合体现。现在，人们对统计数据的质量提出了越来越高的要求，当我们为某一需要搜集统计数据时，在调查方案的设计、数据的搜集、数据的处理与分析的各个环节中，都应注意保证数据的质量，以便得出切合实际的客观结论。

2.2 统计数据的整理

2.2.1 统计数据整理的意义

统计数据整理，就是根据统计研究的目的，对统计调查阶段所搜集到的资料进行科学的加工，使之系统化、条理化、科学化，以得出反映事物总体综合特征资料的工作过程。

统计活动是从个体实际表现到总体综合表现的认识过程，也是从对现象感性认识到对现象理性认识的过程。统计整理正是从对现象个体的观察到对现象总体认识的连接点，是从统计调查到统计分析的中间环节，是统计调查的继续，统计分析的前提和基础，在统计工作中起着承前启后的作用。统计整理的正确与否，将直接影响和决定着能否完成整个统计研究的任务。如果采用不科学不完整的整理方法，即使搜集到准确、全面的统计资料，也往往使这些资料失去应用价值，掩盖客观现象的本质，难以得出正确的结论。因此，必须十分重视统计整理工作。

2.2.2 统计数据整理的步骤

第一步：设计和制定统计整理方案。

根据统计研究的目的和要求，对统计工作做出全面科学的安排，制订周密的整理计划。其内容包括：确定分类体系和分组标志，确定统计指标和指标体系，确定统计数据审核的原则和办法，确定统计汇总的方式，绘制相应的统计图表，并对相应环节加以详细的规定和说明，确保统计整理工作平稳顺利地进行。

第二步：对统计数据进行审核。

统计数据在汇总分组之前应进行审核，保证统计数据全面准确。统计数据的审核包括：

逻辑审核：按照数据审核的内容，采用逻辑分析的方法，检查原始数据中各项数据是否合理。要求审核员有较好的逻辑思维能力。

技术审核：根据数据审核的内容，通过对调查数据原始登记表和其他原始登记材料进行机械性核对来实施的数据审核方式。主要包括审核填报单位是否存在漏报或重报，调查项目是否齐全，填写是否符合规范，计量单位是否准确等。

第三步：对统计数据进行分组、汇总。

根据整理方案的要求，按照合理的分组标志对大量的、零散的资料进行分组汇总，形成系统化的资料。

第四步：编制统计图表。

根据分组或汇总的统计数据，编制统计图表，使之条理化、形象化。

2.2.3 统计分组

（1）统计分组的概念和作用。统计分组就是根据统计研究的需要，将统计总体按照一定的标志划分为若干性质不同的几个部分的一种统计方法。例如，将某一班级的全体同学按照性别划分为男、女两个组；对某市 100 家大型零售商店按照零售额、职工人数进行分组等。

总体的变异性是统计分组的客观依据。其做法对总体而言是“分”，对总体单位而言是“合”。其目的是把同质总体中的具有不同性质的单位分开，把性质相同的单位合并在一个组，保持各组内统计资料的一致性和组与组之间统计资料的差异性，以便进一步运用各种统计方法，研究现象的数量表现和数量关系，从而正确地认识事物的本质及其规律。例如，要了解我国人口状况，只知道总人口数量是不够的，而应将人口总体按照年龄、性别、民族、城乡、文化程度等分组，才能进一步深入地了解我国人口总体的年龄结构、性别比例、民族构成等。

科学的统计分组在统计整理中占有十分重要的地位，它是统计研究最重要、最基本的方法之一。统计分组的作用主要表现在：

第一，划分总体的类型。现象的类型多种多样，不同类型的现象存在本质的差别，通过对统计数据的分组，就可以把不同类型的现象区别开来。

第二，反映现象内部结构和比例关系。通过分组，总体被划分为若干组成部分，可以反映总体的构成特征和基本性质。

第三，揭示现象之间的相互依存关系。现象之间总是相互联系、相互依存、相互制约的，在分组基础上，可以观察这些现象之间的内在联系和数量关系。

（2）统计分组的原则。

①科学性原则。它是指统计分组要从统计研究的目的出发，选择最能说明现象本质特征的标志作为分组标志，使组与组之间在某一方面具有显著的差异，而组内各单位在该方面具有同质性。

②完备性原则，它是指分组时任何一个总体单位或任何一个原始数据都能归属于某一个组，而不会遗漏在外。

③互斥性原则。它亦称不相容性原则，是指任何一个总体单位或任何一个原始数据，在一种统计分组中只能归属于某一个组，而不能归属于两个或两个以上的组。

（3）统计分组的种类。按分组标志的性质不同，统计分组可以分为品质标志分组和数量标志分组。品质标志分组就是从属性上区分各类型组。例如，从业人员按职业、性别分组，企业按经济类型分组，国民经济按行业分组等。按品质标志分组的关键是界定各类型组的性质差异。数量标志分组是从某个变量的数量差异上来区分各种类型。例如，职工按年龄分组，企业按职工人数分组或按固定资产多少分组等。数量标志分组的关键是正确划分各组界限。

按分组标志的多少可分为简单分组和复合分组。简单分组是按一个标志对总体单位进行分组，它只反映总体某一方面的类型和结构特征。复合分组是按两个或两个以上标志对总体单位进行重叠分组，例如对某地区工业企业先按经济类型分组，再将各组按规模大小进行分组。复合分组不仅比简单分组更加具体和深入地反映总体内部的类型和结构特征，而且可以显示结构的层次，说明总体内部类型的主从关系。但是，复合分组的标志也不宜太多，因为随着分组标志的增加，分组的组数就会成倍增加，分组过多时，总体单位分布过于分散，不利于揭示现象的内部构成和分布规律，失去分组的意义。

2.3 分布数列

2.3.1 分布数列概述

（1）分布数列的概念。在统计分组的基础上，将总体中的所有单位按组归类整理，形成总体中各个单位在各组间的分布，称为分布数列或分配数列。分布数列是统计整理的一种重要形式，它表明总体单位在各组的分布状况。

分布数列由各组名称（组别）和各组频数或频率两个要素构成。分布在各个组中的总体单位数称为次数，也称频数；各组频数与总频数之比称为频率，也称为比例或比重，它说明总体各部分的构成情况。

（2）分布数列的种类 。按分组标志的性质不同，分布数列可分为品质数列和变量数列。

①品质数列。按品质标志进行分组所形成的分布数列称为品质数列，如表 2 – 1 所示。

表 2 – 1　学生按性别分布表

按性别分组	人数	比例（%）
男生	110	55
女生	90	45
合计	200	100

②变量数列。按数量标志进行分组所形成的分布数列称为变量数列。变量数列的组别是变量值分组的结果，表现为数值或数值域。由此，按各组数量值的表现形式不同分为单项式变量数列和组距式变量数列。

A. 单项式变量数列。单项式变量数列中每一个变量值代表一组，它适用于变量值不多、变动幅度不大的离散变量，如表 2 – 2 所示。

表 2 – 2　某地区有子女家庭情况分布表

家庭按子女数分组（个）	家庭数（万户）	比例（%）
1	240	24
2	480	48
3	180	18
3 个以上	100	10
合计	1000	100

B. 组距式变量数列。组距式变量数列中用变量值的一定范围代表一组，它适用于变量值较多、变动幅度较大的离散变量，也适用于连续变量。组距式变量数列按各组组距是否相等，分为等距数列和异距数列。等距数列是指各组组距相等的数列，如表 2 – 3 所示。

表 2 – 3　　某地区 50 个乡镇财政总收入分布表

按年财政总收入分组（万元）	乡镇数（个）	比例（%）
900 ~ 1000	6	12
1000 ~ 1100	8	16
1100 ~ 1200	11	22
1200 ~ 1300	11	22
1300 ~ 1400	10	20
1400 ~ 1500	4	8
合计	50	100

异距数列是指各组组距不相等的数列，如表 2 – 4 所示。

表 2 – 4　　某地区人口年龄分布表

按年龄分组（岁）	人口数（万人）	比例（%）
0 ~ 14	151	17
15 ~ 64	648	71
65 以上	111	12
合计	910	100

（3）累计频数。为了更清楚地反映数据分布的特点，实际中常常计算累计频数，包括向上累计频数和向下累计频数。向上累计频数是由变量值小的一组向变量值大的一组依次累计，又称为较大制累计；向下累计频数是由变量值大的一组向变量值小的一组依次累计，又称为较小制累计。具体如表 2 – 5 所示。

表 2 – 5　　某地区 50 个乡镇年财政总收入分布表

按年财政总收入分组（万元）	乡镇数（个）	累计频数	
		向上累计	向下累计
900 ~ 1000	6	6	50
1000 ~ 1100	8	14	44
1100 ~ 1200	11	25	36
1200 ~ 1300	11	36	25
1300 ~ 1400	10	46	14
1400 ~ 1500	4	50	4
合计	50	—	—

（4）频数分布的类型。频数分布的类型主要有三种：钟形分布、U 形分布、J 形分布。

①钟形分布。钟形分布，其特征是“两头小，中间大”，即中间的变量值分布的次数较

多，靠近两边的变量值次数分布较少，其曲线宛如一个古钟，钟形分布如图 2－2 所示。

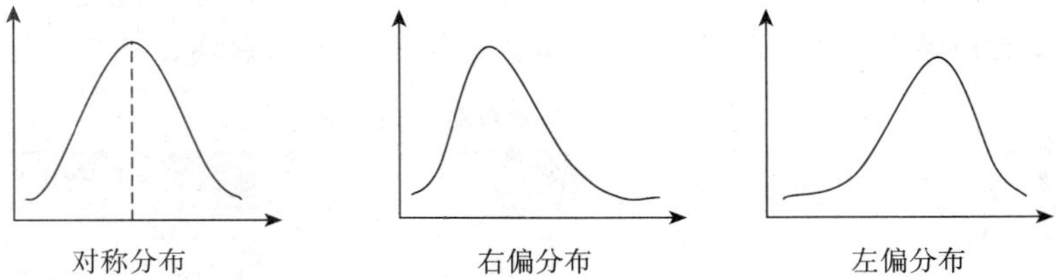

图 2－2　钟形分布

钟形分布按变量值分布的形态，分为对称分布和偏态分布。对称分布是以变量值的平均数为对称轴，左右两侧对称，两侧变量值的分布次数随着与平均数距离的增大而逐渐减少。偏态分布包括右偏分布和左偏分布。在社会经济现象中，许多现象的变量值呈现钟形分布。

②U 形分布。U 形分布与钟形分布正好相反，靠近中间的变量值分布次数较少，靠近两边的变量值次数分布较多，形成“两头大，中间小”的 U 形分布。如人口死亡率的分布属于 U 形分布。U 形分布如图 2－3 所示。

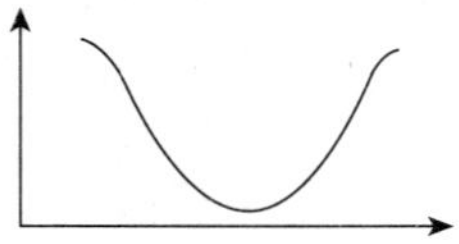

图 2－3　U 形分布

③J 形分布。J 形分布有两种类型：一种是随着变量值的增大，分布的次数也增大，呈正 J 形分布；另一种是随着变量值的增大，分布的次数减少，呈反 J 形分布。J 形分布如图 2－4 所示。

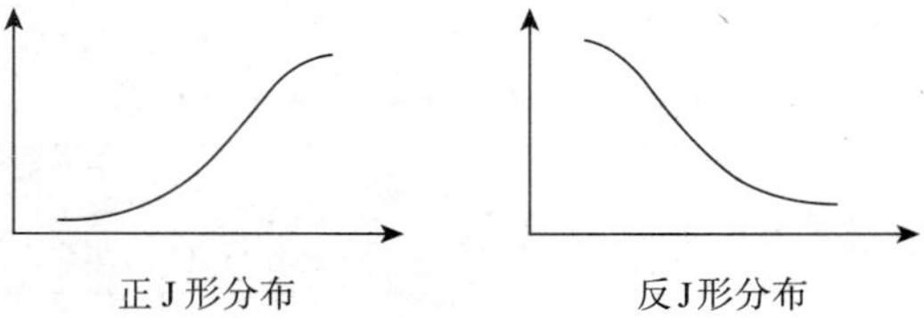

图 2－4　J 形分布

2.3.2　变量数列的编制

由于受到组数、组距、组限等因素的影响，组距式变量数列的编制比较复杂。现重点讨论组距式变量数列的编制方法。

【例 2－1】　某车间 50 名工人日加工零件数（个）如表 2－6 所示，试编制组距变量数列。

表 2－6　　　　50 名工人日加工零件数　　　　单位：个

117	122	124	129	139	107	117	130	122	125
108	131	125	117	122	133	126	122	118	108
110	118	123	126	133	134	127	123	118	112
112	134	127	123	119	113	120	123	127	1350
137	114	120	128	124	115	139	128	124	121

【解】 利用该资料编制组距变量数列的方法如下：

（1）计算全距。找出全部数据的最大变量值和最小变量值，二者之差就是全距。全距表明全部变量值的变化范围，它是确定组数与组距的依据。

本例中数据的最大值是 139，最小值是 107，数据的波动幅度是（即全距）32。

（2）确定组数。确定组数，就是确定把总体分为多少组。分组的目的是找出数据分布的数量规律性，因此一般情况下，组数不应少于 5 组，也不应多于 15 组。如果组数太少，频数分布太笼统，其规律性反映不出来；如果组数太多，特别是数据又太少，频数分布太分散，则反映出的都是偶然性差异，也不便于探索出分布的规律。在实际分组时，可参考美国学者 Sturges 提出的经验公式来确定组数 K（四舍五入取整）：$K=1+\frac{\lg n}{\lg 2}$。如例 2－1 的数据，$K=1+\frac{\lg 50}{\lg 2}\approx 7$。

（3）确定组距。组距是各组最大变量值与最小变量值之差。组距与组数成反比关系。可根据全部数据的全距和组数来确定，即组距＝全距/组数。本例中全距为 32，则组距＝32/7＝4.57。取整数为 5 组。在实际工作中，为方便分析研究，组距一般取整数，通常是 5 或 10 的倍数。这里需要注意的是，当数据中出现极大值或极小值时，全距的计算需要规避极值。

（4）确定组限。组距式变量数列中各组的最大变量值与最小变量值分别称为组上限和组下限。组限的确定应遵循“既不重复，也不遗漏”的原则，即一个变量值不能同时归入两个组内，或某个变量值无组可归。

为保证“既不重复，也不遗漏”，离散型变量一般采用间断分组，即前一组的组上限和后一组的组下限不相等；连续型变量必须采取重叠分组，即前一组的组上限与后一组的组下限相等，为同一个变量值。当某一个变量值恰好等于某组的组上限时，一般规定“上组限不在内”，即该变量值不归在本组内。

如果资料中存在极小值或极大值，通常采用开口组，即第一组不取下限，采用“××以下”；最后一组不取上限，采用“××以上”。

按上述要求，例 2－1 可设为“105～110”“110～115”“115～120”“120～125”“125～130”“130～135”“135～140”，共 7 组。

（5）编制频数分布表。根据表 2－6 的资料，使用 Excel 中的统计函数 FREQUENCY 来编制间断组距数列。

FREQUENCY 以一列垂直数组返回某个区域中数据的分布，描述数据分布状态。频数分布函数语法形式为：FREQUENCY（ data array，bins_ array）。其中：data_ array 为一数组或对一组数值的引用，用来编制频数分布的数据。bins_ array 为间隔的数组或对间隔的引用，该间隔用于对 data_ array 中的数值进行分组，即为频数或次数的接受区间。

①建立如图 2－5 所示的数据。

A 列为原始数据，放在 A2：A51 单元格内；B 列为分组上限，放在 B2：B8 单元格内。

由于 Excel 不能识别非数值型字符，所以不能把 105～110、110～115……135～140 输入一列作为组限，程序规定只能把上组限作为分组标志，即 110、115、120……140。需要强调的是用 Excel 编制频数分布表时各组计算的频数将包含组上限，故实际组上限值应为 109、114、119……139（见图 2－5）。

	A	B	C	D	E
1	零件数	组上限		频数	
2	117	109		3	
3	108	114		5	
4	110	119		8	
5	112	124		14	
6	137	129		10	
7	122	134		6	
8	131	139		4	
9	118				
10	134				

图 2－5　50 名工人日加工零件的频数分布

②选定 D2：D8，输入公式“＝FREQUENCY（A2：A51，B2：B8）”，然后按“CTRL＋SHIFT＋ENTER”组合键，即可计算出各组的频数。得到频数分布结果如图 2－5 所示。

由于 Excel 输出的结果不是组距分组的形式，故直接对结果进行修改，把分组标志用组限代替组上限，并计算出频率。得到分组的结果如表 2－7 所示。

表 2－7　　50 名工人日加工零件的频数分布表

分组（个）	频数（人）	频率（%）
105～110	3	6
110～115	5	10
115～120	8	16
120～125	14	28
125～130	10	20
130～135	6	12
135－140	4	8
合　计	50	100

（6）计算组中值。组距掩盖了分布在各组内总体单位的实际数值，为反映分布在各组内总体单位变量值的一般水平，需要计算组中值。组中值是各组上限和下限的中点数值，通常根据组上限、组下限进行简单平均，即：

$$组中值=\frac{组下限+组上限}{2}$$

用组中值代表组内变量值的一般水平有一个前提，即假定组内变量值的分布是均匀的。

需要注意的是，对于间断分组的组距式变量数列，组上限包含在本组内，计算组中值时，组上限的数值应转换为后一组的下限。开口组组中值的计算公式为：

$$缺下限开口组的组中值 = 该组上限 - \frac{邻组组距}{2}$$

$$缺上限开口组的组中值 = 该组下限 + \frac{邻组组距}{2}$$

2.4 统计数据的显示

2.4.1 统计表

统计表是用于展示数据的基本工具。在数据的搜集、整理、描述和分析过程中，都要使用统计表。许多杂乱的数据，既不便于阅读，也不便于理解和分析，一旦整理在一张统计表内，就会使这些数据变得一目了然、清晰易懂。

（1）统计表的结构。对经过调查整理汇总计算而得到的数据按一定的顺序和格式排列在表上，就形成了统计表。利用统计表可以清楚地、有条理地显示统计资料，直观地反映统计分布特征。

统计表从形式上看一般由四个主要部分组成，即总标题、列标题、行标题和数字资料，此外，必要时可以在统计表的下方加上表外附加。总标题是统计表的名称，位于表的上端中部，简要说明统计表中全部统计资料的内容；行标题和列标题通常安排在统计表的第一列和第一行，它们所表示的主要是所研究对象的类别名称和指标名称；表的其余部分是具体的数字资料。表外附加通常放在统计表的下方，主要包括资料来源、指标的注释和必要的说明等内容。统计表的总标题、行标题、列标题和数字资料、表外附注如表 2－8 所示。

表 2－8　　2018 年末中国人口数及构成　　←总标题

	指标	年末数（万人）	比重（%）　←列标题	
行标题	全国总人口	139538	100.00	数字资料
	其中：城镇	83137	59.58	
	乡村	56401	40.42	
	其中：男性	71351	51.13	
	女性	68187	48.87	
	其中：0～14 岁	24860	17.80	
	16～59 岁	89729	64.30	
	60 岁及以上	24949	17.90	

资料来源：《中国统计年鉴》。　←表外附注

（2）统计表的设计。由于统计数据的特点不同，统计表的设计在形式和结构上会有较大差异，但设计上的基本要求则是一致的。总体上看，统计表的设计应符合科学、实用、简

练、美观、便于比较的要求。具体来说，设计统计表时要注意以下四点：

①要合理安排统计表的结构，列标题、行标题、数字资料的位置应安排合理。当然，由于强调的问题不同，列标题和行标题可以互换，但应使统计表的横竖长度比例适当，避免出现过高或过长的表格形式。

②总标题应简明确切地概括出统计表的内容，一般需要表明统计数据的时间（when）、地点（where）以及何种数据（what），即总标题内容应满足3W要求。如果表中的全部数据都是同一计量单位，可放在表的右上角标明，若各指标的计量单位不同，则应放在每个指标后或单列出一列标明。

③表中的上下两条横线一般用粗线，中间的其他线要用细线，这样使人看起来清楚、醒目。通常情况下，统计表的左右两边不封口，列标题之间一般用竖线隔开，而行标题之间通常不用横线隔开，表中尽量少用横竖线。表中的数据一般是右对齐，有小数点时应以小数点对齐，而且小数点的位数应统一。对于没有数字的表格单元，一般用“—”表示，一张填好的统计表不应出现空白单元格。

④在使用统计表时，必要时可在表的下方加上注释，特别要注意注明资料来源，以表示对他人劳动成果的尊重，方便读者查阅使用。

2.4.2 统计图

统计图是直观地展示统计数据的形式，可以将复杂、枯燥的数据用形象生动的图形表现出来。

（1）条形图。条形图是用宽度相同的条形高度或长短来表示数据多少的图形。用来表示类别的条形柱放在纵轴上，称为条形图；放在横轴上，称为柱形图。条形图主要用于反映品质数列的频数分布，比较不同组之间的差异。

【例2-2】 某超市随机抽取50名顾客购买饮料情况的数据见表2-9。

表2-9　50名顾客购买饮料分布表

饮料类型	频数（男）	频数（女）	合计
果汁	1	5	6
矿泉水	6	4	10
绿茶	7	4	11
碳酸饮料	6	9	15
其他	2	6	8
合计	22	28	50

若要反映男女之间购买饮料的差异，试利用该资料绘制条形图和柱形图。

【解】 Excel绘制条形图的操作步骤如下：

第一步：在Excel中选择“插入”下拉菜单的“图表”子菜单，进入图表向导，选择“条形图”，在“子图表类型”中选择具体样式。

第二步：单击“下一步”，在弹出的“图表源数据”对话框中输入数据区域，点击“系列”选项，规定每一数据系列的名字和数值的区域。

第三步：单击“下一步”，弹出“图表选项”对话框，对该对话框中的项目进行适当的选择，单击“完成”即可；然后作相应的修改，结果如图 2-6 所示。绘制的柱形图如图 2-7所示。

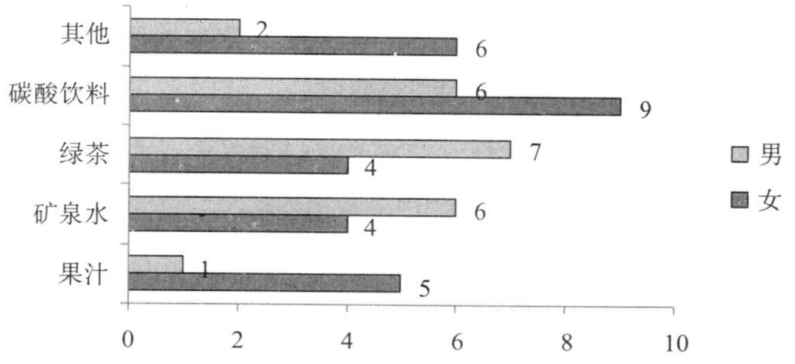

图 2-6　不同性别消费者购买饮料对比条形图

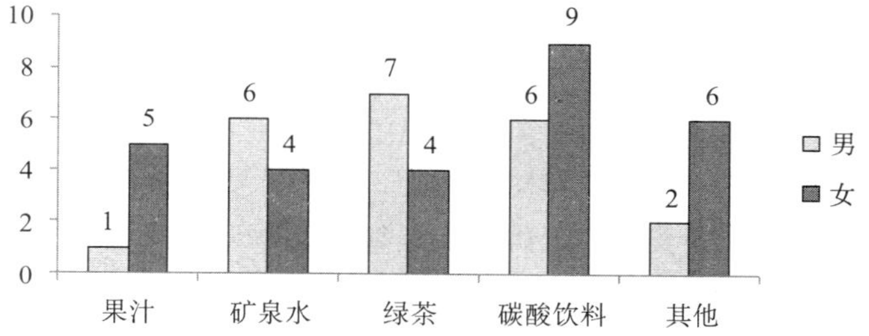

图 2-7　不同性别消费者购买饮料对比柱形图

其他图形的绘制步骤与条形图的绘制步骤类似，只是在图形类型中选择不同的图形类型即可。

（2）饼图与环形图。饼图又称扇形图，是以圆形及圆内扇形的面积大小来表示统计资料的一种图形。它主要用于表示总体内各组成部分所占的比重，反映总体内部构成情况。

仍以例 2-2 为例，绘制的饼图如图 2-8 所示。

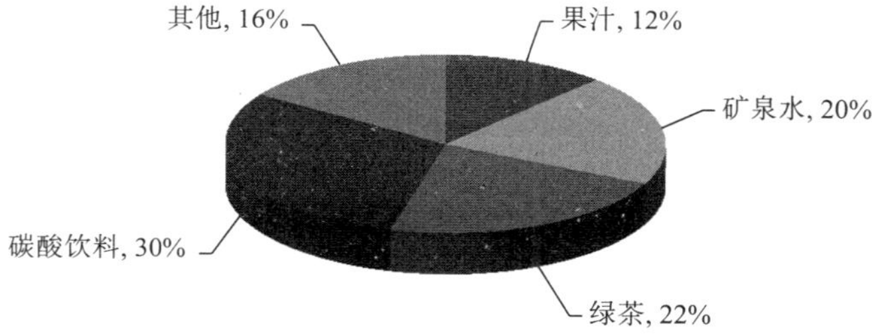

图 2-8　消费者购买饮料对比图

饼图只能展示一个现象的内部结构状况，如果要比较多个现象的内部结构状况，则需要绘制环形图。环形图类似于饼图，但又有区别。环形图中间有一个“空洞”，外边绘制多个现象的圆环，每一个圆环反映一个现象的数据结构，如图 2-9 所示。

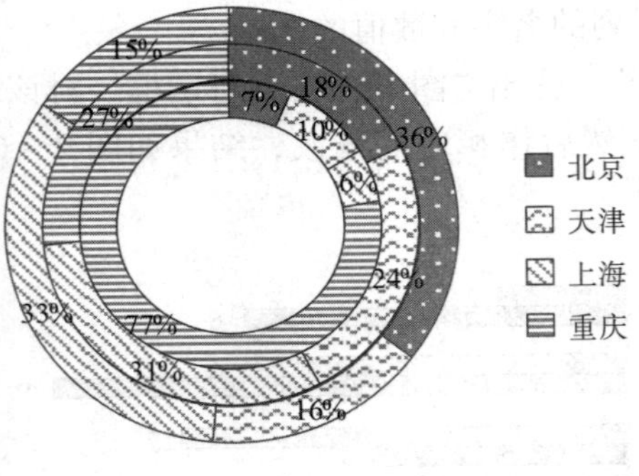

图 2－9　4 个直辖市 2018 年三次产业增加值环形图

（3）直方图。直方图是用于展示组距数列分布特征的一种图形。它是在直角坐标中，用横轴表示数据的分组，纵轴表示频数或频率，这样各组组距与相应的频数就形成了一个矩形，用矩形的宽度和高度来表示频数分布。对于等距数列，各组频数可以直接作为直方形的高度。

折线图与直方图作用相似，它是以各组的组中值为该组的代表值，然后用折线将各组次数连接起来，就形成了折线图，也称为次数多边图。

直方图与折线图的面积是相等的，因此，直方图与折线图所表示的分布规律是相同的。需要注意的是，折线图的两个终点要与横轴相交，这样才会使折线图下所围成的面积与直方图的面积相等，从而使两者所表示的频数分布一致。次数分布曲线是折线图的理论图，当变量数列的组距无限小时，折线就表现为一条光滑的曲线。

图 2－10 是根据表 2－7 中 50 名工人日加工零件数的频数分布表绘制而成的直方图和折线图。为了使折线图与横轴相交，在表 2－7 的基础上，增加了“100～105”“140～145”两组。从图中我们可以很直观地看出工人日加工零件数的分布状况，即日加工零件数在 120～125 个的工人数最多。

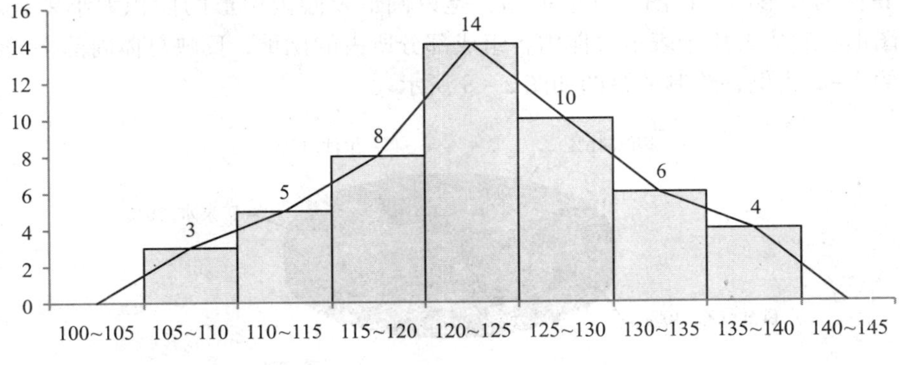

图 2－10　50 名工人日加工零件数直方图

对于异距数列，由于各组组距不同，频数的差异不能直接表明数据分布的特征。这时就需要根据频数密度来绘制直方图，以准确反映各组数据分布的特征。其方法是：以各组频数密度（频数密度＝频数/组距）为各组矩形的高度，或先确定标准组距，将标准组距乘以各组频数密度得到标准组距频数，再以各组的标准组距频数为各组矩形的高度。

（4）茎叶图。直方图展示了总体数据的主要分布特征，但它掩盖了各组内数据的具体差异。为了弥补这一局限，对于未分组的原始数据则可以用茎叶图来观察其分布。茎叶图由“茎”和“叶”两部分构成，其图形是由数字组成的，绘制茎叶图的关键是设计好树茎，制作茎叶图时，首先把一个数字分成两部分，通常是以该数据的高位数值作为树茎，而且树叶上只保留该数值的最后一个数字。如 125 分成“12”与“5”，97 分成“9”与“7”，前部分是树茎，后部分是树叶。表 2 – 10 是根据例 2 – 1 数据制作的茎叶图表。

表 2 – 10　　50 名工人日加工零件数的茎叶图表

树茎	树叶	数据个数
10	788	3
11	0223457778889	13
12	001222233334445556677 7889	24
13	0133445799	10

从表 2 – 10 可以看到，树茎是数据的十位数和百位数，树叶由数据的个位数对齐排列。如果不是以 10 作为组距分组，而是以 5 为组距，就可以形成扩展的茎叶图表。例如，可以将表 2 – 10 扩展一倍，即每一个树茎重复两次，用记号“ * ”表示树叶的个位数为 0 ~ 4，用记号“ · ”表示个位数为 5 ~ 9，于是可得到表 2 – 11。

表 2 – 11　　扩展的茎叶图表

树茎	树叶	数据个数
10 ·	788	3
11 *	02234	5
11 ·	57778889	8
12 *	00122223333444	14
12 ·	5566777889	10
13 *	013344	6
13 ·	5799	4

表 2 – 11 的茎叶图表与图 2 – 6 的直方图作用完全相同，既达到了分组的目的，也给我们直观的图形（表 2 – 11 等于横置的直方图 2 – 6）。

在实际应用中，茎叶图行数的确定还要根据数据的分散状况及数据分布的特征来确定。总之，要以能充分显示出数据的分布特征为目的。茎叶图类似于横置的直方图，与直方图相比，茎叶图既能给出数据的分布状况，又能给出每一个原始数值，即保留了原始数据的信息，而直方图则不能给出原始的数值。

（5）箱线图。箱线图是反映原始数据分布的图形，它由一组数据的最大值、最小值、中位数和两个四分位数 5 个特征值绘制而成的（分位数的详细内容将在第三章中阐述）。对于单组数据，可以绘制简单箱线图；对于多组数据，可以绘制批比较箱线图。通过箱线图，不仅可以反映出一组数据分布的特征，还可以进行多组数据分布特征的比较。

箱线图由一个箱子和两条线段组成。其绘制方法是：连接两个分位数画出一个箱子，再用最小值连接下四分位数，用最大值连接上四分位数，中位数在最大值和最小值的正中间

（一定在箱内）。其一般形式如图 2－11 所示。

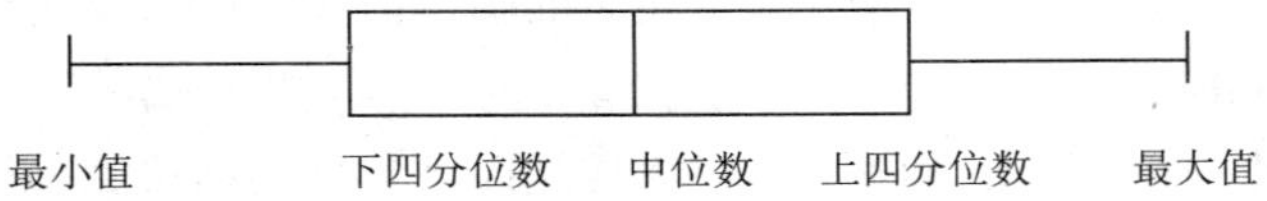

图 2－11　简单箱线图

【例 2－3】　某企业 10 名营销人员的销售额分别为：10、8、12、15、20、16、13、9、18、12 万元，试绘制销售额的箱线图。

【解】　先按由小到大的顺序排列如下：

8、9、10、12、12、13、15、16、18、20

最大值 = 20；最小值 = 8；中位数 $=\frac{12+13}{2}=12.5$；

下四分位数位置 $\frac{10+1}{4}=2.75$，下四分位数 $=9+0.75\times(10-9)=9.75$；

上四分位数位置 $\frac{3(10+1)}{4}=8.25$，上四分位数 $=16+0.25\times(18-16)=16.5$；绘制的箱线图如图 2－12 所示。

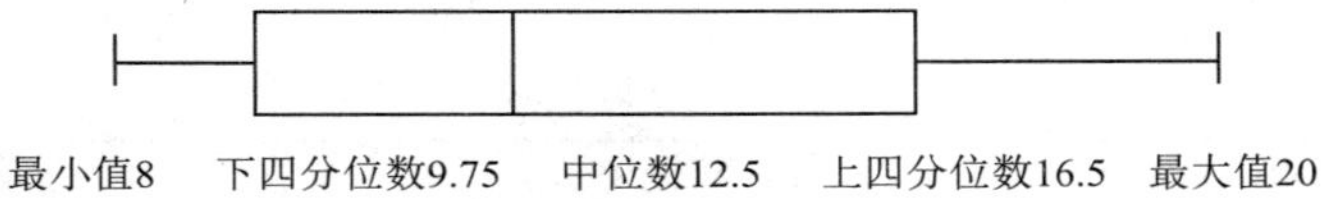

图 2－12　10 名营销人员销售额的箱线图

对于多批数据，可以将各批数据的箱线图并列起来，从而进行分布特征的比较。

【例 2－4】　从某中学高中二年级理科 5 班的学生中随机抽取 10 人，对期中考试的成绩进行调查，6 门课程都按总分 100 分出题，有关数据如表 2－12 所示。试编制各科成绩的批比较箱线图，并分析各科成绩的分布特征。

表 2－12　　10 名理科学生各科的考试成绩

课程名称	课程编号	学生编号									
		1	2	3	4	5	6	7	8	9	10
语文	1	78	88	86	94	94	80	90	92	95	78
数学	2	85	87	88	96	90	92	82	84	88	89
英语	3	87	94	96	94	88	94	86	88	90	89
物理	4	94	88	94	87	92	89	78	80	98	91
化学	5	88	96	87	90	94	86	72	75	89	93
生物	6	93	90	91	96	89	88	80	82	78	80

【解】　先按课程成绩编制箱线图。若采用 Excel，则需要先计算各科成绩的最大值、最小值、中位数、上四分位数和下四分位数。借助于股价图的“开盘价—盘高—盘低—收盘价”（第二个子图表类型），在图表数据源对话框的数据区域中将“系列产生在列”

修改为"系列产生在行"，在绘图区单击右键，选取"数据源→系列→添加"，在"名称"右侧用鼠标选取添加的第五个单元格的名称，在"值"右侧用鼠标选取其值。若计算机安装有专门的统计软件时，可直接使用软件作箱线图。图 2－13 和图 2－14 是由 SPSS 绘制的箱线图。

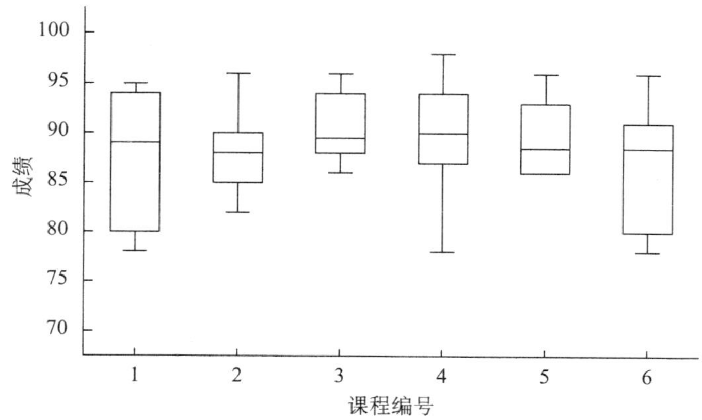

图 2－13　6 门课程成绩的箱线图

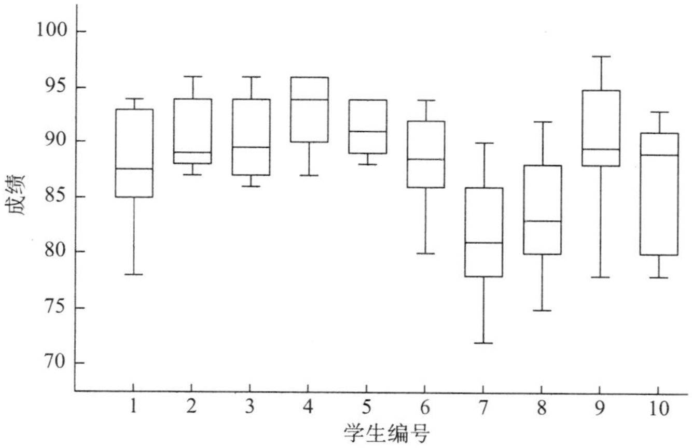

图 2－14　10 名学生成绩的箱线图

从图 2－13 中可以看出，英语和物理的总体成绩最好（中位数较高），数学课的全班成绩最集中（箱子较短），语文课成绩参差不齐，比较分散。

从图 2－14 中可以看出，第 4 名学生的总体成绩最好，第 7 名学生的总体成绩最差，第 5 名学生的总体成绩最均衡，而第 10 名学生有偏科现象。

本章小结

统计数据搜集即统计调查，统计调查是统计工作的基础环节，决定着统计工作和统计研究的质量。对统计调查的基本要求是准确、及时。

从统计数据本身的来源看，统计数据最初都是来源于直接的调查或试验。但从使用者的角度看，统计数据的来源主要有直接和间接两种渠道，相应地，统计数据亦可划分为原始数据和二手数据。

统计调查的组织方式主要有普查、统计报表、重点调查、抽样调查。不论采用哪种方式组织调查，都要运用具体的数据搜集方法采集统计数据，统计调查中数据的搜集方法主要有：直接观察法、采访法、报告法、邮寄调查、电话调查和网络调查。

搜集统计数据需要制定一个合理的调查方案，调查方案通常包括：确定调查目的和调查任务；确定调查对象、调查单位和报告单位；确定调查项目和调查表；确定调查时间和调查组织方式与方法；等等。

问卷设计是市场调查中的一项重要内容。不同的调查问卷在结构上一般由卷首语（开场白）、正文和结束语构成。

统计整理包括以下五个步骤：设计和制定统计整理方案；对原始数据进行审核；对原始数据进行分组、汇总和计算；编制统计图、统计表。

统计分组是统计整理的核心。统计分组的原则是科学性、完备性、互斥性。品质标志分组的关键是界定各组的性质差异；数量标志分组的关键是正确划分各组界限，显示出数据的分布特征。

分布数列有品质数列和变量数列之分。变量数列又有单项式变量数列和组距式变量数列两种。组距式变量数列又分为等距数列和异距数列。编制组距数列需要合理确定组数、组距和组限。次数分布主要有钟形分布、U 形分布、J 形分布三种。

统计表和统计图是统计数据的两种重要显示形式。统计表一般由表头、行标题、列标题和数字资料四部分组成。常用的统计图主要有条形图、饼图、环形图、直方图、茎叶图等。

综合训练

一、思考题

1. 什么是统计调查？有哪些统计调查方式？
2. 统计数据的具体搜集方法有哪些？
3. 简述统计调查方案的内容。
4. 什么是调查问卷？它由哪几部分组成？
5. 什么是统计分组？统计分组有什么作用？
6. 什么是频数分布？频数分布的种类和构成要素有哪些？
7. 如何编制变量数列？
8. 什么是统计表？制作统计表应注意哪几个问题？
9. 茎叶图与直方图相比有何优点？
10. 饼图和环形图有什么不同？

二、单项选择题

1. 调查几个铁路枢纽站，就可以了解我国铁路货运量的基本情况和问题，这种调查属于（　　）。

A. 普查　　B. 重点调查

C. 典型调查　　D. 抽样调查

2. 对于生产过程中产品质量的检查和控制宜采用（　　）。

A. 普查　　B. 重点调查

C. 典型调查　　D. 抽样调查

3. 下列调查方式中，属于一次性调查的是（　　）。

A. 收入调查　　B. 成本调查

C. 产量调查　　D. 资产调查

4. 统计调查项目的直接承担者是（　　）。

A. 调查单位　　B. 填报单位

C. 调查表　　D. 调查问卷

5. 下列调查中，调查单位与填报单位一致的是（　　）。

A. 企业设备调查　　B. 人口普查

C. 农村耕地调查　　D. 工业企业现状调查

6. 了解某工业企业的产品质量，调查人员到现场进行观察、检验，这种搜集统计资料的方法是（　　）。

A. 直接观察法　　B. 采访法

C. 报告法　　D. 通讯法

7. 根据组距数列计算平均数时，被平均的数值是各组的（　　）。

A. 组限　　B. 组距

C. 组中值　　D. 频数

8. 某连续变量组距数列，其末组为 500 以上，又知其邻组组中值为 480，则其末组组中值为（　　）。

A. 510　　B. 520

C. 500　　D. 490

9. 划分连续变量组距数列的组限时，相邻组的组限必须（　　）。

A. 重叠　　B. 相近

C. 间断　　D. 不等

10. 对某市工业企业先按产品类别分组，再在此基础上按企业规模分组，这种分组形式叫作（　　）。

A. 简单分组　　B. 平行分组

C. 再分组　　D. 复合分组

11. 某一单项数列中，若某组向上累计频数为 80，则说明总体中（　　）。

A. 小于该组标志值的单位有 80 个　　B. 等于该组标志值的单位有 80 个

C. 大于该组标志值的单位有 80 个　　D. 小于和等于该组标志值的单位有 80 个

12. 异距分组适用于（　　）。

A. 变量值分布较均匀的总体　　B. 变量值分布不均匀的总体

C. 变量值按一定比例变动的总体　　D. 变量值按一定差率变动的总体

13. 成年男性按身高分组一般呈（　　）。

A. 钟形分布　　B. U 形分布

C. J 形分布　　D. 反 J 形分布

14. （　　）适合于比较研究两个或多个样本或总体的结构性问题。

A. 环形图　　B. 饼图

C. 直方图　　D. 茎叶图

15. （　　）图形最适合于描述一组数据的分布。

A. 条形图　　B. 箱线图

C. 直方图　　D. 茎叶图

三、多项选择题

1. 统计调查所搜集到的资料包括（　　）。

A. 原始资料　　B. 次级资料

C. 全面资料　　D. 综合资料

E. 系统资料

2. 对某大学在校学生的学习情况进行调查，下列提法正确的有（　　）。

A. 调查对象是该大学　　B. 调查对象是该校所有在校学生

C. 调查对象是该校每一名学生　　D. 调查单位是该校每一位学生

E. 填报（报学）单位是该大学

3. 下列调查中，调查单位与报告单位一致的有（　　）。

A. 工业企业设备普查　　B. 零售商业网点调查

C. 人口普查　　D. 高校学生健康状况调查

E. 工业企业普查

4. 统计调查中的调查单位是指（　　）。

A. 需要调查的那些社会经济现象的全体

B. 需要调查的每一单位社会经济现象

C. 负责向上级报告调查资料的单位

D. 调查项目的直接承担者

E. 构成调查对象的每一个具体单位

5. 统计资料整理的一般程序包括（　　）。

A. 设计整理方案　　B. 审核统计资料

C. 统计分组　　D. 统计汇总

E. 统计资料显示

6. 下列属于按品质标志分组的有（　　）。

A. 职工按工龄分组　　B. 人口按民族分组

C. 人口按地区分组　　D. 企业按所有制分组

E. 专业技术人员按职称分组

7. 统计分组的含义包括（　　）。

A. 对个体来说是分　　B. 对个体来说是合

C. 对总体来说是分　　D. 对总体来说是合

E. 对个体来说有分有合

8. 次数分布或频率分布的主要类型包括（　　）。

A. 钟形分布　　B. χ^2 分布

C. F 分布　　D. U 形分布

E. J 形分布

9. 从形式上看，统计表的构成要素包括（　　）。

A. 总标题　　B. 列标题

C. 纵列标题　　D. 指标数值

E. 填表说明

10. 组距的大小与（　　）。

A. 组数的多少成正比　　B. 组数的多少成反比

C. 全距的大小成正比　　D. 全距的大小成反比

E. 总体单位数的多少成正比

四、判断题

1. 统计资料搜集的核心是如何有效地采集统计数据。（　　）
2. 一次性调查是指只调查一次，以后不再进行的调查。（　　）
3. 一般来说，掌握了重点单位的基本情况，就可以了解总体的基本情况及其变化趋势。（　　）
4. 调查时间是指一项调查工作从开始到结束所占用的时间。（　　）
5. 统计整理的核心工作和关键工作是统计分组。（　　）
6. 复合分组是指对总体按两个或两个以上标志进行的分组。（　　）
7. 一般来说，离散型变量组距数列，相邻组的组限必须重叠。（　　）
8. “下组限在内，上组限不在内”的分组原则适用于所有现象。（　　）
9. 对于连续型变量一般只能编制组距数列。（　　）
10. 当标志值中有极值出现时，应使用开口组编制开口数列。（　　）

五、技能题

1. 某家用电器厂家想通过市场调查了解以下问题：企业产品的知名度；产品的市场占有率；用户对产品质量的评价及满意程度。

（1）你认为这项调查采取哪种调查方式比较合适？

（2）设计出一份调查问卷。

2. 某超市 40 天的销售额资料如表 2－13（单位：万元）。

表 2－13

41	25	29	47	38	34	30	38	43	40
46	36	45	37	37	36	45	43	33	44
35	28	46	34	30	37	44	26	38	44
42	36	37	37	49	39	42	32	36	35

根据表 2－13 资料进行数据分组，并绘制这组数据的频数直方图。

3. 为评价某电子产品的售后服务质量，随机抽取了由 100 个家庭构成的一个样本。服务质量的等级分别表示为：A. 好；B. 较好；C. 一般；D. 较差；E. 差。调查结果见表2－14。

表 2－14

B	D	A	B	C	D	B	B	A	C
E	A	D	A	B	A	E	A	D	B
C	C	B	C	C	C	C	C	B	C
C	B	C	D	E	B	C	D	C	E
A	C	C	E	D	C	A	E	C	D
D	D	A	A	B	D	D	E	C	D
C	E	E	B	C	E	C	B	E	C
B	C	D	D	C	B	D	D	C	E
A	E	C	D	B	E	A	D	C	B
E	E	B	C	C	B	E	C	B	C

（1）指出上面数据是什么类型。

（2）用 Excel 制作频数分布表。

（3）用 Excel 绘制条形图、饼图。

（4）根据统计分布表，对评价结果进行简单的分析说明。

4. 表 2－15 是 A、B 两个班学生的数学考试成绩数据。

表 2－15

班级	数学考试成绩									
A	44	57	59	60	61	61	62	63	63	65
	66	66	67	69	70	70	71	72	73	73
	73	74	74	74	75	75	75	75	75	76
	76	77	77	77	78	78	79	80	80	82
	85	85	86	86	90	92	92	92	93	96
B	35	39	40	44	44	48	51	52	52	54
	55	56	56	57	57	57	58	59	60	61
	61	62	63	64	66	68	68	70	70	71
	71	73	74	74	79	81	82	83	83	84
	85	90	91	91	94	95	96	100	100	100

（1）将两个班的考试成绩用一个公共的茎制成茎叶图。

（2）比较两个班考试成绩分布的特点。

5. 从国家统计局网站中下载 2016 年 1 月到 2019 年 8 月的居民消费价格指数（月度）数据，分别制作频数分布表、直方图和折线图。

6. 甲、乙两个班各有 40 名学生，期末统计学考试成绩如表 2 – 16 所示。

表 2 – 16

考试成绩	人数（人）	
	甲班	乙班
优	3	6
良	6	15
中	18	9
及格	9	8
不及格	4	2

（1）根据表中数据绘制两个班考试成绩的环形图。

（2）比较两个班考试成绩的分布的特点。

第三章
数据特征的描述

学习目标
- □ 理解总量指标的概念、作用和分类
- □ 理解相对指标的概念、特点和作用、掌握六种相对指标的计算方法
- □ 理解平均指标的概念、意义和作用，掌握数值平均数和位置平均数的计算和应用
- □ 理解变异指标的概念、意义和作用，掌握各种变异指标的计算及应用范围
- □ 了解分布偏态及其测度、分布峰度及其测度
- □ 掌握利用统计软件 Excel 计算相关指标

【案例导入】

2019 年上半年居民收入和消费支出情况

一、居民收入情况

2019 年上半年，全国居民人均可支配收入 15294 元，比上年同期名义增长 8.8%，扣除价格因素，实际增长 6.5%。其中，城镇居民人均可支配收入 21342 元，增长 8.0%，扣除价格因素，实际增长 5.7%；农村居民人均可支配收入 7778 元，增长 8.9%，扣除价格因素，实际增长 6.6%。

上半年，全国居民人均可支配收入中位数 13281 元，增长 9.0%，中位数是平均数的 86.8%。其中，城镇居民人均可支配收入中位数 19536 元，增长 8.2%，是平均数的 91.5%；农村居民人均可支配收入中位数 6601 元，增长 9.2%，是平均数的 84.9%。

二、居民消费支出情况

2019 年上半年，全国居民人均消费支出 10330 元，比上年同期增长 7.5%，扣除价格因素，实际增长 5.2%。其中，城镇居民人均消费支出 13565 元，增长 6.4%，扣除价格因素，实际增长 4.1%；农村居民人均消费支出 6310 元，增长 8.7%，扣除价格因素，实际增长 6.4%。

上半年，全国居民人均食品烟酒消费支出 2950 元，增长 4.8%，占人均消费支出的比重为 28.6%；人均衣着消费支出 731 元，增长 3.0%，占人均消费支出的比重为 7.1%；人均居住消费支出 2389 元，增长 10.8%，占人均消费支出的比重为 23.1%；人均生活用品及服务消费支出 621 元，增长 3.8%，占人均消费支出的比重为 6.0%；人均

交通通信消费支出1387元，增长7.8%，占人均消费支出的比重为13.4%；人均教育文化娱乐消费支出1033元，增长10.9%，占人均消费支出的比重为10.0%；人均医疗保健消费支出941元，增长9.5%，占人均消费支出的比重为9.1%；人均其他用品及服务消费支出278元，增长9.8%，占人均消费支出的比重为2.7%。

通过统计调查得到的数据资料经过排序、整理，并用表格法和图示法进行汇总后，可以对数据分布的形状和特征有一个大致的了解。然而，要进一步挖掘数据信息，做更深入的分析，仅靠直观了解是远远不够的，还需要寻找一些能充分度量统计数据特征的统计指标，对现象进行分析研究。对统计数据特征的度量包括以下五个方面：一是总规模度量，反映总体规模达到的水平；二是比较度量，通过相对指标反映研究现象的数量对比关系；三是集中趋势的度量，反映数据向中心值靠拢的程度；四是离散程度的度量，反映数据远离中心值的趋势；五是偏态和峰度的度量，反映数据的分布形状。例如，案例导入中对我国城乡居民收入和消费支出的现状使用了大量的统计指标进行描述，这些指标分别反映了城乡居民收入和消费的平均水平、增长情况、对比关系以及蕴含其中的分布形态。通过本章的学习，能对以上的指标有更深刻和全面的理解。

3.1 总量指标与相对指标

3.1.1 总量指标

（1）总量指标的概念和作用。总量指标是反映现象总体规模或总体水平的指标，一般是通过将原始数值进行分类汇总后得到的绝对水平，所以也称绝对数。例如，我国国土面积960万平方公里，2018年国内生产总值最终核实数据为900309.5亿元等。总量指标的大小与总体范围的大小有直接关系，同一时间不同总体范围的同一总量指标的数值相加其和仍然是总量指标。例如，各个行业全年职工的工资总额之和是全国职工的年工资总额，各个地区的年末人口数之和是全国年末人口总数。总量指标还可以表现为不同空间（国家、地区、企业等）或不同时间总量数据之差。例如，我国国内生产总值2017年为820754.3亿元，2018年为900309.5亿元，2018年比2017年增加79555.2亿元。

总量指标在实际经济工作中具有重要作用：一是认识社会经济现象的起点；二是实现经济管理、决策和调控的依据；三是计算相对数和平均数的基础。

（2）总量指标的计量单位。

①实物单位。实物单位是根据事物的自然属性和特点所采用的计量单位，包括自然单位、度量衡单位、标准实物单位和复合单位。

自然单位是离散型数值的计量单位，是人们长期以来习惯使用形成的。例如，人口数以“人”为单位，汽车以“辆”为单位，大牲畜以“头”为单位等。

度量衡单位是连续型数值的计量单位，需要用一定的计量器具或仪表来反映。例如，粮食产量以“吨”为单位，长度以“米”为单位，容量以“升”为单位等。

标准实物单位是将用途相同、但规格或含量不同的物品数量按某一标准折算而采用的计量单位。例如，能源按发热量折合为标准煤，各种粮食以水稻为标准进行折算等。

复合单位是两个单位以乘积形式构成的单位，例如，货物周转量用“吨公里”表示，发电量以“千瓦小时”表示等。

按实物单位计量的指标称为实物指标。实物指标给人以明确的使用价值概念，但其综合性能差，不同使用价值的实物量不能汇总。实物单位主要用于反映主要物资的生产和消耗、主要产品的供需，特别是难于估价的土地面积和自然资源数量等。

②价值单位。价值单位是用货币来计量的单位，所以也称为货币单位，如人民币、美元、欧元等。以价值单位计量的指标称为价值指标或货币指标。价值指标具有很强的综合性能，可用于表明经济活动的总成果、总规模，进行经济效益的考核和评价等，所以在国民经济中广泛使用价值指标。例如，国内生产总值是综合反映一定时期内常住单位生产并提供给社会最终使用的货物和服务总量的价值指标。又如，由于农产品多种多样，要反映全国农产品总量，也需要应用价值指标。但是价值指标不能直接反映出使用价值和具体内容，且要受价格波动的影响。

（3）总量指标的种类。按反映总体内容不同，总量指标可以分为总体单位总量和总体标志总量。总体单位总量反映总体单位数的多少，通过对总体各单位计数直接得到；总体标志总量是总体单位某一数量标志值的总和，需要加总计算得到。例如，了解某地工业生产情况，该地工业企业总数是总体单位总量，该地的工业总产值与工业企业职工总数则是总体标志总量。

按反映的时间状况不同，总量指标可以分为时期指标和时点指标。时期指标是反映现象在一段时期内发展变化的总量，如国内生产总值、投资总额、利润总额、产品产量等。时点指标是反映现象在某一时刻的数量状态，如年末人口数、设备台数、固定资产价值等。

时期指标的数值大小与时间的长短有直接关系，不同时间的同一指标数值可以直接相加，加起来反映现象在更长时间的总量；时点指标的数值大小与时点间的间隔长短没有直接关系，不同时点上的指标数值不具有可加性。

时期指标与时点指标在经济上又常称为流量和存量，二者之间有密切关系。存量是以前流量的积累，而存量的变动（增加或减少）又是流量的一种表现形式。有的流量有对应的存量，如产品产量是流量，其相应的存量是产品存货；有的流量没有对应的存量，如出口量是流量，但是没有对应的存量。但是无论哪种情况，流量与存量都存在相互依存、相互制约的关系。

3.1.2 相对指标

（1）相对指标的概念和作用。相对指标又称为相对数，是两个有联系的指标数值的比值，用以反映现象总体内部结构、比例、速度等。

运用相对指标进行对比分析，是统计分析中一个非常重要的方法，其作用主要有以下两个方面：一是相对指标可以综合反映现象的相互关系、内部结构、实现的程度、强度和速度等，从而说明总量指标不能充分表达的问题。二是相对指标可以使某些利用总量指标不能直接对比的现象找到共同比较的基础，是进行经济管理、决策、调控的重要依据。

（2）相对指标的表现形式。相对指标有两种计量形式：复名数和无名数。复名数是以分子、分母的计量单位共同构成计量单位，如人口密度用“人/平方公里”表示，人均国内生产总值用“元/人”表示等。无名数是一种抽象化的、无量解的数，如百分数（%）、千分数（‰）、成数、倍数、系数等。

需要注意的是，在实际工作中经常用到的百分点、千分点。百分点（或千分点）说明的是以百分数（或千分数）形式表示的两个相对数的差值。例如，2019 年上半年，我国 GDP 为 450933 亿元，同比增长 6.3%，增速比上年同期回落 0.5 个百分点。2019 年上半年第三产业增加值占 GDP 的比重为 54.9%，与上年同期相比，第三产业比重提高 0.5 个百分点。

（3）相对指标的种类及计算方法。根据研究目的不同和对比的基础不同，可以形成不同类型的相对数。

①结构相对数。结构相对数是总体内部各组成部分在总体中所占比重的相对指标，也称比重相对数，一般由百分数表示。其计算公式为：

$$结构相对数=\frac{总体中某一部分数值}{总体全部数值}\times 100\% \tag{3-1}$$

由于结构相对数是根据同一总体计算的，其分子资料只能是总体的一部分，因此个别结构相对数是一个大于 0 小于 1 的数值，而总体中各部分比重之和等于 100% 或 1。

结构相对数是描述总体特征的重要指标，它可以说明总体内部构成，分析总体内部构成的变化，反映事物发展变化的过程及趋势。现以表 3－1 为例，表中资料表明，最近 10 年我国国内生产总值构成发生了显著变化，第一产业的比重明显下降，第三产业所占比重逐步上升，表明了我国国内生产总值结构的变动趋势。

表 3－1　　我国国内生产总值构成变化表（%）

年份	国内生产总值	第一产业	第二产业	第三产业
2009	100	9.6	46.0	44.4
2010	100	9.3	46.5	44.2
2011	100	9.2	46.5	44.3
2012	100	9.1	45.4	45.5
2013	100	8.9	44.2	46.9
2014	100	8.7	43.3	48.0
2015	100	8.4	41.1	50.5
2016	100	8.1	40.1	51.8
2017	100	7.6	40.5	51.9
2018	100	7.2	40.7	52.2

②比例相对数。比例相对数是反映一个统计总体内部各个组成部分之间数量变化关系的相对指标。比例相对数可以用百分数表示，也可以用一比几或几比几的形式表示，计算基数单位通常为 1、100、1000 等。其计算公式为：

$$比例相对数=\frac{总体中某一部分数值}{总体中另一部分的数值}\times 100\% \tag{3-2}$$

【例 3-1】 我国 2018 年末全国总人口 139538 万人，其中，男性人口 71351 万人，占 51.13%；女性人口 68187 万人，占 48.87%。试计算男性人口与女性人口的比例。

【解】 男女人口性别比 $=\dfrac{71351}{68187}=104.64:100$

比例相对数也有反映总体结构的作用，与结构相对数有着密切的联系，它是属于一种结构性的比例，两者作用相同，只是使用方法不同，侧重点有所区别。计算比例相对指标对于分析研究国民经济的平衡比例关系、保持国民经济稳定协调发展具有重要意义。

③比较相对数。比较相对数是反映同一时期的同类现象在不同国家、不同地区、不同单位之间的数量对比关系。比较相对数可以用百分数表示，也可以用倍数表示。其计算公式为：

$$\text{比较相对数}=\frac{\text{某地区（单位）某期某类指标数值}}{\text{另一地区（单位）同期同类指标数值}} \tag{3-3}$$

【例 3-2】 2018 年我国城镇居民家庭人均可支配收入为 39250.84 元，农村居民家庭人均可支配收入为 14617.03 元，试计算我国城乡居民人均可支配收入的比较相对数。

【解】 城乡人均收入的比较相对数 $=\dfrac{39250.84}{14617.03}=2.68$（倍）

计算结果表明 2018 年我国城镇居民家庭人均收入是农村居民家庭人均收入的 2.68 倍。

运用比较相对数，可以揭示同类现象在不同空间条件下的差异程度。根据研究目的和方式不同，比较相对指标的分子指标和分母指标可以互换位置。它既可用于不同国家、地区、部门或单位之间的比较，也可用于先进与落后的比较，还可用于和标准水平或平均水平的比较。通过对比可以找出差距和不足，为管理决策提供参考依据。

计算比较相对指标，可以用绝对数，也可以用相对数或平均数，但不管用何种指标计算，都必须考虑是否具有可比性。

④计划完成相对数。计划完成相对数是实际完成数与计划任务数对比的比值，用百分数表示，所以也称为计划完成百分数，其计算公式为：

$$\text{计划完成相对数}=\frac{\text{实际完成数}}{\text{计划任务数}}\times 100\% \tag{3-4}$$

计划完成相对数可以反映、检查、监督计划任务或目标规划的完成情况。

【例 3-3】 某商店第一季度计划零售额为 2750 万元，实际零售额为 2900 万元，试计算该商店第一季零售额计划完成程度。

【解】 计划完成相对数 $=\dfrac{2900}{2750}\times 100\%=105.45\%$

计算结果表明，该商店第一季度零售额超额 5.45% 完成计划。

若计划任务数是按提高率或降低率规定的，则计算计划完成相对数时，分子和分母都应该包含基数（100% 或者 1），不能直接用提高率或降低率来计算。此时其计算公式为：

$$\text{计划完成相对数}=\frac{100\%+\text{实际增减率}}{100\%+\text{计划增减率}}\times 100\% \tag{3-5}$$

【例 3-4】 某企业计划规定劳动生产率比上年提高 10%，实际提高 15%，试检查该企业劳动生产率提高计划完成程度。

【解】 计划完成相对数 $=\frac{100\%+15\%}{100\%+10\%}\times100\%=104.55\%$

计算结果表明，该企业劳动生产率计划超额完成4.55%。

对于正指标，计划完成相对数大于100%为超额完成了计划；对于逆指标，计划完成相对数低于100%为超额完成计划；计划完成相对数为100%表示刚好完成计划。

⑤强度相对数。强度相对数是性质不同而又有联系的两个指标数值对比的比值，强度相对数可以反映现象的强度、密度、普遍程度和经济效益。其计算公式为：

$$\text{强度相对数}=\frac{\text{某一现象的数值}}{\text{另一有联系现象的数值}} \tag{3-6}$$

【例3-5】 2018年我国人口总数为139538万人，国土面积为960万平方公里。求我国人口密度。

【解】 我国人口密度 $=\frac{139538}{960}=145$（人/平方公里）

由于强度相对数是性质不同的两个现象数值对比的比值，所以有些强度相对数用复名数表示，如人口密度用"人/平方公里"，也有一些强度相对数用百分数或千分数表示，如商品流通费用率用百分数表示，人口出生率用千分数表示等。

有些强度相对数含有"均"的字样，比如"人均国内生产总值""人均粮食产量"，但它们不是平均数，与算术平均数是有区别的。有些强度相对数的分子和分母可以互换，由此有正指标和逆指标之分。所谓正指标是指标数值越大，现象强度越高；反之就是逆指标。如：零售商业网点密度指标是衡量一个国家或地区商业发展水平的统计综合指标，可以使用以下两种方法计算：

$$\text{商业网点密度（正指标）}=\frac{\text{零售商业机构数（个）}}{\text{地区人口数（千人）}}$$

$$\text{商业网点密度（逆指标）}=\frac{\text{地区人口数（千人）}}{\text{商业网点机构数（个）}}$$

⑥动态相对数（发展速度）。动态相对数是不同时间、同一总体同一现象的数值对比的比值，反映现象发展变化的相对程度，其计算公式为：

$$\text{动态相对数}=\frac{\text{报告期水平}}{\text{基期水平}}\times100\% \tag{3-7}$$

动态相对数的表现形式有多种，本书将在第9章中详细介绍。

（4）计算和应用相对指标应注意的问题。

①正确选择对比基础。选择对比基础必须从现象的性质、特点出发，结合研究问题的目的来确定。基础选择不当，就不能准确反映现象间的数量对比关系，甚至会歪曲现象间的真实联系。

②对比的数据要有可比性。可比性主要是指对比的两个数据的内容、口径、计算方法、范围和条件是否与形成该相对数的要求相适应。

③相对数要与绝对数结合运用。相对指标是一个抽象的比例，不能反映现象之间绝对数量的差异。有些时候较小的相对数隐藏着较大的绝对数，或者相反，例如，我国2018年的人口自然增长率为3.81‰，这个数与很多国家相比不算高，但是13.9538亿人的基数，增长3.81‰就是增加500多万人，比一些国家的总人口还多。所以为了正确说明问题，达到

深入分析研究的目的，进行对比分析时，往往需要既反映相对程度，又反映绝对数量水平。

④多种相对指标结合运用。社会经济现象各方面的联系错综复杂，一个现象的变化往往由诸多因素引起，又影响着与之相联系的其他现象的变化。只有将多种相对指标结合运用，进行多方面的比较，才能深入、全面地分析问题和认识问题。

3.2 数据集中趋势的描述

总体各单位数据客观上存在着差异，统计规律表明，对绝大多数现象而言，较大或较小的统计数据出现的频率比较小，大多数统计数据总是密集分布在某个中心附近，使得全部数据具有向中心聚焦或靠拢的态势，这就是统计数据的集中趋势。数据集中趋势的描述就是寻找数据一般水平的代表值或中心值，在统计学中用平均指标来描述。

平均指标就是表明同类现象在一定时间、地点条件下达到的一般水平，是总体内各单位参差不齐的标志值的代表值，它的数值表现就是平均数。掌握了平均数，就可以了解数据分布集中趋势的一般特征，它是数据分布的重要特征值，也是进行统计推断的一个非常重要的参数。

平均数按其度量的方法不同，可分为数值平均数和位置平均数。数值平均数是根据每一个数值计算的平均数，包括算术平均数、调和平均数和几何平均数；位置平均数是根据数据所处位置直接观察或根据与所处位置有关的部分数据计算确定的代表值，包括中位数、众数、分位数等。各种平均数不仅计算方法不同，指标含义和应用场合、应用条件也不相同。

3.2.1 数值平均数

（1）算术平均数。算术平均数，通常简称均值，是指将一组数据相加后除以数据的个数所得到的一个数值。算术平均数是集中趋势描述中最重要的一种，也是所有平均数中应用最广泛的平均数。根据所掌握的数据不同，计算算术平均数的方法略有差别。

①简单算术平均数。未经分组整理的原始数据，其算术平均数的计算就是直接将各个数据相加除以数据的个数，并称之为简单算术平均数。

设一组数据为 x_1，x_2，…，x_n，算术平均数用 $\bar{x}$ 表示，其计算公式为：

$$\bar{x} = \frac{x_1 + x_2 + \cdots + x_n}{n} = \frac{\sum_{i=1}^{n} x_i}{n} = \frac{\sum x}{n} \qquad (3-8)$$

【例 3-6】 有 5 名学生的“统计学”课程的成绩分别为 70、78、80、82、90 分，试计算他们的平均成绩。

【解】 这五名学生“统计学”课程的平均成绩为：

$$\bar{x} = \frac{\sum x}{n} = \frac{70 + 78 + 80 + 82 + 90}{5} = 80(\text{分})$$

②加权算术平均数。根据分组整理的数据计算的算术平均数，就要以各组变量值出现的

次数或频数为权数计算加权算术平均数。

若 x_i 表示第 i 组的变量值或组中值，f_i 表示第 i 组变量值出现的频数，k 表示组数，则加权算术平均数的计算公式为：

$$\bar{x}=\frac{x_1f_1+x_2f_2+\cdots+x_nf_n}{f_1+f_2+\cdots+f_n}=\frac{\sum xf}{\sum f} \tag{3-9}$$

上述公式中是用各组的组中值代表各组的实际数据，使用代表值时是假定各组数据在各组中是均匀分布的，但实际情况与这一假定会有一定的偏差，使得利用分组资料计算的平均数与实际的平均值会产生误差，它是实际平均值的近似值。

根据式 3－9 可以看出，加权算术平均数其数值的大小，不仅受各组变量值 x_i 大小的影响，而且受各组变量值出现的频数 f_i 大小的影响。如果某一组的频数大，说明该组的数据较多，那么该组数据的大小对算术平均数的影响就越大，反之，则越小。可见，各组频数的多少对平均的结果起着一种权衡轻重的作用，因而这一衡量变量值相对重要性的数值就称为权数。实际上，我们将式 3－9 变形为下面的形式，就能更清楚地看出这一点。

$$\bar{x}=\frac{\sum xf}{\sum f}=\sum x\frac{f}{\sum f} \tag{3-10}$$

根据式 3－10 可以清楚地看出，加权算术平均数受各组变量值 x 和各组比重权数即频率 $f/\sum f$ 大小的影响。当我们掌握的权数不是各组变量值的频数，而是频率时，可直接根据式 3－10 计算算术平均数。

【例 3－7】 某企业某日 80 名工人日产量资料见表 3－2，试计算工人日产量的平均数。

表 3－2 某企业某日工人日产量

日产量 x（件）	工人数 f（人）	比重 $f/\sum f$（%）
10	7	8.75
11	10	12.50
12	38	47.50
13	15	18.75
14	10	12.50
合　计	80	100.00

【解】 工人平均日产量为：

$$\bar{x}=\frac{\sum xf}{\sum f}=\frac{10\times7+11\times10+12\times38+13\times15+14\times10}{80}=\frac{971}{80}=12.1375(\text{件})$$

或

$$\bar{x}=\sum x\frac{f}{\sum f}=10\times0.0875+11\times0.1250+12\times0.4750+13\times0.1875+14\times0.1250$$
$$=12.1375(\text{件})$$

【例 3－8】 某班 50 名学生“统计学”考试成绩分组资料见表 3－3，试计算该班 50 名学生“统计学”考试的平均成绩。

表 3－3　　某班学生“统计学”考试成绩分布表

成绩（分）	组中值 x（分）	学生人数 f（人）	比重 $f/\sum f$（%）
60 分以下	55	6	12
60～70	65	10	20
70～80	75	10	20
80～90	85	16	32
90 分以上	95	8	16
合　计	—	50	100

【解】　该班 50 名学生统计学考试的平均成绩为：

$$\bar{x}=\frac{\sum xf}{\sum f}=\frac{55\times 6+65\times 10+75\times 10+85\times 16+95\times 8}{50}=\frac{3850}{50}=77(\text{分})$$

或

$$\bar{x}=\sum x\frac{f}{\sum f}=55\times 12\%+65\times 20\%+75\times 20\%+85\times 32\%+95\times 16\%=77(\text{分})$$

需要指出的是，当各组变量值出现的频数或频率相等时，权数的作用就消失了，这就意味着各组变量值对总平均的结果所起的作用是一样的，此时，加权算术平均数就等于简单算术平均数。

算术平均数在统计学中具有重要的地位，它是进行统计分析和统计推断的基础。从统计思想上看，算术平均数是一组数据的重心所在，它是消除了一些随机因素影响后或者数据误差相互抵消后的必然结果。

③算术平均数的数学性质。

性质一　各变量值与其算术平均数的离差之和等于零，即

$\sum(x-\bar{x})=0$ 或 $\sum(x-\bar{x})f=0$

性质二　各变量值与其算术平均数的离差平方和最小，即

$\sum(x-\bar{x})^2=\min$ 或 $\sum(x-\bar{x})^2 f=\min$

（2）调和平均数。调和平均数是一组数据倒数的算术平均数的倒数，也称倒数平均数，习惯上用 H 表示。调和平均数也有简单调和平均数和加权调和平均数两种。

①简单调和平均数的计算公式为：

$$H=\frac{1}{\dfrac{\dfrac{1}{x_1}+\dfrac{1}{x_2}+\cdots+\dfrac{1}{x_n}}{n}}=\frac{n}{\sum\dfrac{1}{x}} \tag{3-11}$$

②加权调和平均数的计算公式为：

$$H=\frac{m_1+m_2+\cdots+m_k}{\dfrac{m_1}{x_1}+\dfrac{m_2}{x_2}+\cdots+\dfrac{m_k}{x_k}}=\frac{\sum m}{\sum\dfrac{m}{x}} \tag{3-12}$$

【例3-9】 市场上某种蔬菜的早市价格1.2元/斤，午市价格0.8元/斤，晚市价格0.6元/斤，如果早、中、晚各买1元钱的蔬菜，则蔬菜的平均价格为多少？

【解】 蔬菜的平均价格为：

$$H=\frac{n}{\sum\frac{1}{x}}=\frac{3}{\frac{1}{1.2}+\frac{1}{0.8}+\frac{1}{0.6}}=\frac{3}{3.75}=0.8\text{（元/斤）}$$

【例3-10】 市场上某种蔬菜的早市价格1.2元/斤，午市价格0.8元/斤，晚市价格0.6元/斤，如果早市买180元、午市买160元、晚市买150元时，则蔬菜的平均价格为多少？

【解】 蔬菜的平均价格为：

$$H=\frac{\sum m}{\sum\frac{m}{x}}=\frac{180+160+150}{\frac{180}{1.2}+\frac{160}{0.8}+\frac{150}{0.6}}=0.82\text{（元/斤）}$$

从上例可以看出，加权调和平均数实质上是加权算术平均数的一种变形，式中m（成交额）实际上是价格x与成交量f的乘积，即$m=xf$，这从下面的公式中可以清楚地看出来：

$$H=\frac{\sum m}{\sum\frac{m}{x}}=\frac{\sum xf}{\sum\frac{xf}{x}}=\frac{\sum xf}{\sum f}=\bar{x}$$

由此可见，调和平均数和算术平均数在本质上是一致的，只是由于受所掌握资料的限制，有时不能直接采用算术平均数的计算公式计算平均数，这就需要使用调和平均数的形式进行计算。在实际应用时，可掌握这样的原则，当分子资料未知时，就采用加权算术平均数计算平均数；当分母资料未知时，就采用加权调和平均数计算平均数。

（3）几何平均数。几何平均数是n个变量值连乘积的n次方根，常用于总量等于各个数据之积的现象求平均数。如发展速度、某些比例（如利率等）的平均。几何平均数也分为简单几何平均数和加权几何平均数。

①简单几何平均数适用于未分组资料，其计算公式为：

$$G=\sqrt[n]{x_1x_2\cdots x_n}=\sqrt[n]{\prod x} \qquad (3-13)$$

式中，G表示几何平均数，Π表示连乘符号。

②加权几何平均数适用于已分组资料，其计算公式为：

$$G=\sqrt[\sum f]{x_1^{f_1}x_2^{f_2}\cdots x_k^{f_k}}=\sqrt[\sum f]{\prod x^f} \qquad (3-14)$$

【例3-11】 已知某市2014—2018年国内生产总值的发展速度（以上年为100%）分别为112%、108%、114%、116%和113%。试计算这5年国内生产总值的平均发展速度。

【解】 平均发展速度为：

$$G=\sqrt[5]{x_1x_2x_3x_4x_5}=\sqrt[5]{112\%\times108\%\times114\%\times116\%\times113\%}=112.57\%$$

注意，如果已知的是各年的增长速度，要计算若干年的平均增长速度，则需要先将增长速度加上100%得到发展速度，再根据上述方法计算平均发展速度，最后用平均发展速度减100%得到平均增长速度。

【例3-12】 甲银行某项投资的年利率是按复利计算的，过去20年的年利率见表3-4。

表 3-4 投资年利率数据

年利率（%）	本利率（%）	年数（年）
5	105	3
7	107	5
8	108	7
10	110	3
15	115	2
合 计	—	20

要求：计算 20 年的平均年利率。

【解】 平均本利率 $=\sqrt[20]{105\%^3\times107\%^5\times108\%^7\times110\%^3\times115\%^2}=108.27\%$

平均年利率 $=108.27\%-100\%=8.27\%$

计算几何平均数的前提是各个变量值的乘积要有经济意义；如果被平均的变量值中有一个为零或负数，则不能计算几何平均数；因此，几何平均数在实际应用中的范围比算术平均数要窄。

3.2.2 位置平均数

（1）众数。众数是指一组数据中出现次数最多的变量值，用 M_0 表示。众数是一个位置代表值，它不受数据中极端值的影响。从分布的角度看，众数是具有明显集中趋势点的数值，一组数据分布的最高峰点所对应的变量值即为众数。当然，如果数据的分布没有明显的集中趋势或最高峰点，众数也可以不存在；如果有多个高峰点，也就有多个众数。众数如图 3-1 所示。

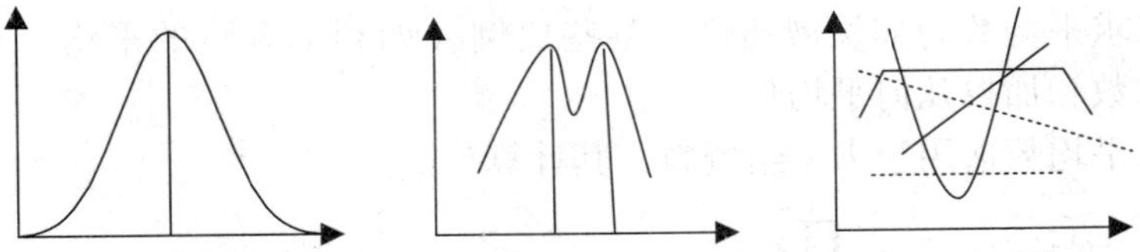

图 3-1 众数示意图

①未分组数据或单变量数列计算方法。根据未分组数据或单变量分组确定众数时，只需找到出现次数最多的数据即是众数。

【例 3-13】 过去 8 天，某理发店中午时段来理发的顾客数依次为：

6，3，9，6，6，5，4，1

求顾客数的众数。

【解】 本题中数据个数很少，观察可知 6 出现的次数最多，为 3 次，因此顾客数的众数为 6。

【例 3-14】 根据表 3-2 资料，计算 80 名工人日产量的众数。

【解】 80 名工人日产量是 12 件的工人人数最多，为 38 次，因此工人日产量的众数为 12。

②组距数列计算方法。对于组距分组数据，众数所在组对应的变量值是一个区间，因此，通常用下面的公式推算众数：

下限公式：

$$M_0 = L + \frac{\Delta_1}{\Delta_1 + \Delta_2} \times d \tag{3-15}$$

上限公式：

$$M_0 = U - \frac{\Delta_2}{\Delta_1 + \Delta_2} \times d \tag{3-16}$$

式中，M_0 为众数；L 为众数组的下限值；U 为众数组的上限值；Δ_1 为众数组次数与变量值较小的相邻组次数之差；Δ_2 为众数组次数与变量值较大的相邻组次数之差；d 为众数组的组距，示意图如图 3－2 所示。

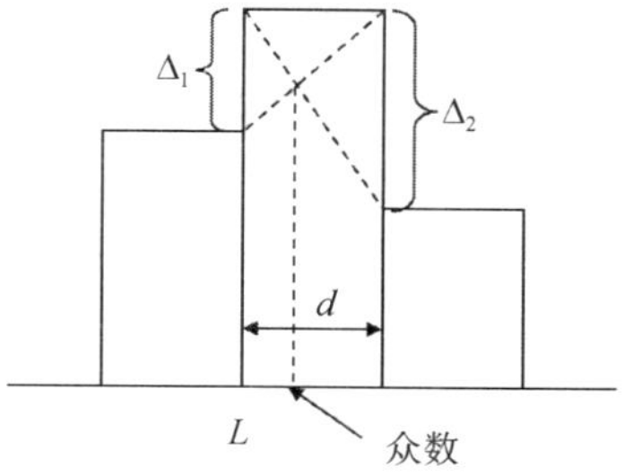

图 3－2　众数示意图

【例 3－15】　某班 50 名学生统计学考试成绩分组资料如表 3－5 所示，试计算 50 名学生考试成绩的众数。

表 3－5　　某班学生统计学考试成绩分布表

成绩（分）	学生人数（人）	累计次数	
		向上累计	向下累计
60 分以下	6	6	50
60～70	10	16	44
70～80	10	26	34
80～90	16	42	24
90 分以上	8	50	8
合　计	50	—	—

【解】　从表 3－5 的数据可以看出，出现频数最多的是 16，即众数组为 80～90 分这一组。分别根据下限公式和上限公式计算得出 50 名学生的统计学成绩众数为：

根据下限公式计算：

$$M_0 = 80 + \frac{16-10}{(16-10)+(16-8)} \times 10 = 84.29\ (分)$$

根据上限公式计算：

$$M_0 = 90 - \frac{16-8}{(16-10)+(16-8)} \times 10 = 84.29\ (分)$$

计算表明，若众数组前一组次数与后一组次数相等，则众数等于众数组的组中值。

众数作为数据集中趋势的代表值，在实践中，有时利用它作为某些决策的参考依据。如服装厂在制订各种型号服装的生产计划时，计划产量最多的型号就是市场上销售量最大的型号。再如，在编制物价指数时，市场上某种商品的价格常以很多摊位报价的众数值为代表。

（2）中位数。中位数是一组数据排序后，处于中间位置上的变量值，用 M_e 表示。中位数将数据分为相等的两部分，每部分包含 50% 的数据，一部分数据小于中位数，另一部分数据大于中位数。

在未分组条件下，如果数据个数为奇数，则中位数数值恰为第（$n+1$）/2 位置上的数值；如果数据个数为偶数，则中位数数值为最中间位置上两个数值的简单算术平均数，即：

$$M_e=\begin{cases}X_{\left(\frac{n+1}{2}\right)} & \text{当 } n \text{ 为奇数时}\\ \frac{1}{2}\left(X_{\frac{n}{2}}+X_{\frac{n}{2}+1}\right) & \text{当 } n \text{ 为偶数时}\end{cases} \tag{3-17}$$

【例 3－16】 某城市的居民收入类型被依次划分为：低收入户，偏低收入户，中等收入户，偏高收入户，高收入户。求居民收入类型的中位数。

【解】 显然居民收入类型是典型的顺序变量，且其 5 个变量值从小到大排序，第 3 位为中位数所处位置。故所求中位数为：

M_e =“中等收入户”

【例 3－17】 在某城市中随机抽取 10 个家庭，调查得到每个家庭的人均月收入数据如下（单位：元），计算人均月收入的中位数。

1500，750，850，660，780，1080，960，2000，1250，1630

【解】 首先将数据从小到大排序为：

660，750，780，850，960，1080，1250，1500，1630，2000

因为 $n=10$，故所求中位数为：

$$M_e=\frac{1}{2}\times(x_5+x_6)=\frac{1}{2}\times(960+1080)=1020\text{（元）}$$

在单项式分组条件下，就需要先计算由小到大或由大到小的累计次数，然后用总次数除以 2（即以 $\sum f/2$）确定中位数所在的位置，累计次数首次超过 $\sum f/2$ 所对应的变量值即为中位数。表 3－2 中，工人总数 80 人，其 1/2 为 40 人。首次超过 1/2 的累计次数为 55 人，其对应的日产量为 12 件，因此，中位数为 12 件。

在组距式分组条件下，中位数所对应的变量值是一段区间，这时需要按下列公式来推算中位数：

下限公式：

$$M_e = L+\frac{\sum f/2 - s_{m-1}}{f_m}\times d \tag{3-18}$$

上限公式：

$$M_e = U-\frac{\sum f/2 - s_{m+1}}{f_m}\times d \tag{3-19}$$

式中，M_e 为中位数；L 为中位数组的下限值；U 为中位数组的上限值；S_{m-1} 为向上累计至中位数所在组前一组的累计次数；S_{m+1}为向下累计至中位数所在组后一组的累计次数；f_m为中位数所在组的次数；d为中位数所在组的组距。

【例3-18】 根据表3-5资料，计算学生考试成绩的中位数。

【解】 $\frac{\sum f}{2}=\frac{50}{2}=25$，首次超过25的累计次数为26，故中位数所在组为70~80分。

根据下限公式计算：

$$M_e=70+\frac{25-16}{10}\times 10=79\text{（分）}$$

根据上限公式计算：

$$M_e=80-\frac{25-24}{10}\times 10=79\text{（分）}$$

中位数和众数一样，也是一种位置代表值，其特点是不受数据中极端值的影响。此外，中位数还具有这样一个性质，就是各变量值与中位数的离差绝对值之和最小，即：$\sum|x-M_e|=\min$。这一性质表明，中位数与各数据的距离之和最短，这在工程设计中有一定的应用价值。

（3）分位数。与中位数类似的还有四分位数、十分位数和百分位数等。它们分别是用3个点、9个点和99个点将数据分成4等分、10等分和100等分后各分位点上的值。这里我们只介绍四分位数的计算，其他分位数与之类似。

四分位数指的是一组数据排序后，被3个4等分点等分成四部分，处于这些等分点位置上的变量值。显然中位数就是第二个四分位数。

第一四分位数（又称下四分位数，记为Q_1或Q_L）指的是排序后处于25%位置上的变量值；第三四分位数（又称上四分位数，记为Q_3或Q_u）指的是排序后处于75%位置上的变量值。

与中位数的计算方法类似，计算四分位数时，首先对数据进行排序，然后确定各四分位数所在的位置。上四分位数和下四分位数的位置分别为：

$$Q_L\text{位置}=\frac{n+1}{4}\qquad Q_u\text{位置}=\frac{3(n+1)}{4}\tag{3-20}$$

当四分位数的位置不在某一个位置上时，可根据四分位数的位置，按比例分摊四分位数位置两侧数值的差值。

【例3-19】 根据例3-17中10个家庭的人均月收入数据，计算人均月收入的四分位数。

【解】 首先将数据从小到大排序为：

660，750，780，850，960，1080，1250，1500，1630，2000

$$Q_L\text{位置}=\frac{10+1}{4}=2.75$$

$$Q_u\text{位置}=\frac{3\times(10+1)}{4}=8.25$$

$$Q_L=750+0.75\times(780-750)=772.5\text{（元）}$$

$$Q_u=1500+0.25\times(1630-1500)=1532.5\text{（元）}$$

Q_L 和 Q_U 之间包含了 50% 的数据，因此，我们可以说有一半的家庭人均月收入在 772.5 ~ 1532.5 元之间。

3.2.3 算术平均数、众数和中位数的关系

前面介绍了算术平均数、众数和中位数三种表示数据分布集中趋势的平均指标，它们各具特点：算术平均数是经过所有数据计算后得到的，众数和中位数是根据数据分布形状及位置确定的；算术平均数只适用于定量的数据，中位数适用于定量和定序的数据，众数适用于定量、定序和定类数据，但有可能存在没有众数或多个众数的情况；算术平均数易受到极端值的影响，有极端值时，众数和中位数作为代表值更好。

此外，对于具有单峰分布的大多数数据而言，算术平均数、众数和中位数之间的关系如图 3-3 所示。

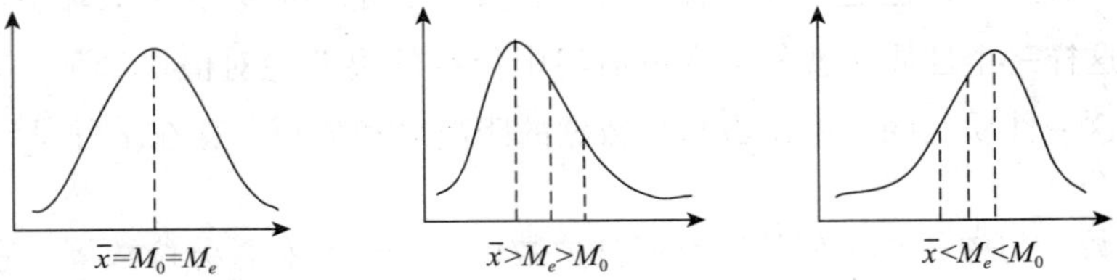

图 3-3 算术平均数、众数和中位数的关系

（1）当数据分布对称时，算术平均数与众数、中位数三者完全相等，即 $\bar{x} = M_0 = M_e$。

（2）当数据是右偏分布时，说明数据存在极大值，必然拉动算术平均数向极大值一方靠，则三者之间的关系为 $\bar{x} > M_e > M_0$。

（3）当数据是左偏分布时，说明数据存在极小值，必然拉动算术平均数向极小值一方靠，三者之间的关系为 $\bar{x} < M_e < M_0$。

从上面的分析我们可以看出，当数据呈现对称分布或接近对称分布时，3 个代表值相等或接近相等，这时应选择算术平均数作为集中趋势的代表值，因为算术平均数包含了全部数据的信息，而且易被大多数人所理解和接受；但是当数据呈现偏态分布时，极端值对均值产生很大的影响，而对众数、中位数没有影响，此时，用众数、中位数作为一组数据的代表值比算术平均数有较高的代表性。

3.2.4 应用平均指标应注意的问题

（1）平均指标只能用于同质总体的计算。只有在同质总体的基础上计算和应用平均指标，才有实际意义，如果根据不同性质总体的数据资料计算平均指标，就会掩盖事物的本质差别，得到的平均数是虚构的平均数，不能真实反映现象的一般水平。

（2）要用组平均数补充说明总平均数。平均指标反映了总体各单位某一数量标志值的一般水平，但却掩盖了各组之间的差异。总体各组之间及各组之内的差异往往影响总体的特征和分布规律，各组结构变动也会对总体变动产生影响。为了全面认识总体的特征和分布规律，常常用组平均数和变量分布数列补充说明总平均数。

（3）平均指标与变异指标相结合。平均指标和变异指标是反映总体分布的两个重要特征值。为了全面描述总体分布的特征，必须将平均指标与变异指标结合使用，用变异指标衡

量平均指标的代表性，说明平均指标反映总体一般水平的有效程度，使分析结论更确切、更可靠。

3.3 数据离散程度的描述

集中趋势只是数据分布的一个特征，它所反映的是各变量值向其中心值聚集的程度。而各个变量值之间的差异状况如何，则需要考察数据的离散（变异）程度。数据的离散程度是数据分布的另一个重要特征，它所反映的是各个变量值远离其中心值的程度，因此也称为离中趋势。

数据的离散程度在统计学中用变异指标来描述，变异指标能反映平均指标的代表性。变异指标值越大，说明总体各单位变量值分布的离散程度越大，平均指标对该组数据的代表性越低；反之，变异指标值越小，变量值分布的离散程度越低，平均指标的代表性就越高。变异指标还是衡量社会经济活动的稳定性、均衡性以及风险程度的重要指标。

描述数据离散程度常用的变异指标有极差、四分位差、平均差、标准差以及离散系数。

3.3.1 极差和四分位差

（1）极差。极差又称全距，是一组数据的最大值与最小值之差，是数据离散程度最简单的测度值，用 R 表示。计算公式为：

$$R = \max(x_i) - \min(x_i) \tag{3-21}$$

式中，$\max(x_i)$、$\min(x_i)$ 分别表示一组数据的最大值与最小值。

在例 3.1 的数据中，极差为 139 - 107 = 32（个）。显然，数据的离散程度越大，极差就越大。极差的计算很简单，但它只受极端值的影响，忽略了中间数据的变动情况，不能说明整体的差异程度。尤其是存在极端值的情况下，使用极差往往会造成不准确的结论。

（2）四分位差。四分位差是上四分位数和下四分位数之差，也称为内距或四分位间距，用 Q_d 表示。四分位差的计算公式为：

$$Q_d = Q_U - Q_L \tag{3-22}$$

它是与集中趋势代表值中四分位数相对应的离散程度代表值。在例 3 - 19 的数据中，四分位差为 1532.5 - 772.5 = 760（元）。四分位差反映了中间 50% 数据的离散程度，其数值越小，说明中间的数据越集中；数值越大，说明中间的数据越分散。此外，由于中位数处于数据的中间位置，因此，四分位差的大小在一定程度上也说明了中位数对一组数据的代表程度。

3.3.2 平均差

平均差是各个变量值与其算术平均数离差绝对值的平均数，用 AD 表示。根据所掌握的资料不同，平均差有简单算术平均和加权算术平均两种形式。

在资料未分组的情况下，采用简单平均法。其计算公式为：

$$AD = \frac{\sum |x - \bar{x}|}{n} \tag{3-23}$$

在资料已分组的情况下，应采用加权平均法。其计算公式为：

$$AD = \frac{\sum |x - \bar{x}| f}{\sum f} \tag{3-24}$$

【例 3 – 20】 根据例 3 – 6 中 5 个学生的统计学考试成绩数据，计算成绩的平均差。

【解】 先计算简单算术平均数：

$$\bar{x} = \frac{\sum x}{n} = \frac{70 + 78 + 80 + 82 + 90}{5} = 80\text{（分）}$$

再计算平均差：

$$AD = \frac{\sum |x - \bar{x}|}{n} = \frac{|70 - 80| + |78 - 80| + |80 - 80| + |82 - 80| + |90 - 80|}{5} = 48\text{（分）}$$

【例 3 – 21】 试根据表 3 – 3 中的资料计算 50 名学生统计学考试成绩的平均差。

【解】 从例 3 – 8 可知，平均成绩为 77 分。根据式（3 – 24）计算有关数据，如表 3 – 6 所示。

表 3 – 6　　50 名学生统计学考试成绩平均差计算表

成绩（分）	组中值（分）x	人数（人）f	$(x-\bar{x})$	$\lvert x-\bar{x}\rvert$	$\lvert x-\bar{x}\rvert f$
60 分以下	55	6	–22	22	132
60 ~ 70	65	10	–12	12	120
70 ~ 80	75	10	–2	2	20
80 ~ 90	85	16	8	8	128
90 分以上	95	8	18	18	144
合　计	—	50	—	—	544

将表 3 – 6 中的计算结果代入式（3 – 24）中，即得：

$$AD = \frac{\sum |x - \bar{x}| f}{\sum f} = \frac{544}{50} = 10.88\text{（分）}$$

计算结果表明，50 名学生统计学考试成绩平均差为 10.88 分。

平均差以平均数为中心，反映了所有数据与平均数的平均差异程度，因此它能够全面准确地反映一组数据的离散程度。平均差越大，说明数据的离散程度越大，平均数的代表性越差；平均差越小，说明数据的离散程度越小，平均数的代表性越好。

但是，由于平均差是用绝对值消除离差的正负号进行运算的，它不适宜进行代数运算，使其应用范围受到很大的限制，在统计实践中并不常见。

3.3.3 方差和标准差

方差是各变量值与其算术平均数离差平方的算术平均数。标准差是方差的平方根。

方差和标准差同平均差一样，也是根据全部数据计算的，反映每个数据与其算术平均数的平均差异程度，因此它能准确地反映出数据的离散程度。与平均差相比，方差与标准差数学处理上是通过平方消除离差的正负号，更便于数学上的处理。因此，方差、标准差是实际中应用最广泛的离散程度测度值。根据总体数据和样本数据计算的方差和标准差在数学处理上略有不同。

（1）总体方差和标准差。设总体方差为 σ^2，标准差为 σ，对于未分组资料，方差和标准差的计算公式分别为：

$$\sigma^2 = \frac{\sum(x-\bar{x})^2}{n} \tag{3-25}$$

$$\sigma = \sqrt{\frac{\sum(x-\bar{x})^2}{n}} \tag{3-26}$$

对于分组资料，方差和标准差的计算公式分别为：

$$\sigma^2 = \frac{\sum(x-\bar{x})^2 f}{\sum f} \tag{3-27}$$

$$\sigma = \sqrt{\frac{\sum(x-\bar{x})^2 f}{\sum f}} \tag{3-28}$$

【例 3-22】 试根据表 3-7 中的资料计算 50 名学生统计学考试成绩的方差和标准差。

【解】 从例 3-8 可知，平均成绩为 77 分。因为在例 3-8 中没有说明是随机抽取的样本资料，故可将 50 名学生作为一个总体来看。根据式（3-27）列表计算有关数据，结果如表 3-7 所示。

表 3-7　50 名学生统计学考试成绩方差计算表

成绩（分）	组中值（分）x	人数（人）f	$(x-\bar{x})$	$(x-\bar{x})^2$	$(x-\bar{x})^2 f$
60 分以下	55	6	-22	484	2904
60～70	65	10	-12	144	1440
70～80	75	10	-2	4	40
80～90	85	16	8	64	1024
90 分以上	95	8	18	324	2592
合　计	—	50	—	—	8000

将表 3-7 中的计算结果代入式（3-27）和式（3-28）中，即可得出 50 名学生统计学考试成绩的方差和标准差：

$$\sigma^2 = \frac{\sum(x-\bar{x})^2 f}{\sum f} = \frac{8000}{50} = 160$$

$$\sigma = \sqrt{\frac{\sum(x-\bar{x})^2 f}{\sum f}} = \sqrt{\frac{8000}{50}} = \sqrt{160} = 12.65(\text{分})$$

从表 3-7 的分组资料可以看出，考试成绩的组中值与平均数之差有相差 22 分的，也有只相差 2 分的，但平均而言相差 12.65 分。

（2）样本方差和标准差。样本方差、标准差与总体方差、标准差在计算上有所差别。总体方差和标准差在对各个离差平方平均是除以数据个数或总频数，而样本方差和标准差在对各个离差平方平均时是用样本数据个数或总频数减 1 去除总离差平方和。

设样本方差为 s^2，标准差为 s，

对于未分组数据，方差和标准差的计算公式为：

$$s^2 = \frac{\sum (x - \bar{x})^2}{n - 1} \tag{3-29}$$

$$s = \sqrt{\frac{\sum (x - \bar{x})^2}{n - 1}} \tag{3-30}$$

对于分组数据，方差和标准差的计算公式为：

$$s^2 = \frac{\sum (x - \bar{x})^2 f}{\sum f - 1} \tag{3-31}$$

$$s = \sqrt{\frac{\sum (x - \bar{x})^2 f}{\sum f - 1}} \tag{3-32}$$

【例 3-23】 如表 3-7 的数据为样本资料，试计算学生成绩的样本方差和标准差。

【解】 将表 3-7 中的计算结果代入式（3-31）和式（3-32）中，即可得出样本方差和标准差：

$$s^2 = \frac{\sum (x - \bar{x})^2 f}{\sum f - 1} = \frac{8000}{50 - 1} = 163.27$$

$$s = \sqrt{\frac{\sum (x - \bar{x})^2 f}{\sum f - 1}} = \sqrt{\frac{8000}{50 - 1}} = 12.78\text{（分）}$$

这与根据总体方差和标准差计算公式计算的结果相差不大。当 n 很大时，样本方差 s^2 与总体方差 σ^2 的计算结果相差很小，这时样本方差也可以用总体方差的公式来计算。

为什么样本方差的 n 个离差平方和不除以 n 反而要除以（$n-1$）呢？也就是样本方差的分母为什么取自由度（$n-1$）呢？从字面含义来看，自由度是指一组数据中可以自由取值的个数。当样本数据的个数为 n 时，若样本均值 $\bar{x}$ 确定后，只有（$n-1$）个数据可以自由取值，其中必有一个数据不能自由取值，例如，假定样本有 3 个数值，即 $x_1=2$，$x_2=4$，$x_3=9$，则 $\bar{x}=5$。当 $\bar{x}=5$ 确定后，x_1，x_2 和 x_3 只有两个数据可以自由取值，另一个不能自由取值。比如 $x_1=5$，$x_2=7$，那么 x_3 必然取 3，而不能取其他值。

样本方差的分母是自由度（$n-1$），其原因可以从多方面解释。从实际应用角度来看，在抽样估计中，当我们用样本方差 s^2 去估计总体方差 σ^2 时，自由度为（$n-1$）计算的样本方差 s^2 的数学期望就是 σ^2，因而它是 σ^2 的无偏估计量。

（3）是非标志的方差和标准差。在社会经济统计中，有些事物或现象的特征只表现为两种性质上的差异，例如，产品的质量表现为合格或不合格，人的性别表现为男或女，对某一电视节目表现为收看或不收看等。这种用“是”或“否”，“有”或“无”来表示的标

志，称为是非标志，也称为交替标志。在进行抽样估计时，是非标志的方差或标准差具有很重要的意义。

①成数（比例）。如前所述，是非标志只有两种表现，我们把总体或样本中具有某种表现或不具有某种表现的单位数占全部单位数的比重称为成数，它反映了总体或样本中“是”与“非”的构成，并且代表着两种表现或性质各反复出现的程度，即频率。例如，检查一批产品的质量，合格品占95%，不合格品占5%，在这里，95%和5%均为成数。

若以 N_1 表示总体中具有某种表现的单位数，N_0 表示总体中不具有某种表现的单位数，N 表示总体单位数，则成数可表示为：

$$\pi=\frac{N_1}{N} \quad 或 \quad 1-\pi=\frac{N_0}{N}$$

对于样本来说，与总体 N_1 对应的是 n_1，与总体 N_0 对应的是 n_0，样本单位数为 n，则：

$$p=\frac{n_1}{n} \quad 或 \quad 1-p=\frac{n_0}{n}$$

在同一总体或样本中，对于某一交替标志，具有两种成数且其和为1。

②是非标志的平均数。是非标志是一种品质标志，其表现为文字，因此，在计算平均数时，首先需要将文字表现进行数量化处理。用“1”表示具有某种表现，用“0”表示不具有某种表现，然后以“1”和“0”作为变量值，计算加权算术平均数。以总体为例予以说明。

$$\bar{x}_\pi=\frac{\sum xf}{\sum f}=\frac{1\times N_1+0\times N_0}{N_1+N_0}=\frac{N_1}{N}=\pi \tag{3-33}$$

由此可知，总体是非标志的平均数，即为被研究标志具有某种表现的成数 π，同样可得样本是非标志的平均数即为研究标志具有某种表现的成数 p。

③是非标志的方差与标准差。将经过量化处理的是非标志的表现“1”和“0”作为变量值代入总体方差计算公式：

$$\sigma_\pi^2=\frac{\sum(x-\bar{x})^2f}{\sum f}=\frac{(1-\pi)^2N_1+(0-\pi)^2N_0}{N_1+N_0}=\pi(1-\pi)$$

为区别于一般变量值的方差，我们将是非标志的方差记为 σ_π^2，即

$$\sigma_\pi^2=\pi\ (1-\pi) \tag{3-34}$$

是非标志的标准差为：

$$\sigma_\pi=\sqrt{\pi\ (1-\pi)} \tag{3-35}$$

同理可得，样本是非标志的方差 s^2 和标准差 s 为：

$$s_P^2=p(1-p) \tag{3-36}$$

$$s_P=\sqrt{p(1-p)} \tag{3-37}$$

【例3-24】 某鞋厂生产皮鞋5000双，从中抽取100双进行质量检查，结果为98双合格，2双不合格，试计算合格品率的方差和标准差。

【解】 根据所给资料可得：

$$p=\frac{98}{100}\times100\%=98\% \quad 1-p=\frac{2}{100}\times100\%=2\%$$

$$s_P^2=98\%\times2\%=1.96\% \quad s_P=\sqrt{1.96\%}=14\%$$

当成数 $p=0.5$ 时，方差、标准差均为最大值，分别为 0.25 和 0.5，也就是说，此时是非标志的变异程度最大。如某学生群体中男生数和女生数相等，即成数 $p=0.5$（或 50%），说明该学生群体性别差异程度最大。是非标志的方差、标准差的最小值均为 0。

3.3.4 离散系数

前面介绍的极差、四分位差、平均差和标准差都是反映一组数据离散程度的绝对值或平均值，其数值的大小，不仅取决于数据的离散程度，而且还与变量值水平的高低、计量单位的不同有关。所以，对于平均水平不同、计量单位不同的现象进行离散程度比较时，应当将上述反映数据的绝对差异程度的变异指标转化为反映相对差异程度的指标，然后再进行对比。离散系数也称为变异系数，它是反映一组数据相对差异程度的指标，是各变异指标与其算术平均数的比值。其意义是单位平均数上的差异，离散系数越小，平均数的代表性越强，反之则越弱。离散系数通常用 V 表示，在统计分析中常用的离散系数是标准差系数，其计算公式为：

$$\nu=\frac{\sigma}{\bar{x}} \text{ 或 } \nu=\frac{s}{\bar{x}} \tag{3-38}$$

【例 3-25】 甲、乙两企业月平均产量、标准差和离散系数资料见表 3-8。试比较甲、乙两企业月平均产量的代表性高低。

表 3-8　甲、乙两企业月平均产量、标准差和离散系数

企业名称	计量单位	月平均产量 $\bar{x}$	标准差 σ	离散系数 ν
甲	件	5500	225	4.09
乙	千克	640	50	7.81

【解】 从标准差来看，乙企业明显小于甲企业，但不能断言乙企业月平均产量的代表性高。这是因为两个企业生产的是不同的产品（计量单位不同），平均产量相差悬殊（平均水平不同），所以不能直接根据标准差的大小作结论，正确的方法要用离散系数进行比较分析。从两企业月平均产量的离散系数可以看出，甲企业相对的变异程度小于乙企业，因而得出结论：甲企业月平均产量比乙企业稳定，代表性越强。

3.4 数据分布形态的描述

集中趋势和离散程度是数据分布的两个重要特征，但要全面了解数据分布的特点，还需要知道数据分布的形状是否对称、偏斜程度以及分布的扁平程度等。偏态和峰度就是对这些分布特征的进一步描述。

3.4.1 偏态及其测度

偏态是对分布偏斜方向及程度的度量，频数分布有对称的即正态，有不对称的即偏态。

在偏态分布中，又有左偏和右偏两种类型。在本章 3.2 节中已经提到，利用众数、中位数和算术平均数之间的关系可以大体判断数据分布是左偏还是右偏。显然，判别偏态的方向并不困难，但要度量分布偏斜的程度，就需要计算偏态系数。

对数据分布不对称性的度量值，称为偏态系数，记作 SK，偏态系数的计算方法很多，这里仅介绍其中比较常用的一种。计算公式为：

$$SK=\frac{\sum(x-\bar{x})^3f}{\sum f\cdot s^3} \tag{3-39}$$

从式（3－39）可以看出，偏态系数等于离差三次方的平均数再除以标准差的三次方，当分布对称时，离差三次方后正负离差可以相互抵消，因而分子为 0，则 $SK=0$；当分布不对称时，正负离差不能抵消，就形成正的或负的偏态系数，当 SK 为正值时，表示正偏离差值比负偏离差值要大，可以判断为正偏或右偏；反之，当 SK 为负值时，表示负偏离差值比正偏离差值要大，可以判断为负偏或左偏。在计算 SK 时，将离差三次方的平均数除以 s^2，是将偏态系数转化为相对数。SK 的数值越大，表示偏斜的程度就越大。

【例 3－26】 利用表 3－6 资料，计算 50 名学生统计学考试成绩分布的偏态系数。

【解】 根据前面的计算结果已知，$\bar{x}=77$，$s=12.78$，代入式（3－39），得（有关计算见表 3－9）：

表 3－9　　**50 名学生统计学考试成绩偏态及峰度计算表**

成绩（分）	组中值（分）x	人数（人）f	$(x-\bar{x})$	$(x-\bar{x})^3f$	$(x-\bar{x})^4f$
60 分以下	55	6	－22	－63888	1405536
60～70	65	10	－12	－17280	207360
70～80	75	10	－2	－80	160
80～90	85	16	8	8192	65536
90 分以上	95	8	18	46656	839808
合　计	—	50	—	－26400	2518400

$$SK=\frac{\sum(x-\bar{x})^3f}{\sum f\cdot s^3}=\frac{-26400}{50\times(12.78)^3}=-0.2529<0$$

从计算结果可以看出，偏态系数为负值，说明 50 名学生统计学成绩的分布为左偏分布。即较高分数的学生比较多。

3.4.2 峰度及其测度

峰度是以标准正态分布曲线为标准，反映分布曲线顶端相对于标准正态分布曲线顶端而言平坦或尖峭的程度，通常区分为标准正态、尖峰与平峰三种。当频数分布曲线较标准正态分布曲线更为隆起、更瘦、更高时，称为尖峰；反之，分布曲线较标准正态分布曲线更为平坦、更胖、更矮时，称为平峰。如图 3－4 所示，实线型分布为标准正态分布。

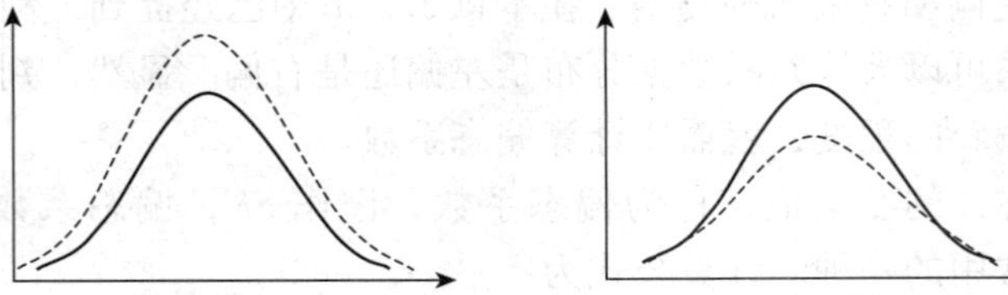

图 3－4　尖峰分布与平峰分布示意图

对数据分布峰度的测度值，称为峰度系数，记作 K。峰度系数是用离差四次方的平均数再除以样本标准差的四次方，其计算公式为：

$$K = \frac{\sum (x - \bar{x})^4 f}{\sum f \cdot s^4} - 3 \tag{3-40}$$

式（3－40）中将离差的四次方除以 s^4 是为了将峰度系数转化为相对数。用峰度系数说明分布的尖峰和扁平程度，是通过与标准正态分布的峰度系数进行比较而言的。由于标准正态分布的峰度系数为 0，当 $K>0$ 时为尖峰分布，当 $K<0$ 时为平峰分布。需要注意的是，式（3－40）中也可以不减 3，此时的比较标准是 3。当 $K>3$ 时为尖峰分布，当 $K<3$ 时为平峰分布。

【例 3－27】 利用表 3－9 中的数据，计算 50 名学生统计学考试成绩分布的峰度系数。

【解】 根据表 3－9 的计算结果得：

$$K = \frac{\sum (x - \bar{x})^4 f}{\sum f \cdot s^4} = \frac{2518400}{50 \times (12.78)^4} - 3 = -1.11$$

从计算结果可以看出，峰度系数为负值，说明 50 名学生统计学成绩的分布为平峰分布，与标准正态分布相比成绩的分布更离散。

3.5　利用 Excel 计算相关指标

数据集中趋势、离散程度、偏态和峰度等有关指标的计算，大多都可以由 Excel 来实现。Excel 中用于计算描述性相关指标的方法有两种：函数方法和描述统计工具的方法。

3.5.1　函数方法

在 Excel 中求常用的描述性指标，未分组资料可用函数计算，已分组资料可用公式计算。这里我们仅介绍如何用函数来计算未分组资料的相关指标。

用函数运算有两种方法：一是手工输入函数名称及参数。这种输入形式比较简单、快捷，但需要非常熟悉函数名称及其参数的输入形式。所以，只有比较简单的函数才用这种方法输入。二是函数导入法。这是一种最为常用的办法，它适合于所有函数的使用，而且在导入过程中有向导提示，因而非常方便。函数的一般导入过程为：点菜单“插入”；找到“函数”，此时出现一个“插入函数”对话框；在对话框的“选择类别”中确定函数的类别（如常用函数或统计）；在“选择函数”内确定欲选的函数名称，如 SUM、MODE 等；点“确定”后即可出现该函数运算的对话框向导，再按向导的提示往下运行即可。

【例 3－28】 为了解某单位职工的工资收入情况，随机抽取 30 名工人，其月工资见表 3－10，利用 Excel 计算 30 名工人月工资的算术平均数。

表 3－10　　30 名职工月工资收入　　单位：元

1560	1340	1600	1410	1590	1410
1610	1570	1710	1550	1490	1690
1380	1580	1470	1530	1560	1250
1560	1350	1560	1510	1550	1460
1550	1570	1980	1610	1510	1440

【解】 用函数方法求算术平均数，应先将 30 名工人的月工资数据输入 A1∶A30 单元格。

①手工输入函数名称及参数法。单击任一单元格，输入“＝AVERAGE（A1∶A30）”，如图 3－5 所示。“回车”后即可得到算术平均数为 1531.667 元。

图 3－5　手工输入函数名称及参数

②函数导入法。单击“f_x”，弹出“插入函数”对话框；在“选择类别”中确定函数的类别“统计”；在“选择函数”内确定“AVERAGE”函数，如图 3－6 所示。

点“确定”后即可出现该函数运算的对话框向导，在“Number1”处输入“A1∶A30”或选择 Excel 中的 A1∶A30 区域，如图 3－7 所示。按“确定”，在 Excel 中即得到算术平均数 1531.667 元。

运用函数导入法，只要知道每个函数的含义，即可按上述程序得到相应的运算结果。

下面介绍相关的 Excel 统计函数的功能和语法。

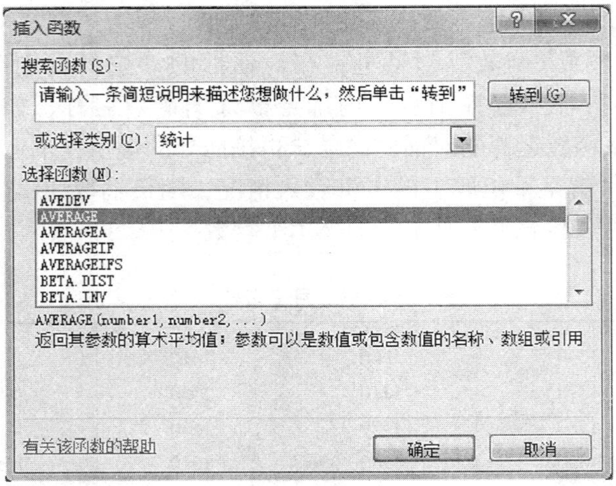

图 3－6　函数导入法“插入函数”对话框

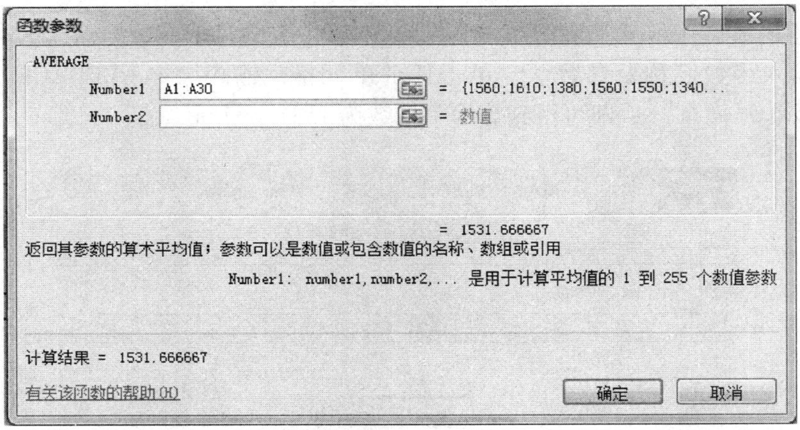

图 3－7　函数导入法“函数参数”对话框

◇ AVERAGE（number1，［number2］，…），其中参数 number1 是要计算平均数的第一个数字、单元格引用或单元格区域，参数 number1 是必需的，参数 number2 等其余参数是要计算平均数的其余数字、单元格引用或单元格区域，都是可选的，最多可包含 255 个。

◇ AVEDEV（number1，［number2］，…），返回数据的平均差。参数意义同上。

◇ GEOMEAN（number1，［number2］，…），返回数据的几何平均值，参数意义同上。

◇ HARMEAN（number1，［number2］，…），返回数据的调和平均值，参数意义同上。

◇ KURT（number1，［number2］，…），返回数据的峰度，参数意义同上。

◇ MAX（number1，［number2］，…），返回数据中的最大值，参数意义同上。

◇ MEDIAN（number1，［number2］，…），返回数据的中位数，参数意义同上。

◇ MIN（number1，［number2］，…），返回数据中的最小值，参数意义同上。

◇ MODE. MULT（number1，［number2］，…），返回数据中的众数。参数意义同上。

如果有多个众数，则将返回多个结果，但必须以数组公式的形式输入，否则只显示最先出现的那个众数。例如 5，2，2，5 中的众数为 2 和 5，但 5 最先出现，因此返回的是 5。

◇ MODE. SNGI（number1，[number2]，…），返回数据中的众数。参数意义同上。如果有多个众数，只返回最先达到众数要求的那个众数。

◇ QUARTILE. INC（array，quart），返回数据中的第 k 个四分位数。其中参数 array 用于定义相对位置的数组或数据区域。参数 quart 可取值为 0、1、2、3、4，依次表示最小值、第一个四分位数、中位数、第三个四分位数、最大值。

◇ SKEW（number1，[number2]，…），返回数据的偏度。参数意义同上。

◇ STDEV. P（number1，[number2]，…），返回总体数据的标准差。参数意义同上。

◇ STDEV. S（number1，[number2]，…），返回样本数据的标准差。参数意义同上。

◇VAR. P（number1，[number2]，…），返回总体数据的方差。参数意义同上。

◇ VAR. S（number1，[number2]，…），返回样本数据的方差。参数意义同上。

Excel 中没有提供直接计算极差的统计函数，但可用统计函数 MAX 和 MIN 来计算极差。

3.5.2 描述统计工具的方法

以 Excel2013 为例，首先在"文件"菜单下单击"选项"，在弹出的"Excel 选项"中选择"加载项"，然后单击下方的"转到（G）…"，在弹出的对话框中选择"分析工具库"并确定，即可利用该功能计算出描述数据分布的集中趋势、离中趋势和分布形态的各种主要指标。下面举例说明 Excel 描述统计工具的操作步骤。

【例 3－29】 仍以例 3－28 的资料为例，利用 Excel 计算工人月工资收入的各项指标。

【解】 把数据输入到 A1：A30 单元格，然后按以下步骤操作：

第一步：选择"数据"菜单下的"数据分析"选项，从其对话框中选择"描述统计"，按"确定"后打开描述统计对话框，如图 3－8 所示。

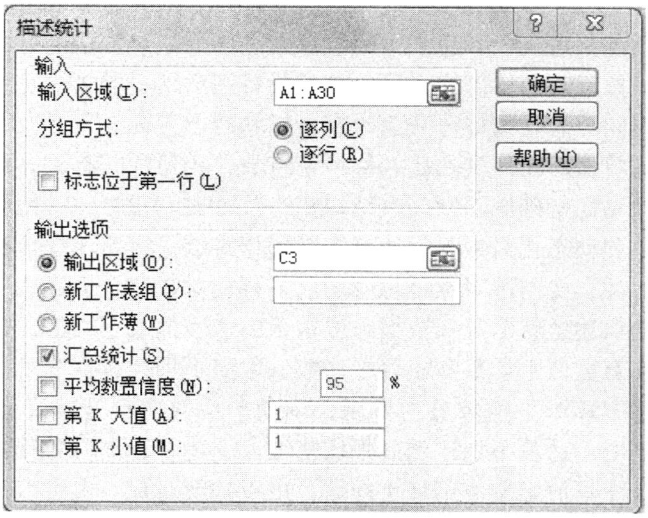

图 3－8 描述统计对话框

第二步：在输入区域中输入 A1：A30，在输出区域中选择 C3，其他复选框可根据需要选定，选择汇总统计，可给出一系列描述指标。

第三步：单击"确定"，可得输出结果，如图 3－9 所示。

A	B	C	D	E
1560				
1610				
1380		列1		
1560				
1550		平均	1531.667	
1340		标准误差	24.19786	
1570		中位数	1550	
1580		众数	1560	
1350		标准差	132.5371	
1570		方差	17566.09	
1600		峰度	3.808279	
1710		偏度	0.914565	
1470		区域	730	
1560		最小值	1250	
1980		最大值	1980	
1410		求和	45950	
1550		观测数	30	
1530				
1510				

图 3－9　描述统计输出结果

一般情况下，Excel 均把数据视作样本进行处理，因此图 3－9 中的“标准差”和“方差”分别指样本标准差和方差，“标准误差”指抽样平均误差。

本章小结

总量指标是说明现象总规模和总水平的数值，又称为绝对数。绝对数的计量单位有实物单位和价值量单位。按反映总体内容不同，总量指标可分为总体单位总量和总体标志总量；按反映的时间状况不同，总量指标可分为时期指标和时点指标。

将两个有联系的数值对比得到的比例称为相对数，相对数既有无名数形式也有复名数形式。根据研究目的和对比基础的不同，有结构相对数、比例相对数、比较相对数、计划完成相对数、强度相对数和动态相对数等。计算和应用相对数一定要注意正确选择对比基础、两个对比数值具有可比性、要与绝对数结合应用、多种相对数结合运用。

数据集中趋势的描述也就是寻找数据一般水平的代表值或中心值，在统计学中用平均指标来描述。平均指标有数值平均数和位置平均数。数值平均数包括算术平均数、调和平均数和几何平均数。实际中算术平均数最为常用，调和平均数通常是作为加权算术平均数的变形，几何平均数主要用于计算平均比例或平均速度。上述几种平均数又有简单式与加权式之分。权数是权衡各个变量值影响作用轻重的数，可以是绝对数，也可以是相对数。位置平均数主要包括众数和中位数。

数据的离散程度是反映各个变量值远离其中心值的程度，在统计学中用变异指标来描述，变异指标能反映平均指标的代表性。变异指标主要包括极差、四分位差、平均差、方差、标准差和离散系数。方差和标准差是最常用的变异指标。比较不同性质或不同水平的变量的差异程度时，就需要运用离散系数（变异系数）。

数据分布的偏态和峰度的测定，是通过计算偏态系数和峰度系数来实现的。

数据集中趋势、离散程度、偏态系数和峰度系数等有关指标的计算，大多都可以由Excel来实现。Excel 中用于计算描述性相关指标的方法有两种：函数方法和描述统计工具的方法。

综合训练

一、思考题

1. 什么是总量指标？总量指标有哪些种类？
2. 时期指标和时点指标有什么区别？
3. 什么是相对指标？有哪些种类的相对指标？
4. 数值平均数与位置平均数是依据什么来区分的？这两类平均数之间有何异同？
5. 怎样理解均值在统计学中的地位？
6. 什么是权数？计算加权平均数如何正确选择权数？
7. 什么是众数和中位数？两者有何特点？它们与算术平均数有何关系？
8. 在实际应用中，为什么要把平均指标和变异指标结合运用？
9. 标准差系数和标准差有何区别？什么情况下要用标准差系数？
10. 如何测定数据分布的偏态和峰度？

二、单项选择题

1. 某年的钢产量与人口总数之比是（　　）。

A. 比较相对数　　B. 比例相对数

C. 强度相对数　　D. 平均数

2. 已知 2019 年甲国人均粮食产量为 1712 千克，乙国为 129 千克，甲国为乙国的 13 倍，以上指标中（　　）。

A. 有两个总量指标，一个相对指标

B. 有两个强度相对指标，一个比较相对指标

C. 有两个平均指标，一个比较相对指标

D. 有两个平均指标，一个比例相对指标

3. 以一个企业为总体，该企业职工人数 200 人，全年工资总额 250 万元，则（　　）。

A. 200 人是总体标志总量，250 万元是总体单位总量

B. 200 人是总体单位总量，250 万元也是总体单位总量

C. 200 人是总体标志总量，250 万元也是总体标志总量

D. 200 人是总体单位总量，250 万元是总体标志总量

4. 某厂劳动生产率计划比上年提高 8%，实际仅提高 4%，则其计划完成百分数为（　　）。

A. 4%　　B. 50%

C. 96.30%　　D. 103.85%

5. 如果单项分配数列的各个变量值和它们的频数都缩小到原来的1/2，那么众数（　　）。

A. 缩小到原来的1/2　　B. 缩小到原来的1/4

C. 不变　　D. 不能预期其变化

6. 如果变量值中有一项为零，则不能计算（　　）。

A. 算术平均数　　B. 调和平均数和几何平均数

C. 众数　　D. 中位数

7. 标准差与平均差的区别主要在于（　　）。

A. 意义不同　　B. 计算结果不同

C. 计算条件不同　　D. 对离差的数学处理方式不同

8. 不同总体间的标准差不能进行简单对比，这是因为（　　）。

A. 平均数不一致　　B. 离散程度不一致

C. 总体单位不一致　　D. 离差平方和不一致

9. 两个总体的平均数不等，但标准差相等，则（　　）。

A. 平均数小的，代表性大　　B. 平均数大的，代表性大

C. 两个平均数代表性相同　　D. 无法加以判断

10. 已知市场某种蔬菜早市、午市、晚市的每千克价格，在早市、午市、晚市的销售额基本相同的情况下，计算平均价格可采取的平均数形式是（　　）。

A. 简单算术平均数　　B. 加权算术平均数

C. 简单调和平均数　　D. 加权调和平均数

11. 若各个标志值都扩大2倍，而频数都减少为原来的1/3，则平均数（　　）。

A. 扩大2倍　　B. 减少到1/3

C. 不变　　D. 不能预期平均值的变化

12. 若某总体次数分布呈轻微左偏分布，则有（　　）成立。

A. $\bar{x} > Me > Mo$　　B. $\bar{x} < Me < Mo$

C. $\bar{x} > Mo > Me$　　D. $\bar{x} < Mo < Me$

13. 如果两个数列是以不同的计量单位来表示的，则比较其离差的计量方法是（　　）。

A. 极差　　B. 标准差

C. 平均差　　D. 标准差系数

14. 用组中值代表组内变量值的一般水平有一定的假定性，即（　　）。

A. 各组的次数必须相等　　B. 变量值在本组内的分布是均匀的

C. 组中值能取整数　　D. 各组必须是封闭组

15. 加权算术平均数不但受变量值大小的影响，而且也受变量值出现次数多少的影响。因此，下列情况中对平均数不发生影响的是（　　）。

A. 变量值比较小而次数较多时　　B. 变量值较大而次数较小时

C. 变量值较大而次数较多时　　D. 变量值出现的次数相等时

三、多项选择题

1. 以一个企业作为总体，下列属于总量指标的是（ ）。
A. 职工人数　B. 工业总产值
C. 人均产值　D. 平均工资
E. 资产负债率

2. 实物指标的计量单位包括（ ）。
A. 自然实物量单位　B. 度量衡单位
C. 双重或多重单位　D. 标准实物量单位
E. 复合单位

3. 在相对指标中，分子指标与分母指标属于同一个总体的是（ ）。
A. 结构相对指标　B. 比例相对指标
C. 比较相对指标　D. 动态相对指标
E. 强度相对指标

4. 算术平均数的基本公式中包含有（ ）。
A. 分子与分母属于同一总体　B. 分子与分母的计量单位相同
C. 分母是分子的承担者　D. 分子附属分母
E. 分子与分母都是总体标志总量

5. 平均指标的作用包括（ ）。
A. 反映总体的综合特征　B. 反映变量值分布的集中趋势
C. 反映变量值分布的离中趋势　D. 可反映现象在同一时间不同空间的一般水平
E. 可反映现象在同一空间不同时间的一般水平

6. 加权算术平均数的权数应具备的条件有（ ）。
A. 权数与标志值的乘积等于标志总量　B. 权数一般为标志值的承担者
C. 权数与标志值的乘积有经济意义　D. 权数一定是总体单位数
E. 权数一定是单位数比重

7. 应用平均指标时应注意（ ）。
A. 总体的同质性　B. 极端值的影响
C. 用组平均数补充说明总平均数　D. 用分配数列补充说明总平均数
E. 将平均数与典型事例相结合

8. 下列指标中，反映总体分布离中趋势的有（ ）。
A. 众数　B. 全距
C. 平均差　D. 标准差
E. 中位数

9. 标志变异指标的作用包括（ ）。
A. 衡量平均数代表性的大小　B. 说明产品质量的稳定性
C. 说明总体分布的集中趋势　D. 说明总体分布的离中趋势
E. 反映生产经营活动过程的均衡性和稳定性

10. 成数 p 的方差可表示为（ ）。

A. p

B. pq

C. $p(1-p)$

D. $\sqrt{p(1-p)}$

E. $\sqrt{pq}$

四、判断题

1. 相对指标可以使不能直接对比的总量指标找到对比的基础。（ ）
2. 计划完成百分数大于100%，就表示超额完成计划。（ ）
3. 在一定条件下，比较相对数和比例相对数可以相互转化。（ ）
4. 全国人均国民收入是一个强度相对指标。（ ）
5. 产品合格率属于结构相对数。（ ）
6. 平均数可以反映总体分布的集中趋势。（ ）
7. 根据分组数列计算出的平均数只是原来平均数的一个近似值。（ ）
8. 简单算术平均数是加权算术平均数在权数相等时的一个特例。（ ）
9. 对于同一原始资料而言，采用f作为权数与采用$f/\sum f$作为权数计算出的平均数总是相等的。（ ）
10. 标志变异指标可以反映总体分布的离中趋势。（ ）
11. 标志变异指标值的大小与平均数代表性的大小成正比。（ ）
12. 成数的平均数就是成数本身。（ ）
13. 若各组标志值不变，而每组频数均增加10%，则标志值的平均数也增加10%。（ ）
14. 权数对平均数的影响取决于作为权数的各组单位数占总体单位总数的比重。（ ）
15. 中位数和众数的大小与变量值中的极值无关。（ ）

五、计算题

1. 某企业按工人劳动生产率高低分组的生产班组和工人数资料如表3－11所示。

表3－11

按工人劳动生产率分组（件/人）	生产班组（个）	工人数（人）
50～60	10	150
60～70	7	100
70～80	5	70
80～90	2	30
90以上	1	16
合 计	25	366

试计算该企业工人平均劳动生产率。

2. 某企业2019年3月份职工工资分组资料如表3－12所示。

表 3-12

按工资金额分组（元）	职工人数（人）
700 元以下	40
700~750	100
750~800	170
800~850	220
850~900	190
900~950	150
950~1000	130
1000 元以上	120
合　计	1120

试计算职工工资的均值、众数和中位数，并绘制分布曲线图，观察均值、中位数和众数的位置。

3. 某厂生产的某种零件，要经过三道工序，已知各工序的合格率分别为 95%、93% 和 98%。试计算该零件在各道工序的总合格率和平均合格率。

4. 某高校学生会为了解在校大学生的消费支出情况，从全校本科学生中按性别随机各抽取 100 名，其月消费支出额分组资料如表 3-13 所示。

表 3-13

月消费支出额（元）	男生	女生
1000 元以下	6	5
1000~1200	9	12
1200~1400	16	25
1400~1600	24	24
1600~1800	23	18
1800~2000	14	10
2000 元以上	8	6
合　计	100	100

（1）分别计算男、女学生的平均月消费支出；

（2）分别计算男、女学生的月消费支出中位数和众数；

（3）分别计算男、女学生的月消费支出的下四分位数和上四分位数；

（4）分别计算男、女学生的月消费支出的平均差和标准差，并比较其平均月消费支出的代表性；

（5）分别计算男、女学生的月消费支出的偏态系数和峰度系数，判断其分布形态。

5. 某企业有两个生产车间，甲车间有 20 名工人，人均加工产品数为 78 件，标准差为 8 件；乙车间有 30 名工人，人均日加工产品数为 72 件，标准差为 10 件。试计算：

（1）两个车间日加工产品的平均值及标准差；

（2）比较甲、乙两车间加工产品数，哪组数据更分散？

6. 甲、乙两个企业生产三种产品的单位成本和总成本资料如表 3 – 14 所示。

表 3 – 14

产品名称	单位成本（元）	总成本（元）	
		甲企业	乙企业
A	15	2100	3255
B	20	3000	1500
C	30	1500	1500

试比较哪个企业的平均成本高并分析原因。

第四章
抽样与抽样分布

学习目标
- □ 理解抽样调查的含义、特点及步骤
- □ 理解抽样误差的概念
- □ 了解几种常用的抽样方法，并运用 Excel 进行抽样
- □ 理解常用的几种连续型概率分布
- □ 理解样本均值、比例和方差的抽样分布
- □ 熟练掌握中心极限定理的应用

【案例导入】

某市初中、高中学生的睡眠状况

睡眠是人类生活不可缺少的一种重要生理需要，是评价健康水平的一项基本指标，拥有充足而高质量的睡眠是工作、学习和生活的重要前提条件。为了了解某市初中、高中学生的睡眠状况，我们从有代表性的 12 所学校初一至高三年级的学生中随机抽取 1800 名学生为对象，每个年级抽取 300 名学生（同年级男女各一半）为代表进行了问卷调查，调查结果如表 4－1 所示。

表 4－1

学段	人数	睡眠不足人数			睡眠不足率（%）
		男	女	合计	
初一	300	32	35	67	22.3
初二	300	65	90	155	51.7
初三	300	122	135	257	85.7
高一	300	70	85	155	51.7
高二	300	105	110	215	71.7
高三	300	135	145	280	93.3

被调查的初三年级中，女生有 135 人睡眠不足，男生有 122 人睡眠不足，男女生共有 257 人睡眠不足，占本年级被调查人数的 85.7%；被调查的高三年级中，女生有 145 人睡眠不足，男生有 135 人睡眠不足，男女生共有 280 人睡眠不足，占本年级被调查人数的 93.3%。想一想，这里采用了什么样的抽样方法进行抽样？通过调查这部分学生的

睡眠状况能否估计全市学生的睡眠状况?

在现实生活中,总体特征是我们想要了解的,然而总体往往是未知的,只有关于总体的一个样本,因此需要通过样本信息对总体特征进行估计。样本的获取往往通过抽样调查,应该怎样进行抽样调查获取样本数据?怎样通过样本信息估计总体特征?本章主要介绍抽样调查方法以及几种样本统计量的概率分布。

4.1 抽样调查的基本思想和原理

4.1.1 抽样调查的概念

抽样调查是根据随机的原则从总体中抽取部分实际数据进行调查,并运用概率估计方法,根据样本数据推算总体相应数量指标的一种统计分析方法。其基本要求是要保证所抽取的样本数据对总体具有充分的代表性。抽样调查的目的是通过对样本数据的分析、研究结果来估计和推断总体特性,是科学实验、质量检验、社会调查普遍采用的一种经济有效的研究方法。

4.1.2 抽样调查的特点

抽样调查数据之所以能用来代表和推算总体,主要是因为抽样调查本身具有其他非全面调查所不具备的特点。抽样调查的特点主要包括:

(1) 调查样本是按随机原则抽取的,在总体中每一个单位被抽取的机会是均等的,因此,能够保证被抽中的单位在总体中是均匀分布,不致出现倾向性误差、代表性强。

(2) 抽样调查是以抽取的全部样本单位作为一个“代表团”,用整个“代表团”来代表总体。而不是用随意挑选的个别单位代表总体。

(3) 所抽选的调查样本数量,是根据调查误差的要求,经过科学计算确定的,在调查样本的数量上有可靠保证。

(4) 抽样调查的误差,是在调查前就可以根据调查样本数量和总体中各单位之间的差异程度进行计算,并控制在允许范围以内,调查结果的准确程度较高。

基于以上特点,抽样调查被公认为是非全面调查方法中用来推算和代表总体最完善、最有科学根据的调查方法。

4.1.3 抽样调查的步骤

(1) 调查设计和初步计划。在这一阶段,必须确定研究目的和如何在时间和资源有限的前提下达成这一目的。主要包括几个方面:

①确定研究的目的。根据调查目的的不同,有的是需要对成年人口总体的常规调查研究,例如,大学教员对加入工会组织持什么态度?外来移民花费在看病上的钱占其收入的比

例是多少？有些则可能与一般人口的调查研究无关，只是与某些特定的子群体有关。例如，某一类组织的会员年费是多少？某一所高中低年级和高年级学生的辍学率是多少？调查目的的确定将为下面的一系列决策提供框架。

②确定抽样计划或方案。首先，需要界定总体，我们必须确定的基本问题是：什么样的人或什么事情是我们感兴趣的总体？其次，制定抽样框，决策的依据是清晰的研究框架和可利用的有关资源，抽样框与总体的关系有三种情况：抽样框与研究总体完全匹配；抽样框所包含的内容可能比总体更多（需要筛选）；抽样框没有包括全部合格的总体成员（这样的抽样框是否足够精确?）最后，抽样框在很多情况下都未能包括合格总体中的所有个体，在这种总体定义与抽样框不相匹配时，我们需要考虑是否要把缺失的总体包括进来，这需要依据研究的问题、可利用的资源和研究进行的地点而定。

③设计问卷。问卷设计必须解决两个问题：需要从被调查人那里搜集什么样的信息？如何最清楚地将我们的想法表达出来？

④确定可以支配的经费和时间。经费和时间决定了样本容量的大小、调查员和编码员的聘请数量、调查涉及的地理范围。

⑤分析数据和报告研究结果。这里需要考虑的问题是：为回答研究提出的问题，需要选择哪些分析方法？准备研究报告、论文或其他研究成果所需的时间。

（2）试调查。调查过程的第二个阶段是对调查的初步设计进行测试，主要分以下几个步骤：

①草拟问卷。在草拟问卷之初，可以从其他较成功的研究中借用一些问题。当然，在借用之前，要了解他们是如何定义概念和使用什么问题来测度这些概念的。借用他人研究中的问题有两种方式：一是全部借用（你完全同意某个问题），二是部分借用（部分同意），这样做的前提是没有版权问题。关于问卷设计，请参考相关书籍。

②使用调查员（适用于电话调查和面访调查）。在这一阶段，要注意三个问题：起草和编写调查员培训材料，使调查员了解他们需要做什么。无论使用的是专业调查员，还是第一次做调查的学生，编写培训材料和培训调查员都是必须要做的工作；遴选和雇用调查员的工作必须与样本的选择密切配合；试调查的时间决定了试调查中需要调查员的人数。

③听取调查员汇报。在每次试调查结束的时候，应该安排会见所有调查员，听取他们的汇报，汇报应包括问卷中的所有问题和所有调查步骤，发现存在的问题，并提出解决问题的建议。来自汇报会的反馈，加上审读实际调查记录将为问卷的进一步修改提供依据。

④确定试调查的方法。在试调查的最初阶段，其目的在于搜集对一个个问卷题目的反馈，而在后期阶段的目的则在于测试整个问卷和调查的方法步骤。可以通过各种正式的和非正式的途径，来测试问卷题目。非正式途径包括找家庭成员、朋友或其他学生填写问卷，听取他们对问题的意见。正式途径包括在经过非正式的试验后，觉得问卷可以拿得出手的时候，我们便可以在调查地区的正式调查对象中进行正式试验。在问卷改进过程中，有两种方法现在已被越来越多地使用：一种是认知访谈，另一种是焦点组。为了提高回答率和数据质量，必须因时因地制宜，随时做出各种调整。试调查阶段可能延续一个月，甚至更长的时间。

对抽样计划、问卷、调查培训方法和培训材料、数据编码方案和数据分析方案等问题做最后的调整，最后终结调查设计和计划。

(3) 数据搜集。在这一阶段，我们需要对抽样的结果和数据搜集过程进行监控，并开始编码和准备数据文件。这里需要注意两个问题：①要确保所有个案规范地被抽取，对所有个案的调查能顺利完成。电话调查和面访调查中无响应的调查对象应该在本周的另一天或同一天的另一个时间再一次进行联系。拒绝接受调查、无法联系、不合格的调查比例各是多少？数据是否有作假的迹象？一般来说，要对每一个调查员完成工作的10% ~20%，通过督导或再次与调查对象联系，对完成的调查进行验证。回访主要是了解调查是否确实进行过，而且要了解进行时间的长短。我们也可采用隔周或每周样本处理情况报告的办法，以便尽早发现和解决调查中发现的问题，避免问题成堆，无法收拾。②检测调查员。一是深入全面地检查每一个调查员最初完成的那几份问卷，以确保没有任何问题被遗漏，得到的信息是完整的，且所有关于调查的规定都得到了遵守。重要的是必须把检查的结果及时反馈给每一个调查员，以便他们能在问题和错误成为定势之前予以纠正。二是检查调查员对分配调查任务的完成情况。因为没经验的调查员很可能因轻信调查对象诸如“我实在太忙”或“我对调查的问题不感兴趣”这样拒绝接受调查的借口而放弃对既定个案的调查。如果一个调查员的拒访人数比例异常高，那么就应当和那个调查员一起对那些个案一一加以检查，并找到对调查对象进行回访的方法或以后在遇到类似问题时的处理方法。优秀的研究人员总是设法通过使用训练有素的调查员对拒访者进行回访，促使他们转变态度接受调查，从而最大限度地减少持不合作态度的人数。

(4) 数据编码、数据文件的建立、数据分析和最终研究报告。在完成数据搜集后，必须对数据进行编码，并把完成的调查信息做成电脑数据文件。对于不同研究问题需要采用不同数据分析方法进行数据分析，最后根据分析结果编写最终研究报告。

4.1.4 抽样误差

与其他调查一样，抽样调查也会遇到调查的误差和偏误问题。通常抽样调查的误差有两种：登记误差和代表性误差。其中代表性误差包括系统误差和抽样误差。把登记误差和系统性误差也称为非抽样误差，从理论上讲这些误差可以采取措施，预防误差发生或将其减小到最低程度；抽样误差是指用样本统计量推断总体参数时出现的偏差，是由随机抽样的偶然因素使样本各单位的结构不足以代表总体各单位的结构，而引起抽样指标和总体指标间的绝对离差。

(1) 抽样误差的来源。抽样误差，又称随机误差或代表性误差，是遵循随机原则抽样而产生的样本指标（抽样估计值）与总体相应指标的离差。按随机原则抽样时，由于抽到的样本不同，会得到不同的样本指标，具有随机性和偶然性，这种误差是抽样调查本身所固有的、无法避免的误差，这部分误差的数值大小不同。例如，某班 4 名学生统计学考试成绩分别为 70 分、75 分、80 分、85 分，其平均分 μ 为 77.5 分，若用抽样方法推算平均数 μ，从中随机抽取 2 名学生，假设抽到第一、第二位学生，则样本平均数 $\bar{x}$ 为 72.5 分，此时抽样误差的绝对值为 $|\bar{x}-\mu| = |72.5-77.5| = 5$ 分。若抽中的是第二、第三位学生，则样本均值为 77.5 分，相应的抽样误差的绝对值为 0。

可见，抽样误差的大小与观测样本有关，观测样本不同，抽样误差的大小也随之不同。由于总体指标是未知的，是所要估计的目标量，所以无法计算出抽样指标与估计目标量的离差，即无法计算出这样的抽样误差。

但是，抽样调查可以通过抽样设计、计算并采用一系列科学的方法，把抽样误差控制在允许的范围之内；另外，由于调查单位少，代表性强，所需调查人员少，工作误差比全面调查要小，特别是在总体包括的调查单位较多的情况下，抽样调查结果的准确性一般高于全面调查。

（2）抽样误差的影响因素。

①抽样单位的数目。在其他条件不变的情况下，抽样单位的数目越多，抽样误差越小；抽样单位数目越少，抽样误差越大。这是因为随着样本数目的增多，样本结构越接近总体，抽样调查也就越接近于全面调查。当样本扩大到总体时，则为全面调查，也就不存在抽样误差了。

②总体被研究标志的变异程度。在其他条件不变的情况下，总体标志的变异程度越小，抽样误差越小，总体标志的变异程度越大，抽样误差越大。抽样误差和总体标志的变异程度成正比变化。这是因为总体的变异程度小，表示总体各单位标志值之间的差异小，则样本指标与总体指标之间的差异也小；如果总体各单位标志值相等，则标志变动度为零，样本指标等于总体指标，此时不存在抽样误差。

③抽样方法的选择。对于一个既定的研究总体，在样本容量相同的情况下，重复抽样和不重复抽样的抽样误差的大小不同，采用不重复抽样比采用重复抽样的抽样误差小。

④抽样组织方式不同。采用不同的组织方式，会有不同的抽样误差，这是因为不同的抽样组织方式所抽中的样本，对于总体的代表性不同。我们常利用抽样误差，作为判断各种抽样组织方式的比较标准。

4.2 抽样方法

大多数研究的目的是取得总体的一般真实情况，但是一般情况下难以得到总体的全部信息，所以需要从总体中抽取一个样本，然后运用统计方法，用样本信息推断关于总体某些特征的结论。为了使推断合理，样本必须在随机抽样设计（或随机抽样）的严格条件下抽取。

一个总体可以通过一次抽取一个或一组元素来进行抽样。抽取的基本单元称为抽样单元。在随机抽样中，总体中的每一个抽样单元都能以非零概率被抽到，被抽到的概率在抽样前是确定的，所以随机抽样也称为概率抽样。下面介绍 4 种重要的随机抽样方法：简单随机抽样、分层抽样、系统抽样和整群抽样。

4.2.1 简单随机抽样

（1）简单随机抽样概述。简单随机抽样（simple random sampling），又称纯随机抽样，它是从总体 N 个单位中随机抽取 n 个单位作为样本，使得每一个样本都有相同的机会（概率）被抽中。它是抽样调查中应用最多、最基本的抽样方法之一。

简单随机抽样是一种最简单的抽样组织形式，在理论上最符合随机原则。理由有二：一是总体中各个单位被抽中的机会相同，如总体有 N 个单位组成，各单位被抽中的概率为

$1/N$；二是总体中各样本被抽中的机会相同，如从总体 N 中抽取容量为 n 的样本，总共可能抽取 C_N^n 个样本，在每一轮抽选中，各个样本被抽中的概率均为$1/C_N^n$。

例如，考虑一个由 35 人构成的目标总体，从中抽取一个 3 人的简单随机样本，规定抽样单元是单个人，将这 35 个人的名字分别写在完全相同的纸上，并将这些纸放在一个碗中，闭上眼睛，无放回地一次抽取一张纸，总共抽取三张纸，这样就得到一个简单随机样本，所有的名字都有相同的概率被抽中，第 1 次是 1/35、第 2 次是 1/34、最后一次是 1/33。

（2）重复抽样和不重复抽样。抽取元素的具体方法有重复抽样（sampling with replacement）和不重复抽样（sampling without replacement）。当从总体中抽取一个单位并加以计量后，把这个单位放回到总体中，再抽取第二个单位，直至抽取 n 个单位为止，这样的抽样方法可能会使某一个单位被重复抽中，所以称为重复抽样。如果一个单位被抽中后不放回总体，然后再从所剩下的单位中抽取第 2 个单位，直到抽出 n 个单位为止，这样的抽样方法不可能出现一个单位被重复抽中，所以称为不重复抽样。

（3）简单随机抽样的优势与局限性

• 简单随机抽样的优势：

①简单、直观，在抽样框完整时，可直接从中抽取样本。

②用样本统计量对目标量进行估计比较方便。

• 简单随机抽样的局限性：

①当总体很大时，抽样框编码困难。如对连续生产的产品编号有时甚至无法实现。

②抽出的单位很分散，给实施调查增加了困难。

③没有充分利用总体的相关信息，从而增大了抽样误差，不能提高估计的准确率。

4.2.2 分层抽样

（1）分层抽样概述。分层抽样（stratified sampling），也称分类抽样，它是先将总体按照某一标志分成若干个类型组，尽量使组内各单位标志值较接近，然后在各组内按随机原则分别抽取若干单位共同构成一个样本。

例如，一群男性中，5% 为高收入者，65% 为中等收入者，30% 为低收入者，试确定他们的平均收入。将总体按照收入水平分为三层，若进行比例分层随机抽样，则在样本中有 5% 的高收入者，65% 的中等收入者，30% 的低收入者；若进行非比例分层随机抽样，那么每一层的百分比可以任意确定，例如，用相等的百分比 33. 33% 。

（2）分层抽样的优势与局限性。

• 分层抽样的优势：

①除了可以对总体进行估计外，还可以对各层的目标量进行估计。

②可以按自然区域或行政区域进行分层，使抽样的组织和实施都比较方便。

③分层抽样的样本分布在各个层内，从而使样本在总体中的分布比较均匀。

④如果分层抽样做得好，可以提高估计精度。

• 分层抽样的局限性：

事先要对总体有一定认识，总体差异不明显时不适用，因此要选准分类主要指标。

4.2.3 系统抽样

（1）系统抽样概述。系统抽样（systematic sampling）又称等距抽样或机械抽样，它是将总体所有单位按某一标志排序，并在序号靠前的范围内随机抽取第一个单位，然后依次按照固定间隔抽取其他若干单位，以构成样本。如果抽样框架非常大，通常采用系统抽样。

例如，我国农产量调查是先对一个地区按照过去三年的平均粮食产量从高到低排序，然后从高产量地块随机地找到一个起点，按照一定的距离由高到低抽取地块作为样本。这种方法能够保证抽出的地块产量由高到低均匀分布，因而对总体估计与推断的代表性较高。

（2）实施步骤。

①编号：先将总体的 N 个个体编号，可直接利用自身个体所带的号码，如学号等。

②分段：确定分段间隔 k，对编号进行分段，当 N/n（n 是样本容量）是整数时，取 $k=N/n$。

③确定初始编号：在第一段用简单随机抽样确定第一个抽取的个体编号 m（$m\leqslant k$）。

④成样：按照一定的规则抽取样本，通常是将 m 加上间隔 k 得到第二个个体编号（$m+k$），再加上 k 得到第三个个体编号（$m+2k$），依次进行下去，直到获取整个样本。

（3）系统抽样的优势与局限性。

- 系统抽样的优势：

①简便易行。当样本容量很大时，简单随机抽样要逐个使用随机数字表抽选相当麻烦，而系统抽样有了总体单位的排序，只要确定出抽样的随机起点和间隔后，样本单位也就随之确定，而且可以利用现有的排列顺序，操作方便，因此系统抽样常用来代替简单随机抽样。

②系统抽样的样本在总体中的分布一般比较均匀，由此抽样误差通常要小于简单随机抽样。如果掌握了总体的有关信息，将总体各单位按有关标志排列，可以提高估计精度。

- 系统抽样的局限性：

对总体方差的估计比较困难。

①如果单元的排列存在周期性的变化，而抽样者对此缺乏了解或缺乏经验，抽样的代表性可能很差。

②系统抽样的方差估计比较困难。

4.2.4 整群抽样

（1）整群抽样概述。整群抽样（cluster sampling）又称聚类抽样，是将总体中各单位归并成若干个互不交叉、互不重复的集合，称之为群，然后以群为抽样单位抽取样本的一种抽样方式。如果一个总体很大且非常分散，那么整群抽样能使抽样成本相对较低。

（2）整群抽样的分类。整群抽样可分为单阶段、两阶段和多阶段整群抽样。单阶段整群抽样是指随机抽取 n 个群，被抽到的群中元素均包括在样本中；两阶段整群抽样是指首先随机抽取 n 个群，然后在抽到的每一个群中再进行第二次随机抽样；多阶段整群抽样是指抽样过程包括两个以上抽样阶段。

例如，对纽约州的选举进行民意调查，纽约州的每一个郡，由于其相对异质性，可以看作抽样中的一个群。若进行单阶段随机抽样，则随机抽取若干个郡，郡中的每一个合法选举人都可以作为样本。然而更常用的为多阶段随机抽样，即先随机抽取若干个郡，然后在被选中的郡中抽取若干个区，依此类推，一直抽到最后一个阶段为止。

（3）整群抽样的优势与局限性。

● 整群抽样的优势：

抽样时只需群的抽样框，可简化工作量；调查的地点相对集中，节省调查费用，方便调查的实施。

● 整群抽样的局限性：

估计的精度较差。

4.2.5 Excel 在抽样方法中的应用

（1）简单随机抽样。

【例 4－1】 某统计学专业两个班学生为一个总体，共有 100 人，总体单位为 100，按需要从中随机抽取 20 人进行调查，了解统计学专业的学习情况。

启动 Excel，用 Excel 进行简单随机抽样。

第一步：首先要对每一个学生进行编号，即对 100 个总体单位进行编号，按随机原则编号后（也可按有关标志编号），将编号输入表中，如图 4－1 所示。

	A	B	C	D	E	F	G	H	I	J
1	1	11	21	31	41	51	61	71	81	91
2	2	12	22	32	42	52	62	72	82	92
3	3	13	23	33	43	53	63	73	83	93
4	4	14	24	34	44	54	64	74	84	94
5	5	15	25	35	45	55	65	75	85	95
6	6	16	26	36	46	56	66	76	86	96
7	7	17	27	37	47	57	67	77	87	97
8	8	18	28	38	48	58	68	78	88	98
9	9	19	29	39	49	59	69	79	89	99
10	10	20	30	40	50	60	70	80	90	100

图 4－1　例 4－1 的总体单位编号

第二步：单击“数据”菜单，选择“数据分析”，弹出“数据分析”对话框，选择“抽样”，如图 4－2 所示。

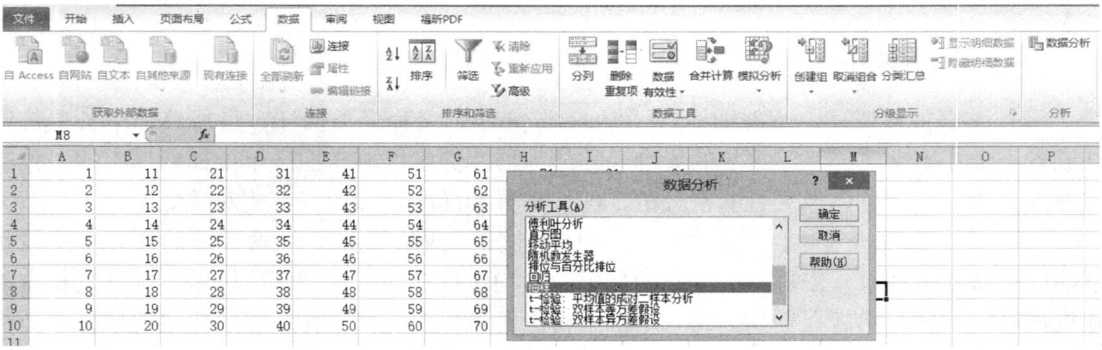

图 4－2　例 4－1 的“数据分析”对话框

第三步：弹出“抽样”对话框后，进行如下操作：①在“输入区域”框中输入 总体单位编号所在的单元格区域，在本例中是 A1：J10，如果输入区域的第一行或第一列为标志项（横行标题或纵列标题），可单击标志复选项。②在“抽样方法”选项下，有“周期”和“随机”两种抽样方式，在此采用纯随机抽样，只需在“样本数”框中输入要抽取的样本单位数即可，本例是 20 个样本。③指定输出区域，在这里输入 L2：M11，单击“确定”按钮后，即可得到抽样结果，如图 4－3 所示。

	A	B	C	D	E	F	G	H	I	J	K	L	M
1	1	11	21	31	41	51	61	71	81	91		抽样结果	
2	2	12	22	32	42	52	62	72	82	92		53	79
3	3	13	23	33	43	53	63	73	83	93		71	44
4	4	14	24	34	44	54	64	74	84	94		92	92
5	5	15	25	35	45	55	65	75	85	95		87	90
6	6	16	26	36	46	56	66	76	86	96		83	19
7	7	17	27	37	47	57	67	77	87	97		13	69
8	8	18	28	38	48	58	68	78	88	98		100	74
9	9	19	29	39	49	59	69	79	89	99		2	31
10	10	20	30	40	50	60	70	80	90	100		55	84
11												81	99

图 4－3　例 4－1 的简单随机抽样结果

（2）系统抽样。在上述案例第二步的②中，在“抽样方法”选项下，有“周期”和“随机”两种抽样方式，选择“周期”抽样模式，即系统抽样也称等距抽样，需将总体单位数除以要抽取的样本单位数，求得取样的周期间隔。例如，本例中要在 100 个单位中抽取 20 个，则在“间隔”框中输入 5。在指定输出区域输入 L2: M11，单击“确定”后，即可得到系统抽样结果，如图 4－4、图 4－5 所示。

A	B	C	D	E	F	G	H	I	J
1	11	21	31	41	51	61	71	81	91
2	12	22	32	42	52	62	72	82	92
3	13	23	33	43	53	63	73	83	93
4	14	24	34	44	54	64	74	84	94
5	15	25	35	45	55	65	75	85	95
6	16	26	36	46	56	66	76	86	96
7	17	27	37	47	57	67	77	87	97
8	18	28	38	48	58	68	78	88	98
9	19	29	39	49	59	69	79	89	99
10	20	30	40	50	60	70	80	90	100

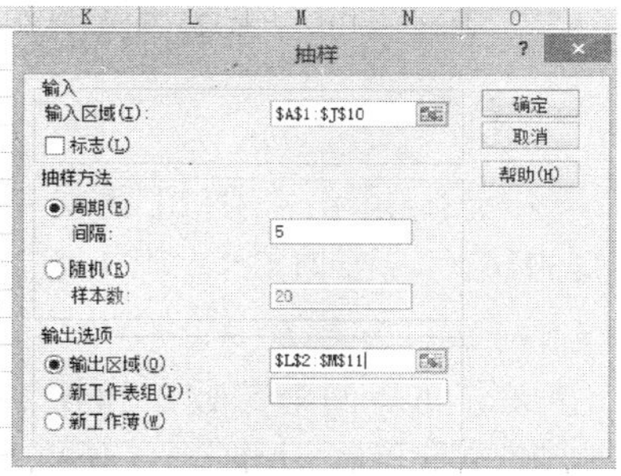

图 4－4　例 4－1 的抽样对话框

	A	B	C	D	E	F	G	H	I	J	K	L	M
1	1	11	21	31	41	51	61	71	81	91		抽样结果	
2	2	12	22	32	42	52	62	72	82	92		5	55
3	3	13	23	33	43	53	63	73	83	93		10	60
4	4	14	24	34	44	54	64	74	84	94		15	65
5	5	15	25	35	45	55	65	75	85	95		20	70
6	6	16	26	36	46	56	66	76	86	96		25	75
7	7	17	27	37	47	57	67	77	87	97		30	80
8	8	18	28	38	48	58	68	78	88	98		35	85
9	9	19	29	39	49	59	69	79	89	99		40	90
10	10	20	30	40	50	60	70	80	90	100		45	95
11												50	100

图 4－5　例 4－1 的系统抽样结果

4.3 几种常用连续型随机变量的概率分布

这里主要介绍5种常见的连续型概率分布：正态分布、标准正态分布、t分布、χ^2分布和F分布，它们在概率分布理论中具有十分重要的地位，在统计推断中应用非常广泛。

4.3.1 正态分布

正态分布（normal distribution）是一种概率分布，具有两个参数μ和σ^2，第一参数μ是遵从正态分布随机变量的均值，第二个参数σ^2是随机变量的方差，所以正态分布记作$N(\mu, \sigma^2)$。

遵从正态分布随机变量的概率规律为，取μ邻近值的概率越大，而取离μ越远值的概率越小；σ^2越小分布越集中在μ附近，σ^2越大分布越分散。对于一个服从正态分布的随机变量，只要知道其均值与标准差，就可以根据正态分布密度函数公式估计出任意取值范围内的频数比例。正态分布是许多统计方法的理论基础。

（1）正态分布的概率密度函数。

$$f(x)=\frac{1}{\sqrt{2\pi}\sigma}e^{-\frac{(x-\mu)^2}{2\sigma^2}} \quad -\infty<x<+\infty \tag{4-1}$$

其中，μ是正态随机变量X的均值，为任意实数；σ^2是方差，且$\sigma>0$，$\pi=3.1415926$，$e=2.71828$，称X服从参数为μ、σ^2的正态分布，记作$X\sim N(\mu,\sigma^2)$。数学期望$E(X)=\mu$，方差$D(X)=\sigma^2$

正态分布有两个参数μ和σ^2，不同的μ和σ^2对应不同的正态分布。正态分布的概率密度函数图形如图4－6所示，随机变量A、C方差相等，在图形中的位置由其对应的均值μ_1、μ_2决定；随机变量A、B均值相等，分布的陡峭程度由对应的方差决定，方差越小越陡峭，方差越大越平坦。

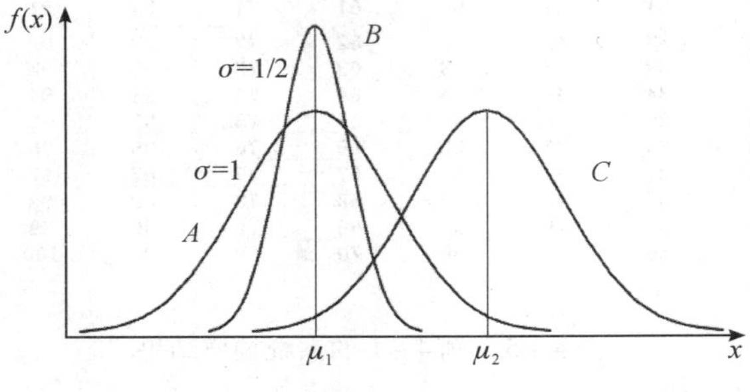

图4－6 不同的μ和σ^2对正态曲线的影响

（2）正态分布的分布函数。

$$F(x) = \int_{-\infty}^{x} f(t)dt = \frac{1}{\sqrt{2\pi}\sigma}\int_{-\infty}^{x} e^{-\frac{(t-\mu)^2}{2\sigma^2}}dt \quad -\infty < x < +\infty \tag{4-2}$$

(3) 正态分布函数的性质。

①正态分布的概率密度函数 $f(x) \geqslant 0$。

②正态曲线的最高点在均值 μ，它也是分布的中位数和众数，是关于 $x=\mu$ 处的对称钟形曲线。

③每一特定正态分布通过参数 μ 和 σ^2 来区分，不同参数取值的正态分布构成一个完整的正态分布族，其中 μ 决定了分布的位置，σ^2 决定分布的陡峭程度。

④曲线 $f(x)$ 相对于均值 μ 对称，尾端向两个方向无限延伸，且理论上永远不会与横轴相交。

⑤正态曲线下的总面积等于1。

⑥随机变量的概率由曲线下的面积给出。

根据 3σ 经验法则，总结了正态分布常用区间上的概率值，在均值 μ 加减1个、2个、3个标准差 σ 的范围内，其概率值分别为68.27%、95.45%、99.73%，如图4-7所示。

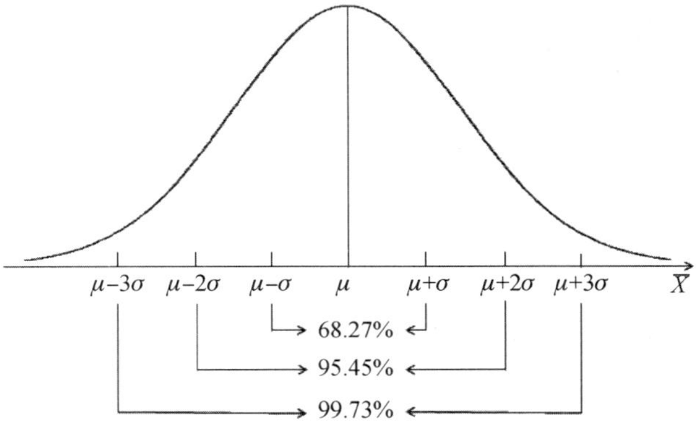

图4-7 常用区间的正态概率值

4.3.2 标准正态分布

由于正态分布是一个分布族，不同参数取值的 μ 和 σ^2 形成不同的正态分布，要通过其分布函数计算概率十分烦琐。因此，可以通过一定的变量转换即标准化，将一般正态分布转换成标准正态分布，将大大简化概率的计算。

在正态分布中，当 $\mu=0$，$\sigma^2=1$ 时，则相应的正态分布称为标准正态分布（standard normal distribution），此时标准正态分布概率密度函数公式为：

$$f(x) = \frac{1}{\sqrt{2\pi}}e^{-\frac{x^2}{2}} \tag{4-3}$$

有了标准正态分布就可以将任意一个服从正态分布的随机变量转换成标准正态分布，转换（标准化）公式为：

$$Z = \frac{x-\mu}{\sigma} \tag{4-4}$$

其中，分子 $x-\mu$ 表示将一般正态分布随机变量 x 与均值 μ 之差平均到标准正态分布中，

再除以标准差 σ，即将一般正态分布的现状转换为均值为 0、标准差为 1 的标准正态分布。随机变量 Z 服从标准正态分布，记作 $Z \sim N(0, 1)$，如图 4－8 所示。

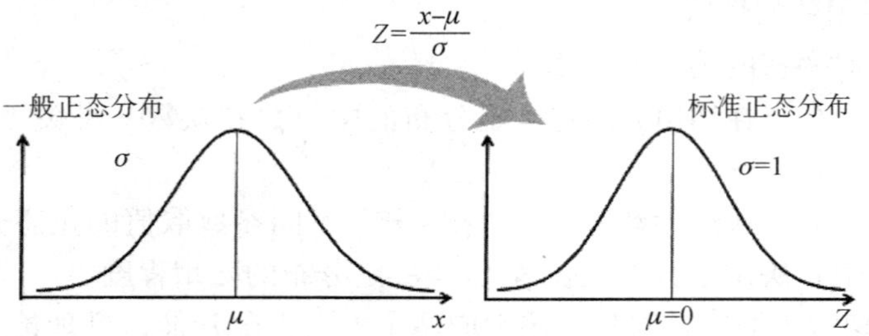

图 4－8　一般正态分布转换成标准正态分布示意图

对于服从标准正态分布的随机变量 Z，设其分布函数为 $\Phi(Z)$，则标准正态变量在任何一个区间的概率可以表示为：

$$P(a \leqslant Z \leqslant b) = \Phi(b) - \Phi(a) \tag{4-5}$$

$$P(|Z| \leqslant a) = 2\Phi(a) - 1 \tag{4-6}$$

$$\Phi(-Z) = 1 - \Phi(Z) \tag{4-7}$$

对于服从一般正态分布的随机变量 X，取值在某一区间的概率可以通过标准正态分布取得，概率计算可表示为：

$$P(a \leqslant X \leqslant b) = \Phi\left(\frac{b-\mu}{\sigma}\right) - \Phi\left(\frac{a-\mu}{\sigma}\right) \tag{4-8}$$

$$P(X \leqslant x) = \Phi\left(\frac{x-\mu}{\sigma}\right) \tag{4-9}$$

$$P(X > x) = 1 - P(X \leqslant x) = 1 - \Phi\left(\frac{x-\mu}{\sigma}\right) \tag{4-10}$$

【例 4－2】　已知变量 X 服从正态分布，其中 $\mu=5$，$\sigma=10$，求 $p(5 \leqslant X \leqslant 6.2)$。

【解】　$p(5 \leqslant X \leqslant 6.2) = \Phi\left(\frac{6.2-5}{10}\right) - \Phi\left(\frac{5-5}{10}\right) = \Phi(0.12) - \Phi(0)$

查标准正态分布表可得：$\Phi(0.12)=0.5478$，$\Phi(0)=0.5$，则：

$p(5 \leqslant X \leqslant 6.2) = 0.5478 - 0.5 = 0.0478$

图 4－9 中，一般正态分布的阴影部分面积是要求的概率，通过标准化转换，实现了一般正态分布的概率计算转换成标准正态分布的概率计算，简化了概率计算。

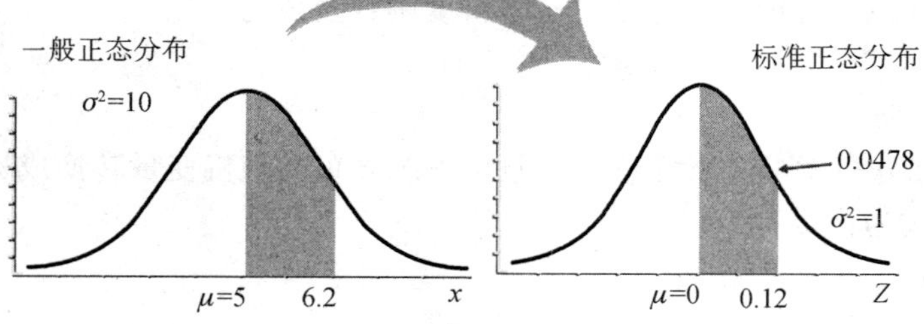

图 4－9　例 4－2 的概率 $p(5 \leqslant X \leqslant 6.2)$

在实际应用中，正态分布的概率计算可以利用 Excel 完成，结合例 4－2 说明具体操作步骤如下：

第一步：在菜单栏找到“Σ 自动求和”，选择“其他函数”，在“选择类别”处点击选择“统计”，找到函数“NORM. DIST”。

第二步：在“X”后填入正态分布函数计算的区间点（即 x）（本例分别为 5 和 17），在“Mean”处输入总体均值 μ（本例为 5），在“Standard_ dev”后填入总体标准差 σ（本例为 10），在“Cumulative”后填入“1”（或“TURE”），点击“确定”，概率分别为 0. 5 、0. 885。因此，$p(5\leqslant X\leqslant 17)=0.885-0.5=0.385$。

【例 4－3】 已知变量 X 服从正态分布，其中 $\mu=5$，$\sigma=10$，求 $p(2.9\leqslant X\leqslant 7.1)$。

【解】
$$\begin{aligned}p(2.9\leqslant X\leqslant 7.1)&=\Phi\left(\frac{7.1-5}{10}\right)-\Phi\left(\frac{2.9-5}{10}\right)=\Phi(0.21)-\Phi(-0.21)\\&=\Phi(0.21)-1+\Phi(0.21)=2\times\Phi(0.21)-1\\&=2\times 0.583-1=0.166\end{aligned}$$

【例 4－4】 某班统计学考试成绩平均分为 75 分，标准差为 5 分，问有多少比例的学生分数在 80 分以上？

【解】 $p(X>80)=1-p(X\leqslant 80)=1-\Phi\left(\frac{80-75}{5}\right)=1-\Phi(1)=1-0.841=0.159$

有 15. 9% 的学生分数在 80 分以上。

4. 3. 3 t 分布

在概率论和统计学中，学生 t 分布（t－distribution），可简称为 t 分布，经常用于根据小样本来估计呈正态分布且方差未知的总体均值。t 分布曲线形态与自由度 df 的大小有关，与标准正态分布曲线相比，自由度 df 越小，t 分布曲线越平坦，曲线中间越低，曲线双侧尾部翘得越高；自由度 df 越大，t 分布曲线越接近正态分布曲线，当自由度 df 很大，一般当 $n\geqslant 30$ 时，t 分布曲线与标准正态分布曲线就非常接近，如图 4－10 所示。

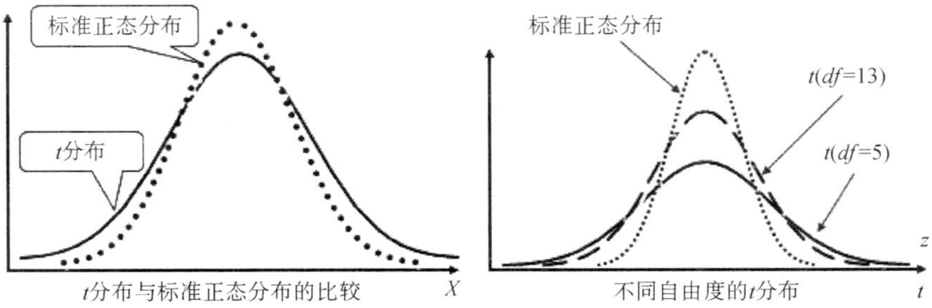

图 4－10 t 分布与标准正态分布示意图

当 $n\geqslant 2$ 时，t 分布的数学期望 $E(t)=0$；当 $n\geqslant 3$ 时，t 分布的方差 $D(t)=\frac{n}{n-2}$。t 分布的概率密度函数是关于 $t=0$ 的对称曲线。若总体 X 服从正态分布，方差未知，且 $n<30$，则有样本均值 $\bar{x}$ 标准化后的样本统计量 T 服从自由度 $n-1$ 的 t 分布：

$$T=\frac{\bar{x}-\mu}{s/\sqrt{n}}\sim t(n-1) \tag{4-11}$$

4.3.4 卡方分布

χ^2 分布由阿贝（Abbe）于1863年首先给出，后来由海尔墨特（Hermert）和卡·皮尔逊（K. Pearson）分别于1875年和1900年推导出来，是概率论与统计学中常用的一种概率分布，常用于假设检验和置信区间的计算。

设 $x\sim N(\mu,\sigma^2)$，则 $z=\frac{x-\mu}{\sigma}\sim N(0,1)$。令 $Y=Z^2$，则 Y 服从自由度为1的 χ^2 分布，即 $Y\sim\chi^2(1)$。进一步推导出：当总体 $X\sim N(\mu,\sigma^2)$，从中抽取容量为 n 的样本，则有：

$$\frac{\sum_{i=1}^{n}(x_i-\bar{x})^2}{\sigma^2}\sim\chi^2(n-1) \quad 或 \quad \frac{(n-1)s^2}{\sigma^2}\sim\chi^2(n-1) \tag{4-12}$$

χ^2 分布具有如下性质和特点：①变量值始终为正；②形状取决于自由度 $df=n-1$ 的大小，通常为不对称的右偏分布，但随着自由度增大逐渐趋于对称；③可加性：若U和V为两个独立服从 χ^2 分布的随机变量，即 $U\sim\chi^2(n_1-1)$、$V\sim\chi^2(n_2-1)$，则 $U+V\sim\chi^2(n_1+n_2)$。图4－11为 χ^2 分布示意图。

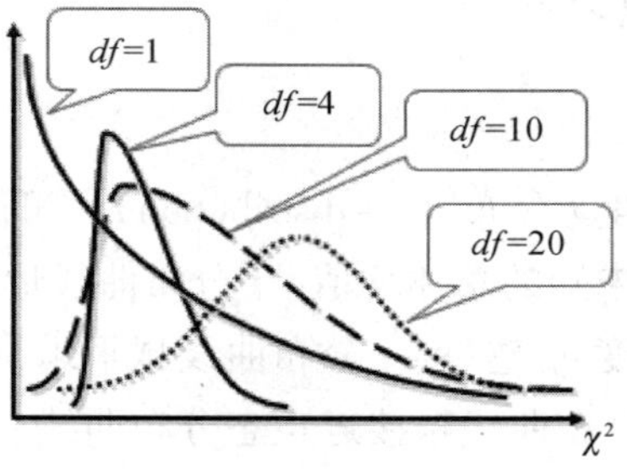

图4－11　不同自由度的 χ^2 分布

4.3.5 F分布

F 分布是1924年英国统计学家费希尔（R. A. Fisher）提出，并以其姓氏的第一个字母命名。它是一种非对称分布，有两个自由度，且位置不可互换。F 分布有着广泛的应用，如在方差分析、回归方程的显著性检验中都有着重要的地位。

设若 U 为服从自由度为 n_1 的 χ^2 分布，即 $U\sim\chi^2(n_1)$，V 为服从自由度为 n_2 的 χ^2 分布，即 $V\sim\chi^2(n_2)$，且 U 和 V 相互独立，则

$$F=\frac{U/n_1}{V/n_2} \tag{4-13}$$

称 F 为服从自由度为 n_1 和 n_2 的 F 分布，记为 $F\sim F(n_1,n_2)$。F 分布的图形如图4－12所示，F 分布的图形是右偏的，会随着两个自由度的变化而变化。

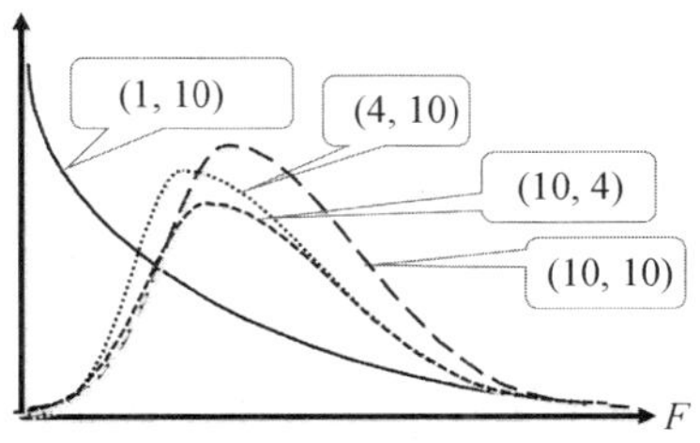

图 4-12　不同自由度的 F 分布

4.4　抽样分布

4.4.1　抽样分布的概念

从总体中随机抽取许多样本，所得到的所有可能的样本观测值及其所对应的概率称为抽样分布（sampling distribution）。因此，抽样分布也可称为样本统计量的概率分布。以样本均值 $\bar{x}$ 为例，若将样本均值所有取值分别记为 $\bar{x}_1$，$\bar{x}_2$，…，$\bar{x}_n$，其相应的概率记为 p_1，p_2，…，p_n，将它们按顺序排列起来，可得表 4-2。

表 4-2　样本均值的概率分布表

$\bar{x}$	$\bar{x}_1$	$\bar{x}_2$	…	$\bar{x}_n$
p（$\bar{x}$）	p_1	p_2	…	p_n

抽样分布反映了样本指标的分布特征，是抽样推断的重要依据。根据样本分布的规律，可揭示样本指标与总体指标之间的关系，估计抽样误差，并说明抽样推断的可靠程度。在实际应用中，统计量的抽样分布可以通过数学推导或在计算机上利用程序进行模拟而得到。

4.4.2　样本均值的抽样分布

样本均值 $\bar{x}$ 抽样分布的形式与总体分布和样本容量 n 有关。样本均值抽样分布形式示意图如图 4-13 所示。

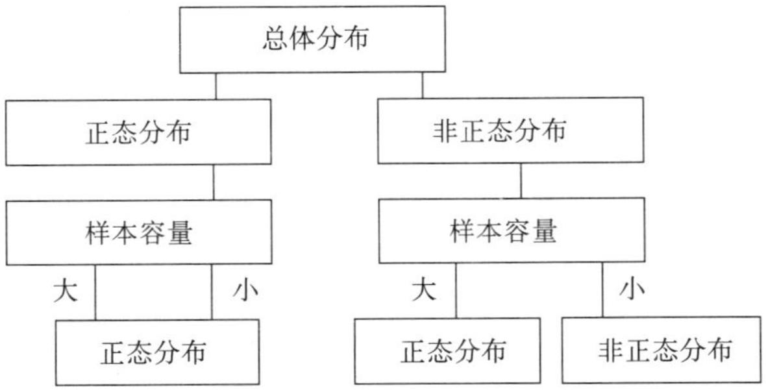

图 4-13　样本均值的分布与总体分布的关系

如果总体是正态分布，那么无论样本容量的大小，样本均值的抽样分布都服从正态分布。如果总体的分布是非正态分布就要看样本容量的大小。当样本容量 n 为小样本（通常 $n<30$），样本均值的抽样分布不服从正态分布；当样本容量 n 为大样本（通常 $n\geqslant 30$），样本均值的抽样分布将服从正态分布，其分布的数学期望为总体均值μ，方差为 σ^2/n。这就是统计上著名的中心极限定理（central bmit theorem）。这一定理可以表述为：从均值为μ、方差为 σ^2 的总体中抽取容量为 n 的随机样本，当 n 为大样本时，样本均值的抽样分布近似服从均值为μ、方差为 σ^2/n 的正态分布，即 $\bar{x}\sim N(\mu,\sigma^2/n)$。

下面通过例 4－5 来理解样本均值的抽样分布。

【例 4－5】 四名学生的月消费支出（240，280，360，400）元。现按重复抽样的方法，随机抽取两位构成一个样本，则全部可能的样本及其各样本的均值如表 4－3 所示。

表 4－3　　16 个可能的样本及其均值 $\bar{x}_i$

样　本	单　位	样本平均 $\bar{x}$
1	240，240	240
2	240，280	260
3	240，360	300
4	240，400	320
5	280，240	260
6	280，280	280
7	280，360	320
8	280，360	320
9	360，240	300
10	360，280	320
11	360，360	360
12	360，400	380
13	400，240	320
14	400，280	340
15	400，360	380
16	400，400	400
合　计		5120

$$\text{总体均值：}\mu=\frac{\sum_{i=1}^{N}x_i}{N}=\frac{240+280+360+400}{4}=320$$

$$\text{总体方差：}\sigma^2=\frac{\sum_{i=1}^{N}(x_i-\mu)^2}{N}=\frac{(240-320)^2+\cdots+(400-320)^2}{4}=4000$$

表 4－4　　　　样本均值 $\bar{x}$ 的分布

均值 $\bar{x}$	240	260	280	300	320	340	360	380	400
$\bar{x}$ 的个数	1	2	1	2	4	2	1	2	1
$p(\bar{x})$	1/16	1/8	1/16	1/8	1/4	1/8	1/16	1/8	1/16

其中，样本均值和方差分别为：

$$E(\bar{x}) = \sum_{i=1}^{9} \bar{x}_i p_i = 240 \times \frac{1}{16} + \cdots + 400 \times \frac{1}{16} = 320 = \mu$$

$$\sigma_{\bar{x}}^2 = \sum_{i=1}^{9} (\bar{x}_i - \mu)^2 p_i = (240 - 320)^2 \times \frac{1}{16} + \cdots + (400 - 320)^2 \times \frac{1}{16} = 2000 = \frac{4000}{2} = \frac{\sigma^2}{n}$$

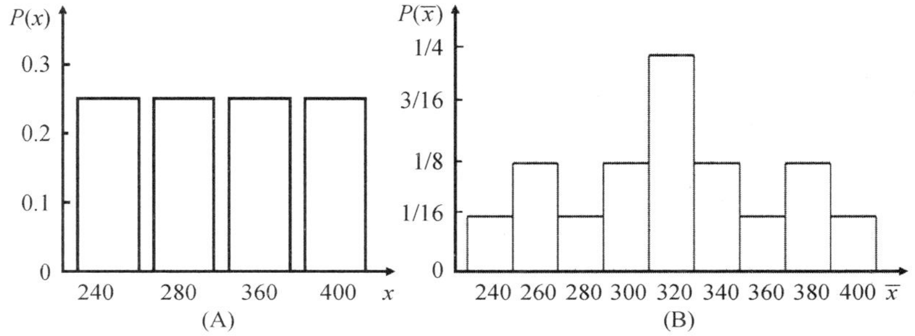

图 4－14　例 4－5 的总体分布和样本均值的抽样分布

由图 4－14 可知，从均匀分布的总体中抽取样本容量 $n=2$ 的样本，样本均值的抽样分布在形状上是对称分布。

从统计推断的角度看，我们所关心的抽样分布的特征主要是均值和方差。这两个特征一方面与总体分布的均值和方差有关，另一方面也与抽样方法是否为重复抽样有关。

设总体共有 N 个单位，其均值为 μ，方差为 σ^2，从中抽取容量为 n 的样本，样本均值的数学期望记为 $E(\bar{x})$，样本均值的方差记为 $\sigma_{\bar{x}}^2$，则无论是重复抽样还是不重复抽样，样本均值的数学期望始终等于总体均值，即

$$E(\bar{x}) = \mu \tag{4-14}$$

而样本均值的方差则与抽样方法有关，在重复抽样条件下，样本均值的方差为总体方差的 $1/n$，即

$$\sigma_{\bar{x}}^2 = \frac{\sigma^2}{n} \tag{4-15}$$

在不重复抽样条件下，样本均值的方差则需要用修正系数 $\frac{N-n}{N-1}$ 修正重复抽样时样本均值的方差，即

$$\sigma_{\bar{x}}^2 = \frac{\sigma^2}{n} \times \frac{N-n}{N-1} \tag{4-16}$$

对无限总体进行不重复抽样时，可以按重复抽样来处理，因为其修正系数趋向于 1，此时样本均值的方差可按式（4－15）计算。对于有限总体，当 N 远远大于 n（$N \geqslant 20n$）时，修正系数也趋向于 1，这时样本均值的方差也可以按式（4－15）计算。

【例 4-6】 某类钢制产品的重量近似服从正态分布，设重量平均值为 2800 千克，方差为 9000 千克。现假定从该总体中抽取容量为 10 的随机样本。问这个样本的平均重量小于等于 2750 千克的概率是多少？

【解】 样本来自于正态总体，总体方差已知，故样本均值抽样分布服从正态分布，其中：

$$E(\bar{x}) = 2800, \sigma_{\bar{x}} = \frac{\sigma}{\sqrt{n}} = \sqrt{\frac{9000}{10}} = 30$$

$$p(\bar{x} \leqslant 2750) = \Phi\left(\frac{2750 - 2800}{30}\right) = \Phi(-1.67)$$

$$= 1 - \Phi(1.67) = 1 - 0.953 = 0.047$$

样本的平均重量小于等于 2750 千克的概率为 0.047。

【例 4-7】 某厂使用自动生产线灌装饮料，通过观察每瓶的灌装量服从均值为 μml，标准差为 1.0ml 的正态分布。随机抽取由 9 瓶饮料形成的一个样本，并测定每瓶的灌装量。试确定样本均值偏离总体均超过 0.3ml 的概率。

【解】 样本来自于正态总体，总体方差已知，故样本均值抽样分布服从正态分布：

$$p(|\bar{x} - \mu| > 0.3) = 1 - p(|\bar{x} - \mu| \leqslant 0.3) = 1 - p\left(\frac{-0.3}{1/\sqrt{9}} \leqslant \frac{\bar{x} - \mu}{\sigma/\sqrt{n}} \leqslant \frac{0.3}{1/\sqrt{9}}\right)$$

$$= 1 - p(-0.9 \leqslant z \leqslant 0.9) = 1 - 2\Phi(0.9) + 1 = 2 - 2 \times 0.816 = 0.368$$

样本均值偏离总体均值超过 0.3ml 的概率为 0.368。

【例 4-8】 设零件质量是随机变量，服从正态分布，其数学期望为 0.5kg，标准差为 0.1kg，问：

（1）5000 只零件的总质量超过 2510kg 的概率是多少？

（2）如果用一辆载重汽车运输这 5000 只零件，至少载重量是多少才能使不超重的概率大于 0.975？

【解】 根据条件已知，$\mu = 0.5$，$\sigma = 0.1$，$n = 5000$

则 5000 只零件的总质量 $= 5000 \times 0.5 = 2500$kg，方差 $= 0.1^2 \times 5000 = 50$

（1）$p(X > 2510) = 1 - p(X \leqslant 2510) = 1 - \Phi\left(\frac{2510 - 2500}{\sqrt{50}}\right)$

$$= 1 - \Phi(1.41) = 1 - 0.92 = 0.08$$

5000 只零件的总质量超过 250kg 的概率为 0.08。

（2）设汽车载重量为 a 吨，则有

$$p(X \leqslant a) = \Phi\left(\frac{a - 2500}{\sqrt{50}}\right) > 0.957$$

查标准正态分布表得 $\frac{a - 2500}{\sqrt{50}} > 1.72$，计算可得 $a > 2512.16$，因此汽车载重量不能低于 2512.16 千克。

4.4.3 样本比例的抽样分布

现实生活中，许多情况下要用到比例估计，也就是用样本比例 p 去推断总体比例 π。假定一个具有 N 个单位的总体，具有两种属性，其中一种属性的单位个数为 N_0，另一种属性

的单位个数为 N_1，将具有某种属性的单位与全部单位总数之比称为总体比例，用 π 表示，则有 $\pi=\frac{N_0}{N}$，而具有另一种属性的单位数与全部单位数之比则为$\frac{N_1}{N}=1-\pi$。相应的样本比例用 p 表示，从总体 N 中抽取 n 个单位作为样本，其中一种属性的单位个数为 n_0，另一种属性的单位个数为 n_1，则有 $p=\frac{n_0}{n}$，而具有另一种属性的比例为$\frac{n_1}{n}=1-p$。

在重复选取容量为 n 的样本时，由样本比例 p 的所有可能取值形成的相对频数分布，称为样本比例的抽样分布，是由样本比例 p 的所有可能以及所有可能所对应的概率构成。

当 $np\geqslant 5$ 和 $n(1-p)\geqslant 5$ 时，样本容量足够大时，p 的抽样分布可用正态分布来近似，在重复抽样的条件下，p 的数学期望和方差分别为：

$$E(p)=\pi \tag{4-17}$$

$$\sigma_p^2=\frac{\pi(1-\pi)}{n} \tag{4-18}$$

即有：$p\sim N\left(\pi,\frac{\pi(1-\pi)}{n}\right)$。在总体比例 π 未知时，可以用样本比例 p 代替近似计算方差。

在不重复抽样的条件下，p 的方差为：

$$\sigma_p^2=\frac{\pi(1-\pi)}{n}\left(\frac{N-n}{N-1}\right) \tag{4-19}$$

即：$p\sim N\left(\pi,\frac{\pi(1-\pi)}{n}\left(\frac{N-n}{N-1}\right)\right)$。

对于无限总体进行不重复抽样时，可以按重复抽样来处理，因为其修正系数趋向于 1，此时样本比例抽样分布的方差可按式（4－18）计算。对于有限总体，当 N 很大、而抽样比 $\frac{n}{N}\leqslant 5\%$ 时，修正系数也趋向于 1，这时样本比例抽样分布的方差也可按式（4－18）计算。

【例 4－9】 从某地区 10000 名适龄儿童中用不放回抽样方法抽取 500 名儿童，其中有 450 名儿童入学，求样本入学率的方差。

【解】 样本比例为：$p=\frac{450}{500}=0.9$

$$\sigma_p^2=\frac{\pi(1-\pi)}{n}\left(\frac{N-n}{N-1}\right)\approx\frac{p(1-p)}{n}\left(\frac{N-n}{N-1}\right)=\frac{0.9\times 0.1}{500}\times\frac{10000-500}{10000-1}=0.00017$$

样本入学率的方差为 0.00017。

4.4.4 样本方差的抽样分布

在许多实际情况下，总体方差事先是不知道的，需要用样本方差 s^2 去推断总体方差 σ^2，必须知道样本方差的抽样分布。在重复选取容量为 n 的样本时，由样本方差的所有可能取值形成的相对频数分布，称为样本方差的抽样分布。样本方差抽样分布示意图如图 4－15 所示。

对于来自正态总体的简单随机样本，比值$\frac{(n-1)s^2}{\sigma^2}$的抽样分布服从自由度为 $n-1$ 的 χ^2 分布，即

$$\chi^2=\frac{(n-1)s^2}{\sigma^2}\sim\chi^2(n-1) \tag{4-20}$$

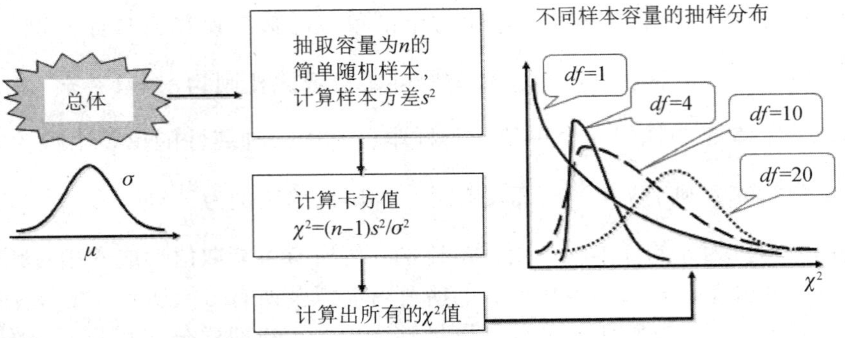

图 4－15　样本方差抽样分布

4.5　中心极限定理的应用

中心极限定理最早被法国数学家棣莫弗发现，他在 1733 年发表的论文中使用正态分布去估计大量抛掷硬币出现正面次数的分布。著名法国数学家拉普拉斯在 1812 年发表的著作中扩展了棣莫弗的理论，指出二项分布可用正态分布逼近。但棣莫弗、拉普拉斯的发现在当时并未引起很大反响，直到 19 世纪末中心极限定理的重要性才被世人所知。1901 年，俄国数学家里雅普诺夫用更普通的随机变量定义了中心极限定理，并在数学上进行了精确的证明。如今，中心极限定理被认为是概率论中的首席定理，是统计学基础理论之一。

在 4.4.2 节中介绍了中心极限定理：设从均值为 μ、方差为 σ^2 的任意一个总体中抽取样本容量为 n 的样本，当 n 充分大，一般为 $n \geqslant 30$ 时，样本均值 $\bar{x}$ 的抽样分布近似服从均值为 μ、方差为 σ^2/n 的正态分布，即 $\bar{x} \sim N\left(\mu, \frac{\sigma^2}{n}\right)$。样本容量越大，$\bar{x}$ 的抽样分布越近似于正态分布。下面通过一些实例，来了解中心极限定理的应用。

4.5.1　样本均值的抽样分布

【例 4－10】　某汽车电瓶商声称其生产的电瓶均值为 60 个月，标准差为 6 个月的寿命分布。现质检部门从该厂随机抽取 50 个电瓶进行寿命检验。

（1）假定厂商声称是正确的，试描述 50 个电瓶的平均寿命的抽样分布。

（2）假定厂商声称正确，则 50 个电瓶样本的平均寿命不超过 57 个月的概率是多少？

（3）假定测得该 50 个样本组成的样本平均寿命为 57 个月，问厂商的声称是否正确？

【解】（1）若厂商声称是正确的，由中心极限定理可知，50 个电瓶的平均寿命的分布近似服从正态分布，其均值为 $E(\bar{x})=60$ 个月，方差为 $\sigma_{\bar{x}}^2=\sigma^2/n=6^2/50=0.72$，即 $\bar{x} \sim N(60, 0.72)$。

（2）若厂商声称正确，则 50 个样品组成的样本平均寿命不超过 57 个月的概率为：

$$p(\bar{x}\leqslant 57)=\Phi\left(\frac{57-60}{6/\sqrt{50}}\right)=\Phi(-3.529)=1-\Phi(3.529)$$
$$=1-0.9998=0.0002$$

（3）由于 50 个样本组成的样本平均寿命不超过 57 个月的概率为 0.0002，这是一个不可能事件，可认为厂商的声称是不正确的。

【例 4－11】 某厂生成食盐的重量服从正态分布，每袋食盐的平均重量为 16 克，标准差为 1.5 克，从此厂生成的食盐中抽取容量为 36 的样本，则样本均值超过 17 克的概率是多少？

【解】 已知 $\mu=16$，$\sigma=1.5$，$n=36$，总体服从正态分布，总体方差已知，大样本，因此样本均值 $\bar{x}$ 的抽样分布服从正态分布，即 $\bar{x}\sim N(16,\frac{1.5^2}{36})$，则有：

$$p(\bar{x}>17)=1-p(\bar{x}\leqslant 17)=1-\Phi\left(\frac{17-16}{1.5/\sqrt{36}}\right)=1-\Phi(4)=1-0.99997=0.00003$$

可以认为样本均值超过 17 克的概率近似为 0，是一个不可能事件。

4.5.2 样本比例的抽样分布

【例 4－12】 假定某统计人员填写的报表中有 2% 的可能性至少会有一处错误，如果我们检查一个 600 份报表组成的样本，其中至少有一处错误的报表所占的比例在 0.025～0.07 之间的概率有多大？

【解】 设 600 份报表中至少有一处错误的报表所占比例为 p，由题意可知：

$$\pi=E(p)=0.02$$

$$\sigma_p=\sqrt{\frac{\pi(1-\pi)}{n}}=\sqrt{\frac{0.02\times 0.98}{600}}=0.0057$$

根据中心极限定理，$p\sim N$（0.02，0.0057^2），则有：

$$p(0.025\leqslant p\leqslant 0.07)=\Phi\left(\frac{0.07-0.02}{0.0057}\right)-\Phi\left(\frac{0.025-0.02}{0.0057}\right)$$
$$=\Phi(8.77)-\Phi(0.877)=1-0.8098=0.1902$$

至少有一处错误的报表所占的比例在 0.025～0.07 之间的概率为 0.1902。

【例 4－13】 某企业生产了一批电子元件，次品率为 3%，从该批电子元件中随机抽取了 100 件，问次品率低于 2% 的概率是多少？

【解】 设 100 个电子元件中次品的比例为 p，由题意可知：

$$\pi=E(p)=0.03$$

$$\sigma_p=\sqrt{\frac{\pi(1-\pi)}{n}}=\sqrt{\frac{0.03\times 0.97}{100}}=0.0171$$

根据中心极限定理，$p\sim N$（0.03，0.0171^2），则有：

$$p(p\leqslant 0.02)=\Phi\left(\frac{0.02-0.03}{0.0171}\right)=\Phi(-0.585)$$
$$=1-\Phi(0.585)=1-0.721=0.279$$

次品率低于2%的概率是0.279。

样本统计量抽样分布的小结如表4－5所示。

表4－5　　样本统计量的抽样分布

总体参数	样本统计量	样本估计总体	服从分布
μ	$\bar{x}$	$\mu = E(\bar{x})$	$\bar{x} \sim N\left(\mu, \frac{\sigma^2}{n}\right)$或$t = \frac{\bar{x} - \mu}{s/\sqrt{n}} \sim t\ (n-1)$
π	p	$\pi = E(p)$	$p \sim N\left(\pi, \frac{\pi\ (1-\pi)}{n}\right)$或$p \sim N\left(p, \frac{p\ (1-p)}{n}\right)$
σ^2	s^2	$\chi^2 = \frac{(n-1)s^2}{\sigma^2}$	$\frac{(n-1)s^2}{\sigma^2} \sim \chi^2(n-1)$

本章小结

抽样是从欲研究的全部样品中抽取一部分样本单位，其基本要求是要保证所抽取的样本单位对全部样品具有充分的代表性，目的是利用被抽取样本单位的分析、研究结果来估计和推断全部样品特性。

统计数据的误差来源有两大类：登记误差和代表性误差。其中代表性误差包括系统误差和抽样误差。把登记误差和系统性误差也称为非抽样误差，从理论上看这些误差是可以采取措施，预防误差发生或将其减小到最低程度；抽样误差也称随机误差，是在抽样推断中不可避免的，是偶然的代表性误差。抽样误差的影响因素包括：抽样单位的数目、总体被研究标志的变异程度、抽样方法的选择、抽样组织方式。

重要的随机抽样方法包括：简单随机抽样、分层随机抽样、系统随机抽样和整群随机抽样。其中，简单随机抽样是最基本的原则和方法。分层抽样、系统抽样、整群抽样等是在简单随机抽样的基础上，根据所研究的问题及数据要求和特点设计的特殊抽样方法。熟练利用Excel进行简单随机抽样和系统抽样。

本章介绍了五种常见的连续型概率分布：正态分布、标准正态分布、t分布、χ^2分布、F分布，它们在概率分布理论中具有十分重要的地位，在统计推断中应用非常广泛。所有的正态分布都可以通过线性转换为标准正态分布。许多常见的随机现象都近似服从正态分布。由于正态分布特有的数学性质，在多元统计领域占有重要地位。

抽样分布的概念和性质是本章的重点。从总体中随机抽取许多样本，所得到的所有可能样本观测值及其所对应的概率称为抽样分布，也可以称为样本统计量的概率分布。反映抽样分布特征的是样本统计量的数学期望与方差，具体特征取决于总体分布、样本容量、抽样方法、抽样组织形式和估计量构造等因素。样本统计量包括样本均值$\bar{x}$、比例p、方差σ^2。

中心极限定理被认为是概率论中的首席定理，是统计学基础理论之一。设从任意一个总体中抽取样本容量为n的样本，当$n \geqslant 30$时，样本均值$\bar{x}$的抽样分布近似服从均值为μ、方差为σ^2/n的正态分布，即中心极限定理。熟练掌握中心极限定理的应用。

综合训练

一、思考题

1. 什么是随机抽样与非随机抽样？二者有何根本区别。
2. 什么是重复抽样？什么是不重复抽样？
3. 随机抽样有哪几种？并简述它们各自的特点。
4. 简述抽样误差和非抽样误差的特点。
5. 重复抽样与非重复抽样的区别。
6. 解释中心极限定理的含义。

二、单项选择题

1. 为了调查某校学生的购书费用支出，将全校学生的名单按拼音顺序排列后，每隔50名学生抽取一名学生进行调查，这种调查方法是（　　）。

A. 系统抽样　　B. 整群抽样

C. 简单随机抽样　　D. 分层抽样

2. 抽样分布是指（　　）。

A. 一个样本各观测值的分布　　B. 总体中各观测值的分布

C. 样本统计量的分布　　D. 样本中各观测值的分布

3. 为了估计某城市中拥有汽车的家庭比例，抽取500个家庭的一个样本，得到拥有汽车的家庭比例为35%的是（　　）。

A. 参数值　　B. 统计量的值

C. 样本容量　　D. 变量

4. 当正态总体、方差未知，且为小样本条件下，估计总体均值使用的分布是（　　）。

A. 正态分布　　B. t分布

C. χ^2分布　　D. F分布

5. F分布是右偏分布，但当样本容量足够大时，样本均值的分布服从（　　）。

A. F分布　　B. 正态分布

C. χ^2分布　　D. 均匀分布

6. 自由度为10的χ^2分布，与自由度为20的χ^2分布之比服从（　　）。

A. F（9，19）　　B. F（10，20）

C. F（11，21）　　D. χ^2（30）

7. 下列表述中，由中心极限定理得到的正确表述是（　　）。

A. 无论样本容量n大小，二项分布的概率都可用正态分布近似计算

B. 只要样本容量n充分大，随机事件出现的频率就接近其概率

C. 仅当总体服从正态分布时，样本均值才会趋于正态分布

D. 不论总体服从何种分布，只要样本容量 n 充分大，样本均值趋于正态分布

8. 在下列叙述中，错误的是（　　）。

A. 样本统计量不同于相应的总体参数，它们之间的差被称为抽样误差

B. 如果总体不服从正态分布，从此总体中抽取容量为 n 的样本（$n<30$），则样本均值服从正态分布

C. 当样本容量 n 增加时，均值的标准误差会减小

D. 抽样推断就是用样本信息推断总体信息

9. 总体的均值为 50，标准差为 8，从该总体中随机抽取容量为 64 的样本，则样本均值和抽样分布的标准误差分别为（　　）。

A. 50，8　　　　B. 50，1

C. 50，4　　　　D. 无法确定

10. 飞机离开登机口到起飞的等待时间通常是右偏的，均值为 10 分钟，标准差为 8 分钟。假设随机抽取 100 架，则等待时间的均值的抽样分布是（　　）。

A. 右偏的，均值为 10 分钟，标准差为 0.8 分钟

B. 正态分布，均值为 10 分钟，标准差为 0.8 分钟

C. 右偏的，均值为 10 分钟，标准差为 8 分钟

D. 正态分布，均值为 10 分钟，标准差为 8 分钟

11. 从服从正态分布的无限总体中分别抽取容量为 4，16，36 的样本，当样本容量增大时，样本均值的标准差（　　）。

A. 保持不变　　　　B. 增大

C. 减小　　　　D. 无法确定

12. 据估计某次统计学考试的成绩呈正态分布，其均值为 80 分，标准差为 8 分。若任选一个男生，其成绩有 2.25% 的可能性等于或高于（　　）。

A. 96 分　　　　B. 90 分

C. 88 分　　　　D. 80 分

13. 总体中具有某种特性的单位所占比例为 20%，从中抽取容量为 100 的简单随机样本，则样本比例的抽样分布是（　　）。

A. 右偏的　　　　B. 左偏的

C. 近似正态　　　　D. 无法确定

14. 使用统计量 $t=\frac{\bar{x}-\mu}{s/\sqrt{n}}$ 估计总体均值的条件是（　　）。

A. 总体为正态分布　　　　B. 总体为正态分布且方差已知、小样本

C. 总体为正态分布但方差未知、小样本　　　　D. 大样本

三、多项选择题

1. 抽样的特点有（　　）。

A. 由部分认识总体的一种方法　　　　B. 按随机原则抽取样本单位

C. 运用概率估计的方法　　　　D. 可以消除抽样误差

E. 可以计算并控制抽样误差

2. 下列说法中错误的有（　　）。

A. 抽样误差是不可避免的

B. 抽样误差是可以避免的

C. 抽样误差可以计算但不能加以控制

D. 抽样误差是指登记性误差

E. 抽样误差是由于抽样的随机性而产生的样本估计量与总体参数之间的代表性误差

3. 影响抽样误差大小的因素有（　　）。

A. 总体单位数的多少　　B. 样本容量

C. 抽样方法　　D. 总体标志变异程度

E. 抽样组织形式

4. 下列说法正确的有（　　）。

A. 总体参数是唯一的、确定的，但又是未知的

B. 总体参数是随机变量

C. 样本统计量是随机变量

D. 样本统计量是唯一的、确定的

E. 样本所包含的总体单位个数称为样本容量

5. 抽样方法按抽取样本的方法不同有（　　）。

A. 随机抽样　　B. 等距抽样

C. 整群抽样　　D. 重复抽样

E. 不重复抽样

6. 在整群抽样中，应尽可能地（　　）。

A. 缩小群内方差　　B. 缩小群间方差

C. 扩大群间方差　　D. 扩大群内方差

E. 扩大群内和群间方差

7. 以下关于重复抽样正确的是（　　）。

A. 由 n 次相互独立的连续试验构成

B. 每个单位中选的机会在各次都完全相等

C. 实质上相当于一次同时从总体中抽出 n 个样本单位

D. 每个单位的中选机会在各次的抽选中是不相同的

E. 相同样本容量的条件下，重复抽样的样本个数总是大于不重复抽样的样本个数

8. 由样本均值的抽样分布可知，样本统计量与总体参数之间的关系为（　　）。

A. 样本均值恰好等于总体均值

B. 样本均值的数学期望等于总体均值

C. 样本均值的方差等于总体方差

D. 样本均值的标准差大于总体标准差

E. 样本均值的方差等于总体方差的 $1/n$

9. 假设总体比例为 0.4，采用重复抽样的方法从该总体中抽取一个容量为 100 的简单随机样本，则样本比例的分布为（　　）。

A. 均值为 0.4　　B. 方差为 0.0024

C. 方差为0.049　　D. 正态分布

E. χ^2 分布

四、判断题

1. 抽样调查是利用样本资料对总体的数量特征进行估计的一种统计分析方法，因此不可避免地会产生误差，这种误差的大小是不能消除和控制的。（　）

2. 简单重复抽样条件下，若样本容量增大3倍，则抽样误差将缩小1/3。（　）

3. 抽样估计中所谓的抽样误差，是指系统误差。（　）

4. 在其他条件相同的情况下，不重复抽样的抽样误差总是大于重复抽样的抽样误差。（　）

5. 总体方差是影响抽样数目的因素之一。在其他条件不变的情况下，总体单位的差异程度大，则应少抽，反之可以多抽一些。（　）

6. 总体参数的数值是客观存在的确定的，但又是未知的，需要用样本资料去估计。（　）

7. 样本统计量不含未知参数，它是随样本的不同而不同的随机变量。（　）

8. F分布不以正态分布为其极限分布，它总是一个正偏分布。（　）

9. 若总体平均数和方差有限，当样本容量 n 充分大时，无论总体分布形式如何，样本均值近似服从 t 分布。（　）

10. 根据中心极限定理，当 n 趋近于无穷大时，二项分布趋近于正态分布。（　）

五、计算题

1. 假定正常成年女性红细胞数近似服从均值为4.18，标准差为0.29的正态分布。令 X 为随机抽取的一名正常成年女性的红细胞数，求 X 落在区间（4.0，4.5）内的概率。

2. 假定5岁男童的体重服从正态分布，平均体重 $\mu=19.5$kg，标准差 $\sigma=2.3$kg。

计算：

（1）随机抽查一位5岁男童的体重，计算概率：

①其体重小于16.1kg；

②其体重大于22.9kg；

③其体重在14.6kg到23.9kg之间。

（2）试找出最重的5%、10%、2.5%的5岁男童的体重范围。

3. 从均值为200、标准差为50的总体中，抽取 $n=100$ 的简单随机样本，用样本均值 $\bar{x}$ 估计总体均值，求：

（1）$\bar{x}$ 的数学期望；　（2）$\bar{x}$ 的标准差；

（3）$\bar{x}$ 的抽样分布；　（4）样本方差 s^2 的抽样分布。

4. 从均值为200、标准差为50的总体中，抽取容量为100的简单随机样本，用样本均值 $\bar{x}$ 估计总体均值 μ，求：

（1）$\bar{x}$ 的数学期望；（2）$\bar{x}$ 的标准差；（3）$\bar{x}$ 的概率分布。

5. 由30辆汽车构成的一个随机样本，测得每百公里的耗油量（单位：升）数据如表4-6所示。

表 4-6

9.19	10.01	9.60	9.27	9.78	8.82
9.63	8.82	10.50	8.83	9.35	8.65
10.10	9.43	10.12	9.39	9.54	8.51
9.70	10.03	9.49	9.48	9.36	9.14
10.09	9.85	9.37	9.64	9.68	9.75

绘制频数分布表和直方图，判断汽车的耗油量是否近似服从正态分布。

6. 假定总体比例 $\pi=0.4$，从该总体中抽取一个容量为500的简单随机样本，样本比例为 p，求：

（1）p 的期望值是多少？

（2）p 的标准差是多少？

（3）p 的概率分布是什么？

7. 假设一个总体共有6个数值：54，55，59，63，64，68。从该总体中按重复抽样的方式抽取容量为2的简单随机样本，求：

（1）计算总体的均值和方差；

（2）一共有多少个可能的样本；

（3）抽出所有可能的样本，并计算出每个样本的均值；

（4）画出样本均值的频数分布直方图，判断样本均值是否服从正态分布；

（5）计算所有样本均值的平均数和标准差，并与总体的均值和标准差进行比较，得到的结论是什么？

8. 设从一个均值 $\mu=10$、标准差 $\sigma=0.6$ 的总体中随机选取容量为 $n=36$ 的样本。假定该总体不是很偏的，计算：

（1）样本均值 $\bar{x}$ 小于9.9的概率；

（2）样本均值 $\bar{x}$ 超过9.9的概率。

9. 一个 $n=64$ 的随机样本抽自于均值等于20、标准差等于16的总体。

（1）给出 $\bar{x}$ 的抽样分布（重复抽样）的均值和标准差；

（2）描述 $\bar{x}$ 的抽样分布的形状，你的回答依赖于样本容量吗？

（3）计算标准正态统计量对应于 $\bar{x}=15.5$ 的值；

（4）计算标准正态统计量对应于 $\bar{x}=23$ 的值。

10. 美国汽车联合会（AAA）是一个拥有90个俱乐部的非营利联盟，它对其成员提供旅行、金融、保险以及与汽车相关的各项服务。1999年5月，AAA通过对会员调查得知一个4口之家出游中平均每日餐饮和住宿费用大约是213美元。假设这个花费的标准差是15美元，并且AAA所报道的平均每日消费是总体均值。又假设选取49个4口之家，并对其在1999年6月期间的旅行费用进行记录，求：

（1）描述 $\bar{x}$（样本家庭平均每日餐饮和住宿消费）的抽样分布。特别说明 $\bar{x}$ 服从怎样的分布以及 $\bar{x}$ 的均值和方差是什么？

（2）对于样本家庭来说平均每日消费大于213美元的概率？大于217美元的概率？在

209 美元和 217 美元之间的概率?

11. 技术人员对奶粉装袋过程进行了质量检验。每袋的平均重量标准为 $\mu=406$ 克、标准差为 σ 克 $=10.1$ 克。监控这一过程的技术人员每天随机抽取 36 袋，并对每袋重量进行测量。现考虑这 36 袋奶粉所组成样本的平均重量$\bar{x}$。求:

(1) 描述 $\bar{x}$ 的抽样分布，并给出 $\mu_{\bar{x}}$和 $\sigma_{\bar{x}}$的值，以及概率分布的形状;

(2) 求 $P(\bar{x}\leqslant 400.8)$;

(3) 假设某一天技术人员观察到$\bar{x}=400.8$，这是否意味着装袋过程出现了问题，为什么?

12. 某制造商为击剑运动员生产安全夹克，这些夹克是以剑锋刺入其中时所需的最小力量（以牛顿为单位）来定级的。如果生产工艺操作正确，则他生产的夹克级别应是均值 840 牛顿，标准差 15 牛顿。国际击剑管理组织（FIE）希望这些夹克的最低级别不小于 800 牛顿。为了检查其生产过程是否正常，某检验人员从生产过程中抽取了 50 个夹克作为一个随机样本进行定级，并计算$\bar{x}$，即该样本中夹克级别的均值。假设这个过程的标准差是固定的，但是担心级别均值可能已经发生变化。求:

(1) 如果该生产过程正常，则$\bar{x}$服从什么分布?

(2) 假设这个检验人员所抽取样本的级别均值为 830 牛顿，则如果生产过程正常的话，样本均值$\bar{x}\leqslant 830$ 牛顿的概率是多少?

(3) 现在假设该生产过程的均值没有变化，但是过程的标准差从 15 牛顿增加到 45 牛顿。在这种情况下$\bar{x}$的抽样分布是什么? 当$\bar{x}$具有这种分布时，则$\bar{x}\leqslant 830$ 牛顿的概率是多少?

第五章
参数估计

学习目标
- □ 了解参数估计的基本思想
- □ 了解参数、估计量和估计值的概念
- □ 理解评价估计量优良性的标准
- □ 理解点估计和区间估计
- □ 理解影响置信区间的因素
- □ 理解总体均值、比例、方差的区间估计
- □ 掌握样本量的确定方法

【案例导入】

2017 年全国各城市空气质量状况

为了解 2017 年全国各城市空气质量状况，某机构对 28 个城市的生活烟尘排放量进行了抽样调查。抽查结果如表 5－1 所示。

表 5－1　2017 年我国 28 个城市生活烟尘排放量

单位：吨

城市	生活烟尘排放量	城市	生活烟尘排放量
北京	6506	郑州	8494
天津	14843	武汉	1800
石家庄	13697	长沙	284
太原	25152	济南	7715
呼和浩特	19896	乌鲁木齐	4294
沈阳	30716	重庆	4672
长春	7100	成都	1402
哈尔滨	131426	贵阳	8442
上海	3091	昆明	2428
南京	90	拉萨	222
杭州	305	西安	25380
合肥	1771	兰州	4302
福州	1096	西宁	8390
南昌	599	银川	8398

数据来源：中国统计年鉴。

根据表 5－1 计算的平均生活烟尘排放量为 12232.54 吨，标准差为 4689.85 吨。如何估计全国城市生活烟尘排放量的平均水平？烟尘排放量在平均水平以上的城市所占的比例是多少？做出估计的理论依据是什么？要解决这些问题需要理解参数估计，参数估计是通过样本统计量的概率分布去估计总体参数，本章主要介绍参数估计的基本原理及应用。

5.1 参数估计的基本思想和原理

5.1.1 参数估计的基本思想

在实际工作中，总体数据是一个很重要的参考，如果掌握了研究总体的全部数据，那么只需要做一些简单的处理，就可以得到总体参数，如总体均值、比例、方差等。但现实情况比较复杂，一般情况下总体的情况是不清楚的，即总体的分布及总体参数都可能未知。参数估计就是通过从总体中抽取部分样本去估计总体分布中包含未知参数的方法。

参数估计是统计推断的基本形式，是数理统计学的一个重要分支，用样本信息推断总体参数，目的是得到总体信息。即从总体中抽取部分样本，计算出样本均值 $\bar{x}$、样本比例 p、样本方差 s^2 等，根据已知条件选择参数估计方法，估计出总体参数包括总体均值 μ、总体比例 π、总体方差 σ^2。

在上面的导入案例中，全国各城市生活烟尘排放量数据是未知的，要知道全国城市生活烟尘排放量平均水平是多少？需要运用参数估计的基本原理，利用样本信息对总体参数进行估计，其基本思路如图 5－1 所示。从全国城市中随机抽取 28 个城市，观测其生活烟尘排放量作为样本数据，计算得样本均值 $\bar{x}=12232.54$ 吨作为点估计值，在点估计的基础上，应用抽样分布原理，估计总体均值 μ 的区间范围。

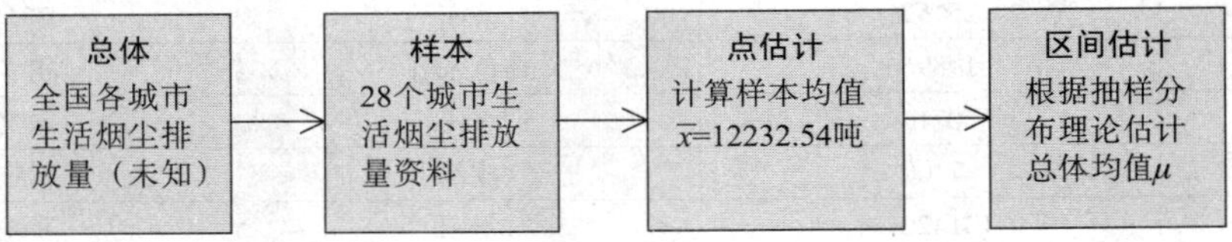

图 5－1　案例分析基本思路

5.1.2 参数、估计量与估计值

（1）参数 θ。又称总体参数，是总体的数量特征。需要指出的是，总体参数是一个确定的数值，但它是未知的。如某灯泡厂使用一种新的灯丝生产灯泡，想要知道新灯丝生产灯泡的平均使用寿命 μ、次品率 π、使用寿命的方差 σ^2 是多少？这些参数都是一个确定的数值，是未知的，需要通过样本数据对其进行估计。总体常常有多个未知参数，这些参数从各个不

同的角度反映总体分布的基本情况和特征。常见的总体参数有：总体均值 μ、总体比例 π、总体方差 σ^2。

（2）估计量 $\hat{\theta}$。又称为样本统计量或样本指标，是根据样本资料计算得到的，用来估计总体参数的统计量名称。需要指出的是，估计量是一个随机变量，是样本（x_1、x_2、…、x_n）的函数表达式，用来估计总体参数的，在抽样之前就定义好。

常见的样本统计量有：样本均值 $\bar{x}$、样本比例 p、样本方差 s^2。

（3）估计值。是估计总体参数时计算出样本统计量的具体数值。它是样本统计量的某一具体取值，只能在抽样之后，由样本中随机变量的值（x_1、x_2、…、x_n）来决定。估计量是随样本不同而不同的随机变量，故抽取的样本不同，得到样本估计量的具体数值也不同。

例如，样本比例 $p=0.5$，0.5 就是总体比例 π 的估计值；样本均值 $\bar{x}=10$，10 就是总体均值 μ 的估计值。

常用的总体参数和样本统计量见表 5－2。

表 5－2　　常用的总体参数和统计量

	总体参数 θ	样本统计量 $\hat{\theta}$
均值	$\mu=\frac{\sum X}{N}$ 或 $\frac{\sum XF}{\sum F}$	$\bar{x}=\frac{\sum x}{n}$ 或 $\frac{\sum xf}{\sum f}$
比例	$\pi_1=\frac{N_1}{N}$　$\pi_2=1-\pi_1$	$p_1=\frac{n_1}{n}$　$p_2=1-p_1$
方差	$\sigma^2=\frac{\sum(X-\bar{X})^2}{N}$ 或 $\frac{\sum(X-\bar{X})^2F}{\sum F}$	$s^2=\frac{\sum(x-\bar{x})^2}{n}$ 或 $\frac{\sum(x-\bar{x})^2f}{\sum f}$

5.1.3　点估计

点估计又称定值估计，用一个样本统计量 $\hat{\theta}$ 的某个取值直接作为总体参数 θ 的估计值。优点是直观、简单。用样本均值 $\bar{x}$ 直接作为总体均值 μ 的估计值，用样本比例 p 直接作为总体比例 π 的估计值，用样本方差 s^2 直接作为总体方差 σ^2 的估计值。例如，已知某一样本均值 $\bar{x}=80$，把 80 作为总体均值 μ 的估计值，即 $\mu=80$。某一样本方差 $s^2=10$，把 10 作为总体方差 σ^2 的估计值，即 $\sigma^2=10$。

缺点是，点估计是样本统计量 $\hat{\theta}$ 的某一个数值，样本统计量 $\hat{\theta}$ 是随机变量，在一次抽样中只是随机抽取一个样本，导致估计值会因样本不同而不同，它有可能等于总体参数，也可能不等，甚至与总体参数之间存在很大差异。所以在估计总体参数时必须同时考虑估计误差的大小，从主观意愿上看，总是希望估计误差越小越好。点估计无法计算样本统计量 $\hat{\theta}$ 与总体参数 θ 之间的误差范围有多大，也无法指出对总体参数 θ 准确估计的概率有多大。因此，点估计只能作为一种不精确的大致估计，需要对总体参数进行区间估计。

5.1.4 区间估计

区间估计是在点估计的基础上，根据样本统计量抽样分布理论，构造出一个随机区间来估计总体参数，并以一定的概率保证总体参数在所估计的区域内。总体参数估计的样本统计量的概率分布如图 5－2 所示。

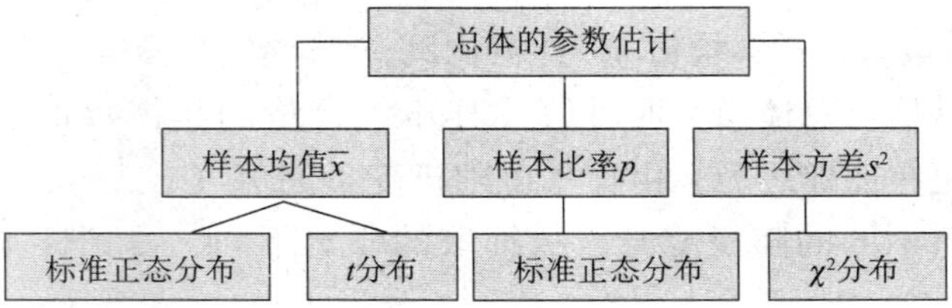

图 5－2 样本统计量的概率分布

以总体均值 μ 的区间估计为例，区间估计的基本原理：总体参数所估计的区域通常是由样本统计量 $\bar{x}$ 加减允许误差 $|\bar{x}-\mu|$ 得到。由样本均值的抽样分布可知，在重复抽样的情况下，样本均值的数学期望等于总体均值，即 $E(\bar{x})=\mu$，样本均值的标准差 $\sigma_{\bar{x}}=\sigma/\sqrt{n}$。这里 $\bar{x}$ 是已知的，μ 是将要估计未知的。由于 $\bar{x}$ 和 μ 的距离是对称的，如果某个 $\bar{x}$ 落在 μ 的左右 1.96 个标准差 $\sigma_{\bar{x}}$ 范围内，那么 μ 也包含在以 $\bar{x}$ 为对称的左右 1.96 个标准差范围内。根据经验法则，落在左右 1.96 个标准差范围内的概率是 95%，也就是说约有 95% 的样本均值所构造的 1.96 个标准差的区间包括 μ，即 μ 的估计区间为样本统计量 $\bar{x}$ 加减允许误差 $\bar{x}\pm 1.96\sigma_{\bar{x}}$。通俗来讲，抽取 100 个随机样本来估计总体均值，那么由 100 个样本所构成的 100 个区间中有 95 个区间包含了总体参数的真值，而另外 5 个区间则不包含总体参数的真值。总体均值区间估计示意图如图 5－3 所示。

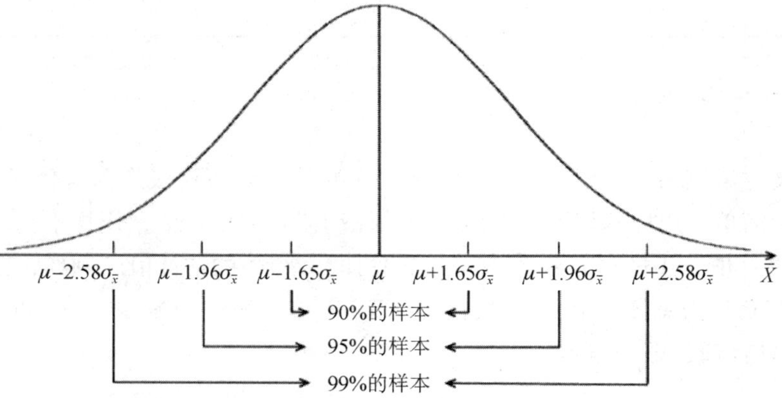

图 5－3 总体均值区间估计示意图

区间估计的基本方法：设总体 X 的概率密度函数中含有一个未知参数 θ，从总体中抽取一个样本 x_1、x_2、…、x_n，对于给定的显著性水平 α（$0<\alpha<1$），若能找到“两个统计量”：$\hat{\theta}_L$（x_1、x_2、…、x_n）和 $\hat{\theta}_U$（x_1、x_2、…、x_n），使得：

$$P\{\hat{\theta}_L\leqslant\theta\leqslant\hat{\theta}_U\}=1-\alpha \tag{5-1}$$

则称区间 $[\hat{\theta}_L, \hat{\theta}_U]$ 是 θ 在置信水平为 $1-\alpha$ 的置信区间。

这里，$1-\alpha$ 为区间的置信水平，也称置信度或置信系数，是指构造置信区间的步骤重复多次，在置信区间汇总后包含总体参数真值次数所占的比例；α 为在置信区间汇总后不包含总体参数真值次数所占的比例，由研究者事先给定。在区间估计中，由样本统计量所构造的总体参数的估计区间称为置信区间。其中区间的最小值称为置信下限，最大值称为置信上限。总体均值置信区间示意图如图 5-4 所示。

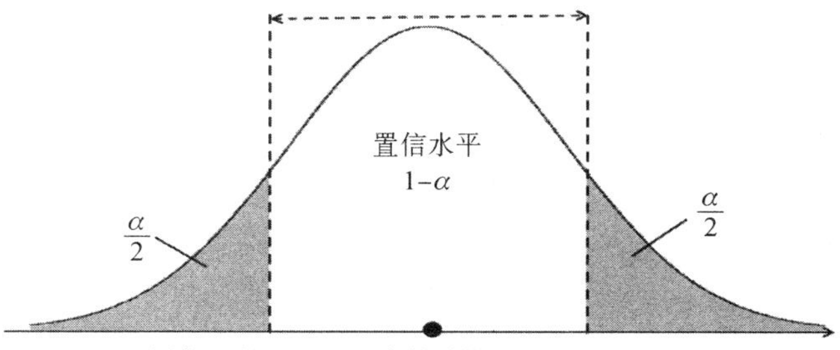

图 5-4　总体均值置信区间示意图

在构造置信区间时，可以用所希望的值作为置信水平 $1-\alpha$。比较常用的置信水平及其正态分布曲线下右侧的面积 $\alpha/2$ 时的 Z 值（$Z_{\alpha/2}$）如表 5-3 所示。

表 5-3　　常用置信水平的 $Z_{\alpha/2}$ 值

置信水平	α	$\alpha/2$	$Z_{\alpha/2}$
90%	0.10	0.050	1.645
95%	0.05	0.025	1.960
99%	0.01	0.005	2.580

对置信区间的理解，需要注意下面几个问题：

（1）从图 5-3 和图 5-4 可知，置信区间的宽窄受三个因素影响：置信水平 $1-\alpha$，总体标准差 σ，样本容量 n，置信区间与置信水平和总体标准差成正比，与样本容量成反比。当样本容量给定时，置信区间的宽度随着置信水平的增大而增大。区间比较宽时，才会使这一区间有更大的可能性包含参数的真值；当置信水平固定时，置信区间的宽度随样本容量的增大而减小。换言之，较大的样本所提供的有关总体信息要比较小的样本多。

（2）总体参数的真值是固定的、未知的，而用样本构造的区间则是不固定、随机的。随着抽取的样本不同，用同样方法构造出的区间也必然不同。从这个意义上说置信区间是一个“随机区间”，它会随样本的不同而不同，且不是所有区间都包含总体真值。例如，用 95% 的置信区间构造新灯丝生产灯泡平均使用寿命的置信区间为（500，800）小时，这里指的是在多次抽样中有 95% 的样本得到的区间包含灯泡平均使用寿命的真值，不能说区间（500，800）小时以 95% 的概率包含灯泡平均使用寿命的真值。如果灯泡平均使用寿命的真值是 700 小时，那么区间（500，800）小时就一定包含真值；如果灯泡平均使用寿命的真值是 450 小时，那么区间（500，800）小时就一定不包含真值。

(3) 置信区间的基本要求有两个：①置信度的要求，希望随机区间 [$\hat{\theta}_L$，$\hat{\theta}_U$] 包含 θ 真值的概率 $1-\alpha$ 越大，区间越宽越可靠；②精确度的要求，希望随机区间 [$\hat{\theta}_L$，$\hat{\theta}_U$] 越窄越好。在样本容量一定的条件下，估计的置信度和精确度是相互矛盾的，如果置信度加大，提高可靠性，则区间 [$\hat{\theta}_L$，$\hat{\theta}_U$] 必然变宽，精确度便降低；如果提高精确度，则置信度必然减小。所以，对估计的可靠性和精确度的要求需要慎重考虑。通常采用一种妥协的办法，在保证置信度的前提下，尽可能提高精确度。

5.1.5 评价估计量的标准

在参数估计中，用样本估计量 $\hat{\theta}$ 作为总体参数 θ 的估计。实际上，用于估计 θ 的估计量有很多，比如，可以用样本均值作为总体均值的估计量，也可以用样本中位数作为总体均值的估计量，等等。那么究竟用样本的哪种估计量作为总体参数的估计呢？我们自然要用估计效果最好的那种估计量，什么样的估计量才算是一个好的估计量呢？这就需要有一定的评价标准。评价估计量优劣的标准，通常有以下三条。

(1) 无偏性。无偏性是指估计量抽样分布的数学期望等于被估计的总体参数。设总体参数为 θ，选择的估计量为 $\hat{\theta}$，如果 $E(\hat{\theta})=\theta$，称 $\hat{\theta}$ 为 θ 的无偏估计量。图 5-5 说明了两个无偏估计量 $\hat{\theta}_1$ 和 $\hat{\theta}_2$ 的抽样分布 $f(\hat{\theta}_1)$ 和 $f(\hat{\theta}_2)$。可以看到 $E(\hat{\theta}_1)=\theta$，$\hat{\theta}_1$ 是无偏估计量；$E(\hat{\theta}_2)\neq\theta$，$\hat{\theta}_2$ 是有偏估计量。无偏估计量 $\hat{\theta}_1$ 的统计意义是：$\hat{\theta}_1$ 是随机变量，它的数学期望等于 θ，即经过多次抽样，$\hat{\theta}_1$ 的观测值将围绕着 θ 变动，没有“系统误差”，是较好的统计量。

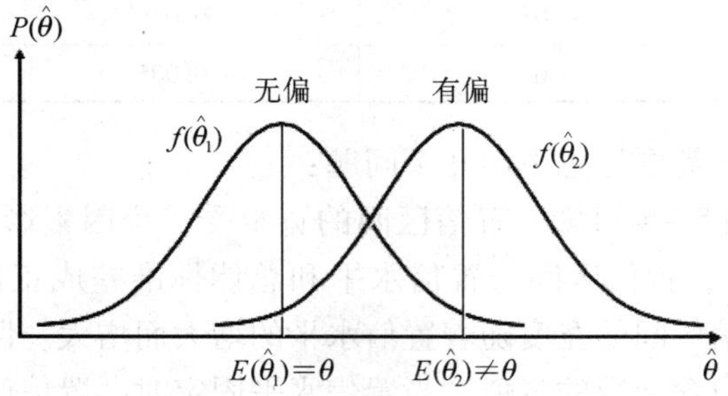

图 5-5 无偏性示意图

从总体中随机抽取一个容量为 n 的样本 x_1、x_2、…、x_n，则有：

$$E(\bar{x}) = E(\frac{1}{n}\sum_{i=1}^{n}x_i) = \frac{1}{n}E(\sum_{i=1}^{n}x_i) = \mu \quad (5-2)$$

因此，样本均值 $\bar{x}$ 是总体均值 μ 的无偏估计量。

已知：$E(x_i)=E(\bar{x})=\mu, D(x_i)=\sigma^2, D(\bar{x})=\frac{\sigma^2}{n}$

$E(x_i\bar{x})=E(\bar{x}^2)=D(\bar{x})+(E(\bar{x}))^2=\frac{\sigma^2}{n}+\mu^2$，则有：

$$
\begin{aligned}
E(s^2) &= E\left(\frac{1}{n-1}\sum_{i=1}^{n}(x_i-\bar{x})^2\right)\\
&= \frac{1}{n-1}E\left(\sum_{i=1}^{n}((x_i-\mu)-(\bar{x}-\mu))^2\right)\\
&= \frac{1}{n-1}\left(\sum_{i=1}^{n}E(x_i-\mu)^2-2\sum_{i=1}^{n}E(x_i-\mu)(\bar{x}-\mu)+\sum_{i=1}^{n}E(\bar{x}-\mu)^2\right)\\
&= \frac{1}{n-1}\left(\sum_{i=1}^{n}E(x_i-\mu)^2-2\sum_{i=1}^{n}E(x_i\bar{x}-x_i\mu-\bar{x}\mu+\mu^2)+\sum_{i=1}^{n}E(\bar{x}-\mu)^2\right)\\
&= \frac{1}{n-1}\left(\sum_{i=1}^{n}E(x_i-\mu)^2-2\sum_{i=1}^{n}E(\bar{x}-\mu)^2+\sum_{i=1}^{n}E(\bar{x}-\mu)^2\right)\\
&= \frac{1}{n-1}\left(n\sigma^2-2n\frac{\sigma^2}{n}+n\frac{\sigma^2}{n}\right)\\
&= \sigma^2
\end{aligned}
\tag{5-3}
$$

因此，样本方差 s^2 是总体方差 σ^2 的无偏估计量。

理解统计量的无偏性时需要注意以下问题：

①无偏估计量并不唯一，甚至可以是无限多个。例如参数 θ 的两个无偏估计量 $\hat{\theta}_1$ 和 $\hat{\theta}_2$，对任何满足 $\alpha+\beta=1$ 的 α、β，$\alpha\hat{\theta}_1+\beta\hat{\theta}_2$ 都是 θ 的无偏估计量。

②如果 $\hat{\theta}$ 是 θ 的无偏估计量，但 $g(\hat{\theta})$ 通常不是 $g(\theta)$ 的无偏估计量。例如，样本方差 s^2 是总体方差 σ^2 的无偏估计量，但是样本标准差 s 不是总体标准差 σ 的无偏估计量，是有偏的。

（2）有效性。既然无偏估计量有多个，如何从中选取最好的估计量呢？一个很直观的想法，无偏性仅仅考虑了样本估计值 $\hat{\theta}$ 的平均结果是否等于总体参数 θ 的真实值，而没有考虑每一个样本估计值与待估计总体参数真实值之间方差的大小，即希望估计量与待估参数真实值之间的均方误差 $E(\hat{\theta}-\theta)^2$ 越小越好，对于无偏估计量而言，由于 $E(\hat{\theta}=\theta)$，无偏估计量的均方误差 $E(\hat{\theta}-\theta)^2$ 实际上就是 $\hat{\theta}$ 的方差。在实际解决问题时，不仅希望估计是无偏的，更希望样本估计值的方差尽可能的小。

有效性又称为最小方差性，是指在若干个无偏估计量中方差最小的那一个无偏估计量，就是有效的估计量。可见，一个有效估计量首先必须是无偏的。

图 5-6 说明了两个无偏估计量 $\hat{\theta}_1$ 和 $\hat{\theta}_2$ 的抽样分布 $f(\hat{\theta}_1)$ 和 $f(\hat{\theta}_2)$，两个都是无偏估计量，但是两者的方差并不一样。可以看到 $\hat{\theta}_1$ 的方差比 $\hat{\theta}_2$ 的方差小，因此 $\hat{\theta}_1$ 的值比 $\hat{\theta}_2$ 的值更接近总体参数，分布更集中。若总体参数 θ 有两个无偏估计量 $\hat{\theta}_1$ 和 $\hat{\theta}_2$，如果满足 $E(\hat{\theta}_1)=E(\hat{\theta}_2)=\theta$ 并且 $D(\hat{\theta}_1)<D(\hat{\theta}_2)$，则称 $\hat{\theta}_1$ 比 $\hat{\theta}_2$ 更有效。

从总体中随机抽取一个容量为 n 的样本 x_1、x_2、…、x_n，假设均值 $\bar{x}$ 与 x_i 都是总体均值的无偏估计量，则有：

$$
E(\bar{x}) = E\left(\frac{1}{n}\sum_{i=1}^{n}x_i\right)=\mu \tag{5-4}
$$

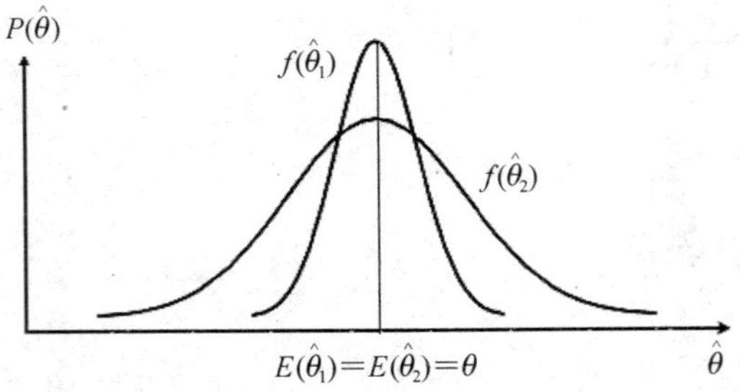

图 5-6　有效性示意图

$$E(x_i)=\mu \tag{5-5}$$

由于 $\bar{x}$ 与 x_i 都是总体均值的无偏估计量，可以通过比较两者的方差来判断哪个更有效，则有：

$$D(\bar{x}) = D\left(\frac{1}{n}\sum_{i=1}^{n}x_i\right) = \frac{\sigma^2}{n} \tag{5-6}$$

$$D(x_i)=\sigma^2 \tag{5-7}$$

由于 $D(\bar{x})<D(x)$，因此 $\bar{x}$ 比 x_i 更有效，$\bar{x}$ 更稳定。

（3）一致性。一致性是指随着样本容量的增大，点估计的值越来越接近被估计的总体参数。换言之，一个大样本给出的估计量要比一个小样本给出的估计量更接近总体参数。设 $\hat{\theta}$ 是总体参数 θ 的估计量，如果对于任意小的正数 ε 有：

$$\lim_{n\to\infty}p(|\hat{\theta}-\theta|>\varepsilon)=0 \text{ 或 } \lim_{n\to\infty}p(|\hat{\theta}-\theta|\leq\varepsilon)=1 \tag{5-8}$$

意味着 $\hat{\theta}$ 依概率总体参数的真实值 θ，称 $\hat{\theta}$ 是 θ 的一致估计量。一致性说明当样本容量 n 很大时，能以概率 1 相信 $\hat{\theta}$ 落在 θ 任意小的 ε 区间之内，保证估计误差达到任意指定要求，如图 5-7 所示。

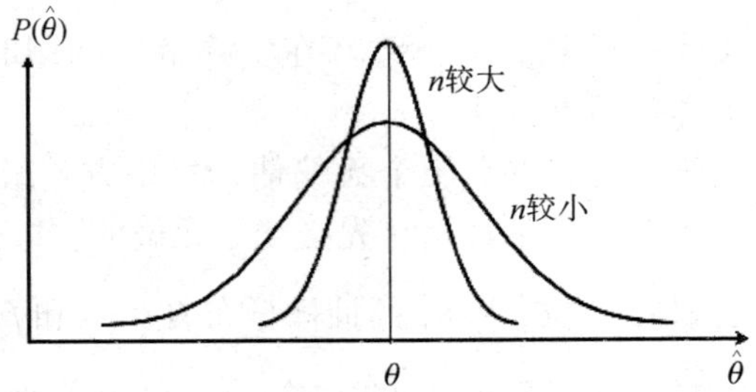

图 5-7　一致性示意图

由抽样分布理论可知，样本均值抽样分布的标准差为 $\sigma_{\bar{x}}=\sigma/\sqrt{n}$，由于 $\sigma_{\bar{x}}$ 与样本容量大小有关，样本容量越大，$\sigma_{\bar{x}}$ 的值就越小，因此大样本容量给出的估计量更接近总体均值 μ。

5.2 总体参数的区间估计

研究总体参数的区间估计，所关心的主要总体参数包括总体均值μ、总体比例π、总体方差σ^2等。本节将介绍如何用样本统计量来构造总体参数的置信区间。

5.2.1 大样本总体均值的区间估计

（1）大样本总体方差已知。当总体服从正态分布且总体方差σ^2已知时，或者总体不服从正态分布但为大样本时，样本均值$\bar{x}$的抽样分布均近似服从正态分布，其数学期望$E(\bar{x})=\mu$，标准差$\sigma_{\bar{x}}=\sigma/\sqrt{n}$。样本均值经过标准化后的随机变量则服从标准正态分布，即

$$Z=\frac{\bar{x}-\mu}{\sigma/\sqrt{n}}\sim N(0,1) \qquad (5-9)$$

根据式（5－9）和正态分布的性质可以构造出总体均值μ在（$1-\alpha$）置信水平下的区间为：

$$\bar{x}\pm Z_{\alpha/2}\frac{\sigma}{\sqrt{n}} \qquad (5-10)$$

$\bar{x}-Z_{\alpha/2}\frac{\sigma}{\sqrt{n}}$称为置信下限，$\bar{x}+Z_{\alpha/2}\frac{\sigma}{\sqrt{n}}$称为置信上限。$\alpha$是事先确定的一个概率值，也称为风险值，它是总体均值不包括在置信区间的概率。$1-\alpha$称为置信水平，$Z_{\alpha/2}$是标准正态分布上侧面积为$\alpha/2$时的Z值。$Z_{\alpha/2}\frac{\sigma}{\sqrt{n}}$是估计总体均值时的允许误差，也称为估计误差或误差范围。总体均值的置信区间为：点估计值±允许误差。

如果总体服从正态分布且总体方差已知，或者总体不是正态分布，但只要是大样本条件下，假定$1-\alpha=0.95$，则$Z_{\alpha/2}=Z_{0.025}=1.96$。从总体中抽取一个样本，得到样本观测值，这时总体均值μ在置信水平$1-\alpha$下的置信区间可以写为$\left(\bar{x}-Z_{\alpha/2}\frac{\sigma}{\sqrt{n}},\ \bar{x}+Z_{\alpha/2}\frac{\sigma}{\sqrt{n}}\right)$，它就是一个已知的具体区间。

【例5－1】 某电视台调查估计市内居民平均每天看电视的时间，随机抽取100名居民进行调查，100名居民平均每人每天看电视的时间为4小时，已知总体标准差为1.5小时，置信水平为95%。求市内居民每天看电视平均时间的置信区间。

【解】 已知$n=100$，$\bar{x}=4$，$\sigma=1.5$，$Z_{\alpha/2}=1.96$

置信区间为：

$$\bar{x}\pm Z_{\alpha/2}\frac{\sigma}{\sqrt{n}}=4\pm1.96\times\frac{1.5}{\sqrt{100}}=4\pm0.294$$

市内居民每天看电视的平均时间在置信水平为95%的置信区间为（3.706，4.294）小时，如图5－8所示。

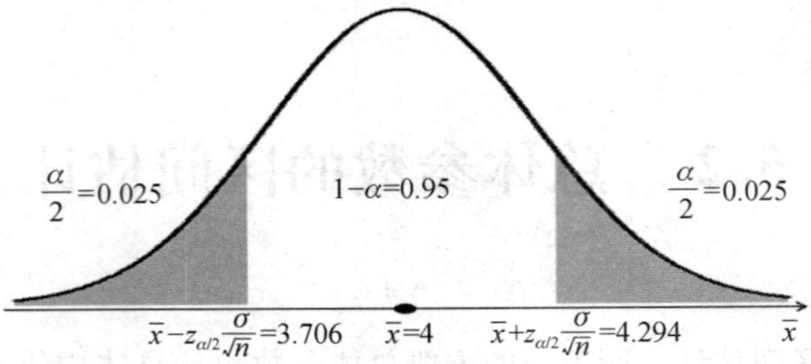

图 5－8　例 5－1 的置信区间

【例 5－2】 某超市想要了解每位顾客的平均消费金额，随机选取了 64 位顾客组成一个样本。已知总体标准差为 16 元，求置信水平为 95% 的允许误差。

【解】 已知 $n=64$，$\sigma=16$，$Z_{\alpha/2}=1.96$

允许误差为：

$$Z_{\alpha/2}\frac{\sigma}{\sqrt{n}}=1.96\times\frac{16}{\sqrt{64}}=3.92$$

（2）大样本总体方差未知。如果总体方差 σ^2 未知，在大样本条件下，总体方差 σ^2 可以用样本方差 s^2 代替，这时总体均值 μ 在 $(1-\alpha)$ 置信水平下的置信区间为：

$$\bar{x}\pm Z_{\alpha/2}\frac{s}{\sqrt{n}} \tag{5-11}$$

【例 5－3】 某一大学社团为了鼓励学生阅读，想要了解大学生每日阅读情况。抽取了在校 50 名学生进行调查，调查的结果如表 5－4 所示。试估计大学生每日平均阅读时间的置信区间，置信水平为 95%。

表 5－4　某校大学生每日阅读情况调查

时间（小时）	人数（人）
0.25	15
0.40	8
0.50	9
1.00	5
1.25	4
1.50	5
2.00	2
3.00	2

【解】 已知：

$$\bar{x}=\frac{\sum xf}{\sum f}=\frac{0.25\times15+0.4\times8+\cdots+3\times2}{50}=0.779$$

$$s^2=\frac{\sum(x-\bar{x})^2f}{\sum f-1}$$

$$= \frac{(0.25-0.779)^2 \times 15+(0.4-0.779)^2 \times 8+\cdots+(3-0.779)^2 \times 2}{49}$$

$=0.462$

置信区间为：

$$\bar{x} \pm Z_{\alpha/2}\frac{s}{\sqrt{n}}=0.779 \pm 1.96 \times \frac{\sqrt{0.462}}{\sqrt{50}}=0.779 \pm 0.188$$

大学生每日平均阅读时间在置信水平为95%的置信区间为（0.591，0.967）小时。

【例5-4】 某制造厂质量管理部门的负责人希望估计移交给接收部门的5000包原材料的平均重量，抽取了一个由360包原材料组成的随机样本，均值为65千克，样本标准差为15千克，求这5000包原材料的平均重量在置信水平为99%的置信区间。

【解】 已知 $n=360$，$\bar{x}=65$，$s=15$，$Z_{\alpha/2}=2.58$

置信区间为：

$$\bar{x} \pm Z_{\alpha/2}\frac{s}{\sqrt{n}}=65 \pm 2.58 \times \frac{15}{\sqrt{360}}=65 \pm 2.04$$

这5000包原材料的平均重量在置信水平为99%的置信区间为：（62.96，67.04）千克。

5.2.2 小样本总体均值的区间估计

（1）正态总体、小样本、总体方差已知。总体服从正态分布且总体方差 σ^2 已知，小样本的情况下，样本均值 $\bar{x}$ 的抽样分布近似服从正态分布，总体均值 μ 在（$1-\alpha$）置信水平下的置信区间为：

$$\bar{x} \pm Z_{\alpha/2}\frac{\sigma}{\sqrt{n}} \qquad (5-12)$$

【例5-5】 设总体 $X \sim N(\mu, 0.9^2)$，样本容量 $n=9$，$\bar{x}=5$，置信水平为95%，求总体均值 μ 的置信区间。

【解】 已知 $\bar{x}=5$，$n=9$，$\sigma=0.9$，$Z_{\alpha/2}=1.96$

置信区间为：

$$\bar{x} \pm Z_{\alpha/2}\frac{\sigma}{\sqrt{n}}=5 \pm 1.96 \times \frac{0.9}{\sqrt{9}}=5 \pm 0.588$$

总体均值 μ 在置信水平为95%的置信区间为（4.412，5.588）。

【例5-6】 某车间生产某种球形零件，该零件直径（单位：mm）大小服从正态分布。从某一批产品中随机抽取6件产品，测量得到的平均直径为 $\bar{x}=14.95$mm。若已知 $\sigma^2=0.06$，求该零件直径均值 μ 在置信水平95%的置信区间。

【解】 已知 $\bar{x}=14.95$，$n=6$，$\sigma^2=0.06$，$Z_{\alpha/2}=1.96$

置信区间为：

$$\bar{x} \pm Z_{\alpha/2}\frac{\sigma}{\sqrt{n}}=14.95 \pm 1.96 \times \frac{\sqrt{0.06}}{\sqrt{6}}=14.95 \pm 0.196$$

该零件直径均值 μ 在置信水平95%的置信区间为（14.754，15.146）mm。

（2）正态总体、小样本、总体方差未知。总体服从正态分布且总体方差 σ^2 未知，小样本的情况下，则需要用样本方差 s^2 代替 σ^2，样本均值经过标准化后的随机变量 T 则服从自

由度为 $(n-1)$ 的 t 分布，即

$$T=\frac{\bar{x}-\mu}{s/\sqrt{n}}\sim t(n-1) \quad (5-13)$$

这时需要采用 t 分布来建立总体均值 μ 的置信区间。

t 分布是类似正态分布的一种对称分布，它通常要比正态分布平坦和分散。一个特定的 t 分布依赖于称之为自由度的参数。随着自由度的增大，t 分布也逐渐趋于正态分布。

根据 t 分布建立的总体均值 μ 在 $(1-\alpha)$ 置信水平下的置信区间为：

$$\bar{x}\pm t_{\alpha/2}\frac{s}{\sqrt{n}} \quad (5-14)$$

式（5－14）中的 $t_{\alpha/2}$ 是自由度为 $(n-1)$ 时，t 分布中右侧面积为 $\alpha/2$ 时的 t 值，该值可通过查 t 分布表得到。

【例 5－7】 测得 15 人每分钟脉搏次数数据如下，假定脉搏次数服从正态分布。求在 95% 的置信水平下平均脉搏次数 μ 的置信区间。

71、72、64、68、60、79、61、66、72、73、56、82、70、71、66

【解】 由题可知样本是小样本，总体服从正态分布，总体方差未知。样本均值经过标准化以后的随机变量服从自由度为 $(n-1)$ 的 t 分布。

$$\bar{x}=\frac{\sum_{i=1}^{n}x_i}{n}=\frac{1031}{15}=68.73$$

$$s=\sqrt{\frac{\sum_{i=1}^{n}(x_i-\bar{x})^2}{n-1}}=\sqrt{\frac{668.92}{14}}=6.91$$

$$t_{\alpha/2}(n-1)=t_{0.025}(15-1)=2.145$$

置信区间为：

$$\bar{x}\pm t_{\alpha/2}\frac{s}{\sqrt{n}}=68.73\pm 2.145\times\frac{6.91}{\sqrt{15}}=68.73\pm 3.83$$

平均脉搏次数 μ 在置信水平 95% 的置信区间为（64.9，72.56）次，如图 5－9 所示。

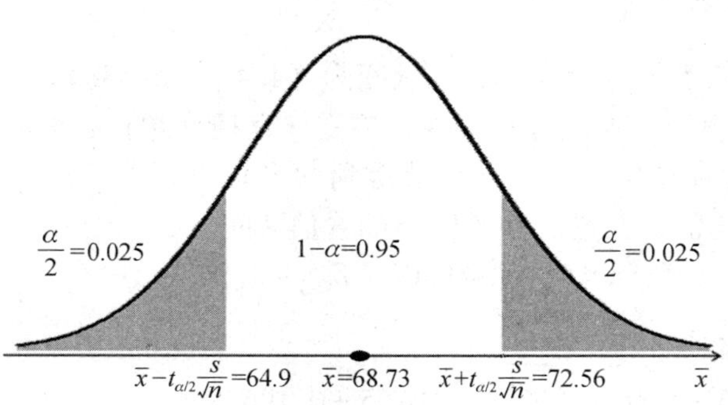

图 5－9　例 5－7 的置信区间

【例 5－8】 某车间工厂生产某种零件，该零件直径（单位：mm）大小服从正态分布。从某一批产品中随机抽取 6 件产品，测得平均直径为 14.95，方差为 0.051，若 σ 未知，在

置信水平为95%的条件下，求零件直径总体均值μ的置信区间。

【解】 已知$\bar{x}=14.95$，$n=6$，$s^2=0.051$，$t_{\alpha/2}(n-1)=t_{0.025}(6-1)=2.57$

置信区间为：

$$\bar{x}\pm t_{\alpha/2}\frac{s}{\sqrt{n}}=14.95\pm 2.57\times\frac{\sqrt{0.051}}{\sqrt{6}}=14.95\pm 0.24$$

该零件直径的总体均值μ在95%置信水平下的置信区间为（14.71，15.19）mm。

总体均值的区间估计小结如表5－5所示。

表5－5　总体均值的区间估计

参数	点估计值	标准误差	（1－α）的置信区间	假定条件
μ	$\bar{x}$	$\frac{\sigma}{\sqrt{n}}$（σ已知） $\frac{s}{\sqrt{n}}$（σ未知）	$\bar{x}\pm Z_{\alpha/2}\frac{\sigma}{\sqrt{n}}$	（1）σ已知、大样本 或 （2）σ已知、正态总体、小样本
			$\bar{x}\pm Z_{\alpha/2}\frac{s}{\sqrt{n}}$	σ未知、大样本
			$\bar{x}\pm t_{\alpha/2}\frac{s}{\sqrt{n}}$	σ未知、正态总体、小样本

5.2.3 总体比例的区间估计

这里只讨论大样本情况下总体比例的估计问题。根据样本比例的抽样分布可知，当样本容量足够大时，样本比例p的抽样分布近似服从正态分布，p的数学期望等于总体比例π，即$E(p)=\pi$；方差为$\sigma_p^2=\frac{\pi(1-\pi)}{n}$。样本比例经标准化后的随机变量服从标准正态分布，即为：

$$Z=\frac{p-\pi}{\sqrt{\frac{(1-\pi)\pi}{n}}}\sim N(0,1) \tag{5-15}$$

与总体均值的区间估计类似，在样本比例p的基础上加减允许误差$Z_{\alpha/2}\sigma_p$，总体比例π在（1－α）置信水平下的置信区间为：

$$p\pm Z_{\alpha/2}\sqrt{\frac{p(1-p)}{n}} \tag{5-16}$$

式中，$1-\alpha$称为置信水平，$Z_{\alpha/2}$是标准正态分布上侧面积为$\alpha/2$时的Z值，$Z_{\alpha/2}\sqrt{\frac{p(1-p)}{n}}$是估计总体比例时的允许误差。总体比例的置信区间为：点估计值±允许误差。

对总体比例进行估计时，确定样本是否足够大的经验规则：区间$p\pm 2\sqrt{p(1-p)/2}$中不包含0或1，或者要求$n\geqslant 5$和$n(1-p)\geqslant 5$。

【例5－9】 为了解在校学生统计学考试通过率情况，某大学从期末统计学考试中抽取100名学生进行调查，其中有96名通过了考试。在95%的置信水平下求统计学考试通过率的置信区间。

【解】 已知 $p=\frac{96}{100}=96\%$，$n=100$，$Z_{\alpha/2}=1.96$

置信区间为：

$$p \pm Z_{\alpha/2}\sqrt{\frac{p(1-p)}{n}}=96\% \pm 1.96 \times \sqrt{\frac{96\% \times (1-96\%)}{100}}=96\% \pm 3.84\%$$

该校统计学考试通过率在95%置信水平的置信区间为（92.16%，99.84%）。

【例5-10】 某机构想要了解某大学学生配戴眼镜的比例，抽取了该学校200名在校学生进行调查，其中有145名学生配戴眼镜。试求在95%的置信水平下学生配戴眼镜的比例的置信区间。

【解】 已知 $p=\frac{145}{200}=72.5\%$，$n=200$，$Z_{\alpha/2}=1.96$

置信区间为：

$$p \pm Z_{\alpha/2}\sqrt{\frac{p(1-p)}{n}}=72.5\% \pm 1.96 \times \sqrt{\frac{72.5\% \times 27.5\%}{200}}=72.5\% \pm 3.2\%$$

该大学学生配戴眼镜比例在95%置信水平的置信区间为（69.3%，75.7%）。

总体比例的区间估计总结如表5-6所示。

表5-6 总体比例的区间估计

参数	点估计值	标准误差	$(1-\alpha)\%$的置信区间
π	p	$\frac{p(1-p)}{n}$	$p \pm Z_{\alpha/2}\sqrt{\frac{p(1-p)}{n}}$

5.2.4 总体方差的区间估计

这里只讨论正态总体方差的估计问题。由抽样分布的知识可知，样本方差的抽样分布服从自由度为（$n-1$）的χ^2分布。因此用χ^2分布构造总体方差的置信区间。如图5-10所示。

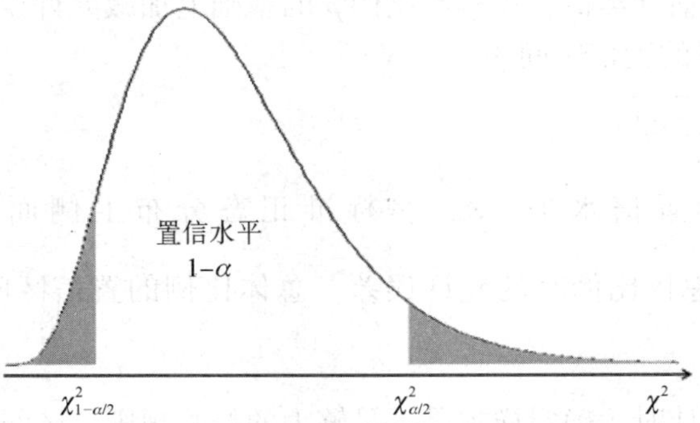

图5-10 χ^2分布的置信区间

对于总体方差置信区间的构建，给定一个置信水平$1-\alpha$，用χ^2分布构造的总体方差σ^2的置信区间就是要找到一个χ^2值，使其满足$\chi^2_{1-\alpha/2} \leqslant \chi^2 \leqslant \chi^2_{\alpha/2}$。

由于$\frac{(n-1)S^2}{\sigma^2}\sim\chi^2(n-1)$，因此可用它来代替$\chi^2$，则有：

$$\chi^2_{1-\alpha/2}\leqslant\frac{(n-1)S^2}{\sigma^2}\leqslant\chi^2_{\alpha/2} \tag{5-17}$$

根据式（5－17），可以推导出总体方差σ^2在（$1-\alpha$）%置信水平下的置信区间为：

$$\frac{(n-1)S^2}{\chi^2_{\alpha/2}}\leqslant\sigma^2\leqslant\frac{(n-1)S^2}{\chi^2_{1-\alpha/2}} \tag{5-18}$$

【例5－11】 某车间工厂生产某种零件，该零件直径（单位：mm）大小服从正态分布。从某一批产品中随机抽取6件产品，测量得到的直径为14.6、15.1、14.9、14.8、15.2、15.1，置信水平为95%，求零件直径的总体方差σ^2的置信区间。

【解】 已知$n=6$，$\bar{x}=\frac{\sum x_i}{n}=14.95$，$s^2=\frac{\sum(x_i-\bar{x})^2}{n-1}=0.051$，$\chi_{\alpha/2}(n-1)=12.833$，$\chi_{1-\alpha/2}(n-1)=0.831$，则置信区间为：

$$\frac{5\times0.051}{12.833}\leqslant\sigma^2\leqslant\frac{5\times0.051}{0.831}$$

$$0.02\leqslant\sigma^2\leqslant0.31$$

零件直径的总体方差σ^2在95%置信水平下的置信区间为（0.02，0.31）。

总体方差的区间估计总结如表5－7所示。

表5－7 总体方差的区间估计

参数	点估计值	标准误差	$(1-\alpha)$%的置信区间
σ^2的总体方差	S^2	（不要求）	$\frac{(n-1)S^2}{\chi^2_{\alpha/2}(n-1)}\leqslant\sigma^2\leqslant\frac{(n-1)S^2}{\chi^2_{1-\alpha/2}(n-1)}$

5.3 必要样本容量的确定

在参数估计中，估计量$\hat{\theta}$与参数θ之间存在一定差异，这种差异是由样本的随机性产生的。样本容量是指样本中个体的数目或组成抽样总体的单位数。在样本容量不变的情况下，若要增加估计的可靠性，置信区间会扩大，估计的精度就会降低。若要在不降低可靠性的前提下，增加估计的精确度，就需要扩大样本容量。但是样本容量过大，会增加调查工作量，造成人力、物力、财力、时间的浪费；样本容量过小，则样本对总体缺乏足够的代表性，从而难以保证推算结果的精确度和可靠性。因此，需要在满足一定精确度、在给定的可容忍误差范围内，确定一个最小的、适当的样本容量是抽样估计的重要问题。

必要样本容量亦称必要样本单位数，是指满足调查目的要求的情况下，至少需要选择的样本单位数。通常，必要样本容量的确定受总体方差、允许误差、置信水平和抽样方法的影响。样本容量确定的科学合理，一方面，可以在既定的调查费用下，使抽样误差尽可能小，以保证推算的精确度和可靠性；另一方面，可以在既定的精确度和可靠性下，使调查费用尽可能少，保证抽样推断的最大效果。

5.3.1 样本容量的影响因素

（1）总体方差 σ^2。在其他条件不变的情况下，有较大方差的总体，应当选择较大的样本容量，反之则应该选择较小的样本容量。例如，在正态总体均值的估计中，样本均值抽样分布的标准差 $\sigma_{\bar{x}}=\sigma/\sqrt{n}$，他反映样本均值相对于总体均值的离散程度，所以当总体标准差 σ 较大时，样本容量 n 也应较大，这样才会使得 $\sigma_{\bar{x}}$ 较小，保证估计的精确度。

（2）允许误差 E。允许误差也称边际误差，指允许的抽样误差，记为 $|\hat{\theta}-\theta|=\Delta_\theta$，例如样本均值与总体均值之间的允许误差（大样本、总体方差已知条件下）为 $|\bar{x}-\mu|=\left|Z_{\alpha/2}\frac{\sigma}{\sqrt{n}}\right|$，允许误差说明了估计精度，所以在其他条件不变的情况下，如果要求估计精度高，允许误差就要小，那么样本容量就要选择大一些；如果要求估计精度不高，允许误差就可以小些，那么样本容量就可以选择小一些。

（3）置信水平 $1-\alpha$。置信水平说明了估计的可靠性，在其他条件不变的情况下，如果要求较高的可靠性，就要选择较高的置信水平，增大样本容量；反之，可以选择较小的样本容量。

（4）抽样方法。在相同条件下，重复抽样的抽样平均误差 $\sigma_{\bar{x}}=\sqrt{\frac{\sigma^2}{n}}$ 比不重复抽样的抽样平均误差 $\sigma_{\bar{x}}=\sqrt{\frac{\sigma^2}{n}\times\frac{N-n}{N-1}}$ 大，所需要的样本容量也不同。重复抽样需要更大的样本容量，而不重复抽样的样本容量可以选择小一些。

5.3.2 估计总体均值时样本容量的确定

在重复抽样或无限总体抽样条件下，允许误差也称边际误差 E 为：

$$E=Z_{\alpha/2}\frac{\sigma}{\sqrt{n}} \tag{5-19}$$

$Z_{\alpha/2}$ 称可靠性系数，可直接由区间估计中所得到的置信水平确定，总体标准差 σ 和样本容量 n 共同确定允许误差 E 的大小。若已知 $Z_{\alpha/2}$ 的值和总体标准差 σ 的大小，便可确定在希望的允许误差下所需要的样本容量为：

$$n=\frac{(Z_{\alpha/2})^2\sigma^2}{E^2} \tag{5-20}$$

从上述公式可以看出：在其他条件不变的情况下，样本容量与置信水平成正比，置信水平越高，必要样本容量越大；样本容量与总体方差成正比，总体方差越大，必要样本容量越大；样本容量与允许误差成反比，允许误差越大，所需要的样本容量就越小。

需要注意的是，根据式（5－20）计算的样本容量不一定是整数，通常是将小数点后面的数值进位为整数。

【例 5－12】 某校欲估计学生迟到的平均时间，经验表明迟到时间的标准差为 2 分钟，那么学校要在 95% 的置信水平下，估计值在真值附近 0.5 分钟的范围内，应抽取多少样本容量?

【解】 $\sigma=2$，$E=0.5$，$Z_{\alpha/2}=1.96$

所需样本容量为：

$$n=\frac{(Z_{\alpha/2})^2\sigma^2}{E^2}=\frac{1.96^2\times 2^2}{0.5^2}=61.47\approx 62$$

答：应抽取62个样本。

【例5-13】 拥有工商管理学士学位的大学毕业生年薪的标准差为2000元，假定要估计年薪95%的置信区间，希望允许误差为400元，应抽取多少样本容量?

【解】 $\sigma=2000$，$E=400$，$Z_{\alpha/2}=1.96$

所需样本容量为：

$$n=\frac{(Z_{\alpha/2})^2\sigma^2}{E^2}=\frac{1.96^2\times 2000^2}{400^2}=96.04\approx 97$$

答：应抽取97个样本。

5.3.3 估计总体比例时样本容量的确定

与估计总体均值时样本容量的确定方法相似，在重复抽样或无限总体抽样条件下，估计总体比例置信区间的允许误差为：

$$E=Z_{\alpha/2}\sqrt{\frac{\pi(1-\pi)}{n}} \tag{5-21}$$

$Z_{\alpha/2}$的值、总体比例π和样本容量n共同确定了允许误差的大小。若已知$Z_{\alpha/2}$的值和总体比例π的大小，便可确定在希望的允许误差下所需要的样本容量为：

$$n=\frac{(Z_{\alpha/2})^2\pi(1-\pi)}{E^2} \tag{5-22}$$

需要注意的是，允许误差E必须是使用者事先确定好的，一般情况下E取值小于0.1。$Z_{\alpha/2}$的值可由置信水平确定，如果能够求得π的具体值，就可以根据式（5-21）计算。当π的值无法知道时，通常取使π（$1-\pi$）最大的值，即$\pi=0.5$。

【例5-14】 某门课程的考试通过率为85%，允许误差为4%。在95%的置信水平下，应该选取多少名学生作为样本?

【解】 $\pi=85\%$，$E=4\%$，$Z_{\alpha/2}=1.96$

所需样本容量为：

$$n=\frac{(Z_{\alpha/2})^2\pi(1-\pi)}{E^2}=\frac{1.96^2\times 85\%\times 15\%}{4\%\times 4\%}=306.1\approx 307$$

答：应该选取307名学生作为样本。

【例5-15】 根据以往的生产统计，某种产品的合格率为90%，现允许误差为5%，在95%的置信水平下，应该抽取多少个产品作为样本?

【解】 $\pi=90\%$，$E=5\%$，$Z_{\alpha/2}=1.96$

所需样本容量为：

$$n=\frac{(Z_{\alpha/2})^2\pi(1-\pi)}{E^2}=\frac{1.96^2\times 0.9\times 0.1}{0.05^2}=138.3\approx 139$$

答：应该抽取139个产品作为样本。

本章小结

本章首先介绍了参数估计的基本思想和原理。参数估计是统计推断的基本形式，是数理统计学的一个重要分支，用样本信息推断总体参数，目的是得到总体的信息。即从总体中抽取部分样本，计算出样本均值 $\bar{x}$、样本比例 p、样本方差 s^2，根据已知条件选择参数估计方法估计出总体参数包括总体均值 μ、总体方差 σ^2、总体比例 π。

参数 θ 又称总体参数，是总体的数量特征。需要指出的是，总体参数是一个确定的数值，但它是未知的。估计量 $\hat{\theta}$ 又称为样本统计量或样本指标，是根据样本资料计算得到的，用来估计总体参数的统计量名称，是随机变量。估计值是用来估计总体参数时，样本统计量的具体数值。

参数估计的方法有点估计和区间估计。点估计又称定值估计，是指直接用一个样本统计量 $\hat{\theta}$ 的某个取值直接作为总体参数 θ 的估计值。区间估计是在点估计的基础上，根据样本统计量抽样分布理论，构造出一个随机区间来估计总体参数，并以一定的概率保证总体参数在所估计的区域内。

区间估计由点估计值和允许误差两部分组成。估计总体均值的置信区间时，需要考虑几种情况：一是大样本、方差已知或方差未知，在这种情况下，可用正态分布构造总体均值的置信区间；二是小样本、正态总体、方差已知，在这种情况下，可用正态分布构造总体均值的置信区间；三是小样本、正态总体、方差未知，在这种情况下，可用 t 分布构造总体均值的置信区间。估计总体比例时，这里只考虑大样本条件下，用正态分布构造总体比例的置信区间。估计总体方差时，用 χ^2 分布构造总体方差的置信区间。

在参数估计中，估计量 $\hat{\theta}$ 与参数 θ 之间存在一定差异，这种差异是由样本的随机性产生的。若要在不降低可靠性的前提下，增加估计的精确度，就需要扩大样本容量。但是样本容量过大，会增加调查工作量，造成人力、物力、财力、时间的浪费；样本容量过小，则样本对总体缺乏足够的代表性，从而难以保证推算结果的精确度和可靠性。因此，需要在满足一定精确度、在给定的可容忍误差范围内，确定一个最小的、适当的样本容量是抽样估计的重要问题。通常，必要样本容量的确定受总体方差、允许误差、置信水平和抽样方法的影响。样本容量与总体方差成正比、与置信水平成正比、与允许误差成反比。

综合训练

一、思考题

1. 简述评价估计量的标准有哪些。
2. 有50个调查者分别对同一个正态总体进行抽样，样本容量都是100，总体方差未知。

他们分别根据各自的样本数据得到总体均值的一个置信度90%的置信区间。试问：这些置信区间的中心相同吗？这些置信区间的宽度完全相同吗？并说明理由。

3. 什么是点估计和区间估计，各有什么优缺点？

4. 说明区间估计的基本原理。

5. 简述样本容量与置信水平、总体方差、允许误差之间的关系。

二、单项选择题

1. 估计量是指（　　）。

A. 用来估计总体参数的统计量的名称

B. 用来估计总体参数统计量的具体数字

C. 总体参数的名称

D. 总体参数的具体数值

2. 在参数估计中，要求通过样本统计量来估计总体参数，评价统计量标准之一是它与总体参数的离差越小越好，这种评价标准称为（　　）。

A. 无偏性　　B. 有效性

C. 一致性　　D. 充分性

3. 用样本估计量的值直接作为总体参数的估计值，这一估计方法称为（　　）。

A. 点估计　　B. 区间估计

C. 无偏估计　　D. 有效估计

4. 在其他条件不变的情况下，要使估计时所需的样本容量小，应该（　　）。

A. 提高置信水平　　B. 置信水平不变

C. 降低置信水平　　D. 置信水平为1

5. 在估计总体比例时，事先确定的边际误差一般不超过（　　）。

A. 0.05　　B. 0.15

C. 0.20　　D. 0.10

6. 对一总体均值进行估计，得到95%的置信区间为（24，38），则该总体均值的点估计为（　　）。

A. 24　　B. 48

C. 31　　D. 无法确定

7. 在总体均值和总体比例的区间估计中，边际误差由（　　）决定。

A. 置信水平　　B. 统计量的抽样标准差

C. 置信水平和统计量的抽样标准差　　D. 统计量的抽样方差

8. 对于非正态总体，在大样本条件下，估计总体均值使用的分布是（　　）。

A. 正态分布　　B. t 分布

C. χ^2 分布　　D. F 分布

9. 对于非正态总体，在大样本条件下，总体均值在 $(1-\alpha)$ 置信水平下的置信区间可以写为（　　）。

A. $\bar{x} \pm Z_{\alpha/2}\frac{\sigma^2}{\sqrt{n}}$　　B. $\bar{x} \pm Z_{\alpha/2}\frac{\sigma^2}{n}$

C. $\bar{x} \pm Z_{\alpha/2}\frac{\sigma}{\sqrt{n}}$　　　　D. $\bar{x} \pm Z_{\alpha/2}\frac{s^2}{\sqrt{n}}$

10. 根据某地区关于工人工资的样本资料估计出该地区工人平均工资的95%的置信区间为（3800，3900），那么下列说法正确的是（　　）。

A. 该地区平均工资有95%的可能性落在该置信区间中

B. 该地区平均工资只有5%的可能性落在该置信区间之外

C. 该置信区间有95%的概率包含该地区的平均工资

D. 该置信区间的误差不会超过5%

11. 甲、乙是两个无偏估计量，如果甲估计量的方差小于乙估计量的方差，则称（　　）。

A. 甲是充分估计量　　　　B. 甲、乙一样有效

C. 乙比甲有效　　　　D. 甲比乙有效

三、多项选择题

1. 下面说法错误的是（　　）。

A. 置信区间越宽，估计的准确性越高

B. 置信区间越窄，估计的准确性越低

C. 置信区间越宽，估计的可靠性越大

D. 置信区间越宽，估计的可靠性越小

E. 置信区间的宽窄不影响估计的准确性

2. 在其他条件不变的情况下，估计时所需要的样本容量与（　　）。

A. 总体方差成正比　　　　B. 置信水平成反比

C. 边际误差成正比　　　　D. 边际误差成反比

E. 总体方差成反比

3. 下面说法正确的是（　　）。

A. 当样本容量给定时，置信区间的宽度随着置信系数的增大而减小

B. 当样本容量给定时，置信区间的宽度随着置信系数的增大而增大

C. 当置信水平固定时，置信区间的宽度随着样本容量的增大而减小

D. 当置信水平固定时，置信区间的宽度随着样本容量的增大而增大

E. 当置信水平固定时，置信区间的宽度不会随着样本容量的变化而变化

4. 当正态总体、方差未知，且为小样本条件下，估计总体均值使用的分布是（　　）。

A. 正态分布　　　　B. t 分布

C. χ^2 分布　　　　D. F 分布

E. 非正态分布

5. 用样本比例推断总体比例时，至少要满足下列哪些条件才能认为样本比例近似于正态分布（　　）。

A. $np \leqslant 5$　　　　B. $np \geqslant 5$

C. $n(1-p) \geqslant 5$　　　　D. $p \geqslant 1\%$

E. $n \geqslant 30$

6. 某批产品共计有 4000 件，为了了解这批产品的质量，从中随机抽取 200 件进行质量检验，发现其中有 30 件不合格。根据抽样结果进行推断，下列说法正确的有（　　）。

A. $n=200$　　B. 总体合格率是一个估计量

C. 样本合格率是一个统计量　　D. 合格率的抽样平均误差为 2.52%

E. 样本合格率的抽样分布服从正态分布

7. 当正态总体、方差未知时，分别在小样本条件下和大样本条件下，估计总体均值使用的分布是（　　）。

A. 正态分布　　B. t 分布

C. χ^2 分布　　D. F 分布

E. 非正态分布

8. 在正态总体、方差未知时，分别在小样本和大样本条件下，总体均值在（$1-\alpha$）置信水平下的置信区间可以写为（　　）。

A. $\bar{x} \pm Z_{\alpha/2}\dfrac{\sigma^2}{\sqrt{n}}$　　B. $\bar{x} \pm t_{\alpha/2}\dfrac{s}{\sqrt{n}}$

C. $\bar{x} \pm Z_{\alpha/2}\dfrac{s}{\sqrt{n}}$　　D. $\bar{x} \pm Z_{\alpha/2}\dfrac{s^2}{\sqrt{n}}$

E. $\bar{x} \pm t_{\alpha/2}\dfrac{\sigma^2}{\sqrt{n}}$

四、判断题

1. 一个估计量的有效性是指该估计量的方差比其他估计量的大。（　　）
2. 置信水平 $1-\alpha$ 表达了置信区间的可靠性。（　　）
3. 在置信水平不变的条件下，要缩小置信区间，需要增加样本容量。（　　）
4. 在不知道总体比例的情况下，π 取 0.5。（　　）
5. 边际误差为 5，标准差为 40，要估计总体均值置信水平 99% 的置信区间所需的样本容量为 426。（　　）
6. 对于非正态总体，在大样本条件下，估计总体均值使用的分布是正态分布。（　　）
7. 在总体均值和总体比例的区间估计中，边际误差由置信水平和统计量的标准差确定。（　　）
8. 当正态总体、方差已知时，在小样本条件下，估计总体均值使用的分布是 t 分布。（　　）
9. 在样本容量一定的条件下，要提高估计的精度，就应降低置信水平。（　　）
10. 在其他条件不变的情况下，总体数据的方差越大，估计时所需的样本容量就越大。（　　）

五、计算题

1. 为了解某银行营业厅办理某业务的办事效率，调查人员观察了该银行营业厅办理该业务的柜台办理每笔业务的时间，随机记录了 16 名客户办理业务的时间，测得平均办理时间为 12 分钟，样本标准差为 4.1 分钟，假定办理该业务的时间服从正态分布，求：

（1）此银行办理该业务平均时间的置信水平为95%的区间估计是什么？

（2）若样本容量为40，而观测数据的样本均值和样本标准差不变，则置信水平为95%的置信区间是什么？

2. 一家调查公司进行一项调查，其目的是为了了解某市电信营业厅大客户对该电信服务的满意情况。调查人员随机访问了30名去该电信营业厅办理业务的大客户，发现受访的大客户中有9名认为营业厅现在的服务质量比两年前好。试在95%的置信水平下对大客户中认为营业厅现在的服务质量比两年前好的比例进行区间估计。

3. 某糖果厂用自动包装机装糖，每包重量服从正态分布，某日开工后随机抽查10包，称得重量如下：494，495，503，506，492，493，498，507，502，490（单位：克）。对该日所生产的糖果，给定置信度为95%，求：

（1）平均每包重量的置信区间，若总体标准差为5克；

（2）平均每包重量的置信区间，若总体标准差未知。

4. 某广告公司为了估计某地区收看某一新电视节目的居民人数所占比例，要设计一个简单随机样本的抽样方案。该公司希望有90%的信心使所估计的比例只有2个百分点左右的误差。为了节约调查费用，样本将尽可能小，试问样本容量应该是多大？

5. 假设家庭每天平均看电视时长服从正态分布，为调查某单位每个家庭每天观看电视的平均时间是多长，从该单位随机抽取了16户，得样本均值为6.75小时，样本标准差为2.25小时，求：

（1）试对家庭每天平均看电视时间进行区间估计；

（2）若已知该市每个家庭看电视时间的标准差为2.5小时，此时若再进行区间估计，并且将边际误差控制在（1）的水平，问：此时需要调查多少户才能满足要求？（$\alpha=0.05$）

6. 为了确定某高中学生带手机进校园的比例，调查人员欲对该高中的学生进行抽样调查。而以往的调查表明，该高中有60%的学生带手机。则对于允许误差E分别为5%，10%，15%时，显著水平为95%，求抽取的样本容量各为多少？

7. 据某人才市场对某市80名随机受访毕业生的调查得到了该市毕业生中，外地毕业生在该市的就业比例p的区间估计，在置信水平为10%时，其边际误差$E=0.08$。这80名受访者中样本为外地毕业生的比例是多少？若显著性水平为95%，要保持同样的精度进行区间估计，需要调查多少名毕业生？

8. 一次抽样调查表明，某大学学生每日平均学习时间95%的置信区间为［2.2，3.4］小时，问该次抽样样本平均学习时间$\bar{t}$是多少？若样本容量为100，则样本标准差是多少？若想将边际误差降为0.4小时，那么在相同置信水平下，样本容量应该为多少？

9. 随机抽取某种炮弹9发做试验，得炮弹口速度的样本标准差$s=11$（m/s）。设炮口速度服从正态分布。求这种炮弹炮口速度方差σ^2的95%置信水平下的置信区间？

10. 为了解鸡肉三明治中脂肪含量，抽取了20个样本得到的脂肪含量如下（单位：克）：

7、8、4、5、16、20、20、24、19、30、23、30、25、1、29、29、30、30、40、56，

假设总体服从正态分布，求总体鸡肉三明治中脂肪含量均值95%置信水平的置信区间？

11. 用某药治疗200名患者，药在180名患者上有效，有效率为90%。求在95%的置信区间下药有效率的置信区间？

12. 假设随机变量 $X \sim N(\mu, 4.5^2)$，计算：

（1）已知 $n=10$、$\bar{x}=350$，求 μ 的置信区间，置信水平为95%；

（2）若样本容量未知，允许误差小于等于1，在95%的置信水平下样本容量 n 最少应为多少？

13. 根据以往的经验，某乡农户的年收入分布曲线是一个严重偏斜的非对称曲线。现随机抽取25户进行调查，他们的户均年收入为13200元。为了估计该乡农户的户均年收入，能否根据上述数据求得一个置信度为95%的置信区间？并说明理由。

第六章
假设检验

学习目标

- ☐ 了解假设检验的含义、类型
- ☐ 熟悉假设检验的基本原理与步骤
- ☐ 理解两类误差与显著性水平
- ☐ 理解单侧检验和双侧检验
- ☐ 理解检验统计量与拒绝域
- ☐ 理解总体均值、比例、方差的假设检验
- ☐ 掌握如何运用 P 值进行决策

【案例导入】

圣牧有机纯牛奶的营养成分检验

2014 年中国圣牧有机奶业有限公司在香港联交所主板挂牌上市。当时中国圣牧高调自称是"全球有机奶第一股"，"有机奶"概念的提出惹来了行业人士的纷纷质疑。产品的外包装上通常都印有标签，标签上面标有该产品的性能说明、成分指标等信息。表 6－1是圣牧有机纯牛奶（200ml）外包装标签上给出的"营养成分表"信息。

表 6－1　　圣牧有机纯牛奶 200ml 装营养成分表

项目	每 100ml	NRV%
能量	180kJ	4%
蛋白质	3.5g	6%
脂肪	4.1g	7%
碳水化合物	5.1g	2%
钠	67mg	3%
钙	115mg	14%

你相信标签上营养成分表给出的这些数值吗？如果你不相信或对此持有怀疑态度，想要验证标签上的说法是否正确，那么你可以从某个批次的圣牧有机纯牛奶中随机抽取若干盒来做检验，如何根据样本数据做出判断？本章将介绍一套标准的统计程序来检验此类问题。

假设检验和参数估计一样，是推断统计的重要内容，但角度不同。参数估计是利用样本信息推断总体信息，而假设检验是先对总体参数提出一个假设，然后利用样本信息判断这一假设是否成立。本章将介绍假设检验的基本原理及应用。

6.1 假设检验的基本思想和原理

6.1.1 假设检验的基本思想

在现实生活中，常常会遇到一些问题，需要对其提出假设，然后得出是或否的答案。例如，研发的新灯丝是否延长了灯泡的使用寿命，某台机器生产的产品规格是否合乎标准，两种不同的生产方法之间是否有差异，小班授课是否比大班授课的教学效果更好等。为了回答这些问题，需要进行统计实验，根据样本信息对问题做出回答的过程称为假设检验。假设检验首先需要对问题提出统计假设，一个称为“原假设”，需要搜集证据予以反对的假设，一个称为“备择假设”，需要搜集证据予以支持的假设，两个假设是对立的，只有且必有一个成立。

假设检验是推断统计的一项重要内容，先对总体参数（如：均值、比例、方差）提出某种假设，然后利用样本信息判断样本与总体的差异是由抽样误差引起还是存在本质差别，由此判断假设是否成立的过程。假设检验是为了分析样本指标和总体指标之间是否存在显著差异，从这个意义上看，假设检验又称为显著性检验。一个总体参数的假设检验主要包括 Z 检验、t 检验、χ^2 检验，如图 6－1 所示。

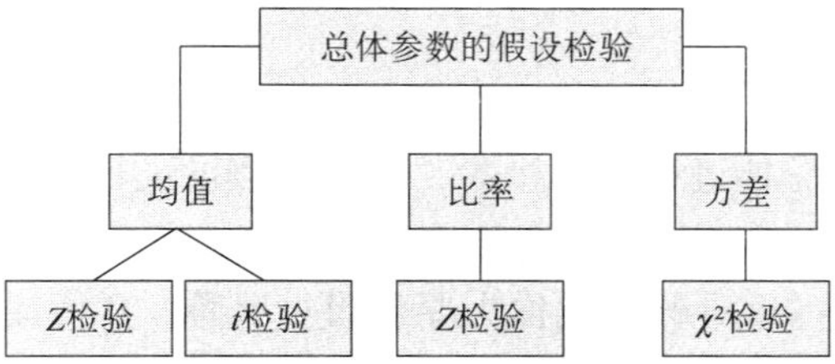

图 6－1　总体参数的假设检验类型

假设检验的基本思想是逻辑上运用反证法，统计上运用小概率原理，推理过程如图6－2所示。目的是搜集证据拒绝原假设。原假设是主观给定的，可能对也可能错，而样本数据是客观存在不容置疑的，假如样本数据与原假设不一致，那么就有理由拒绝原假设；反之，如果样本数据与原假设一致，那么就不能拒绝原假设。在假设检验中，样本提供的信息十分丰富和复杂，通常针对特定的研究问题，根据搜集到的样本数据确定一个检验统计量，由于样本数据存在随机性，检验统计量与原假设可能不完全一致，例如对总体均值进行假设检验，样本均值的观察值 $\bar{x}$ 与假设值 μ_0 不一致，是否可以肯定样本与原假设不一致而做出拒绝原假设的判断呢？其实是不能肯定的。因为 $\bar{x}$ 是随机变量，它的数学期望是总体均值，所以它的取值会围绕总体均值波动。因此，要判断样本与原假设是否一致，从而做出是否拒绝原假设的决策，需要一个反证法的推理：以总体均值的假设检验为例，检验中使用的统计量是样本均值，在一次抽样中观察到 $\bar{x}$，对 $\bar{x}$ 进行标准化后得到检验统计量，假定原假设为真，那么检验统计量的观察值以及比其更为极端的情况出现的概率 P 值会较大，P 值大的含义是小概率事件不可能发生，样本与原假设无明显矛盾；但是，如果 P 值较小，小概率事件发生了，就有理由认为样本与原假设存在明显矛盾。P 值是大还是小，通常采用 0.10、0.05、0.01 等作为确认小概率的标准，这一标准称为显著性水平，用 α 表示。

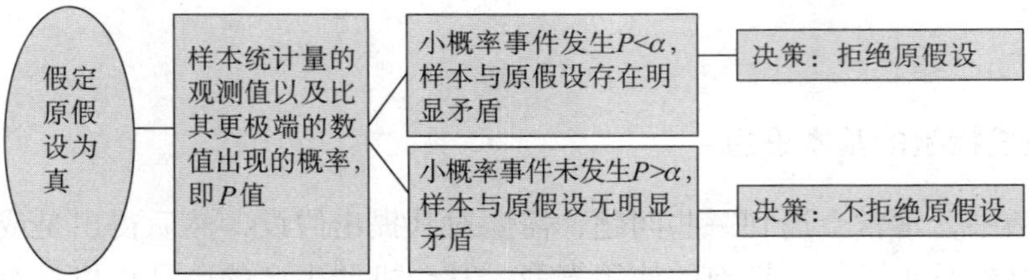

图 6-2　假设检验的反证法与小概率原理

【例 6-1】　一种零件采用自动生产线生产，零件的寿命（单位：小时）服从正态分布 N（2000，3600）。现在工厂改良了生产技术，假设零件的寿命仍服从正态分布且方差不变。为检验零件的寿命是否有提高，质检人员在某天生产的零件中随机抽取 49 个进行检验，测得平均寿命为 2020 小时。试问在新技术条件下生产的零件寿命是否得到了提高？

这里的问题是 49 个样本平均使用寿命是 2020 小时，结果虽然大于 2000 小时，但由于样本具有随机性，2000 小时与 2020 小时之间的差异很可能是样本随机性造成的，即由抽样误差造成。在这种情况下，要对原假设做出接受还是拒绝的抉择，就必须根据研究的问题和决策条件对样本值与原假设的差异进行分析。若有充分理由认为这种差异并非是抽样误差造成，认为差异是显著的，才能拒绝原假设，否则就不能拒绝原假设。

6.1.2　假设检验的理论基础

（1）假设的陈述。对总体进行假设检验，先要对假设进行陈述。“假设”是对总体参数的具体数值所作的陈述，总体参数包括总体均值、比例、方差等。

研究者欲搜集证据予以反对的假设称为原假设，又称“0 假设”。总是有符号 =、≤或≥，表示为 H_0：μ = 某一数值。

研究者想搜集证据予以支持的假设称为备择假设，又称“研究假设”。总是有符号≠、>或<，表示为 H_1：$\mu \neq$ 某一数值。

原假设与备择假设的几点认识：在一项假设检验中，原假设和备择假设是一个完备事件组，而且相互对立；原假设和备择假设必有一个成立，而且只有一个成立；等号“=”总是放在原假设上；先确定备择假设，再确定原假设；因研究目的不同，对同一问题可能提出不同的假设（也可能得出不同的结论）；假设检验实质上是对原假设是否正确进行检验，检验过程中要使原假设得到维护不能轻易被拒绝，否定原假设必须有充分理由，要拒绝原假设必须是小概率事件发生；当原假设被接受时，也只能认为否定它的根据不充分，而不能认为它绝对正确。

在例 6－1 中我们希望零件寿命有提高，所以把有显著提高作为备择假设，没有显著提高作为原假设。提出的假设为：

H_0：$\mu \leqslant 2000$ 小时　　　　新技术下零件寿命没有显著提高

H_1：$\mu > 2000$ 小时　　　　新技术下零件寿命有显著提高

【例 6－2】 一项研究表明，中学生吸烟的比例超过 30%，为检验这一说法是否属实，试陈述用于检验的原假设与备择假设。

【解】 在这里我们希望吸烟的比例超过 30% 的说法属实，所以把不属实作为原假设，属实作为备择假设。

H_0：$\pi \leqslant 30\%$　　　　说法不属实

H_1：$\pi > 30\%$　　　　说法属实

【例 6－3】 某品牌油漆罐在它的产品说明书中声称：平均净含量不少于 400 毫升。从消费者的利益出发，质检部门要通过抽检其中的一批产品来验证该产品制造商的说明是否属实，试陈述用于检验的原假设与备择假设。

【解】 在这里质检部门抽检的意图是倾向于证实这种油漆罐的平均净含量小于 400 毫升，并不符合说明书中的陈述作为备择假设，符合要求作为原假设。

H_0：$\mu \geqslant 400$ 毫升　　　　制造商的说明属实

H_1：$\mu < 400$ 毫升　　　　制造商的说明不属实

【例 6－4】 某厂生产的化纤纤度服从正态分布，纤维纤度的均值为 1.40。某天测得 25 根纤维纤度的均值 $\bar{x} = 1.39$，检验与原来设计的均值相比是否有所变化，试陈述用于检验的原假设与备择假设。

【解】 检验人员想搜集证据证明纤维纤度的均值为 1.40，与原来设计的均值相比没有变化作为原假设，有变化作为备择假设。

H_0：$\mu = 1.40$　　　　与原来设计的均值相比没有变化

H_1：$\mu \neq 1.40$　　　　与原来设计的均值相比有变化

（2）双侧检验和单侧检验。在假设检验中，研究者感兴趣的是备择假设的内容，可以是原假设在某一特定方向的变化，也可以是一种没有特定方向的变化。如果备择假设没有特定的方向性，含有符号"≠"的假设检验，称为双侧检验或双尾检验（two－tailed test）。如果备择假设具有特定的方向性，含有符号">"或"<"的假设检验，称为单侧检验或单尾检验（one－tailed test），备择假设的方向为"<"，称为左侧检验，备择假设的方向为">"，称为右侧检验。设 μ 为总体参数（这里代表总体均值），μ_0 为假设参数的具体数值，可将假设检验的基本形式总结如表 6－2 所示。

表 6－2　　　　假设检验的基本形式

假设	双侧检验	单侧检验	
		左侧检验	右侧检验
原假设	H_0：$\mu = \mu_0$	H_0：$\mu \geqslant \mu_0$	H_0：$\mu \leqslant \mu_0$
备择假设	H_1：$\mu \neq \mu_0$	H_1：$\mu < \mu_0$	H_1：$\mu > \mu_0$

（3）检验统计量。在提出具体的假设之后，研究者都倾向于通过样本信息提供可靠的证据做出“拒绝原假设”的结论。假设检验问题的一般提法，在给定备择假设 H_1 后对原假设 H_0 做出判断，若拒绝原假设 H_0，那就意味着接受备择假设 H_1，否则就接受原假设 H_0。要做出判断必须要从样本（x_1，x_2，…，x_n）出发，而样本提供的信息十分丰富和复杂，针对特定的研究问题，往往需要对这些信息进行压缩和提炼，检验统计量就是对样本信息进行压缩和提炼的结果。检验统计量实际上是总体参数的点估计，但点估计量并不能直接作为检验统计量，只能将其标准化后，才能用于度量它与原假设中总体参数值之间的差异程度。在假设检验中所用的检验统计量都是标准化的检验统计量，它反映点估计量与假设的总体参数相比差多少个标准差。标准化的检验统计量可表示为：

$$\text{检验统计量} = \frac{\text{点估计量} - \text{假设值}}{\text{点估计量的抽样标准差}} \tag{6-1}$$

检验统计量会随着样本观测结果的不同，具体数值也会不同，是一个随机变量。假设检验的基本原理就是根据检验统计量制定一个法则，利用制定的法则和计算得到的检验统计量，做出是拒绝原假设 H_0 还是接受的判断。

在例 6－1 中，零件的寿命（单位：小时）服从正态分布 N（2000，3600），49 个样本的平均使用寿命 $\bar{x}$ 为 2020 小时，求检验统计量？

【解】 检验统计量 $Z = \frac{\bar{x} - \mu_0}{\sigma/\sqrt{n}} = \frac{2020 - 2000}{\sqrt{3600}/\sqrt{49}} \approx 2.33$

这里的检验统计量 Z 表示样本统计量 $\bar{x}$ 与假设的总体参数 μ_0 相比相差 2.33 个标准差。

（4）两类错误与显著性水平。假设检验是在样本观察值确定之后，根据小概率原理进行统计推断，由于样本的随机性，这种推断不可能有绝对的把握，不免存在犯错误的可能性。所犯错误的类型有两类：一类错误是原假设为真时却被拒绝，这类错误称为弃真错误，也叫第一类错误，犯这种错误的概率用 α 表示，即显著性水平，常用的值有 0.01，0.05，0.10，通常由研究者事先确定。另一类错误是指原假设为假时，却被人们接受而犯的错误。这类错误称为取伪错误也称第二类错误，这类错误发生的概率用 β 表示。

【例 6－5】 在厂家出售产品给消费者时，通常要经过产品质量检验，生产厂家总是假定产品是合格的，但检验时厂家总要承担把合格产品误检为不合格产品的某些风险，生产者承担这些风险的概率是 α，第一类错误也称为生产者风险。而在消费者一方却担心把不合格产品误检为合格品而被接受，这是消费者承担的风险，其概率是 β，第二类错误也称为消费者风险。

人们希望犯这两类错误的概率愈小愈好。但对于一定的样本容量，不可能同时做到犯这两类错误的概率都很小。通常的假设检验只规定第一类错误 α，而不考虑第二类错误 β，并称这样的检验为显著性检验。正确的决策和犯错误的概率可以归纳为表 6－3。

表 6－3　　正确决策和两类错误的概率

	接受 H_0	拒绝 H_0
H_0 为真	（$1-\alpha$）正确决策	（α）弃真错误
H_0 为假	（β）取伪错误	（$1-\beta$）正确决策

【例6－6】 某容量为3升的碳酸饮料标签上说明，脂肪含量的均值不超过1克，在对标签上的说明进行检验时，建立的原假设和备择假设为 H_0：$\mu \leq 1$，H_1：$\mu > 1$，试问可能犯的第一类和第二类错误。

【解】 该检验可能犯的第一类错误是：实际情况是 $\mu \leq 1$，检验却认为 $\mu > 1$；可能犯的第二类错误是：实际情况是 $\mu > 1$，检验却认为 $\mu \leq 1$。

（5）拒绝域与接受域。假设检验的目的就是要根据样本信息来确定是否拒绝原假设 H_0，接受或者拒绝原假设的依据是逻辑上运用反证法，统计上依据小概率原理。所谓小概率原理，首先认为总体的某个假设是真实的，那么不利于或不能支持这一假设的事件A在一次试验中几乎不可能发生，要是在一次试验中事件A发生了，我们就有理由怀疑这一假设的真实性，拒绝这一假设。

【例6－7】 一家厂商声称某种产品的合格率很高，可以达到99%，那么从一批产品（如100件）中随机抽取一件，这一件恰好是次品的概率就非常小，只有1%。如果把厂商的宣称，即产品的次品率仅为1%作为一种假设，并且是真的。那么由小概率原理，随机抽取一件是次品的情形就几乎是不可能发生的。如果这种情形发生了，这就不能不使人们怀疑原来的假设，即产品的次品率仅为1%假设的正确性，这时就可以做出原假设为假的判断，拒绝原假设。

接受域和拒绝域是在给定的显著性水平 α 下，由检验法则所划分的样本空间的两个互不相交的区域。原假设为真时可以接受的可能范围称为接受域，另一区域是原假设为假时，只有很小的概率发生，如果小概率事件确实发生，就拒绝原假设，这一区域称为拒绝域（或否定域）。

落入拒绝域是个小概率事件，一旦落入拒绝域，就有理由拒绝原假设而接受备择假设。那么应该确定多大的概率算作小概率呢？这要根据不同的目的和要求而定，一般选择0.05或者0.01，通常用 α 表示，α 是在做检验之前确定的，α 一旦确定，临界值和拒绝域就确定了，显然 α 愈小愈不容易拒绝原假设，而一旦拒绝原假设，原假设为真的可能性就越小。图6－3是双侧 Z 检验的显著性水平 α、临界值、拒绝域和接受域等。

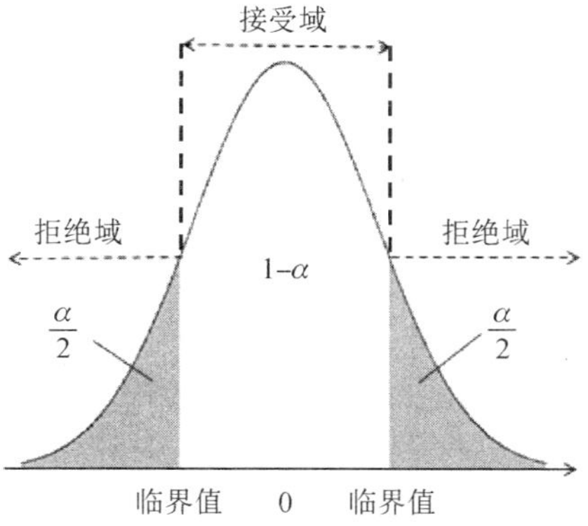

图6－3 双侧 Z 检验的拒绝域和接受域

（6）P 值。显著性水平 α 是在检验之前确定的，是犯第一类错误的上限控制值，它提供了检验结论可靠性的一个大致范围，而对于一个特定的假设检验问题，却无法给出观测数据与原假设之间不一致程度的精确度量。要测量出样本观测数据与原假设中假设值的偏离程度，则需要计算 P 值。在假设检验中，利用观测值能够做出拒绝原假设的最小显著性水平称为 P 值，也称为观察到的（实例的）显著性水平。

P 值具有以下特点：

①一种在原假设为真的前提下，样本统计量的观测值以及比其更极端的数值出现的概率值。

②是反映实际观察到的数据与原假设之间不一致程度的概率值。P 值越小，说明实际观测到的数据与原假设之间的不一致程度越大，检验的结果越显著。

③拒绝原假设的最小显著性水平。表示对原假设的支持程度，是用于确定是否应该拒绝原假设的另一种方法。

④在拒绝原假设时犯的最小第一类错误，表示犯错误的实际概率；而所规定的显著性水平 α（具有主观性）是事先给定的犯第一类错误的最大概率，表示犯错误的可能性有 α 那么大。

P 值是用于确定是否拒绝原假设的另一个重要指标，它有效地补充了 α 提供的关于检验可靠性的有限信息。以 Z 检验为例，关于双侧和单侧检验的 P 值和显著性水平 α，临界值用 $Z_{\alpha/2}(Z_\alpha)$ 表示，检验统计量用 Z 表示，为了理解 P 值和区分临界值，检验统计量可用 $Z_{p/2}(Z_p)$ 表示，如图 6－4 所示。

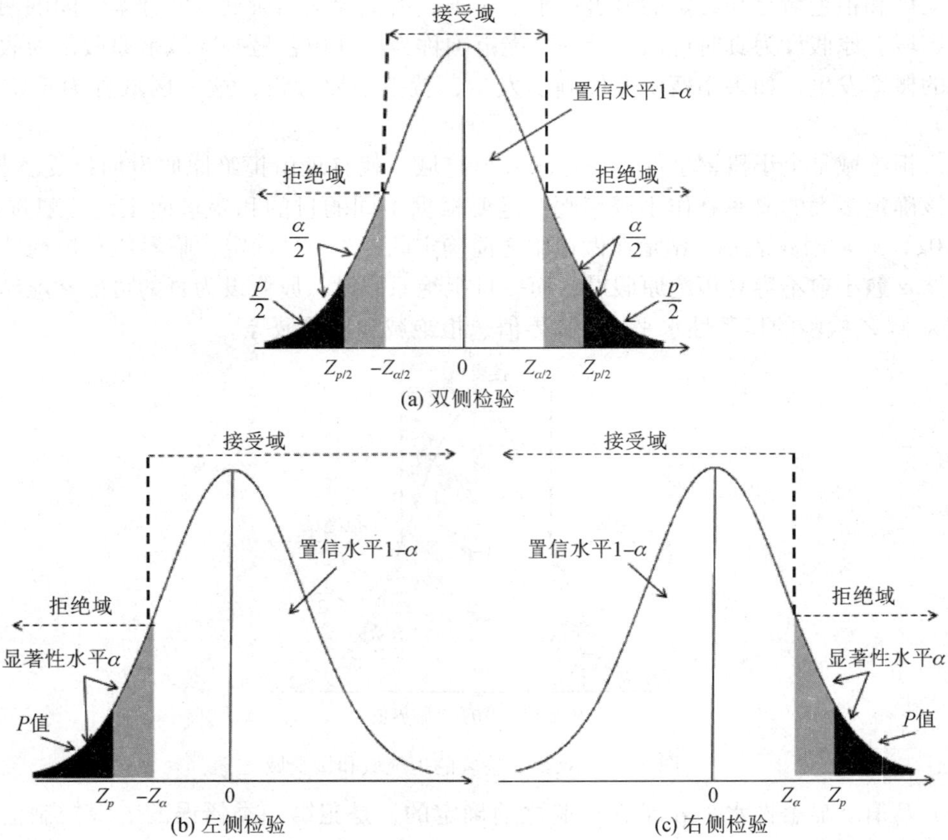

图 6－4　总体均值 Z 检验示意图

利用 P 值进行决策的规则十分简单，计算出检验统计量后，可以通过 Excel 计算或查相应的概率分布表得到 P 值，将给定的显著性水平 α 与 P 值比较，就可做出检验的结论。如果 $P<\alpha$ 值，则在显著性水平 α 下拒绝原假设；如果 $P>\alpha$ 值，则在显著性水平 α 下接受原假设。当 $P=\alpha$ 值时，即检验统计量的值刚好等于临界值，为了慎重起见，可增加样本容量，重新进行抽样检验。

在例 6－1 中，检验统计量 $Z_p \approx 2.33$，显著性水平 $\alpha=0.05$，求 P 值？

【解】 P 值可以利用 Excel 中的统计函数计算，具体操作步骤如下：

第一步：进入 Excel 表格界面，点击“Σ 自动求和”，选择“其他函数”，在“选择类别”中选择“统计”，并在函数菜单下选择“NORM. S. DIST”，然后点击“确定”。

第二步：将 $Z_p=2.33$（为负数时输入绝对值），逻辑值录入“1”，得到函数值为 0.99，如图 6－5 所示。

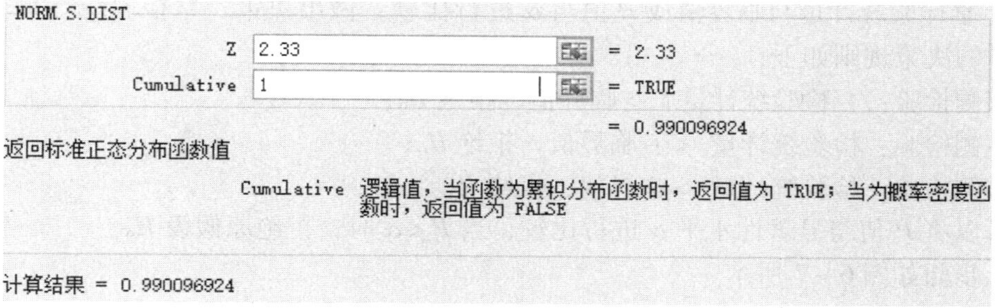

图 6－5 统计量的 P 值计算

图 6－6 是 P 值、显著性水平 α、检验统计量 Z_p、临界值 Z_α 等的示意图。由于 $P=1-0.9901\approx 0.01$，显著性水平 $\alpha=0.05$，$P<\alpha$，因此做出拒绝原假设 H_0 的决策。也可以用检验统计量 Z_p 与临界值 Z_α 进行比较，$Z_p>Z_\alpha$，同样做出拒绝原假设 H_0 的决策。得到的结论是：在新技术下生产的零件寿命有显著提高。

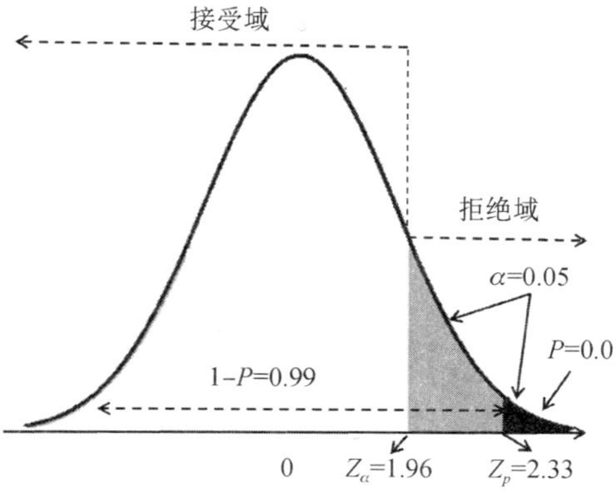

图 6－6 例 6－1 的检验示意图

6.1.3 假设检验的基本步骤

假设检验逻辑上运用反证法，统计上运用小概率原理，目的是搜集证据拒绝原假设，基本步骤为：

（1）假设的陈述。

提出原假设 H_0；备择假设 H_1。

H_0：研究者想要搜集证据予以反对的假设，总是有符号 =，≤或≥；

H_1：研究者想要搜集证据予以支持的假设，总是有符号≠，>或<。

（2）抽样得到样本观测值，选择样本统计量，确定 H_0 为真时的抽样分布。抽取样本容量为 n 的样本，在抽取样本时，根据实际情况可分为大样本和小样本，当 $n \geqslant 30$ 时是大样本，$n<30$ 时是小样本。选择样本统计量（均值、比例、方差），确定抽样分布。

（3）计算检验统计量。选定适当的统计量，在点估计的基础上，由样本观察值按相应的标准化公式计算出检验统计量的值。最常用的有 Z 检验、t 检验、χ^2 检验等。

（4）确定显著性水平 α 和临界值。通常显著性水平 α 取 0.10、0.05、0.01 等，利用 Excel 计算或查找对应的概率分布表可以得到临界值。

（5）拿检验统计量与临界值或 P 值与 α 进行比较，做出决策。拿检验统计量与临界值相比较时的决策规则如下：

①双侧检验：|检验统计量| >临界值，拒绝 H_0；

②左侧检验：检验统计量 < -临界值，拒绝 H_0；

③右侧检验：检验统计量 >临界值，拒绝 H_0。

也可以将 P 值与显著性水平 α 进行比较，当 $P<\alpha$ 时，拒绝原假设 H_0。

以上步骤如图 6-7 所示。

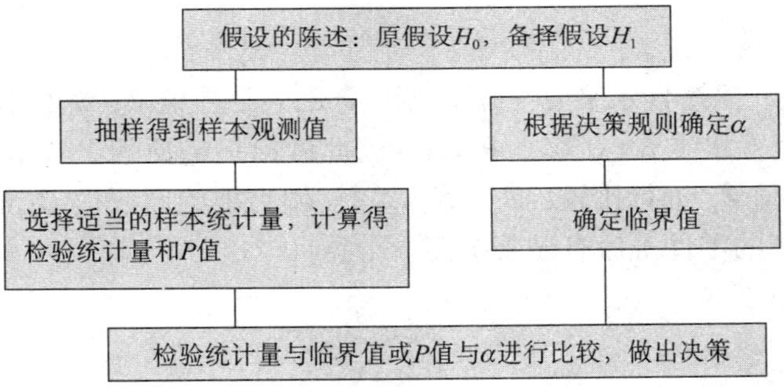

图 6-7　假设检验步骤示意图

6.2　总体参数的假设检验

要应用假设检验解决实际问题，需要很好理解它的基本原理。假设检验与参数估计类似，检验的主要参数包括总体均值 μ、总体比例 π、总体方差 σ^2。

6.2.1　总体均值的检验

对总体均值进行检验时，可以根据样本容量的大小和总体方差 σ^2 是否已知来选择相应的检验，图 6－8 给出了总体均值检验的基本流程，在不同情形下检验统计量的不同形式。对于无法确定总体是否服从正态分布、小样本的情形，除了考虑选择其他检验方法（如非参数检验）之外，还可以通过增加样本量来达到大样本标准（一般要求超过 30），从而将小样本问题转换为大样本下的假设检验问题。下面将分几种情况进行介绍。

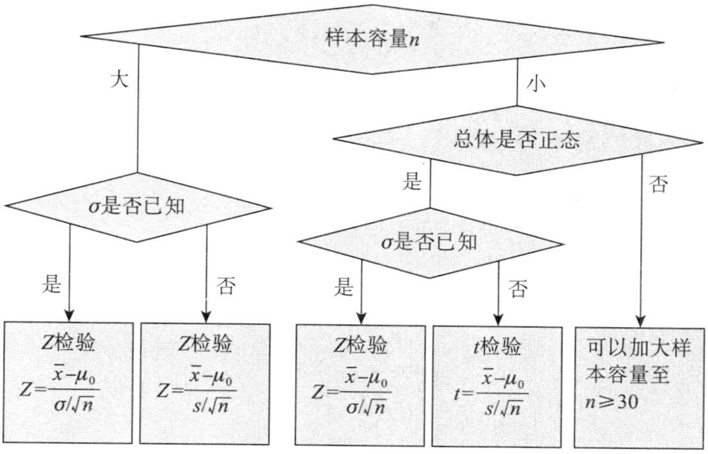

图 6－8　总体均值假设检验的检验统计量

（1）大样本总体均值的检验。根据抽样分布的原理，当样本容量为大样本 $n \geq 30$ 时，无论总体是否服从正态分布，样本均值的抽样分布近似服从正态分布 $\bar{x} \sim N(\mu, \frac{\sigma^2}{n})$。表 6－4 总结了大样本情况下总体均值的检验。

表 6－4　大样本情况下总体均值的检验

	双侧检验	左侧检验	右侧检验
假设形式	$H_0: \mu = \mu_0$ $H_1: \mu \neq \mu_0$	$H_0: \mu \geq \mu_0$ $H_1: \mu < \mu_0$	$H_0: \mu \leq \mu_0$ $H_1: \mu > \mu_0$
检验统计量	σ 已知：$Z = \frac{\bar{x} - \mu_0}{\sigma/\sqrt{n}}$；$\sigma$ 未知：$Z = \frac{\bar{x} - \mu_0}{s/\sqrt{n}}$		
α 与拒绝域	$\lvert Z_{P/2} \rvert > Z_{\alpha/2}$	$Z_P < -Z_\alpha$	$Z_P > Z_\alpha$
P 值决策准则	$P < \alpha$，拒绝 H_0		

第一，大样本、总体方差已知。对于正态总体且总体方差 σ^2 已知时，对总体均值的检验采用 Z 检验。若原假设成立，则检验统计量为：

$$Z = \frac{\bar{x} - \mu}{\sigma/\sqrt{n}} \tag{6-1}$$

【例 6－8】 某食品厂采用自动生产线生产灌装罐头，每瓶的容量是 300ml，标准差为 10ml。为检验每瓶容量是否符合要求，质检人员在某天生产的罐头中随机抽取了 36 瓶进行检验，测得每瓶平均容量为 303.73ml。取显著性水平 $\alpha = 0.05$，检验该天生产的罐头容量是否符合标准要求。

【解】 当每瓶容量是 300ml 时符合要求，大于或小于 300ml 都不符合要求，属于双侧检验问题，提出的原假设和备择假设为：

H_0：$\mu=300$

H_1：$\mu\neq300$

大样本，总体方差已知，计算检验统计量的具体数值为：

$$Z_{P/2}=\frac{\bar{x}-\mu_0}{\sigma/\sqrt{n}}=\frac{303.73-300}{10/\sqrt{36}}=2.24$$

检验统计量数值的含义是：样本均值 $\bar{x}$ 和检验总体均值 μ_0 相比，相差了 2.24 个抽样标准差。根据给定的显著性水平 $\alpha=0.05$，查标准正态分布表得 $Z_{\alpha/2}=Z_{0.025}=1.96$，$Z_{P/2}>Z_{\alpha/2}$，也可以拿 P 值和 α 作比较，查标准正态分布表可得 $Z_{P/2}=2.24$ 时的概率为 0.987，$P=2\times(1-0.987)=0.026$，即 $P<\alpha$，小概率事件发生。

∴ 决策：拒绝原假设 H_0。

结论：认为该天生产的罐头容量不符合要求。如图 6－9 所示。

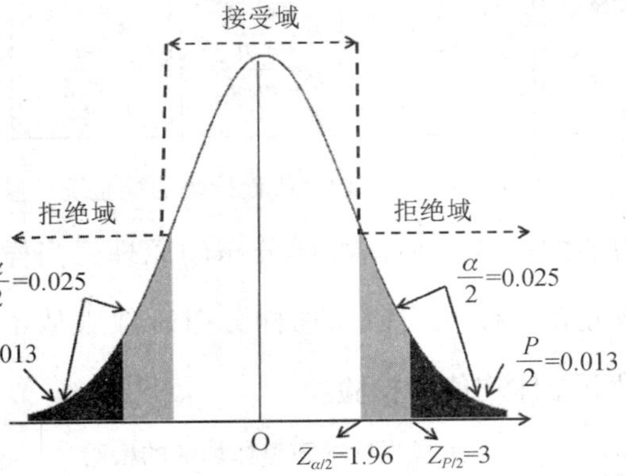

图 6－9　例 6－8 的检验示意图

【例 6－9】　某企业职工上月平均工资 5600 元，本月随机抽取 100 人进行调查，其平均工资为 5645 元。现假定本月职工工资服从正态分布 $N(\mu, 200^2)$。

①在 0.05 的显著性水平下，能否认为该企业职工平均收入，本月比上月有明显提高？

②在 0.01 的显著性水平下，能否认为该企业职工平均收入，本月比上月有明显提高？

【解】　①当本月工资超过 5600 元时说明本月比上月有明显提高，否则没有提高，属于右侧检验问题，提出的原假设和备择假设为：

H_0：$\mu\leqslant5600$

H_1：$\mu>5600$

大样本、总体方差已知，计算检验统计量的具体数值为：

$$Z_P=\frac{\bar{x}-\mu}{\sigma/\sqrt{n}}=\frac{5645-5600}{200/\sqrt{100}}=2.25$$

根据给定的显著性水平 $\alpha=0.05$，查标准正态分布表得 $Z_\alpha=Z_{0.05}=1.65$，即有 $Z_P>Z_\alpha$，小概率事件发生。

∴ 决策：拒绝原假设 H_0。

结论：认为该企业职工平均收入本月比上月有明显提高。

②根据给定的显著性水平 $\alpha=0.01$，查标准正态分布表得 $Z_\alpha=Z_{0.01}=2.33$，则有 $Z_P<Z_\alpha$。

∴ 决策：不拒绝原假设 H_0。

结论：认为该企业职工平均收入本月比上月没有明显提高。

第二，大样本、总体方差未知。对于正态总体，且总体方差未知时，可以用样本方差 s^2 估计，对总体均值的检验采用 Z 检验。若原假设成立，则检验统计量为：

$$Z=\frac{\bar{x}-\mu}{s/\sqrt{n}} \tag{6-2}$$

【例 6-10】 某品牌彩电规定无故障时间为 10000 小时，厂家采取改进措施以延长无故障时间，现从新生产的一批彩电中抽取 100 台，测得平均无故障时间为 10100 小时，标准差为 500 小时，能否据此判断该彩电无故障时间有显著增加（$\alpha=0.01$）。

【解】 当无故障时间超过 10000 小时时采取的改进措施有效，无故障时间有显著增加，否则没有显著增加，属于右侧检验问题，提出的原假设和备择假设为：

H_0：$\mu\leqslant 10000$

H_1：$\mu>10000$

大样本、总体方差未知，计算检验统计量的具体数值为：

$$Z_P=\frac{\bar{x}-\mu}{s/\sqrt{n}}=\frac{10100-10000}{500/\sqrt{100}}=2$$

根据给定的显著性水平 $\alpha=0.01$，查标准正态分布表可得临界值 $Z_\alpha=2.33$，则有 $Z_P<Z_\alpha$，也可以拿 P 值和 α 作比较，查标准正态分布表可得 $Z_P=2$ 时的概率为 0.977，$P=1-0.977=0.023$，$P>\alpha$。

∴ 决策：不拒绝原假设 H_0。

结论：认为该彩电无故障时间没有显著增加。

（2）小样本总体均值的检验。在小样本（$n<30$）的情况下，要求总体服从正态分布 $N(\mu, \sigma^2)$。分两种情况，总体方差 σ^2 已知和未知。

①总体方差 σ^2 已知时，检验统计量服从标准正态分布，检验统计量为：

$$Z=\frac{\bar{x}-\mu}{\sigma/\sqrt{n}} \tag{6-3}$$

②总体方差 σ^2 未知，需要用样本方差 s^2 代替总体方差 σ^2 时，检验统计量不再服从标准正态分布，而是服从自由度为 $n-1$ 的 t 分布，检验统计量为：

$$t=\frac{\bar{x}-\mu}{s/\sqrt{n}} \tag{6-4}$$

表 6-5 总结了小样本情况下总体均值的检验。

表 6-5　小样本情况下总体均值的检验

	双侧检验	左侧检验	右侧检验
假设形式	H_0：$\mu=\mu_0$ H_1：$\mu\neq\mu_0$	H_0：$\mu\geqslant\mu_0$ H_1：$\mu<\mu_0$	H_0：$\mu\leqslant\mu_0$ H_1：$\mu>\mu_0$

续表

	双侧检验	左侧检验	右侧检验
检验统计量	σ 已知：$Z=\dfrac{\bar{x}-\mu_0}{\sigma/\sqrt{n}}$；$\sigma$ 未知：$t=\dfrac{\bar{x}-\mu_0}{s/\sqrt{n}}$		
α 与拒绝域	$\lvert t_{P/2}\rvert > t_{\alpha/2}$	$t_P < -t_\alpha$	$t_P > t_\alpha$
P 值决策准则	$P<\alpha$，拒绝 H_0		

【例 6－11】 某电子厂生产一种电子元件，要求其使用寿命不低于 1000 小时，现在从一批元件中随机抽取 25 件，测得其平均寿命为 950 小时。已知这种元件寿命服从标准差 100 小时的正态分布，试在显著水平 0.01 下确定这批电子元件是否合格。

【解】 当电子元件使用寿命大于等于 1000 小时时合格，小于 1000 小时不合格，属于左侧检验问题，提出的原假设和备择假设为：

H_0：$\mu \geqslant 1000$

H_1：$\mu < 1000$

这里是总体正态、小样本、总体方差已知的情况，所以进行 Z 检验，计算检验统计量的具体数值为：

$$Z_P=\frac{\bar{x}-\mu}{\sigma/\sqrt{n}}=\frac{950-1000}{100/\sqrt{25}}=-2.5$$

根据给定的显著性水平 $\alpha=0.01$，查标准正态分布表可得临界值 $Z_\alpha=2.33$，即 $Z_P<-Z_\alpha$，也可以拿 P 值和 α 作比较，查标准正态分布表可得 $\lvert Z_P\rvert=2.5$ 时的概率为 0.994，$P=0.006$，即 $P<\alpha$，小概率事件发生。

∴ 决策：拒绝原假设 H_0。

结论：该批电子元件不合格。如图 6－10 所示。

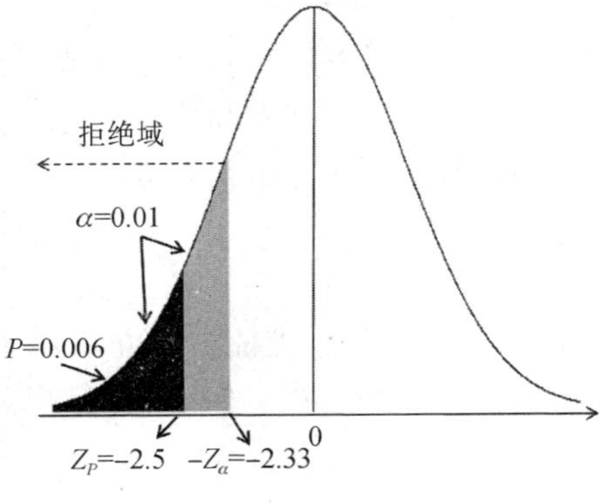

图 6－10　例 6－11 的检验示意图

【例 6－12】 从某批食品中随机抽取 12 袋，测定其蛋白质含量（%），测定结果如下：

24，26，27，23，20，28，23，24，27，25，26，23

假定该食品每袋蛋白质的含量 X 服从正态分布，包装袋上标明蛋白质的含量为 26%。

问：①该批食品是否存在质量问题（显著水平为 0.05）？

②你的判断结果可能会发生哪一类错误？说明该错误的实际含义。

【解】 ①在这里当蛋白质的含量为26%时符合要求，大于或小于26%都不符合要求，属于双侧检验问题，提出的原假设和备择假设为：

H_0：$\mu=26\%$

H_1：$\mu\neq 26\%$

这里是总体正态、小样本、总体方差未知的情况，所以进行 t 检验，$\bar{x}=\frac{\sum x_i}{n}=24.667$，$s=\sqrt{\frac{\sum(x_i-\bar{x})^2}{n-1}}=2.27$，计算检验统计量的具体数值为：

$$t_{P/2}=\frac{\bar{x}-\mu}{s/\sqrt{n}}=\frac{24.667-26}{2.27/\sqrt{12}}=-2.03$$

根据给定的显著性水平 $\alpha=0.05$，查 t 分布表可得 $t_{\alpha/2}(n-1)=t_{0.025}(12-1)=2.201$，则有 $|t_{P/2}|=2.03<t_{\alpha/2}=2.201$。

∴ 决策：不拒绝原假设 H_0。

结论：认为该批食品不存在质量问题，如图6-11所示。

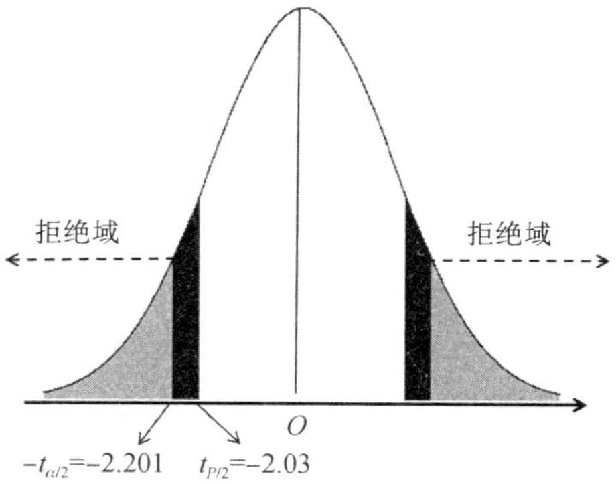

图6-11 例6-12的检验示意图

②可能会发生第二类错误，其含义是如果该批食品每袋蛋白质的含量不达标，而判断结果却认为达标，发生了判断错误。

【例6-13】 已知某种木材的抗压力服从正态分布，该种木材的标准抗压力应不小于 470kg/cm^2，质检部门对某厂的10个试件做抗压试验，测得平均抗压力为 457.5kg/cm^2，标准差为 35.22kg/cm^2，取显著性水平 $\alpha=0.05$。

①若已知该木材抗压力的标准差 $\sigma=36\text{kg/cm}^2$，试检验该厂的木材是否达到标准？

②若该木材抗压力的标准差未知，试检验该厂的木材是否达到标准？

【解】 ①当木材的抗压力小于 470kg/cm^2 时没有达到标准，否则达到标准，属于左侧检验问题，提出的原假设和备择假设为：

H_0：$\mu\geqslant 470$

H_1：$\mu<470$

小样本、总体标准差已知做 Z 检验，计算检验统计量的具体数值为：

$$Z_P=\frac{\bar{x}-\mu}{\sigma/\sqrt{n}}=\frac{457.5-470}{36/\sqrt{10}}=-1.098$$

根据给定的显著性水平 $\alpha=0.05$，查标准正态分布表可得临界值 $Z_\alpha=1.65$，即 $Z_P>-Z_\alpha$，也可以拿 P 值和 α 作比较，查标准正态分布表可得 $|Z_P|=1.098$ 时的概率为 0.864，$P=0.136$，即 $P>\alpha$。

∴ 决策：不拒绝原假设 H_0。

结论：认为该厂的木材达到了标准。

②小样本、总体标准差未知做 t 检验，计算检验统计量的具体数值为：

$$t_P=\frac{\bar{x}-\mu}{s/\sqrt{n}}=\frac{457.5-470}{35.22/\sqrt{10}}=-1.122$$

根据给定的显著性水平 $\alpha=0.05$，查 t 分布表可得临界值 $t_\alpha(n-1)=t_{0.05}(9)=1.833$，即 $t_P>-t_\alpha$。

∴ 决策：不拒绝原假设 H_0。

结论：认为该厂的木材达到了标准。

6.2.2 总体比例的检验

总体比例是指总体中具有某种相同特征的个体所占的比重，通常用字母 π 表示总体比例，π_0 表示对总体比例的某一假设值。假设总体具有两种属性，将其中一种属性的总体单位赋值“1”，另外一种属性的总体单位赋值“0”，则总体比例即为总体均值，相应的总体方差为 $\pi(1-\pi)$。同理，样本比例 p 是一种样本均值。在大样本情况下，满足 $np\geqslant5$ 且 $n(1-p)\geqslant5$，P 近似服从正态分布 $N\left(\pi,\frac{\pi(1-\pi)}{n}\right)$，本文只考虑大样本的情况。

总体比例的检验程序与总体均值类似，在构造检验统计量时，仍然利用样本比例 p 与总体比例 π 之间的距离等于多少标准差 σ_p 来衡量。由于在大样本情形下，统计量 P 近似服从正态分布，标准化后近似服从标准正态分布，如果原假设为真，则构造的检验统计量为：

$$Z=\frac{p-\pi_0}{\sqrt{\frac{\pi_0(1-\pi_0)}{n}}} \tag{6-5}$$

总体比例大样本检验采用 Z 检验，表 6-6 总结了总体比例的检验。

表 6-6　总体比例的检验

	双侧检验	左侧检验	右侧检验
假设形式	H_0：$\pi=\pi_0$ H_1：$\pi\neq\pi_0$	H_0：$\pi\geqslant\pi_0$ H_1：$\pi<\pi_0$	H_0：$\pi\leqslant\pi_0$ H_1：$\pi>\pi_0$
检验统计量	$Z=\frac{p-\pi_0}{\sqrt{\frac{\pi_0(1-\pi_0)}{n}}}$		
α 与拒绝域	$\lvert Z_{P/2}\rvert>Z_{\alpha/2}$	$Z_P<-Z_\alpha$	$Z_P>Z_\alpha$
P 值的决策准则	$p<\alpha$，拒绝 H_0		

【例 6-14】 某电视收视率一直保持在 30%，即 100 人中有 30 人收看该电视节目。在最近一次电视收视率调查中，调查了 400 人，其中有 100 人收看了该电视节目，可否认为该电视节目收视率仍保持原有水平（取 $\alpha=0.05$）。

【解】 当收视率为30%时，认为该电视节目的收视率保持原有水平，大于或小于均没有保持原有水平，属于双侧检验问题，提出的原假设和备择假设为：

H_0：$\pi=30\%$

H_1：$\pi\neq30\%$

计算检验统计量的具体数值为：

$$Z_{P/2}=\frac{p-\pi}{\sqrt{\frac{\pi(1-\pi)}{n}}}=\frac{100/400-30\%}{\sqrt{\frac{0.3\times0.7}{400}}}=-2.182$$

根据给定的显著性水平 $\alpha=0.05$，查标准正态分布表得 $Z_{\alpha/2}=Z_{0.025}=1.96$，$|Z_{P/2}|>Z_{\alpha/2}$，也可以将 P 值和 α 作比较，查标准正态分布表可得 $|Z_{P/2}|=2.182$ 时的概率为0.985，$P=2\times(1-0.985)=0.03$，即 $P<\alpha$，小概率事件发生。

∴ 决策：拒绝原假设 H_0。

结论：认为该电视节目的收视率没有保持原有水平。

【例6-15】 某省估计大中型商场实现营业利润增长的比例数高于76%，为检查这一结果是否属实，先对该省的大中型商场进行了随机抽样，抽取了60家进行调查，其中53家企业实现了利润增长，显著性水平为0.01，检验估计结果是否正确。

【解】 如果大中型商场实现营业利润增长的比例数高于75%，表明估计结果正确，否则认为不正确，属于右侧检验问题，提出的原假设和备择假设为：

H_0：$\pi\leq0.76$

H_1：$\pi>0.76$

计算检验统计量的具体数值为：

$$Z_P=\frac{p-\pi}{\sqrt{\frac{\pi(1-\pi)}{n}}}=\frac{53/60-0.76}{\sqrt{\frac{0.76\times0.24}{60}}}=2.24$$

根据给定的显著性水平 $\alpha=0.01$，查标准正态分布表可得临界值 $Z_\alpha=2.33$，即 $Z_P<Z_\alpha$，也可以将 P 值和 α 作比较，查标准正态分布表可得 $Z_P=2.24$ 时的概率为0.988，$P=0.012$，即 $P>\alpha$。

∴ 决策：不拒绝原假设 H_0。

结论：认为估计的结果不正确。如图6-12所示。

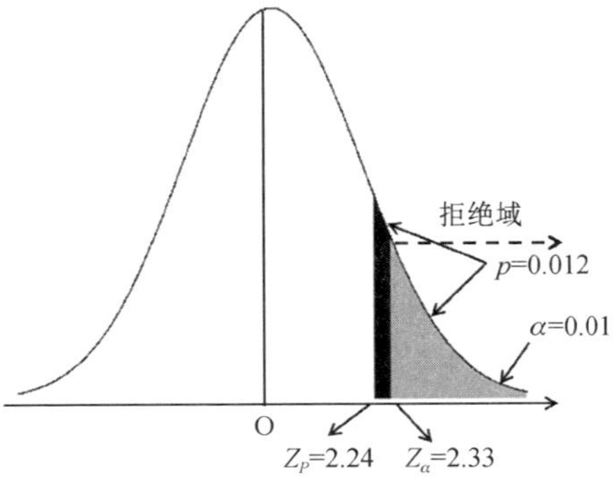

图6-12 例6-15的检验示意图

6.2.3 总体方差的检验

方差反映现象在数量上的差异程度，从而也从另外一个方面反映事物变化的均匀性程度。一个产品样本均值维持在特定水平范围之内，但是如果方差很大，意味着其质量或性能不稳定。要检查总体方差是否发生显著性变化，可以利用总体方差的假设检验方法。

总体方差的检验和总体均值、总体比例检验的基本思路是一样的，不同的是与总体均值、总体比例检验经常使用的抽样分布（正态分布或 t 分布）不同，一个总体方差的检验所利用的是 χ^2（卡方）分布，即利用 χ^2 分布来确定方差检验的临界值，并根据样本方差的实际值建立一个 χ^2 检验统计量，然后将临界值与检验统计量或将 P 值与显著性水平 α 进行比较，确定是拒绝还是接受原假设。

从一个方差为 σ^2 的正态总体中，独立抽取容量为 n 的样本，样本方差 s^2 乘以常数因子 $(n-1)/\sigma_0^2$ 后服从自由度为 $n-1$ 的 χ^2 分布，σ_0^2 表示假定的总体方差的某一取值，总体方差检验统计量为：

$$\chi^2=\frac{(n-1)s^2}{\sigma_0^2} \tag{6-6}$$

对于给定的显著性水平 α，双侧检验的拒绝域和 P 值，如图 6－13 所示。对于单侧检验，拒绝域和 P 值在分布一侧的尾部。

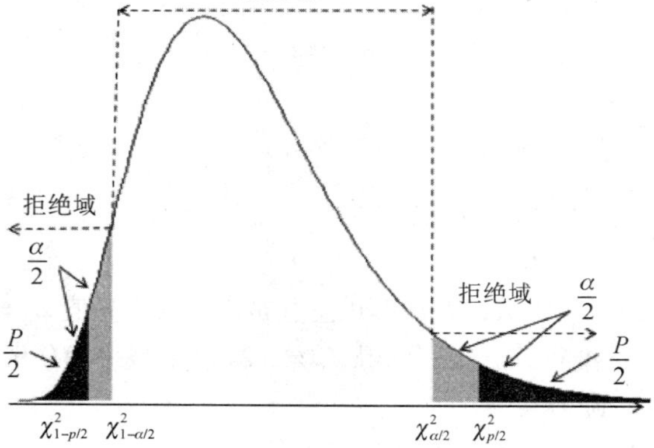

图 6－13 总体方差的检验示意图

总体方差检验采用 χ^2 检验，表 6－7 总结了总体方差的检验。

表 6－7 **总体方差检验的一般方法**

	双侧检验	左侧检验	右侧检验
假设形式	H_0：$\sigma^2=\sigma_0^2$ H_1：$\sigma^2\neq\sigma_0^2$	H_0：$\sigma^2\geqslant\sigma_0^2$ H_1：$\sigma^2<\sigma_0^2$	H_0：$\sigma^2\leqslant\sigma_0^2$ H_1：$\sigma^2>\sigma_0^2$
检验统计量	$\chi^2=\frac{(n-1)\ s^2}{\sigma_0^2}$		
α 与拒绝域	$\chi^2>\chi^2_{\alpha/2}\ (n-1)$ 或 $\chi^2<\chi^2_{1-\alpha/2}\ (n-1)$	$\chi^2<\chi^2_{1-\alpha}\ (n-1)$	$\chi^2>\chi^2_{\alpha}\ (n-1)$

【例 6－16】 某公司生产的发动机部件直径（单位：cm）服从正态分布，并称其直径标准差为 0.048cm。现随机抽取 5 个部件，测得直径标准差 σ_0 为 0.088cm，取 $\alpha=0.05$，问：

①能否认为该公司生产发动机部件的直径标准差为 $\sigma=\sigma_0$。

②能否认为该公司生产发动机部件的直径标准差为 $\sigma\leqslant\sigma_0$。

【解】 ①属于双侧检验问题，提出的原假设和备择假设为：

H_0：$\sigma^2=\sigma_0^2$

H_1：$\sigma^2\neq\sigma_0^2$

查 χ^2 分布表，得临界值：

$\chi^2_{\alpha/2}(n-1)=\chi^2_{0.025}(5-1)=11.143$

$\chi^2_{1-\alpha/2}(n-1)=\chi^2_{0.975}(5-1)=0.484$

计算检验统计量的具体数值为：

$$\chi^2=\frac{(n-1)s^2}{\sigma_0^2}=\frac{4\times0.088^2}{0.048^2}=13.44$$

$\because\chi^2>\chi^2_{\alpha/2}\ (n-1)$，$\therefore$ 决策：拒绝原假设。

结论：认为该公司生产发动机部件的直径标准差 $\sigma\neq0.048$cm。

②属于右侧检验问题，提出的原假设和备择假设为：

H_0：$\sigma^2\leqslant\sigma_0^2$

H_1：$\sigma^2>\sigma_0^2$

查 χ^2 分布表，得临界值：

$\chi^2_{\alpha}(n-1)=\chi^2_{0.05}(4)=9.488$

$\because\chi^2=13.44$，$\chi^2>\chi^2_{\alpha}(n-1)$，$\therefore$ 决策：拒绝原假设。

结论：认为该公司生产发动机部件的直径标准差 $\sigma>0.048$cm。

本章小结

本章介绍了有关统计假设检验的若干基本问题以及几种主要的假设检验方法。假设检验的基本问题包括假设的提出（原假设与备择假设）、假设检验的三种基本形式、检验统计量与拒绝域、两类错误与显著性水平、P 值等。假设检验的基本思想是逻辑上运用反证法，统计上运用小概率原理。

将研究者想要寻找证据支持的假设定义为“备择假设”，将其对立面定义为“原假设”；检验统计量的选择和显著性水平的事先指定共同决定了任何一个特定检验问题的拒绝域，通过观察检验统计量的值是否落入拒绝域来判断是否拒绝原假设；两类错误是在拒绝原假设与没有拒绝原假设时分别可能犯的错误，包括“第Ⅰ类错误”和“第Ⅱ类错误”；P 值是除拒绝域以外的用于确定是否拒绝原假设的另一重要工具，它还测度了实际观测数据与原假设之间不一致的程度。

本章依据样本容量、总体方差已知和未知等不同情况，将检验分别归为不同类别，并对不同类别的检验统计量作了详细阐述。总体参数的假设检验主要有总体均值μ、总体比例π、总体方差σ^2。首先，关于总体均值的假设检验，大致需要考虑两种情况：一是在大样本（$n \geqslant 30$）情况下，无需正态总体的假定前提，检验统计量在总体方差已知或未知的情况下都近似服从标准正态分布，进行Z检验；二是在小样本（$n<30$）情况下，当总体服从正态分布、总体方差未知时，检验统计量近似服从t分布，进行t检验；当总体服从正态分布、总体方差已知时，检验统计量近视服从标准正态分布，进行Z检验；如果总体不服从正态分布、小样本、总体方差未知，可以考虑增加样本容量至大样本。对于总体比例的假设检验，通常是在大样本条件下进行的，检验统计量近似服从标准正态分布，进行Z检验。总体方差的假设检验，则是以总体服从正态分布为前提，检验统计量$\frac{(n-1)s^2}{\sigma_0^2}$服从$\chi^2$分布，进行$\chi^2$检验。

假设检验在实际应用中具有重要作用，学会如何利用P值进行决策显得尤为重要。根据样本的不同情况，选取对应的检验统计量并与临界值作比较，可以判断是否拒绝原假设，从而可以更好地帮助我们在处理实际问题时做出决策。

综合训练

一、思考题

1. 解释原假设与备择假设的含义，并归纳常见的几种建立原假设与备择假设的原则。
2. 第Ⅰ类错误和第Ⅱ类错误分别是指什么？它们发生的概率大小之间存在怎样的关系？
3. 什么是显著性水平？它对于假设检验决策的意义是什么？
4. 什么是P值？P值检验和统计量检验有什么不同？
5. 简述假设检验的基本步骤。
6. 比较单侧检验和双侧检验的区别。
7. 分别列出小样本情形下总体均值左侧检验、右侧检验及双检验的拒绝域。
8. 假设检验结果的三种判定方式是什么？

二、单项选择题

1. P值所反映的是（　　）。

A. 拒绝域的大小

B. 统计量的大小

C. 若原假设H_0为真，所得到的样本结果会像实际观测结果那么极端或更极端的概率

D. 事先给定的显著性水平的大小

2. 在假设检验中，原假设和备择假设（　　）。

A. 都有可能成立　　　　B. 都有可能不成立

C. 只有一个成立而且必有一个成立　D. 原假设一定成立，备择假设不一定成立

3. P 值的大小（　　）。

A. 与拒绝原假设的对或错有关　B. 与拒绝原假设的对或错无关

C. 与拒绝备择假设的对或错有关　D. 与观测数据出现的极端程度无关

4. 在一次假设检验中，当显著性水平 $\alpha=0.01$ 时，原假设被拒绝，则当 $\alpha=0.05$ 时（　　）。

A. 一定会被拒绝　B. 一定不会被拒绝

C. 需要重新检验　D. 有可能拒绝原假设

5. 一项研究发现，2010 年新购买小汽车的人中有 40% 是女性，在 2018 年所做的一项调查中，随机抽取 120 个新车主中有 57 人为女性，在 $\alpha=0.05$ 的显著性水平下，检验 2018 年新车主中女性的比例是否有显著增加，建立的原假设和备择假设为：H_0：$\pi \leqslant 40\%$；H_1：$\pi > 40\%$，检验的结论为（　　）。

A. 拒绝原假设　B. 不拒绝原假设

C. 可以拒绝也可以不拒绝原假设　D. 可能拒绝也可能不拒绝原假设

6. 一种零件的标准长度为 5cm，要检验某天生产的零件是否符合标准要求，原假设和备择假设应为（　　）。

A. H_0：$\mu=5$，H_1：$\mu \neq 5$　B. H_0：$\mu \neq 5$，H_1：$\mu=5$

C. H_0：$\mu \leqslant 5$，H_1：$\mu>5$　D. H_0：$\mu \geqslant 5$，H_1：$\mu<5$

7. 下面的说法正确的是（　　）。

A. 原假设正确的概率为 α

B. 如果原假设被拒绝，就可以证明备择假设是正确的

C. 如果原假设未被拒绝，就可以证明原假设是正确的

D. 如果原假设未被拒绝，也不能证明原假设是正确的

8. 由 49 个观测值组成的随机样本得到计算结果 $\sum x=50.3$，$\sum x^2=68$，$\alpha=0.01$，检验 H_0：$\mu \geqslant 1.18$，H_1：$\mu<1.18$，得到检验的 P 值为（　　）。

A. 0.0329　B. 0.0423

C. 0.0126　D. 0.0587

9. 从一批零件中抽取 20 个测量其直径，测得平均直径为 5.2cm，标准差为 1.6cm，想知道这批零件的直径是否服从直径 5cm，那么在显著性水平 α 下，接受域为（　　）。

A. $|t| \geqslant t_{\alpha/2}(19)$　B. $|t| < t_{\alpha/2}(19)$

C. $|t| \leqslant t_{\alpha/2}(19)$　D. $|Z| < Z_{\alpha/2}(19)$

10. 假设检验中，显著性水平 α 表示（　　）。

A. $P\{$接受 $H_0 \mid H_0$ 为伪$\}$　B. 置信度为 α

C. $P\{$拒绝 $H_0 \mid H_0$ 为真$\}$　D. 无具体意义

三、多项选择题

1. 假设检验的基本思想是（　　）。

A. 先对总体的参数或分布函数的表达式提出某种假设，然后找出一个在假设成立条件

下出现可能性甚小的小概率事件

B. 如果试验或抽样的结果使该小概率事件出现了，这与小概率原理相违背，表明原来的假设有问题，应予以否定，即拒绝这个假设

C. 若该小概率事件在一次试验或抽样中并未出现，就没有理由否定这个假设，表明抽样结果支持这个假设，这时称假设与实验结果是相容的，或者说可以接受原来的假设

D. 如果试验或抽样的结果使该小概率事件出现了，则不能否认这个假设

E. 如果试验或抽样的结果使该小概率事件出现了，则否认这个假设

2. 假设检验和区间估计的不同和联系，以下表述正确的是（　　）。

A. 都是对总体特征的推断，运用概率估计来得到自己的结论

B. 前者要对总体参数提出某种假设，然后根据抽样分布规律确定可以接受的临界值

C. 后者无须对总体参数提出假设，它根据抽样分布规律找出恰当的区间，并给出这一区间包含总体参数的概率

D. 假设检验和区间估计都有两类错误

E. 两者都属于推断统计

3. 在假设检验中，要减少β，则（　　）。

A. $\alpha\uparrow$　　B. $1-\beta\uparrow$

C. $\alpha\downarrow$　　D. $1-\beta\downarrow$

E. 以上都不对

4. 以下问题可以用Z检验的有（　　）。

A. 正态总体均值的检验，方差已知

B. 非正态总体均值的检验，大样本方差未知

C. 大样本下总体均值的检验

D. 正态总体方差的检验

E. 正态总体均值的检验，小样本、方差已知

5. 对总体均值进行检验，影响检验结论的因素有（　　）。

A. 显著性水平　　B. 样本容量

C. 总体标准差　　D. 样本均值

E. 样本均值的抽样分布

6. 假设检验的具体步骤包括（　　）。

A. 根据实际问题的要求，提出原假设及备择假设

B. 确定检验统计量，并找出在原假设成立条件下，该统计量所服从的概率分布

C. 根据所要求的显著性水平和所选取的统计量，查概率分布表，确定临界值与拒绝域

D. 将样本观察值代入所构造的检验统计量中，计算出该统计量的值

E. 判断计算出的统计量的值是否落入拒绝域，如落入拒绝域，则拒绝原假设，否则接受原假设

7. 关于显著性水平，以下表述正确的是（　　）。

A. 假设检验事先规定的小概率标准　　B. 实际上是犯第一类错误的概率

C. 临界值　　D. 实际上是犯第二类错误的概率

E. 取值越大，则冒无显著性差异而被错判为显著性差异的风险也越大

8. P 值越小，则（　　）。

A. 拒绝原假设的可能性越小　　B. 拒绝原假设的可能性越大

C. 拒绝备择假设的可能性越小　　D. 拒绝备择假设的可能性越大

E. 不利于原假设的证据越强

四、判断题

1. 在假设检验中原假设总是表示总体参数没有变化。（　　）
2. P 值所反应的是拒绝域的大小。（　　）
3. α 所反映的是接受域的大小。（　　）
4. 如果原假设未被拒绝，也不能证明原假设是正确的。（　　）
5. 假设检验中不拒绝原假设意味着没有证据证明原假设是错误的。（　　）
6. 研究者搜集证据予以支持的假设称为原假设。（　　）
7. 对总体参数的具体数值所做的陈述称为假设。（　　）
8. 在假设检验中当原假设正确时拒绝原假设，所犯的错误为第一类错误。（　　）
9. 在假设检验中第一类错误和第二类错误，通常是先控制第二类错误。（　　）

五、计算题

1. 某种电子元件的质量标准是平均使用寿命为 1200 小时，标准差为 300 小时，某厂宣称其生产的元件质量大大超过规定的标准。为了进行验证，取了 100 件为样本，测得平均使用寿命 1245 小时（$\alpha=0.05$）。

（1）能否说该厂生产的元件质量显著高于规定标准？

（2）此时可能会犯哪类错误，大小如何？

（3）求 P 值并做出判断。

（4）若要拒绝原假设，样本平均寿命至少要达到多少？

2. 生产厂商为了降低成本，研发了一套新的生产方法，在新的生产方式投入使用之前生产厂家必须确信其所推荐的新生产方法能降低成本，目前生产中所用的生产方法成本均为每件 200 元。对某种新的生产方法，测量其一段样本生产期的成本。

（1）在该项研究中，建立适当的原假设和备择假设。

（2）当不能拒绝 H_0 时，试对所做的结论进行评述，并论述可能会犯的错误。

（3）当可以拒绝 H_0 时，试对所做的结论进行评述，并论述可能会犯的错误。

3. 某种药剂规定每包重量为 12 克，超重或过轻都是严重问题，已知标准差 σ 为 0.6 克，质检员抽取了 25 包药剂称重检验，假定产品重量服从正态分布，做出是否停工的决策。

（1）建立适当的原假设和备择假设。

（2）在 $\alpha=0.05$ 时，该检验的决策准则是什么？

（3）如果 $\bar{x}=12.25$ 克，你将采取什么行动？

（4）如果 $\bar{x}=11.8$ 克，你将采取什么行动？

4. 2019 年 2 月，某航线往返机票的平均折扣费服从正态分布，均值为 258 元，随机抽取 3 月份 25 个往返机票的折扣费作为样本，均值为 268 元，标准差为 20 元，采用 $\alpha=0.05$，检验 3 月份往返机票折扣费是否有显著增加？

5. 某公司负责人发现一年中有缺勤记录的员工比例不低于10%。为验证此判定是否正确，随机抽取上年400人进行检查，发现有45人有缺勤记录。这可否证明负责人的判断正确（取 $\alpha=0.05$）？

6. 某商店一种商品的日销售量服从正态分布，其销售量均值为60件。该商店在某一周中进行了一次促销活动，其一周的销售量数据分别为64，57，49，81，76，70，58。为测量促销是否有效，试对其进行假设检验并给出结论（取 $\alpha=0.01$）。

7. 设某地区往年的玉米单位面积产量服从正态分布 $N(\mu, 75^2)$，先随机抽取10块地，测得标准差为81.91g，在显著性水平 $\alpha=0.05$ 下，检验该地区玉米单位面积产量的标准差是否发生显著变化？

8. 原有一台仪器测量螺丝误差服从正态分布 $N(\mu, 0.05)$，现有一台新仪器，对10个样本进行了测量，测得标准差为0.09，在显著性水平 $\alpha=0.01$ 下，问：新仪器的测量精度是否比原仪器好？

9. 某公司生产一种电子产品其单位成本为700元，标准差为60元，为降低生产成本采用了一种新的生产技术进行生产，选取了36件为样本，测得单位成本为680元（$\alpha=0.05$）。

（1）能否说该厂生产的电子产品单位成本有显著降低？

（2）求 P 值并做出判断。

第七章
方差分析

学习目标

- □ 解释方差分析的概念
- □ 理解方差分析的基本思想和原理
- □ 理解方差分析的基本步骤与基本假定
- □ 掌握单因素方差分析的方法及应用
- □ 掌握无交互作用双因素方差分析的方法及应用
- □ 掌握有交互作用双因素方差分析的方法及应用
- □ 掌握 Excel 在方差分析中的应用

【案例导入】

不同供货商的灯泡质量之间是否有差异

一家房地产开发公司正在新建一个住宅小区，准备购进一批灯泡。房地产公司在购货时，需要考虑价格、供货地的远近、灯泡的质量等因素。现有 4 个可选择的供货商，这些供货商提供不同品牌的灯泡，价格相差不大。如果它们提供的产品在质量上没有什么差异，房地产公司就可以考虑就近购买，以节约成本。为比较它们提供的灯泡在质量上是否有显著差异，房地产公司首先从每个供货商处随机抽取了 10 只灯泡，对其使用寿命（小时）进行了测试，结果如表 7 – 1 所示。

表 7 – 1　　4 个供货商提供灯泡质量的调查结果

供货商	A	B	C	D
灯泡的使用寿命（小时）	609	508	495	659
	459	396	423	586
	621	442	355	493
	666	400	491	529
	680	539	567	485
	650	454	414	529
	494	611	513	524
	623	423	494	481

续表

供货商	A	B	C	D
灯泡的使用寿命（小时）	626	384	421	465
	572	383	557	459

利用适当的描述统计分析，将供货商提供不同品牌灯泡的样本数据资料进行汇总，由样本资料，你能观测到什么异同？评价4种不同品牌灯泡总体均值之间的差异，能得到什么结论？在对将来要使用哪家供货商的灯泡，作最终决策之前，是否建议需要其他数据或检验？要解决以上问题需要理解方差分析，本章主要介绍方差分析的基本原理及应用。

7.1 方差分析的基本思想和原理

方差分析是在20世纪20年代发展起来的一种统计方法，它是由英国统计学家费歇尔建立的，并首先应用在农业试验中，目前方差分析广泛应用于分析心理学、生物学、工程和医药的试验数据，是一种分析试验结果的统计方法。与假设检验相比，方差分析不仅可以提高检验的效率，同时由于它是将所有样本信息结合在一起，增加了分析的可靠性。

7.1.1 方差分析的含义

在现实问题中，某一指标的取值往往取决于其他一些因素。例如，一门课程的教学效果受到教学方法、教师素质、学生基础等因素影响；一种产品的销售情况取决于品牌、款式、材料、价格水平、顾客收入水平、顾客消费心理等多个因素影响。由于现象之间的联系是普遍存在的，那么这些影响因素对指标的影响是否显著？这种影响是叠加的还是交互影响的？解决这些问题的统计方法就是方差分析。

方差分析（analysis of variance）是通过检验多个总体均值是否相等，来判断分类型自变量对数值型因变量是否有显著影响的统计方法。方差分析表面上看是判断均值是否相等，但本质上是要通过两类误差，判断分类型自变量对数值型因变量是否有影响，如果有影响，关系强度如何等。

以案例导入为例，要分析4个供货商提供的灯泡质量是否有显著差异，也就是判断“供货商”对“灯泡使用寿命”是否有显著影响，做出这种判断最终被归结为检验4个供货商灯泡使用寿命的均值是否相等。若它们的总体均值相等，则意味着“供货商”对“灯泡使用寿命”没有影响，各供货商的灯泡质量没有显著差异；若总体均值不全相等，则意味着“供货商”对“灯泡使用寿命”有影响，它们之间的灯泡质量有显著差异。图7－1是根据表7－1数据绘制的数据分布图，连线的4个数据分别代表4个供货商A、B、C、D的灯泡使用寿命的样本均值，结果显示4个样本均值不在同一水平线上，是否能判断“供货商”

对“灯泡使用寿命”有影响？需要考察数据的误差来源，若有充分理由认为这种差异并非是抽样误差造成，差异是显著的，才能判断“供货商”对“灯泡使用寿命”有影响。

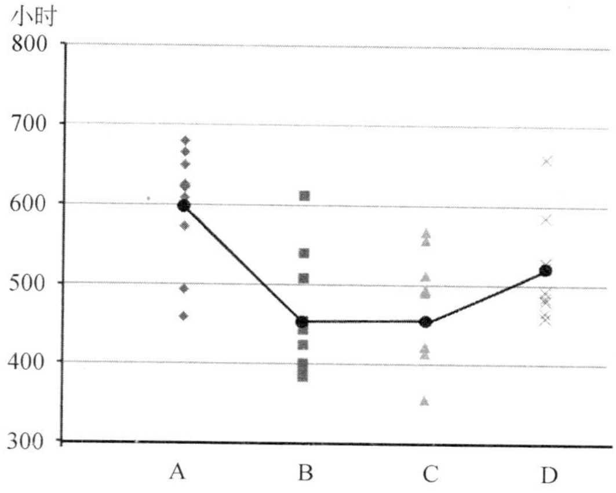

图 7－1　表 7－1 的数据分布图

7.1.2　方差分析的相关术语

为了更好地理解方差分析，下面通过案例导入来说明方差分析的相关术语及方差分析所需要解决的问题。

（1）因素或因子：所要检验的对象称为因素或因子（factor）。如要分析供货商对灯泡使用寿命是否有影响，供货商是要检验的因素或因子。

（2）水平或处理：因素的不同表现称为水平（lever）或处理（treatment）。如 A、B、C、D 是供货商的具体表现，就是因子的水平或处理。

（3）总体：因素的每一个水平可以看作是一个总体。如供货商 A、B、C、D 可以看作是 4 个总体。

（4）观测值：观测值是从总体中抽取的数据。如表 7－1 中的数据，每个供货商下得到的样本数据（灯泡使用寿命），可以看作是从这四个总体中抽取的样本数据。

（5）两类误差：一是随机误差，即因素的同一水平（同一总体）下，样本各观测值之间的差异，在同一供货商下不同灯泡的使用寿命是不同的，这种差异可以看成是因为随机因素的影响，称为随机误差；二是系统误差，即因素的不同水平（不同总体）下，各观测值之间的差异，如不同供货商之间的灯泡使用寿命之间的差异，这种差异可能是由于抽样的随机性所造成，也可能是由于供货商本身所造成的，后者所形成的误差是由系统性因素造成的，称为系统误差。

（6）组内误差与组间误差：数据的误差用平方和（sum of squares）表示。因素的同一水平（同一总体）下各样本数据间的误差，称为组内误差，组内误差只包含随机误差。如从供货商 A 中抽取的 10 个灯泡使用寿命样本数据之间的误差。因素的不同水平（不同总体）下各样本数据之间的误差，称为组间误差，组间误差既包含随机误差也包含系统误差。如从供货商 A、B、C、D 中抽取的样本数据之间的误差。

7.1.3 方差分析的基本思想

怎样判断供货商对灯泡使用寿命是否有显著影响？由图 7－1 可知，4 个供应商的灯泡平均使用寿命，即 4 个均值不在同一水平线上。仅从散点图上观察还不能提供充分的证据证明不同供货商对灯泡平均使用寿命之间有显著差异，因为这种差异也可能是由于抽样的随机性所造成的，因此需要有更准确的方法来检验这种差异是否显著，也就是进行方差分析。之所以叫方差分析，因为虽然我们感兴趣的是均值，但在判断均值之间是否有差异，需要借助于方差，即需要考察数据误差的来源。方差分析这个名字也表示：它是通过对数据误差来源的分析，判断不同总体的均值是否相等。以案例导入为例，结合表 7－1 中的数据，方差分析的基本思路如下：

第一，在同一供应商（同一总体）下，样本的各观测值是不同的。比如，在供应商 A 中，抽取的 10 个灯泡使用寿命数据是不同的，它们之间的差异可以看成是由于抽样的随机性造成，即随机误差。

第二，在不同的供应商（不同总体）下，各观测值是不同的。比如，从供应商 A、B、C、D 中各抽取了 10 个灯泡使用寿命数据，各供应商的观测值之间存在差异，造成这种差异的原因，可能是由于抽样的随机性造成，即随机误差，也可能是由于供货商本身的差异造成，即系统误差。

第三，为检验不同供货商的灯泡使用寿命之间是否有显著差异，需要考察数据误差的来源。如果不同供货商对灯泡使用寿命没有影响，那么在组间误差中只包含随机误差，而没有系统误差。这时，组间误差与组内误差经过平均后的数值，即组间方差与组内方差应该很接近，它们的比值就会接近 1；反之，如果不同供货商对灯泡使用寿命有影响，在组间误差中除了包含随机误差外，还会包含系统误差，这时组间误差平均后的数值就会大于组内误差平均后的数值，即组间方差会大于组内方差，它们之间的比值就会大于 1。

第四，把组间方差与组内方差之比称为方差比，这个比值大到某种程度时，说明存在系统误差，就可以说供应商对灯泡使用寿命有影响，也就是自变量对因变量有影响，否则就没有影响。

$$\text{方差比} = \frac{\text{组间方差}}{\text{组内方差}}$$

因此，判断不同供货商对灯泡使用寿命是否有显著影响这一问题，实际上也就是检验灯泡使用寿命的差异主要是由于什么原因引起的。如果这种差异主要是系统误差，就说明不同供货商对灯泡使用寿命有显著影响。

7.1.4 方差分析的基本假定

方差分析中有三个基本假定：

（1）每个总体都应服从正态分布。对于因素的每一个水平，其观察值是来自服从正态分布总体的简单随机样本。如，4 个供货商的灯泡平均使用寿命需服从正态分布。

（2）各个总体的方差 σ^2 必须相同。各组观察数据是从具有相同方差的总体中抽取。如，4 个供货商的灯泡平均使用寿命的方差都相等。

（3）观察值是独立的。如每个供货商灯泡使用寿命与其他供货商之间是独立的。

在上述假定条件下，判断供货商对灯泡使用寿命是否有显著影响，实际上也就是检验具有同方差的4个正态总体的均值是否相等。如果4个总体的均值相等，可以期望4个样本均值也会很接近。4个样本均值越接近，推断4个总体均值相等的证据也就越充分；样本均值越不同，推断总体均值不同的证据就越充分。

7.1.5 假设的陈述

比如，在案例导入中，设供应商灯泡使用寿命的均值为μ，供应商A、B、C、D灯泡使用寿命的均值分别为μ_1、μ_2、μ_3、μ_4。为检验供应商对灯泡使用寿命是否有影响，需要提出假设：

H_0：$\mu_1=\mu_2=\mu_3=\mu_4$　　　　供应商对灯泡使用寿命没有影响

H_1：μ_1、μ_2、μ_3、μ_4不全相等　　　　供应商对灯泡使用寿命有影响

如果原假设H_0成立，即4个供货商提供的灯泡质量相同，意味着每个样本都来自均值为μ，方差为σ^2的同一个正态总体，如图7－2（A）所示；如果备择假设H_1成立，即4个供货商提供的灯泡质量不全相同，意味着4个样本至少来自两个均值不等的正态总体。如果4个样本分别来自均值不等的4个正态总体，即$\mu_1\neq\mu_2\neq\mu_3\neq\mu_4$，就有4个不同的抽样分布，如图7－2（B）所示。

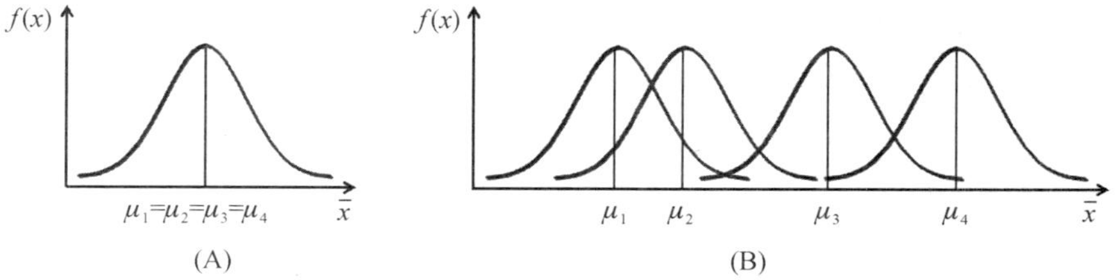

图7－2　H_0为真和假时$\bar{x}$的抽样分布

需要理解以下几点：①要判断“供应商”对“灯泡使用寿命”有影响，只需要证明4个总体均值μ_1、μ_2、μ_3、μ_4中有两个不等，不需要证明所有均值都不相等；②如果拒绝原假设，只表明至少有两个总体的均值不相等，并不意味着所有的均值都不相等。

对于一般问题，设因素有k个水平，每个水平均值分别为μ_1，μ_2，…，μ_k，要检验k个水平（总体）的均值是否相等，提出的假设为：

H_0：$\mu_1=\mu_2=\cdots=\mu_k$　　　　自变量对因变量没有影响

H_1：μ_1、μ_2、…、μ_k不全相等　　　　自变量对因变量有影响

如果拒绝原假设H_0，则意味着自变量对因变量有显著影响，也就是自变量与因变量之间有显著关系；如果不拒绝原假设H_0，则没有证据表明自变量对因变量有显著影响，也就是说，不能认为自变量与因变量之间有显著关系。

7.2 单因素方差分析

根据方差分析中涉及的分类型自变量个数的不同，可分为单因素方差分析、双因素方差分析和多因素方差分析。当方差分析中只涉及一个分类型自变量时称为单因素方差分析（one - way analysis of variance）。

单因素方差分析研究的是一个分类型自变量对一个数值型因变量的影响。例如，要检验不同供货商灯泡使用寿命的均值是否相等，这里只涉及“供货商”一个因素，属于单因素方差分析。

7.2.1 数据结构

在进行单因素方差分析时，需要得到下面的数据结构，如表 7 - 2 所示。

表 7 - 2 单因素方差分析的数据结构

观测值（j）	因素 A（i）			
	A_1	A_2	…	A_k
1	x_{11}	x_{21}	…	x_{k1}
2	x_{12}	x_{22}	…	x_{k2}
…	…	…	…	…
n	x_{1n}	x_{2n}	…	x_{kn}

在单因素分析中，用 A 表示因素，因素的 k 个水平（总体）分别用 A_1，A_2，…，A_k表示，每个观测值用 x_{ij}（$i=1$，2，3，…，k；$j=1$，2，…，n）表示，即 x_{ij}表示第 i 个水平（总体）的第 j 个观测值。比如，x_{12}表示第 1 个水平的第 2 个观测值。其中，从不同水平中抽取的样本量可以相等，也可以不相等。

7.2.2 基本步骤

为检验自变量对因变量是否有显著影响，首先需要提出原假设和备择假设，然后构造一个检验统计量来检验这一假设是否成立。具体来说，方差分析包括提出假设、构造检验统计量、统计决策等步骤，如图 7 - 3 所示。

（1）假设的陈述。设因素有 k 个水平，每个水平均值分别为 μ_1，μ_2，…，μ_k，要检验 k 个水平（总体）的均值是否相等，提出的假设为：

H_0：$\mu_1=\mu_2=\cdots=\mu_k$　　自变量对因变量没有显著影响

H_1：μ_1、μ_2、…、μ_k 不全相等　　自变量对因变量有显著影响

（2）构造检验统计量。为检验 H_0 是否成立，需要确定检验统计量。如何构造这一统计量，在此结合表 7 - 2 的数据结构说明计算过程。

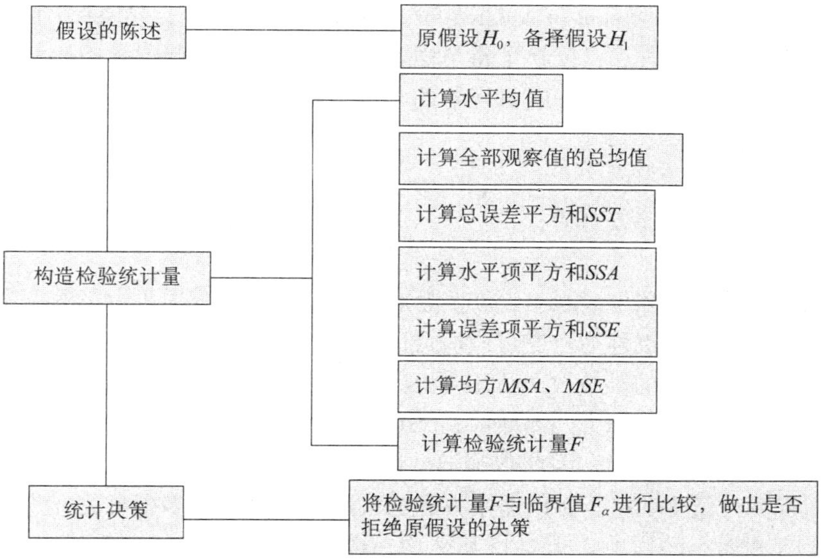

图7－3　单因素方差分析

①计算各样本均值。假定从第 i 个总体中抽取一个容量为 n_i 的简单随机样本，令 $\bar{x}_i$ 为第 i 个总体的样本均值，则各样本均值为：

$$\bar{x}_i = \frac{\sum_{j=1}^{n_i} x_{ij}}{n_i} (i = 1,2,\cdots,k) \tag{7-1}$$

式中，n_i 为第 i 个总体的样本量；x_{ij}为第 i 个总体的第 j 个观测值。

②计算全部观测值的总均值。它是全部观测值的总和除以观测值的总个数的结果。令总均值为 $\bar{\bar{x}}$，则全部观测值的总均值为：

$$\bar{\bar{x}} = \frac{\sum_{i=1}^{k}\sum_{j=1}^{n_i} x_{ij}}{\sum_{i=1}^{k} n_i} \tag{7-2}$$

③计算各误差平方和。为构造检验统计量，在方差分析中，需要计算三个误差平方和，它们分别是总误差平方和 SST、水平项误差平方和 SSA、误差项误差平方和 SSE。

A. 总误差平方和（sum of squares for total），记为SST。它是全部观测值 x_{ij}与总均值 $\bar{\bar{x}}$ 的误差平方和，反映了全部观测值的离散程度，其计算公式为：

$$SST = \sum_{i=1}^{k}\sum_{j=1}^{n_i}(x_{ij} - \bar{\bar{x}})^2 \tag{7-3}$$

B. 水平项误差平方和（sum of squares for factor A），记为SSA，它是各组均值 $\bar{x}_i$（$i=1$，2，…，k）与总均值 $\bar{\bar{x}}$ 的误差平方和，反映各样本均值之间的差异程度，又称为组间平方和，其计算公式为：

$$SSA = \sum_{i=1}^{k}\sum_{j=1}^{n_i}(\bar{x}_i - \bar{\bar{x}})^2 = \sum_{i=1}^{k} n_i(\bar{x}_i - \bar{\bar{x}})^2 \tag{7-4}$$

C. 误差项误差平方和（sum of squares for error），记为 SSE。它是每个水平的各样本数据与其水平均值的误差平方和，反映了每个样本各观测值的离散状况，因此又称为组内平方和或残差平方和。该平方和反映了随机误差的大小，其计算公式为：

$$SSE = \sum_{i=1}^{k} \sum_{j=1}^{n_i} (x_{ij} - \bar{x}_i)^2 \tag{7-5}$$

上述三个平方和之间的关系为：

$$SST = SSA + SSE \tag{7-6}$$

从上述三个误差平方和可以看出，SSA 是对随机误差和系统误差大小的度量，它反映了自变量对因变量的影响，也称为自变量效应或因子效应；SSE 是对随机误差大小的度量，它反映了除自变量对因变量的影响之外，其他因素对因变量的总影响，因此 SSE 也被称为残差变量，它所引起的误差也称为残差效应；SST 是对全部数据总误差程度的度量，它反映了自变量和残差变量的共同影响，因此它等于自变量效应加残差效应。

④计算检验统计量 F。由于各误差平方和的大小与观测值的多少有关，为了消除观测值多少对误差平方和大小的影响，需要将其平均，也就是用各平方和除以它们所对应的自由度，这一结果称为均方（mean square），也称为方差。三个平方和所对应的自由度分别为：

SST 的自由度为 $n-1$，其中 n 为全部观测值的个数。

SSA 的自由度为 $k-1$，其中 k 为因素水平（总体）的个数。

SSE 的自由度为 $n-k$。

由于要比较的是组间均方和组内均方之间的差异，所以通常只计算 SSA 的均方和 SSE 的均方。SSA 的均方也称为组间均方或组间方差，记为 MSA，其计算公式为：

$$MSA = \frac{\text{组间平方和}}{\text{自由度}} = \frac{SSA}{k-1} \tag{7-7}$$

SSE 的均方也称为组内均方或组内方差，记为 MSE，其计算公式为：

$$MSE = \frac{\text{组内平方和}}{\text{自由度}} = \frac{SSE}{n-k} \tag{7-8}$$

将上述 MSA 和 MSE 进行对比，即得到所需要的检验统计量 F，也称方差比。当 H_0 为真时，二者的比值服从分子自由度为 $k-1$、分母自由度为 $n-k$ 的 F 分布，则有：

$$F = \frac{MSA}{MSE} \sim F(k-1, n-k) \tag{7-9}$$

（3）统计决策。如果原假设成立，则表明没有系统误差，组间方差 MSA 与组内方差 MSE 的比值差异就不会太大；如果组间方差显著大于组内方差，说明各水平（总体）之间的差异显然不仅仅有随机误差，还有系统误差，可见，判断因素的水平是否对其观测值有显著影响，实际上就是比较组间方差与组内方差之间差异的大小。那么，它们之间的差异大到何种程度才表明系统误差存在呢？这就需要用检验统计量进行判断。将统计量的值 F 与给定的显著性水平 α 的临界值 F_α 进行比较，从而做出是否拒绝原假设的决策。

如图 7-4 所示，根据给定的显著水平 α，在 F 分布表中查找与分子自由度 $df_1 = k-1$、分母自由度 $df_2 = n-k$ 相应的临界值 F_α（$k-1$，$n-k$）。拿检验统计量 F 与临界值 F_α 进行比较：若 $F > F_\alpha$，检验统计量 F 落入拒绝域，则拒绝原假设，表明 μ_i（$i=1$，2，…，k）之间的差异是显著的，分类型自变量对数值型因变量有影响。若 $F < F_\alpha$，检验统计量 F 落入接

受域，则不拒绝原假设，没有证据表明 u_i（$i=1$，2，…，k）之间有显著差异，分类型自变量对数值型因变量没有影响。以此为依据，做出拒绝或不拒绝原假设 H_0 的判断。

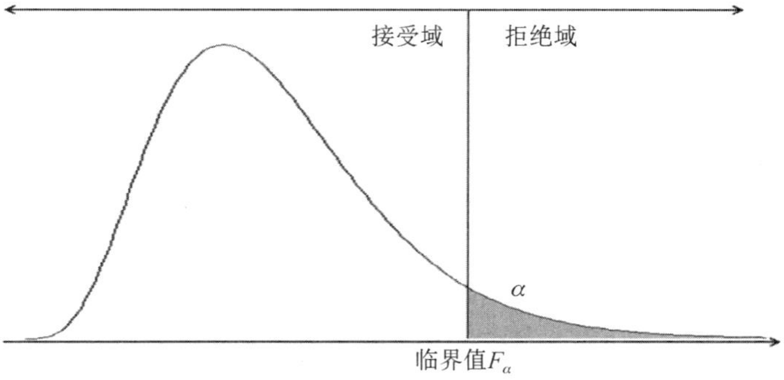

图 7－4　F 检验示意图

根据上面方差分析的计算步骤和过程，以案例导入为例，分析过程如下：

①假设的陈述。设供应商灯泡使用寿命的均值为 μ，供应商 A、B、C、D 灯泡使用寿命的均值分别为 μ_1、μ_2、μ_3、μ_4。为检验供应商对灯泡使用寿命是否有影响，需要提出假设：

H_0：$\mu_1=\mu_2=\mu_3=\mu_4$　　　　供应商对灯泡使用寿命没有影响

H_1：μ_1、μ_2、μ_3、μ_4 不全相等　　　　供应商对灯泡使用寿命有影响

②构造检验统计量。

第一步：计算水平均值与总均值，如表 7－3 所示。

表 7－3　　4 个供货商提供灯泡质量的均值

供货商	A	B	C	D
灯泡的使用寿命（小时）	609	508	495	659
	459	396	423	586
	621	442	355	493
	666	400	491	529
	680	539	567	485
	650	454	414	529
	494	611	513	524
	623	423	494	481
	626	384	421	465
	572	383	557	459
水平均值 $\bar{x}_i$	$\bar{x}_1=600$	$\bar{x}_2=454$	$\bar{x}_3=473$	$\bar{x}_4=521$
总均值 $\bar{\bar{x}}$	$\bar{\bar{x}}=\frac{609+459+\cdots+459}{40}=512$			

第二步：计算总误差平方 SST、水平项误差平方 SSA、误差项误差平方和 SSE

$$SST=(609-512)^2+(459-512)^2+\cdots+(459-512)^2=301516$$

$$SSA=10\times(600-512)^2+10\times(454-512)^2+\cdots+10\times(521-512)^2=127100$$

$$SSE=(609-600)^2+(459-600)^2+\cdots+(459-521)^2=174416$$

第三步：计算组间方差 MSA 为：

$$MSA=\frac{SSA}{k-1}=\frac{127100}{4-1}=42366.667$$

计算组内方差 MSE 为：

$$MSE=\frac{SSE}{n-k}=\frac{174416}{40-4}=4844.889$$

第四步：假设检验统计量 F 为：

$$F=\frac{MSA}{MSE}=\frac{42366.667}{4844.889}=8.745$$

③统计决策。取显著性水平 $\alpha=0.05$，根据分子自由度 $df_1=k-1=4-1=3$ 和分母自由度 $df_2=n-k=40-4=36$，查 F 分布表得到临界值 $F_{0.05}(3,36)=2.866$，由于 $F>F_\alpha$，做出拒绝原假设 H_0 的决策，表明“供货商”对“灯泡平均使用寿命”有显著影响。

7.2.3 Excel 在单因素方差分析中的应用

上面详细介绍了方差分析的计算步骤和过程。为使计算过程更加清晰，通常将上述过程的内容列在一张表内，这就是方差分析表（analysis of variance table）。其一般形式如表 7－4 所示。

表 7－4　　单因素方差分析表

误差来源	平方和 SS	自由度 df	均方 MS	F	p 值	F 临界值
组间	SSA	$k-1$	MSA	MSA/MSE		
组内	SSE	$n-k$	MSE			
总和	SST	$n-1$				

以上的案例导入，通过 Excel 可以得到方差分析表，步骤如下：

第一步：找到“数据”菜单下的“数据分析”项，如图 7－5 所示。

图 7－5　“数据”菜单下的“数据分析”项

第二步：选择“单因素方差分析”，如图 7－6 所示。

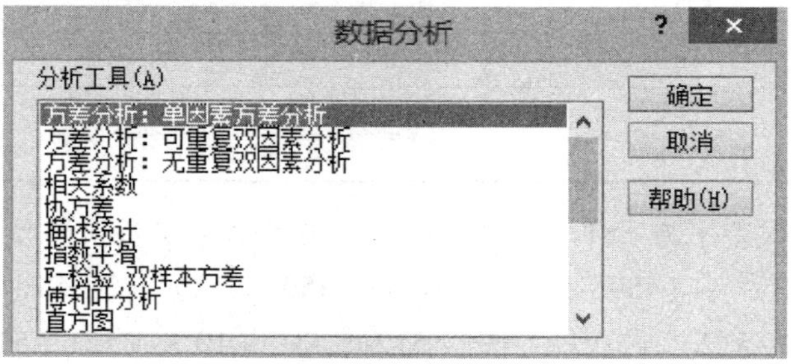

图 7－6　选择“单因素方差分析”

第三步：选择样本数据所在区域，显著性水平 $\alpha=0.05$，选择方差分析结果的输出区域，如图 7－7 所示。

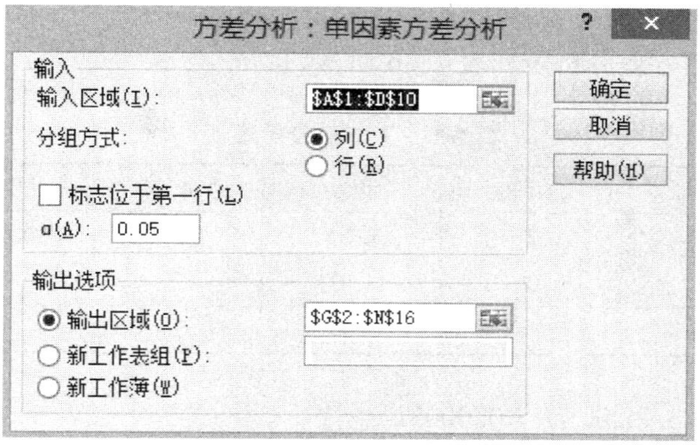

图 7－7 选择数据、显著性水平 α、结果输出区域

第四步：得到的方差分析表如图 7－8 所示。

方差分析：单因素方差分析

SUMMARY

组	观测数	求和	平均	方差
列 1	10	6000	600	5209.333
列 2	10	4540	454	5790.667
列 3	10	4730	473	4594.444
列 4	10	5210	521	3785.111

方差分析

差异源	SS	df	MS	F	P-value	F crit
组间	127100	3	42366.67	8.744611	0.000173	2.86626
组内	174416	36	4844.889			
总计	301516	39				

图 7－8 案例导入的方差分析表

【例 7－1】 3 个工厂生产某种型号的产品，为评比质量，分别从各厂生产的产品中随机抽取 5 只作为样品，测得其寿命（小时）如表 7－5 所示。

表 7－5 **工厂样品寿命表** 单位：小时

产品号	工厂甲	工厂乙	工厂丙
1	38	28	43
2	42	26	40
3	48	34	50
4	45	30	39
5	40	32	50

在单因素试验方差分析模型下，检验各厂商生产产品的平均寿命有无显著差异，取显著性水平 $\alpha=0.05$。

【解】 由题意可知要检验的假设为：

H_0：$\mu_1=\mu_2=\mu_3$ 3 个厂商生产的产品的平均寿命无显著差异

H_1：μ_1、μ_2、μ_3 不全相等 3 个厂商生产的产品的平均寿命有显著差异

利用 Excel 计算的方差分析表如表 7－6 所示。

表 7－6　　例 7－1 方差分析表

差异源	平方和	自由度	均方	F 值	P－value	F crit
组间	615.6	2	307.8	17.068	0.00031	3.8853
组内	216.4	12	18.033			
总计	832	14				

$F=17.068$，$F_\alpha=3.8853$，$P=0.00031$

$\because F>F_\alpha$，$P<\alpha$　　$\therefore$ 拒绝原假设 H_0

结论：认为三个厂商生产产品的平均寿命有显著差异。

【例 7－2】 某校高二年级共有 4 个班，采用 4 种不同的教学方法进行数学课程的教学，为了比较这 4 种教学方法的效果是否存在明显的差异，期末统考后，从这 4 个班中各抽取 5 名考生的成绩，如表 7－7 所示。问这 4 种教学方法是否存在显著性差异（$\alpha=0.05$）？

表 7－7　　4 个班成绩抽样

一班	二班	三班	四班
75	83	65	72
77	80	67	70
70	85	77	71
88	90	68	65
72	84	65	82

【解】 由题意可知要检验的假设为：

H_0：$\mu_1=\mu_2=\mu_3=\mu_4$ 4 种教学方法的效果无显著性差异

H_1：μ_1、μ_2、μ_3、μ_4 不全相等 4 种教学方法的效果有显著性差异

利用 Excel 计算相关数据的方差分析表如表 7－8 所示。

表 7－8　　例 7－2 方差分析表

差异源	平方和	自由度	均方	F 值	P－value	F crit
组间	712.6	3	237.533	7.5467	0.0023	3.2389
组内	503.6	16	31.475			
总计	1216.2	19				

$F=7.5467$，$F_\alpha=3.2389$，$P=0.0023$

$\because F>F_\alpha$，$P<\alpha$　　$\therefore$ 拒绝原假设 H_0

结论：认为 4 种教学方法的效果有显著性差异。

7.3 无交互作用双因素方差分析

在对实际问题的研究中，有时需要考虑几个因素对试验结果的影响。当方差分析中涉及两个分类型自变量时，称为双因素方差分析（two - way analysis of variance）。这就需要检验究竟是一个因素起作用，还是两个因素都起作用，或者两个因素的影响都不显著。例如，品牌和地区对彩电销量是否有影响；光照和噪音对个人生长是否有影响。

双因素方差分析有两种类型：一种是无交互作用双因素方差分析，也称无重复双因素方差分析，即因素 A 和因素 B 的效应之间是相互独立的，不存在相互关系；另一种是有交互作用的方差分析，也称可重复双因素方差分析，即 A、B 两个因素不是独立的，是相互起作用的，两者的结合会产生一个新的效应。

7.3.1 数据结构

在进行无交互作用双因素方差分析时，其数据结构如表 7 – 9 所示。

表 7 – 9　　无交互双因素方差分析的数据结构

j \ i		列因素 B				平均值 $\bar{x}_{i.}$
		列 1	列 2	…	列 r	
行因素 A	行 1	x_{11}	x_{12}	…	x_{1r}	$\bar{x}_{1.}$
	行 2	x_{21}	x_{22}	…	x_{2r}	$\bar{x}_{2.}$
	…	…	…	…	…	…
	行 k	x_{k1}	x_{k2}	…	x_{kr}	$\bar{x}_{k.}$
平均值 $\bar{x}_{.j}$		$\bar{x}_{.1}$	$\bar{x}_{.2}$	…	$\bar{x}_{.r}$	$\bar{\bar{x}}$

在无交互作用的双因素方差分析中，由于有两个因素，因此在获取数据时，需要将一个因素安排在“行”的位置，称为行因素；另一个因素安排在“列”的位置，称为列因素。设行因素有 k 个水平：行 1，行 2，…，行 k，列因素有 r 个水平：列 1，列 2，…，列 r。行因素和列因素的每一个水平都可以搭配成一组，观察它们对试验数据的影响，共抽取 kr 个观察数据。这里行对应的 k 个总体和列对应的 r 个总体，分别服从正态分布且有相同的方差。

7.3.2 基本步骤

与单因素方差分析类似，双因素方差分析也包括提出假设、构造检验统计量、统计决策等步骤，如图 7 – 9 所示。

（1）假设的陈述。为了检验两个因素的影响，需要对两个因素分别提出如下假设。

- 对行因素提出的假设为：

H_0：$\mu_1 = \mu_2 = \cdots = \mu_i = \mu_k$　　行因素（自变量）对因变量没有显著影响

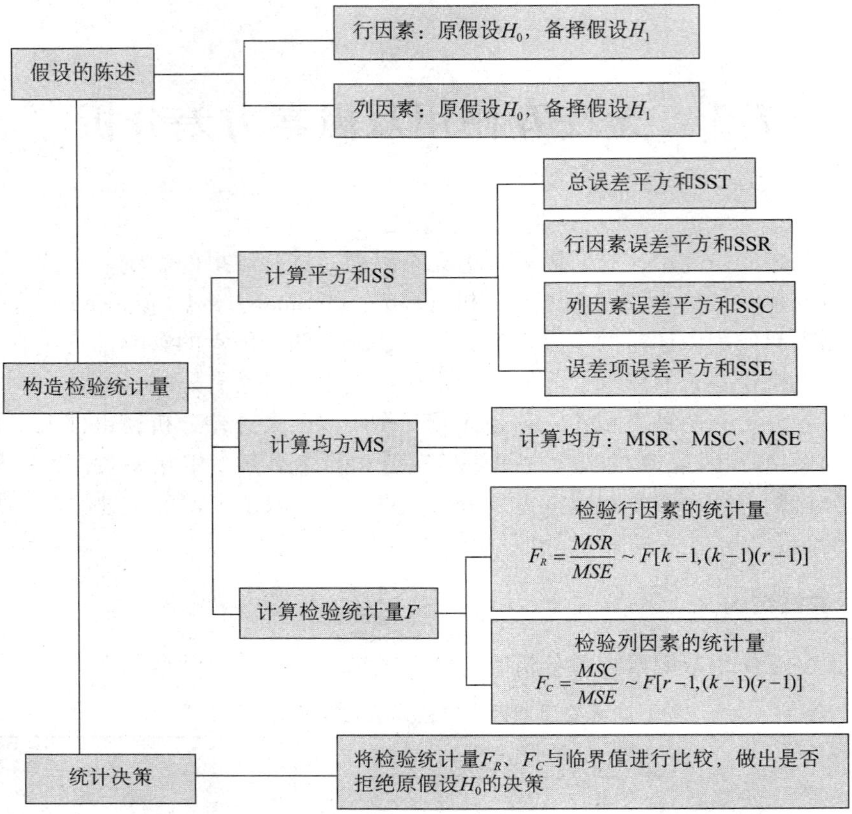

图 7－9　无交互双因素方差分析

H_1：μ_i（$i=1$，2，…，k）不全相等　　　　行因素（自变量）对因变量有显著影响

式中，k 表示行因素个数，μ_i 表示行因素的第 i 个水平均值。

- 对列因素提出的假设为：

H_0：$\mu_1=\mu_2=\cdots=\mu_j=\mu_r$　　　　列因素（自变量）对因变量没有显著影响

H_1：μ_j（$j=1$，2，…，r）不全相等　　　　列因素（自变量）对因变量有显著影响

式中，r 表示列因素个数，μ_j 表示列因素的第 j 个水平均值。

（2）构造检验统计量。

①计算行水平均值 $\bar{x}_{i.}$、列水平均值 $\bar{x}_{.j}$、总均值 $\bar{\bar{x}}$。这里的 x_{ij}、$\bar{x}_{i.}$、$\bar{x}_{.j}$、$\bar{\bar{x}}$ 均可由样本观察数据 x_{ij}、$\bar{x}_i$、$\bar{x}_j$、$\bar{\bar{x}}$ 来表示。

其中，$\bar{x}_{i.}$ 是行因素的第 i 个水平下各观测值的平均值，其计算公式为：

$$\bar{x}_{i.}=\frac{\sum_{j=1}^{r}x_{ij}}{r}\qquad i=1,2,\cdots,k \tag{7-10}$$

$\bar{x}_{.j}$是列因素的第 j 个水平下各观测值的平均值，其计算公式为：

$$\bar{x}_{.j}=\frac{\sum_{i=1}^{k}x_{ij}}{k}\qquad j=1,2,\cdots,r \tag{7-11}$$

$\bar{\bar{x}}$是全部 kr 个样本数据的总平均值，其计算公式为：

$$\bar{\bar{x}} = \frac{\sum_{i=1}^{k}\sum_{j=1}^{r} x_{ij}}{kr} \tag{7-12}$$

②计算总误差平方和 SST、行因素误差平方和 SSR、列因素误差平方和 SSC、误差项平方和 SSE。

与单因素方差分析构造统计量的方法一样，也需要从总平方和的分解入手。总平方和是全部样本观测值 x_{ij}（$i=1, 2, \cdots, k$；$j=1, 2, \cdots, r$）与总样本平均值 $\bar{\bar{x}}$ 的误差平方和，记为 SST。

$$\begin{aligned} SST &= \sum_{i=1}^{k}\sum_{j=1}^{r}(x_{ij} - \bar{\bar{x}})^2 \\ &= \sum_{i=1}^{k}\sum_{j=1}^{r}(\bar{x}_{i.} - \bar{\bar{x}})^2 + \sum_{i=1}^{k}\sum_{j=1}^{r}(\bar{x}_{.j} - \bar{\bar{x}})^2 + \sum_{i=1}^{k}\sum_{j=1}^{r}(x_{ij} - \bar{x}_{i.} - \bar{x}_{.j} + \bar{\bar{x}})^2 \end{aligned} \tag{7-13}$$

其中，分解后的等式右边的第一项是行因素所产生的误差平方和，记为 SSR。

$$SSR = \sum_{i=1}^{k}\sum_{j=1}^{r}(\bar{x}_{i.} - \bar{\bar{x}})^2 \tag{7-14}$$

第二项是列因素所产生的误差平方和，记为 SSC。

$$SSC = \sum_{i=1}^{k}\sum_{j=1}^{r}(\bar{x}_{.j} - \bar{\bar{x}})^2 \tag{7-15}$$

第三项是除行因素和列因素之外的剩余因素所产生的误差平方和，称为随机误差平方和，记为 SSE。

$$SSE = \sum_{i=1}^{k}\sum_{j=1}^{r}(x_{ij} - \bar{x}_{i.} - \bar{x}_{.j} + \bar{\bar{x}})^2 \tag{7-16}$$

上述平方和的关系为：

$$SST = SSR + SSC + SSE \tag{7-17}$$

③计算行因素均方 MSR、误差项均方 MSE、列因素均方 MSC。

在上述误差平方和的基础上计算均方，也就是将各平方和除以相应的自由度。与各误差平方和相对应的自由度分别是：

总平方和 SST 的自由度为 $kr-1$；行因素的误差平方和 SSR 的自由度为 $k-1$；列因素的误差平方和 SSC 的自由度为 $r-1$；随机误差平方和 SSE 的自由度为（$k-1$）（$r-1$）。

行因素的均方，记为 MSR：

$$MSR = \frac{SSR}{k-1} \tag{7-18}$$

列因素的均方，记为 MSC：

$$MSC = \frac{SSC}{r-1} \tag{7-19}$$

随机误差项的均方，记为 MSE：

$$MSE = \frac{SSE}{(k-1)(r-1)} \tag{7-20}$$

④计算行因素与列因素的检验统计量 F_R、F_C。

为检验行因素对因变量的影响是否显著，采用下面的统计量：

$$F_R=\frac{MSR}{MSE}\sim F[k-1,(k-1)(r-1)] \tag{7-21}$$

为检验列因素对因变量的影响是否显著，采用下面的统计量：

$$F_C=\frac{MSC}{MSE}\sim F[r-1,(k-1)(r-1)] \tag{7-22}$$

（3）统计决策。计算出检验统计量后，根据给定的显著性水平 α 和两个自由度，查 F 分布表得到相应的两个临界值 F_α，然后将 F_R、F_C 与 F_α 进行比较。

若 $F_R>F_\alpha[k-1,(k-1)(r-1)]$，则拒绝原假设 H_0：$\mu_1=\mu_2=\cdots=\mu_i=\mu_k$，表明 $\mu_i(i=1,2,\cdots,k)$ 之间的差异是显著的，即所检验的行因素对因变量有显著影响；否则不拒绝原假设，即所检验的行因素对因变量没有显著影响。

若 $F_C>F_\alpha[r-1,(k-1)(r-1)]$，则拒绝原假设 H_0：$\mu_1=\mu_2=\cdots=\mu_j=\mu_r$，表明 $\mu_j(j=1,2,\cdots,r)$ 之间的差异是显著的，即所检验的列因素对因变量有显著影响；否则不拒绝原假设，即所检验的列因素对因变量没有显著影响。

7.3.3 Excel 在无交互双因素方差分析中的应用

上面详细介绍了无交互双因素方差分析的计算步骤和过程。为使计算过程更加清晰，通常将上述过程的内容列在一张方差分析表中。其一般形式如表 7－10 所示。

表 7－10　　无交互双因素方差分析表

误差来源	误差平方和 SS	自由度 df	均方 MS	F	P 值	F 临界值
行因素 A	SSR	$k-1$	MSR	F_R		
列因素 B	SSC	$r-1$	MSC	F_C		
误差	SSE	$(k-1)(r-1)$	MSE			
总和	SST	$kr-1$				

【例 7－3】 中国房价一直饱受争议，很多经济学家都认为中国房价存在着巨大的泡沫。过高的房价也给年轻人带来了巨大的压力，这很大程度上决定了毕业生们毕业以后的去向。在一线城市、二线城市、三线城市，因为城市的文化建设、交通建设、医疗建设、基础设施建设等的不同，房价在它们之间存在着很大的差异。从这一现象出发，考察了 2013—2018 年全国 19 个城市的房价，共 114 个样本数据，数据如表 7－11 所示。

表 7－11　　2013—2018 年全国 19 个城市房价　　单位：元/平方米

年份	2013	2014	2015	2016	2017	2018
北京	40342	37294	39437	57597	57768	54624
上海	29978	30522	35237	52142	55017	50342
广州	19208	18564	20016	22926	27278	28816
深圳	24910	28117	41494	44060	47996	48238
天津	14519	14961	15553	23220	22205	21456

续表

年份	2013	2014	2015	2016	2017	2018
武汉	8825	9239	10000	13857	16259	16518
南京	17313	18099	18697	24867	25773	25893
杭州	19131	16984	16080	19553	21929	20563
苏州	10941	10980	12251	16181	15320	15689
合肥	7740	7895	8461	14983	14362	14376
南昌	9208	9186	9212	9987	11396	11810
厦门	23124	24843	25970	38883	47177	45024
长沙	6519	6401	6648	7601	9873	10476
三亚	19094	19474	14390	14777	26235	30559
济南	9158	9341	9281	11667	15842	16387
兰州	8716	9299	8465	9014	9989	10332
烟台	8394	8392	7495	8109	8801	9682
宜昌	6751	6500	6011	6299	7532	8505
惠州	5480	5585	6123	8184	10227	10150

资料来源：国家统计局：《统计年鉴》。

讨论：试根据方差分析说明 19 个地区和 6 个年度对房价是否有显著影响？

【解】 检验的假设有两个，分别为：

行因素：地区

H_0：$\mu_1 = \mu_2 = \cdots = \mu_{19}$　　地区对房价没有显著影响

H_1：μ_i（$i = 1, 2, \cdots, 19$）不全相等　　地区对房价有显著影响

列因素：年度

H_0：$\mu_1 = \mu_2 = \cdots = \mu_6$　　年度对房价没有显著影响

H_1：μ_j（$j = 1, 2, \cdots, 6$）不全相等　　年度对房价有显著影响

如果不拒绝原假设 H_0，则不能认为自变量对因变量有显著影响；如果拒绝原假设 H_0，则意味着自变量对因变量有显著影响。

用 Excel 中的数据分析工具做无重复双因素方差分析，步骤如下：

第一步：选择“数据分析”选项。

第二步：在分析工具中选择“方差分析：无重复双因素分析”，点击“确定”。

第三步：当对话框出现时，在“输入区域”方框内键入数据单元格区域；在“α”方框内输入“0.05”（可根据需要确定）；在“输出选项”中选择输出区域。

方差分析结果如表 7－12 所示。

表 7－12　　**例 7－3 无交互作用双因素方差分析表**

误差来源	误差平方和 SS	自由度 *df*	均方 MS	*F*	*P* 值	*F* 临界值
行因素 A	1.74E+10	18	9.64E+08	60.97438	1.83E−42	1.719592
列因素 B	1.58E+09	5	3.16E+08	20.01199	2.29E−13	2.315689
误差	1.42E+09	90	15813914			
总和	2.04E+10	113				

在得出的方差分析表中，将检验统计量 F 值与临界值做比较，或将统计量 F 值所对应的 P 值与显著性水平 α 进行比较，决策如下：

对于地区（行）因素，$F_R = 60.97438 > F_\alpha = 1.7196$，$p < \alpha$，拒绝原假设，说明地区对房价有影响。

对于年度（列）因素，$F_C = 20.01199 > F_\alpha = 2.3157$，$p < \alpha$，拒绝原假设，说明年度对房价有影响。

7.4 有交互作用双因素方差分析

在无交互作用双因素方差分析中，假定两个因素 A 和 B 对因变量的影响是独立的，但如果两个因素搭配在一起会对因变量产生一种新的效应，就需要考虑交互作用对因变量的影响，这就是有交互作用双因素方差分析。主要任务是：分析因素 A 和因素 B 对试验观察指标的影响大小，以及 A、B 两因素交互作用对试验观察指标的影响大小。例如，耕地深度和施肥量两个因素都会影响产量，同时深耕和适当的施肥量两者交互作用，可能使产量成倍增加，即两个因素结合后产生出一个新的效应，属于有交互作用双因素方差分析问题，也称为可重复双因素方差分析。

7.4.1 数据结构

有交互作用的双因素方差分析数据结构如表 7－13 所示。表中 x_{krn} 表示因素 A、B 在第 i（$i=1, 2, \cdots, k$），j（$j=1, 2, \cdots, r$）个水平下第 k（$k=1, 2, \cdots, n$）个样本观测值。每一对因素水平组合（A_i，B_j）中，样本容量相同（均为 n）。

表 7－13　有交互作用双因素方差分析数据结构

i \ j		因素 B								
		B_1				…	B_r			
因素 A	A_1	x_{111}	x_{112}	…	x_{11n}	…	x_{1r1}	x_{1r2}	…	x_{1rn}
	A_2	x_{211}	x_{212}	…	x_{21n}	…	x_{2r1}	x_{2r2}	…	x_{2rn}
	⋮	⋮				⋮	⋮			
	A_k	x_{k11}	x_{k12}	…	x_{k1n}	…	x_{kr1}	x_{kr2}	…	x_{krn}

7.4.2 基本步骤

有交互作用双因素方差分析也需要提出假设、构造检验统计量、统计决策等步骤。提出假设时，需要对行变量、列变量和交互作用变量分别提出假设，分析步骤如图 7－10 所示。

（1）假设的陈述。为了检验两个因素的影响，需要对两个因素分别提出如下假设：

- 对行因素提出的假设为：

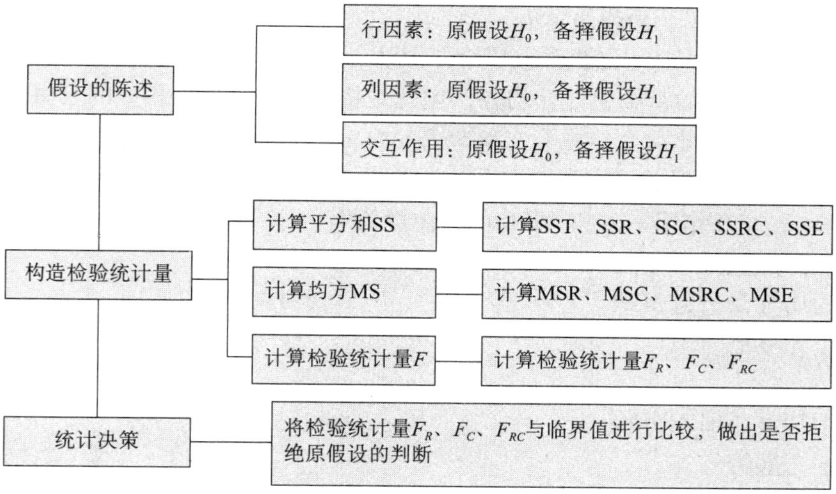

图7－10　有交互作用双因素方差分析

H_0：$\mu_1=\mu_2=\cdots=\mu_i=\mu_k$　　行因素（自变量）对因变量没有显著影响

H_1：μ_i（$i=1, 2, \cdots, k$）不全相等　　行因素（自变量）对因变量有显著影响

其中，μ_i 为行因素的第 i 个水平均值。

- 对列因素提出的假设为：

H_0：$\mu_1=\mu_2=\cdots=\mu_j=\mu_r$　　列因素（自变量）对因变量没有显著影响

H_1：μ_j（$j=1, 2, \cdots, r$）不全相等　　列因素（自变量）对因变量有显著影响

式中，μ_j 为列因素的第 j 个水平均值。

- 交互作用下提出的假设为：

H_0：$\mu_{11}=\mu_{12}=\cdots=\mu_{ij}=\cdots=\mu_{kr}$（$i=1, \cdots, k, j=1, \cdots, r$）　　交互作用下没有显著影响

H_1：μ_{ij}（$i=1, \cdots, k, j=1, \cdots, r$）不全相等　　交互作用下有显著影响

（2）构造检验统计量。

①计算行水平均值 $\bar{x}_{i.}$、列水平均值 $\bar{x}_{.j}$、总体均值 $\bar{\bar{x}}$。

②计算总误差平方和 SST、行因素误差平方和 SSR、列因素误差平方和 SSC、交互作用平方和 $SSRC$、随机误差项平方和 SSE。

$$SST \equiv \sum_{i=1}^{k}\sum_{j=1}^{r}\sum_{l=1}^{n}(x_{ijl}-\bar{\bar{x}})^2 \tag{7-23}$$

$$SSR = rn\sum_{i=1}^{k}(\bar{x}_{i..}-\bar{\bar{x}})^2 \tag{7-24}$$

$$SSC = kn\sum_{j=1}^{r}(\bar{x}_{.j.}-\bar{\bar{x}})^2 \tag{7-25}$$

$$SSRC = n\sum_{i=1}^{k}\sum_{j=1}^{r}(\bar{x}_{ij.}-\bar{x}_{i..}-\bar{x}_{.j.}+\bar{\bar{x}})^2 \tag{7-26}$$

$$SSE = \sum_{i=1}^{k}\sum_{j=1}^{r}\sum_{l=1}^{n}(x_{ijl}-\bar{x}_{ij.})^2 \tag{7-27}$$

$$SST = SSR + SSC + SSRC + SSE \tag{7-28}$$

③计算行因素均方 MSR、随机误差项均方 MSE、列因素均方 MSC、交互作用均方 $MSRC$。

在上述误差平方和的基础上计算均方，也就是将各平方和除以相应的自由度，与各误差平方和相对应的自由度分别为：总平方和 SST 的自由度为 $kr-1$；行因素误差平方和 SSR 的自由度为 $k-1$；列因素误差平方和 SSC 的自由度为 $r-1$；随机误差平方和 SSE 的自由度为 $(k-1)(r-1)$；交互作用平方和 $SSRC$ 的自由度为 $kr(m-1)$，m 表示行水平的行数，如表 7－15 中的行水平行数 m 为 4。

行因素的均方，记为 MSR：

$$MSR = \frac{SSR}{k-1} \tag{7-29}$$

列因素的均方，记为 MSC：

$$MSC = \frac{SSC}{r-1} \tag{7-30}$$

随机误差项的均方，记为 MSE：

$$MSE = \frac{SSE}{(k-1)(r-1)} \tag{7-31}$$

交互作用的均方，记为 $MSRC$：

$$MSRC = \frac{SSRC}{kr(m-1)} \tag{7-32}$$

④计算行因素与列因素的检验统计量 F_R、F_C、F_{RC}

为检验行因素对因变量的影响是否显著，采用下面的统计量：

$$F_R = \frac{MSR}{MSE} \sim F[k-1,(k-1)(r-1)] \tag{7-33}$$

为检验列因素的影响是否显著，采用下面的统计量：

$$F_C = \frac{MSC}{MSE} \sim F[r-1,(k-1)(r-1)] \tag{7-34}$$

为检验交互作用对因变量的影响是否显著，采用下面的统计量：

$$F_{RC} = \frac{MSRC}{MSE} \sim F[kr(m-1),(k-1)(r-1)] \tag{7-35}$$

（3）统计决策。计算出检验统计量后，根据给定的显著性水平 α，查 F 分布表得到相应的三个临界值 F_α，然后将 F_R、F_C、F_{RC} 分别与相应的三个 F_α 进行比较。

若 $F_R > F_\alpha(k-1,(k-1)(r-1))$，则拒绝原假设 H_0：$\mu_1 = \mu_2 = \cdots = \mu_i = \mu_k$，表明 $\mu_i(i=1,2,\cdots,k)$ 之间的差异是显著的，即所检验的行因素对因变量有显著影响。

若 $F_C > F_\alpha(r-1,(k-1)(r-1))$，则拒绝原假设 H_0：$\mu_1 = \mu_2 = \cdots = \mu_j = \mu_r$，表明 $\mu_j(j=1,2,\cdots,r)$ 之间的差异是显著的，即所检验的列因素对因变量有显著影响。

若 $F_{RC} > F_\alpha(kr(m-1),(k-1)(r-1))$，则拒绝原假设 H_0，表明交互作用对因变量有显著影响。

7.4.3 Excel 在有交互双因素方差分析中的应用

上面详细介绍了有交互双因素方差分析的计算步骤和过程。为使计算过程更加清晰，将上述过程的内容列在一张方差分析表中。其一般形式如表 7－14 所示。

表 7－14　　有交互作用双因素方差分析表

误差来源	平方和 SS	df	均方 MS	F	P 值	F 临界值
行因素	SSR	$k-1$	$MSR=SSR/(k-1)$	MSR/MSE		
列因素	SSC	$r-1$	$MSC=SSC/(r-1)$	MSC/MSE		
交互作用	SSRC	$(k-1)(r-1)$	$MSRC=SSRC/(r-1)(k-1)$	$MSRC/MSE$		
误差	SSE	$kr(m-1)$	$MSE=SSE/kr(m-1)$			
总和	SST	$m-1$				

【例 7－4】 电池的板极材料与使用的环境温度对电池的输出电压均有影响。现将材料类型与环境温度都取了三个水平，测得输出电压数据如表 7－15 所示。问不同材料、不同温度及它们的交互作用对输出电压有无显著影响（$\alpha=0.05$）。

表 7－15　　材料与环境温度对输出电压的影响测试表

材料类型	环境温度		
	15℃	25℃	35℃
材料 1	130	34	20
	155	40	70
	174	80	82
	180	75	58
材料 2	150	136	25
	188	122	70
	159	106	58
	126	115	45
材料 3	138	174	96
	110	120	104
	168	150	82
	160	139	60

下面针对例 7－4 中提出的问题，用 Excel 进行有交互作用双因素方差分析，并对结果进行分析。首先将数据按顺序输入到 Excel 工作表中，然后按下列步骤操作：

第一步：在“数据分析”中选择“方差分析：可重复双因素分析”，然后点击“确定”。

第二步：当对话框出现时，在“输入区域”方框内键入数据单元格区域；在“每一样本的行数”方框内键入“4”；在“α”方框内键入“0.05”（可根据需要确定）；在“输出选项”中选择输出区域，结果如表 7－16 所示。

表 7－16　　例 7－4 有交互双因素方差分析

误差来源	平方和 SS	df	均方 MS	F	P 值	F 临界值
行因素	13591	2	6795.5	15.162	0.000138	3.555
列因素	11310.04	1	11310.04	25.235	8.82E－05	4.414

续表

误差来源	平方和 SS	df	均方 MS	F	P 值	F 临界值
交互作用	5820.333	2	2910.167	6.493	0.007532	3.555
误差	8067.25	18	448.181			
总和	38788.63	23				

由输出结果可知，用于检验材料的 $P=0.00138$，$p<\alpha$，拒绝原假设，认为材料对输出电压有显著影响；用于检验环境温度的 $P=8.82\text{E}-05$，$p<\alpha$，拒绝原假设，认为环境温度对输出电压有显著影响；用于检验交互作用的 $P=0.007532$，$p<\alpha$，拒绝原假设，认为材料与温度的交互作用对输出电压有显著影响。

本章小结

本章介绍了方差分析的有关知识。方差分析是一种假设检验方法，这种方法可以直接对多个总体的均值是否相等进行检验。根据所涉及的分类型自变量的多少有单因素方差分析和双因素方差分析。单因素方差分析是研究一个分类型自变量与一个数值型因变量之间的关系，双因素方差分析则是研究两个分类型自变量同因变量之间的关系。当所研究的两个因素之间无交互作用时，称为无交互作用双因素方差分析或无重复双因素方差分析，当所研究的两个因素之间有交互作用时，称为有交互作用双因素方差分析或可重复双因素方差分析。

方差分析的基本思想是将观测值之间的总体差异分解为由所研究的因素引起的差异和由随机误差项引起的差异等几部分，然后通过对这两类差异的比较，做出接受或拒绝原假设的判断。

在进行方差分析之前，需要检查方差分析的假设条件是否成立，基本假定条件包括：总体都服从正态分布、相互独立且方差相同。

方差分析的主要步骤包括：建立假设、计算检验统计量 F、根据显著性水平 α 找到相应的临界值 F_α、比较 F 和 F_α 做出是否拒绝原假设 H_0 的决策。

本章介绍了 Excel 中方差分析工具有三种：单因素方差分析、无重复双因素和可重复双因素，利用这些工具可以方便地展开方差分析。

综合训练

一、思考题

1. 什么是方差分析？它研究的是什么？
2. 方差分析中有哪些基本假定？

3. 简述方差分析的基本思想。
4. 解释因子和处理的含义。
5. 解释组内方差和组间方差的含义。
6. 简述方差分析的基本步骤。
7. 什么是交互作用?
8. 解释无交互作用和有交互作用双因素方差分析。

二、单项选择题

1. 在方差分析中,(　　)反映的是样本数据与其组平均值的差异。

A. 总离差　　B. 组间误差

C. 抽样误差　　D. 组内误差

2. 方差分析的主要目的是判断(　　)。

A. 各总体是否存在方差

B. 各样本数据之间是否有显著差异

C. 分类型自变量对数值型因变量的影响是否显著

D. 分类型因变量对数值型自变量的影响是否显著

3. 在方差分析中,用于反映全部观测值离散程度的统计量是(　　)。

A. SST　　B. SSR

C. MSA　　D. MSE

4. 组内平方和除以相应的自由度的结果称为(　　)。

A. 组内平方和　　B. 组内方差

C. 组间方差　　D. 总方差

5. 设用于检验的行因素为 R、列因素为 C,行因素有 k 个水平,列因素有 r 个水平,并假设两个因素没有交互作用,列因素平方和的自由度是(　　)。

A. $k-1$　　B. $kr-1$

C. $r-1$　　D. $(k-1)(r-1)$

6. 在方差分析中,检验统计量是(　　)。

A. χ^2统计量　　B. t 统计量

C. Z 统计量　　D. F 统计量

7. 无交互作用双因素方差分析是指用于检验的两个因素(　　)。

A. 对因变量的影响是独立的　　B. 对因变量的影响是有交互作用的

C. 对自变量的影响是独立的　　D. 对自变量的影响是有交互作用的

8. 单因素方差分析是指只涉及(　　)。

A. 一个分类型自变量　　B. 一个数值型因变量

C. 两个分类型自变量　　D. 两个数值型因变量

9. 如果样本中共有分成六组的 50 个观测值,此时组内平方和的自由度为(　　)。

A. 41　　B. 42

C. 43　　D. 44

10. 在方差分析中,拒绝原假设 H_0: $\mu_1=\mu_2=\mu_3$,则意味着(　　)。

A. μ_1、μ_2、μ_3 的两两组合都不相等　　B. μ_1、μ_2、μ_3 的两两组合都相等

C. μ_1、μ_2、μ_3 都不相等　　D. μ_1、μ_2、μ_3 不全相等

11. 单因素方差分析中，计算 F 统计量，其分子与分母的自由度各为（　　）。

A. r，n　　B. $r-n$，$n-r$

C. $r-1$，$n-r$　　D. $n-r$，$r-1$

12. 对某因素进行方差分析，所得试验数据如表 7-17。

表 7-17

方差来源	平方和	自由度	F 值
组间	4623.7	4	
组内	4837.25	15	
总和	9460.95	19	

采用 F 检验法检验，且知在 $\alpha=0.05$ 时的临界值为 3.06，则可以认为因素的不同水平对试验结果（　　）。

A. 没有影响　　B. 有显著影响

C. 没有显著影响　　D. 不能做出是否有显著影响的判断

13. 对因子 A 取 r 个不同水平，因子 B 取 s 个不同水平，A 与 B 的每种水平组合重复 t 次试验后，对结果进行双因子可重复试验的方差分析，则以下关于各误差平方和自由度的结论错误的是（　　）。

A. A 因子的误差平方和 SSA 的自由度为 $r-1$

B. B 因子的误差平方和 SSB 的自由度为 $s-1$

C. 交互作用的误差平方和 $SSAB$ 的自由度为 $(r-1)(s-1)$

D. 平方和 SSE 的自由度为 $(r-1)(s-1)(t-1)$

三、多项选择题

1. 应用方差分析的前提条件是（　　）。

A. 各个总体服从正态分布　　B. 各个总体均值相等

C. 各个总体具有相同的方差　　D. 各个总体相互独立

E. 各个样本具有相同方差

2. 若检验统计量 F 近似等于1，说明（　　）。

A. 组间方差中不包含系统因素的影响

B. 组内方差中不包含系统因素的影响

C. 组间方差中包含系统因素的影响

D. 方差分析中应拒绝原假设

E. 方差分析中不应拒绝原假设

3. 对于单因素方差分析的组内误差，下面哪种说法是对的（　　）。

A. 其自由度为 $k-1$　　B. 反映的是随机因素的影响

C. 组内误差一定小于组间误差　　D. 反映的是随机因素和系统因素的影响

E. 其自由度为 $n-k$

4. 为研究溶液温度对液体植物的影响，将水温控制在三个水平上，则称这种方差分析是（　　）。

A. 单因素方差分析　　B. 双因素方差分析

C. 三因素方差分析　　D. 单因素三水平方差分析

E. 双因素三水平方差分析

5. 在单因素方差分析中，因子 A 有 4 个水平，各水平下的重复实验次数分别为 8，6，5，7，则有（　　）。

A. 因子 A 的平方和自由度为 4　　B. 误差平方和的自由度为 22

C. 因子 A 的平方和自由度为 3　　D. 误差平方和的自由度为 26

E. 总误差平方和的自由度为 104

6. 两个样本均值的比较，可用（　　）。

A. 方差分析　　B. t 检验

C. 两者均可　　D. 方差齐性检验

E. χ^2 检验

7. 关于方差分析，下列说法正确的是（　　）。

A. 方差分析的目的是分析各组总体方差是否相同

B. 各组数据呈严重偏态时，也可以作方差分析

C. 两样本均值差别的假设检验可用 t 检验，也可以用方差分析

D. 方差分析的目的是分析各组总体均值是否相等

E. 方差分析的目的是检验各组样本均值是否相等

8. 单因素试验资料的方差分析中，下列式子正确的有（　　）。

A. $SST = SSE + SSR$　　B. $SSR = SST + SSE$

C. $F = \dfrac{MSR}{MSE}$　　D. $MSE = \dfrac{SSE}{n-k}$

E. $MSR = \dfrac{SSR}{k-1}$

9. 在单因素方差分析中，若因子的水平个数为 k，全部观测的个数为 n，则（　　）。

A. SST 的自由度为 n

B. SSR 的自由度为 $k-1$

C. SSE 的自由度为 $n-k-1$

D. SST 的自由度等于 SSR 的自由度与 SSE 的自由度之和

E. SSE 的自由度为 $n-k$

四、判断题

1. 在方差分析中，每个因子下得到的样本数据称为因素。（　　）
2. 在方差分析中，因子是指观测值。（　　）
3. 在方差分析中，涉及的两个变量都是自变量。（　　）
4. 在方差分析中，自变量的不同水平之间的误差称为随机误差。（　　）
5. 组内误差衡量某一水平下样本数据的误差，只包含随机误差。（　　）

6. 在方差分析中，假定每个总体都服从正态分布。 (　　)

7. 单因素方差分析只涉及一个分类型自变量。 (　　)

五、计算题

1. 为检验不同品牌电池的质量，质检部门抽检了3家生产商生产的5号电池，在每个厂家随机抽取5个电池，测得使用寿命（小时）数据如表7-18所示。

表7-18

试验号	电池生产商		
	生产商A	生产商B	生产商C
1	50	32	45
2	50	28	42
3	43	30	38
4	40	34	48
5	39	26	40

用Excel输出的方差分析结果如表7-19所示。

表7-19

方差分析：单因素方差分析

summary	计数	求和	平均	方差
列1	5	222	44.4	28.3
列2	5	150	30	10
列3	5	213	42.6	15.8

方差分析：

差异源	SS	*df*	MS	*F*	*P*-value	*F* crit
组间	________	________	307.8	________	0.00031	3.88529
组内	216.4	________	________			
总计	________	14				

（1）将方差分析表画线部分________所缺的数值补齐。

（2）分析3个生产商生产的电池的平均寿命有无显著差异（$\alpha=0.05$）。

2. 下面是来自5个总体的样本数据（见表7-20）。

表7-20

样本1	样本2	样本3	样本4	样本5
14	10	11	16	14
13	9	12	17	12
10	12	13	14	13
	9	12	16	13
	10		17	12
				14

取显著性水平$\alpha=0.01$，检验5个总体的均值是否相等。

3. 在化工生产中为了提高得率，选了 3 种不同浓度在 4 种不同温度情况做实验。为了考虑浓度与温度的交互作用，浓度与温度的每一种水平组合下做两次实验，其得率数据如表 7－21 所示（数据均已减去 75）。

表 7－21

浓度＼温度	B_1	B_2	B_3	B_4
A_1	11，11	11，11	13，9	10，12
A_2	9，7	10，8	7，11	6，10
A_3	5，11	13，14	12，13	14，10

假定数据来自方差相等的正态分布，试在显著性水平 0.05 下检验不同浓度、不同温度以及它们之间的交互作用对得率有无显著影响。

4. 一家管理咨询公司为不同的客户举办人力资源管理讲座，每次讲座的内容基本上是一样的，但讲座的听课者有时是高级管理者，有时是中级管理者，有时是初级管理者，该咨询公司认为，不同层次的管理者对讲座的满意度是不同的，听完讲座后随机抽取的不同层次管理者的满意度评分如表 7－22 所示（评分标准为 1～10，10 代表非常满意）。

表 7－22

高级管理者	中级管理者	初级管理者
7	8	5
7	9	6
8	8	5
7	10	7
9	9	4
	10	8
	8	

取显著性水平 $\alpha=0.01$，检验管理者的层次不同是否会导致评分的显著差异。

5. 一家产品制造公司的管理者想比较 A，B，C 3 种培训方式对产品组装是否有显著影响，将 20 名新员工随机分配给每种培训方式。在培训结束后，参加培训的员工组装一件产品所花时间如表 7－23 所示。

表 7－23

培训方式		
A	B	C
8.8	8.2	8.6
9.3	6.7	8.5
8.7	7.4	9.1
9.0	8.0	8.2
8.6	8.2	8.3

续表

培训方式		
A	B	C
8.3	7.8	7.9
9.5	8.8	9.9
9.4	8.4	9.4
9.2	7.9	9.5

取显著性水平 $\alpha=0.01$，确定不同培训方式对产品组装的时间是否有显著影响。

6. 有5种不同品种的种子和4种不同的施肥方案，在20块同样面积的土地上，分别采用5种种子和4种施肥方案搭配进行试验，取得的收获量数据如表7－24所示（$\alpha=0.05$）。

表7－24

品种	施肥方案			
	1	2	3	4
1	12.0	9.5	10.4	9.7
2	13.7	11.5	12.4	9.6
3	14.3	12.3	11.4	11.1
4	14.2	14.0	12.5	12.0
5	13.0	14.0	13.1	11.4

检验种子不同品种对收获量的影响是否显著，不同施肥方案对收获量的影响是否显著。

7. 有3台机器生产规格相同的铝合金薄板，为检验3台机器生产薄板的厚度是否相同，随机从每台机器生产的薄板中各抽取了5个样品，测得结果如表7－25所示。

表7－25

机器1	机器2	机器3
0.236	0.257	0.258
0.238	0.253	0.264
0.248	0.255	0.259
0.245	0.254	0.267
0.243	0.261	0.262

问：3台机器生产薄板的厚度是否有显著差异。

8. 养鸡场要检验四种饲料配方对小鸡增重是否相同，用每一种饲料分别喂养了6只同一品种同时孵出的小鸡，共饲养了8周，每只鸡增重数据如表7－26所示。

表7－26 单位：克

配方1	配方2	配方3	配方4
370	490	330	410
420	380	340	480

续表

配方 1	配方 2	配方 3	配方 4
450	400	400	400
490	390	380	420
500	500	470	380
450	410	360	410

问：4 种配方的饲料对小鸡增重是否相同。

9. 一个年级有三个小班，他们进行了一次数学考试。现从各个班级随机抽取了一些学生，记录其成绩如表 7－27 所示。

表 7－27

1 班	2 班	3 班
73	88	68
89	78	79
82	48	56
43	91	91
80	51	71
73	85	71
66	74	87
60	56	41
45	77	59
93	31	68
36	78	53
77	62	79
	76	15
	96	
	80	

若各班学生成绩服从正态分布，且方差相等，试在显著性水平 95% 下检验各班级的平均分数有无显著差异。

10. 比较 4 种肥料 A_1，A_2，A_3，A_4 对农作物产量的影响，每一种肥料做 5 次试验，得产量如表 7－28 所示。

表 7－28 单位：千克/小区

肥料	A_1	A_2	A_3	A_4
样本观测值	5.5	6.5	8.0	5.5
	5.0	6.0	6.5	6.5
	6.0	7.0	7.5	6.0
	4.5	6.5	7.0	5.0
	7.0	5.5	6.0	5.5

试检验 4 种肥料对产量的影响有无显著差异？

11. 取 4 个种系未成年雌性大白鼠各三只，每只按一种剂量注射雌激素，一月后，解剖其子宫重量，结果如表 7 - 29 所示。

表 7 - 29

种系＼剂量	0.2	0.4	0.8
A_1	106	116	145
A_2	42	68	115
A_3	70	111	133
A_4	42	63	87

试检验不同剂量和不同种系白鼠对子宫重量有无显著影响？

12. 为检验广告媒体和广告方案对产品销售量的影响，一家营销公司做了一项试验，考察 3 种广告方案和 2 种广告媒体，获得的销售量数据如表 7 - 30 所示，试检验广告方案、广告媒体和其交互作用对销售量的影响是否显著？

表 7 - 30

广告方案	广告媒体	
	报纸	电视
A	8，12	12，8
B	22，14	26，30
C	10，18	18，14

13. 表 7 - 31 记录了 3 位工人分别在 4 台不同机器上 3 天的日产量。

表 7 - 31

机器＼工人	B_1	B_2	B_3
A_1	15，15，17	19，19，16	16，18，21
A_2	17，17，17	15，15，15	19，22，22
A_3	15，17，16	18，17，16	18，18，18
A_4	18，20，22	15，16，17	17，17，17

假定数据来自方差相等的正态分布，问：

（1）工人之间的差异是否显著？

（2）机器之间的差异是否显著？

（3）交互作用是否显著（$\alpha=0.05$）？

14. 一位老师想要检查 3 种不同的教学方法的效果，为此随机地选取了水平相当的 15 名学生，把他们分成三组，每组 5 人，每一组用一种教学方法。过一段时间后，这位教师给这 15 位同学进行统考，成绩如表 7 - 32 所示。

表 7－32

方法	成绩				
甲	75	62	71	58	73
乙	81	85	68	92	90
丙	73	79	60	75	81

假定学生成绩服从方差相等的正态分布，在显著性水平 $\alpha=0.10$ 下，试问这三种教学方法的效果是否有显著差异？

第八章
相关与回归

学习目标
- □ 熟练掌握变量间的相关关系与相关系数的计算
- □ 理解总体回归函数与样本回归函数
- □ 理解线性回归的基本假定
- □ 熟悉一元线性回归参数的估计与检验
- □ 熟悉多元线性回归参数的估计与检验
- □ 理解回归预测的方法
- □ 熟练应用 Excel 进行相关与回归分析

【案例导入】

居民消费价格指数与国民生产总值之间有何关系

改革开放以来，中国的经济高速发展，人民的生活水平显著提高，购买力也在不断增强。2019 年是新中国成立 70 周年，也是全面建成小康社会的关键之年，经济工作任务十分重要。居民消费价格指数，是一个反映居民家庭一般所购买的消费品和服务项目价格水平变动情况的宏观经济指标。它是在特定时段内度量一组代表性消费商品及服务项目的价格水平随时间而变动的相对数，是用来反映居民家庭购买消费商品及服务价格水平的变动情况。居民消费价格统计调查的是社会产品和服务项目的最终价格，一方面同人民群众的生活密切相关，同时在整个国民经济价格体系中也具有重要的地位。它是进行经济分析和决策、价格总水平监测和调控及国民经济核算的重要指标。

研究居民消费价格指数对把握国民经济的宏观平衡和动态增长具有现实意义，有利于国家进一步深化供给侧结构性改革，统筹推进、稳步增长、促改革、调结构、惠民生、防风险各项工作，保障国民经济运行总体平稳、稳中有进。表 8 - 1 是我国 2008—2018 年居民消费价格指数与国民生产总值的数据。

表 8 - 1　　2008—2018 年居民消费价格指数与国民生产总值

年份	国民生产总值（亿元）	居民消费价格指数（%）
2008	319244. 6	105. 9
2009	348517. 7	99. 3
2010	412119. 3	103. 3

续表

年份	国民生产总值（亿元）	居民消费价格指数（%）
2011	487940.2	105.4
2012	538580.0	102.6
2013	592963.2	102.6
2014	641280.6	102.0
2015	685992.9	101.4
2016	740060.8	102.0
2017	820754.3	101.6
2018	900309.0	102.1

资料来源：国家统计局。

居民消费价格指数和国民生产总值之间有什么关系？如何评价居民消费价格指数在国民生产总值变动中的作用？影响国民生产总值的因素除了居民消费价格指数外还有哪些？各影响因素对国民生产总值的作用方向和作用程度如何？哪些因素是国民生产总值主要的决定性因素？这些问题需要运用相关与回归分析来解决，通过本章的学习可以更深刻地理解相关与回归的意义。

8.1 相关分析的基本思想和原理

8.1.1 相关关系的概念

无论是在自然界还是社会经济领域，一种现象与另一种现象之间往往存在着依存关系，当我们用变量来反映这些现象的特征时，便表现为变量之间的依存关系。如某种商品的销售额 y 与销售量 x 之间的关系、商品销售额 y 与广告费支出 x 之间的关系以及粮食亩产量 y 与施肥量 x_1、降雨量 x_2、温度 x_3 之间的关系等。统计学的主要研究对象是随机变量，在有多个变量的时候，至少有一个变量是随机变量，因此我们对变量之间关系的分析是随机变量之间的关系或随机变量与确定变量之间的关系。

变量之间的依存关系可以分为两种：一是函数关系，是指变量之间保持严格的、确定的关系。如圆的面积 S 与半径 R 之间的关系可表示为 $S=\pi R^2$，当圆半径 R 的值确定后，圆的面积也随之确定。二是相关关系，指变量之间保持着不确定的依存关系。变量间关系不能用函数关系精确表达，一个变量的取值不能由另一个变量唯一确定，当变量 x 取某个值时，变量 y 的取值可能有几个或无穷多个。例如人的身高与体重这两个变量，一般而言是相互依存的，但它们并不表现为确定的函数关系。因为制约这两个变量的还有其他因素，如遗传因素、营养状况和运动水平等，以至于同一身高的人可以有不同的体重，同一体重的人又表现出不同身高。变量间的这种不严格的依存关系就构成了相关与回归分析的对象。

8.1.2 相关关系的分类

（1）按相关程度可分为完全相关、不完全相关和不相关。当一个变量的变化完全由另一个变量所决定时，称变量间的这种关系为完全相关关系，这种严格的依存关系实际上就是函数关系。当两个变量的变化相互独立、互不影响时，称这两个变量不相关（与下面的不线性相关或线性无关不同），实际上，这里的不相关就是（概率中的）独立，即变量间没有任何关系。当变量之间存在不严格的依存关系时，称为不完全相关。不完全相关关系是现实当中相关关系的主要表现形式，也是相关分析的主要研究对象。

（2）按相关方向可分为正相关和负相关。当一个变量随着另一个变量的增加（减少）而增加（减少），两者同方向变化时，称为正相关，例如家庭收入与家庭支出之间的关系，一般随着家庭收入的增加，家庭支出也会随之增加。当一个变量随着另一个变量的增加（减少）而减少（增加），两者反方向变化时，称为负相关，如产品产量与单位成本之间的关系，单位成本会随着产量的增加而减少。

（3）按相关的形式可分为线性相关和非线性相关。当变量之间的依存关系大致呈现为线性形式，即当一个变量变动一个单位时，另一个变量也按一个大致固定的增（减）量变动，就称为线性相关。当变量间的关系不按固定比例变化时，就称之为非线性相关。

上述的这些相关关系如图 8－1 所示。

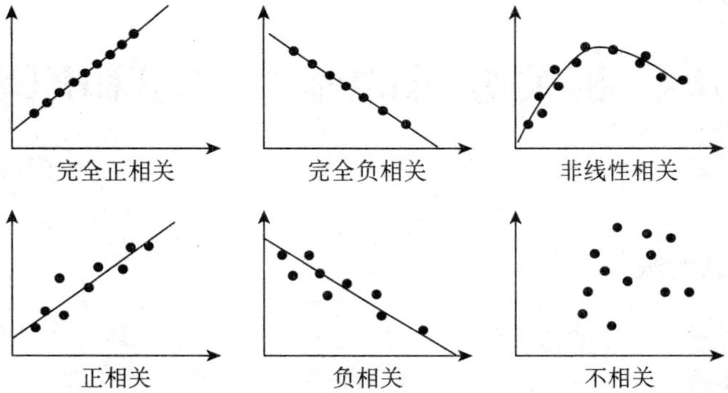

图 8－1 相关关系分类示意图

（4）按研究变量的多少可分为单相关、偏相关和复相关。两个变量之间的相关，称为单相关。一个变量与两个或两个以上其他变量之间的相关，称为复相关。在复相关的研究中，假定其他变量不变，专门研究其中两个变量之间的相关关系时称为偏相关。

8.1.3 相关图

变量之间的相关关系需要用相关分析方法来识别和判断。相关分析，就是借助于图形和若干分析指标（如相关系数）对变量之间的依存关系的密切程度进行测定的过程。

识别变量间相关关系最简单的方法是图形法。所谓图形法，就是将所研究变量的观察值以散点的形式绘制在相应的坐标系中，通过它们呈现出的特征，来判断变量之间是否存在相关关系，以及相关的形式、相关的方向和相关的程度等。

【例 8－1】 在研究我国人均国内生产总值的问题时，把全国人均国内生产总值记为 x，把国内旅游人均花费记为 y。根据数据集摘录的样本数据（x_i，y_i），$i=1$，2，…，9，如表8－2所示，问两者之间存在什么样的相关关系？

表8－2　　2009—2017年我国人均国内生产总值与国内旅游人均花费数据

年份	国内旅游人均花费（元）y	人均国内生产总值（元）x
2009	535.4	26180
2010	598.2	30808
2011	731.0	36302
2012	767.9	39874
2013	805.5	43684
2014	839.7	47005
2015	857.0	50028
2016	888.2	53680
2017	913.0	59201

资料来源：国家统计局。

【解】 根据表8－2，画出（x_i，y_i），$i=1$，2，…，9的散点图，如图8－2所示。

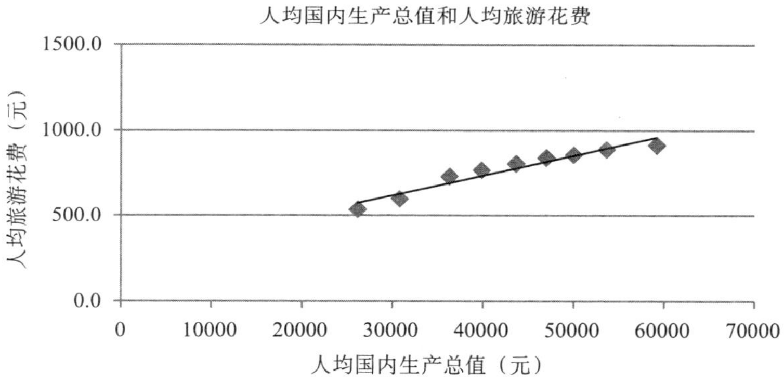

图8－2　反映相关关系的散点图

从图8－2中我们看到样本数据（x_i，y_i）大致分别落在一条直线（趋势线）附近，这说明变量 x 与 y 之间具有明显的线性相关关系。另外，所绘制的散点图呈现出从左至右的上升趋势，它表明 x 与 y 之间存在着一定的正相关关系，随着人均GDP收入的上升，人均旅游花费也会增加。

图形法虽然有助于识别变量间的相关关系，但它无法对这种关系进行精确的计量。因此在初步判定变量间存在相关关系的基础上，通常还要计算相关关系的度量指标。下面我们缩小研究的范围，仅仅研究两个变量间的线性相关关系。两个变量间线性相关关系的度量指标有很多，应用最广泛的是相关系数。

8.1.4　相关系数

相关系数是度量两个变量（现象）间线性关系强度的数量指标，其值介于－1与1之间。我们先从直观上了解两个变量之间的相关系数 ρ 的基本思想，然后给出相关系数的一般定义，再考虑在不知道总体精确分布情况下，如何由样本估计总体相关系数 ρ，最后给出相关系数是否等于 0 的检验方法。

（1）相关系数的设计思想。为了从直观上了解相关系数的设计思想，设二元离散总体 (X, Y) 有 N 对可能的取值 (x_i, y_i)，$i=1, 2, \cdots, N$，且 $P(X=x_i, Y=y_i)=1/N$，由此可以计算出随机变量 X 和 Y 的均值分别为 $E(X)=\mu_X$ 和 $E(Y)=\mu_Y$，方差分别为 $Var(X)=\sigma_X^2$ 和 $Var(Y)=\sigma_Y^2$。通过 (μ_X, μ_Y) 画两条平行于 X 轴和 Y 轴的直线，将散点图分成 4 个部分，示意图如图 8 – 3 所示。

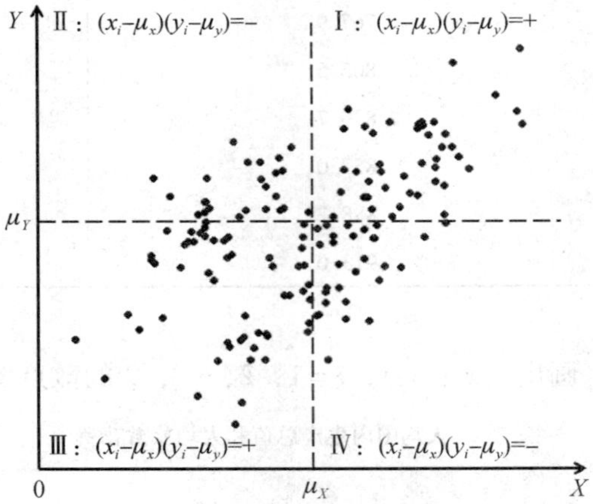

图 8 – 3 (μ_X, μ_Y) 分割散点图

分布在Ⅰ、Ⅲ部分的点满足 $(x_i-\mu_X)(y_i-\mu_Y)>0$，分布在Ⅱ、Ⅳ部分的点满足 $(x_i-\mu_X)(y_i-\mu_Y)<0$，如果使得 $(x_i-\mu_X)(y_i-\mu_Y)$ 为较大正值的点 (x_i, y_i) 占有了总体分布的大部分概率，则有 $\sum_{i=1}^{N}(x_i-\mu_X)(y_i-\mu_Y)/N$ 大于 0，且取值较大，这时全部可能的取值点中，大多数都分布在Ⅰ、Ⅲ部分，所以 X 和 Y 是正相关；如果使得 $(x_i-\mu_X)(y_i-\mu_Y)$ 为较大负值的点 (x_i, y_i) 占有了总体分布的大部分概率，则有 $\sum_{i=1}^{N}(x_i-\mu_X)(y_i-\mu_Y)/N$ 小于 0，且其绝对值较大，这时全部可能的取值点中，大多数都分布在Ⅱ、Ⅳ部分，所以 X 和 Y 是负相关；如果使得 $(x_i-\mu_X)(y_i-\mu_Y)$ 为较大正值的点和较大负值的点占有的总体分布的概率大致相等，则有 $\sum_{i=1}^{N}(x_i-\mu_X)(y_i-\mu_Y)/N$ 很小或近似为 0，这时点不规则地（有时是均匀地）散布在 4 个部分，所以 X 和 Y 不相关。因此 $\sum_{i=1}^{N}(x_i-\mu_X)(y_i-\mu_Y)/N$ 可用来衡量 X 和 Y 的相关方向与程度，绝对值越大表示变量间关系越密切，绝对值越小表示变量间关系越不密切。但 $\sum_{i=1}^{N}(x_i-\mu_X)(y_i-\mu_Y)/N$ 的值与 X、Y 的计量单位及 X、Y 自身的变异程度有关，为了使不同总体的相关程度可以互相对比，将 $\sum_{i=1}^{N}(x_i-\mu_X)(y_i-\mu_Y)$ 除以 X 和 Y 的标准差 σ_X、σ_Y 以消除变量值大小和离差值大小不等的影响，则有总体相关系数：

$$\rho = \frac{\sum_{i=1}^{N}(x_i - \mu_X)(y_i - \mu_Y)/N}{\sigma_X \sigma_Y} = \frac{Cov(X,Y)}{\sigma_X \sigma_Y} \quad (8-1)$$

在上述二元总体分布的假定下，$\sum_{i=1}^{N}(x_i - \mu_X)(y_i - \mu_Y)/N$ 正是 X 和 Y 的协方差 Cov（X，Y）。

相关系数（correlation coefficient）是指两个变量之间相关程度的度量。如果相关系数是根据总体全部数据计算的，则称为总体相关系数，通常用 ρ 表示；如果是根据样本相关系数计算的，则称为样本相关系数，通常用 r 表示。对于特定的总体来说，X 和 Y 的数值是既定的，总体相关系数 ρ 是客观存在的特定数值。然而，通常不可能去直接观测总体的两个变量 X 和 Y 的全部数值，所以总体相关系数一般是未知的。通常是从总体中抽取一定数量的样本，根据样本观测值去计算样本相关系数 r，用样本相关系数 r 去估计总体相关系数 ρ。变量 X 和 Y 的样本相关系数通常用 r_{xy} 表示，或简记为 r，则有：

$$r = \frac{\sum(x-\bar{x})(y-\bar{y})}{\sqrt{\sum(x-\bar{x})^2}\sqrt{\sum(y-\bar{y})^2}} = \frac{n\sum xy - \sum x \sum y}{\sqrt{n\sum x^2 - (\sum x)^2}\sqrt{n\sum y^2 - (y)^2}} \quad (8-2)$$

式中，x、y 表示样本观测值；$\bar{x}$、$\bar{y}$表示 x、y 的平均值。

【例8-2】 根据表8-2的资料，计算国内旅游人均花费与人均国内生产总值的相关系数。

【解】 根据表8-2中的数据和式（8-2），计算过程如表8-3，把表8-3中的数据代入式（8-2），则有：

$$r = \frac{n\sum xy - \sum x \sum y}{\sqrt{n\sum x^2 - (\sum x)^2}\sqrt{n\sum y^2 - (y)^2}}$$

$$= \frac{9 \times 308862769.7 - 6935.9 \times 386762}{\sqrt{9 \times 5479371.4 - 6935.9^2} \times \sqrt{9 \times 17549159810 - 386762^2}}$$

$$= 0.9677$$

表8-3　　例8-2的相关系数计算表

年份	国内旅游人均花费（元）y	人均国内生产总值（元）x	x^2	y^2	xy
2009	535.4	26180	685392400	286653.2	14016772.0
2010	598.2	30808	949132864	357843.2	18429345.6
2011	731.0	36302	1317835204	534361.0	26536762.0
2012	767.9	39874	1589935876	589670.4	30619244.6
2013	805.5	43684	1908291856	648830.3	35187462.0
2014	839.7	47005	2209470025	705096.1	39470098.5
2015	857.0	50028	2502800784	734449.0	42873996.0
2016	888.2	53680	2881542400	788899.2	47678576.0
2017	913.0	59201	3504758401	833569.0	54050513.0
合计	6935.9	386762	17549159810	5479371.4	308862769.7

计算结果表明，相关系数为0.9677，说明国内旅游人均花费与人均国内生产总值之间

存在高度正相关关系。

对于两个变量 x 与 y 之间相关关系的密切程度，可根据计算出的相关系数大小进行判断。一般可按4个等级划分：$|r|<0.3$ 为微弱线性相关；$0.3\leqslant|r|<0.5$ 为低度线性相关；$0.5\leqslant|r|<0.8$ 为显著线性相关或中度线性相关；$0.8\leqslant|r|<1$ 为高度线性相关。

这里需要强调的是，相关系数有一个明显的缺点，当样本容量 n 较小时，相关系数的波动较大，对有些样本相关系数的绝对值易接近于1；当 n 较大时，相关系数的绝对值容易偏小。特别是当 $n=2$ 时，相关系数的绝对值总和为1。因此，当样本容量 n 较小时，仅凭相关系数判断变量 x 与 y 之间的相关程度是不妥当的。

（2）相关系数的特点。相关系数 r 具有以下特点：

①相关系数的取值在 -1 与1之间，即 $-1\leqslant r\leqslant +1$。当 $r>0$ 时，表示两变量 x 与 y 正相关；$r<0$ 时，表示 x 与 y 负相关；$r=0$ 时，表明 x 与 y 没有线性相关关系；当 $0<|r|<1$ 时，表示 x 与 y 存在一定程度的线性相关。当 $|r|=1$ 时，表明 x 与 y 完全线性相关，若 $r=1$ 称 x 与 y 完全正相关，若 $r=-1$ 称 x 与 y 完全负相关；当 $|r|$ 越接近于1，表明两变量间线性关系越密切；$|r|$ 越接近于0，表明两变量间线性关系越弱。

②r 具有对称性，x 与 y 之间的相关系数和 y 与 x 之间的相关系数相等，即 $r_{xy}=r_{yx}$。

③r 数值大小与 x 和 y 原点及尺度无关，改变 x 和 y 的数据原点即计量尺度，并不改变 r 数值的大小。

④r 仅仅是 x 和 y 之间线性关系的一个度量，它不能用于描述非线性关系。这意味着，$r=0$ 只表示两变量间不存在线性相关关系，并不能说明变量之间没有任何关系。

⑤r 虽然是 x 与 y 之间线性关系的度量，却不一定意味着 x 与 y 之间一定有因果关系，也不能说明具体接近哪条直线。

（3）相关系数的检验。一般情况下总体相关系数 ρ 是未知的，在实际研究分析时，通常是根据样本数据测定样本相关系数 r，并作为总体相关系数 ρ 的估计值。而样本相关系数 r 会随着样本的不同而发生变化，是一个随机变量。那么，当样本相关系数 r 表现为样本中两个变量相关时，能否代表总体中对应的两个变量也相关呢？

如例8－2计算的相关系数 $r=0.9677$ 相对于0来说已经相当大了，是否说明国内旅游人均花费与人均国内生产总值之间线性相关呢？仅仅看这个数值是不能确定二者之间的线性相关关系的。因为这个数值仅仅是基于表8－2中的9个样本点计算出来的，它会要受到抽样误差的影响。

为了说明抽样误差对相关系数的影响，如图8－4所示。图8－4中给出了两个变量 X 与 Y 总体的全部取值，实际上这两个变量 X 与 Y 之间没有线性相关关系，总体相关系数 $\rho=0$。假如现在从该总体中抽取一个随机样本，在图中用圆圈标出并画出趋势线，由图可知所圈样本数据几乎围绕在趋势线周围，这个样本显示所考虑的两个变量之间有很强的线性关系，根据这个样本观测值计算相关系数 $r=0.93$。在这种情况下，样本相关系数的值很大，但是两个总体变量却是独立的，不存在线性相关关系。

因此当样本相关系数 $r\neq 0$ 时，并不能代表总体相关系数 $\rho\neq 0$，总体的相关系数需要经过正式的假设检验，才能做出比较可靠、科学的判断和结论。在实际应用中，一般都是根据样本数据计算相关系数 r，然后再对总体相关系数 ρ 进行检验。

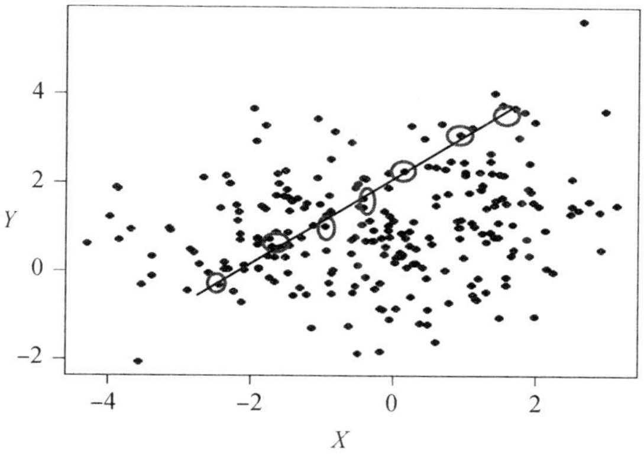

图 8-4 从二元总体中抽取的一个随机样本

作为一个随机变量，样本相关系数具有一定的概率分布。假定总体的两个变量 X、Y 服从正态分布，(x_1, y_1)，…，(x_n, y_n) 是来自该总体的一个随机样本，在总体相关系数 $\rho=0$ 的条件下，样本相关系数 r 服从自由度为 $(n-2)$ 的 t 分布。检验的具体步骤如下：

第一步：提出假设。

要检验的假设为 $H_0: \rho=0$；$H_1: \rho\neq0$（备择假设或者为 $H_1: \rho>0$，$H_1: \rho<0$）。

第二步：计算检验统计量 t。t 的计算公式为：

$$t = |r|\sqrt{\frac{n-2}{1-r^2}} \sim t(n-2) \tag{8-3}$$

第三步：进行决策。根据给定的显著性水平 α 和自由度 $df=n-2$ 查 t 分布表，查出临界值 $t_{\alpha/2}(n-2)$。若 $|t|>t_{\alpha/2}$，则拒绝原假设 H_0，表明总体的两个变量之间存在显著的线性相关；反之，则不能拒绝原假设。或者计算 p 值，如果 p 值小于显著性水平 α，则拒绝原假设，否则不能拒绝原假设。

【例 8-3】 根据例 8-2 的计算结果 $r=0.9677$，检验在 $\alpha=0.05$ 的显著性水平下，国内旅游人均花费与人均国内生产总值是否具有线性相关关系。

【解】 取显著性水平 $\alpha=0.05$，查表得到临界值得：$t_{\alpha/2}(9-2)=2.3646$，

检验统计量的值为：$t=\dfrac{0.9677\times\sqrt{9-2}}{\sqrt{1-0.9677^2}}=10.1557$

由于 $|t|>t_{\alpha/2}$，所以拒绝原假设，表明总体相关系数 $\rho\neq0$，认为国内旅游人均花费与人均国内生产总值存在线性相关关系。

最后需要说明的是，线性相关关系与因果关系是不同的。相关系数很大，不能表明变量间存在因果关系，也可能两个变量同时受第三个变量的影响而使它们有很强的相关。比如，人的肺活量与人的身高会呈现高度相关，其实肺活量和身高都受人的体重影响，因此如果固定人的体重来研究肺活量与身高的关系，则会发现相关性很低，这涉及偏相关系数的计算。又如，我们计算 2008—2018 年期间某地猪肉销售量与感冒片销售量的相关系数，它可能很大，但这并不说明猪肉销售量与感冒片销售量之间有线性相关关系，因为它们都受这个时期人口增长因素的影响，把两个从逻辑上不存在联系的两个变量放在一起做相关分析，没有意义，在统计上称之为“虚假相关”。

8.2　回归分析的基本思想与原理

8.2.1　回归分析的概念

“回归”一词是由英国生物学家高尔顿在研究人体身高的遗传问题时首先提出的。根据遗传学的观点，子辈的身高受父辈身高的影响，以 X 为父辈身高，Y 为子辈身高。对于同样身高的父辈，子辈的身高并不一致，因此 X 与 Y 之间存在一种相关关系。一般而言父辈的身高越高，其子辈的身高也越高，依此推论，人类身高必然出现两极分化。而事实并非如此，如图 8-5 所示，当父辈身高 X 比人类平均身高 μ 高时，则子辈身高 Y 存在概率 $P(X>Y)<P(X<Y)$；反之，当父辈身高 X 比人类平均身高 μ 矮时，则子辈身高 Y 存在概率 $P(X>Y)>P(X<Y)$，显然有一种力量将子辈身高拉回人类身高的平均数，即子辈身高有向人类平均身高“回归”的特点。“回归”一词即源于此。

图 8-5　“回归”示意图

现代回归分析虽然沿用了“回归”一词，但内容已有很大变化，它是一种广泛应用于许多领域的研究方法，在经济理论研究和实证研究中发挥着重要的作用。

回归分析（regression analysis），是指对具有相关关系的两个或两个以上变量之间数量变化的一般关系进行测定，确立一个相应的数学方程式，描述变量变动的相互关系，以便从一个已知量来推测另一个未知量，为估计预测值提供一个重要的方法。根据回归分析建立的数学模型称为回归函数。

回归的目的（实质）是：由固定的自变量去估计因变量的平均值，如图 8-6 所示，从总体中抽取一个随机样本，固定一个自变量的值，去估计因变量的总体均值。

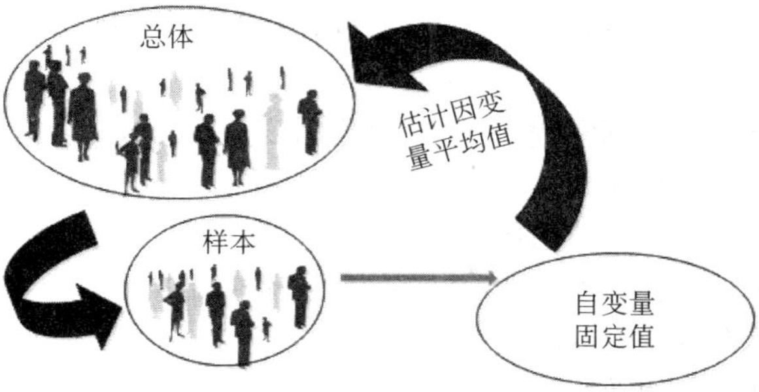

图 8－6 回归的目的（实质）示意图

回归分析的主要步骤：第一步：根据理论和对问题的分析判断，将变量分为自变量和因变量；第二步：设法找出合适的数学表达式（即回归函数）描述变量间的关系；第三步：由于涉及的变量具有不确定性，接着还要对模型进行统计检验；第四步：统计检验通过后，利用回归函数，根据自变量去估计、预测因变量。

回归分析的分类：按照自变量的个数划分为一元回归和多元回归，只有一个自变量的回归叫一元回归，有两个或两个以上自变量的回归叫多元回归；按照回归的表现形式分为线性回归与非线性回归。研究一个因变量与一个自变量之间的线性关系，称为一元线性回归或简单线性回归；研究一个因变量与多个自变量之间的线性关系，称为多元线性回归。

8.2.2 回归分析的意义

回归分析是一种统计学上分析数据的方法，目的在于了解两个或多个变量间是否相关、相关方向与强度，并建立数学模型以便观察特定变量来预测研究者感兴趣的变量。回归分析是建立因变量 Y 与自变量 X 之间关系的模型。

回归分析的意义可分为两个方面：一方面是“预测”，通过建立回归函数或者建立回归函数来预测估计目标变量，比如在市场上运用价格与销量之间的关系，通过定价的不同来预测销售量的变化；另一方面是“因子分析”，根据回归分析的结果，得出各个自变量对目标变量产生的影响，求出各个自变量的影响程度，例如市场的需求供给和价格之间的关系，价格与需求成反比，价格与供给成正比，价格对需求和供给的影响恰好是相反的。

8.2.3 相关与回归分析的区别与联系

- 相关与回归分析的联系：

（1）相关分析是回归分析的基础和前提，回归分析则是相关分析的深入和继续。

（2）相关分析需要依靠回归分析来表现变量之间数量关系的具体形式，而回归分析则需要依靠相关分析来表现变量之间数量变化的相关程度。

（3）只有当变量之间存在高度相关时，进行回归分析寻求其相关的具体形式才有意义。如果在没有确定变量之间是否相关，以及相关方向和程度没有做出正确判断之前，就进行回归分析，很容易造成“伪回归”。

（4）相关分析只研究变量之间相关的方向和程度，不能推断变量之间相互关系的具体形式，也无法从一个变量的变化来推测另一个变量的变化情况。因此，在具体应用过程中，只有把相关分析和回归分析结合起来，才能达到研究和分析的目的。

- 相关与回归分析的区别：

（1）相关分析中涉及的变量不存在自变量和因变量的划分问题，变量之间的关系是对等的，而在回归分析中，则必须根据研究对象的性质和研究分析的目的，对变量进行自变量和因变量的划分。因此，在回归分析中，变量之间的关系是不对等的。

（2）在相关分析中所有的变量都必须是随机变量。而在回归分析中，自变量是确定的，因变量才是随机的，即将自变量的给定值代入回归函数后，所得到的因变量的估计值不是唯一确定的，而会表现出一定的随机波动性。

（3）相关分析主要是通过一个指标，相关系数来反映变量之间相关程度的大小，由于变量之间是对等的，因此相关系数是唯一确定的。而在回归分析中，对于互为因果的两个变量（如人的身高与体重），则有可能存在多个回归函数。

需要指出的是，变量之间是否存在“真实相关”，是由变量之间的内在联系所决定的。相关分析和回归分析只是定量分析的手段，通过相关分析和回归分析，虽然可以从数量上反映变量之间的联系形式及其密切程度，但是无法准确判断变量之间内在联系的存在与否，也无法判断变量之间的因果关系。因此，在具体应用过程中，一定要注意把定性分析和定量分析结合起来，在定性分析的基础上展开定量分析。

8.3 一元线性回归

一元线性回归（linear regression）是描述两个变量之间相互联系的最简单的回归函数。一元线性回归虽然简单，但通过一元线性回归函数的建立过程，我们可以了解回归分析方法的基本统计思想以及它在经济问题研究中的应用原理。本节将详细讨论一元线性回归的建模思想、最小二乘估计及其性质、回归函数的有关检验、预测和控制的理论及应用。

8.3.1 一元线性回归函数

在许多问题的研究中，经常需要研究某一现象与影响它的某一最主要因素之间的关系。比如，在消费问题的研究中，影响消费的因素有很多，但我们可以只研究国内生产总值与人均旅游花费之间的关系，因为国内生产总值是影响人均旅游花费的最主要因素。通常我们对所研究的问题首先要搜集与它有关的 n 组样本数据（x_i，y_i），$i=1$，2，…，n。为了直观地发现样本数据的规律，我们把（x_i，y_i）看成是平面直角坐标系中的点，画出这 n 个样本点的散点图。如图 8 - 2 所示：是人均国内生产总值与人均旅游消费的散点图，而随后计算出的相关系数为0.9677，经过检验表明人均旅游消费 y 与人均国内生产总值 x 之间有着密切的相关关系。为进一步探讨变量 y 与 x 之间的统计规律性，可以用数学模型来描述它。

（1）总体回归函数。将总体因变量 y 的条件均值表示为自变量 x 的某种函数，这个函数称为总体回归函数（简记 PRF），有两种表现形式：

①条件均值形式。假设 y 的条件均值 $E(y|x_i)$ 是自变量 x 的线性函数，则条件均值的表

现形式为：

$$E(y|x_i)=\beta_0+\beta_1x_i \tag{8-4}$$

一般称 y 为被解释变量，或因变量（dependent variable）；x 为解释变量，或自变量（independent variable），式中 β_0 和 β_1 是未知参数，称它们为回归系数（regression coefficient）。式（8-4）从平均意义上表达了变量 y 与 x 的统计规律性，这一点在应用上非常重要，因为我们经常关心的正是这个平均值。如例 8-1 中在人均消费 y 与国内生产总值 x 的研究中，我们所关心的正是当国内生产总值 x 达到某个水平时，人均消费 y 能达到多少。由式（8-4），只要估计出回归系数 β_0 和 β_1，当 x_i 已知时，则 $E(y|x)$ 就可以预测。

一元线性总体回归函数式（8-4），在图形上它表示一条截距为 β_0、斜率为 β_1 的直线，这条直线称为一元线性回归直线，如图 8-7 所示。

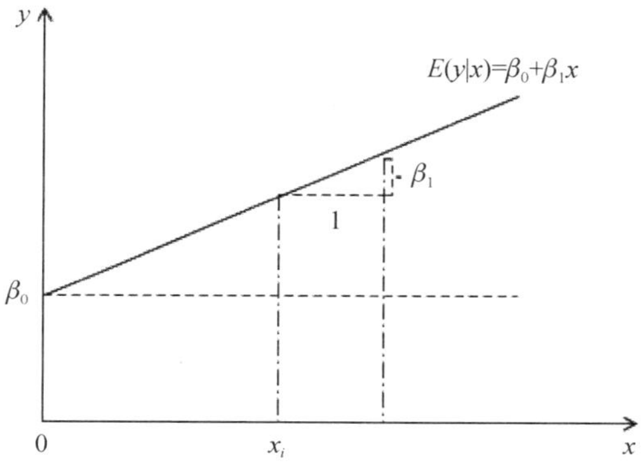

图 8-7　一元线性回归函数示意图

自变量 x 是可控的非随机变量，当 x 取某一个值 x_i 时，相应的 y 有许多的 y_i 与之对应，y_i 是随机变量，这些 y_i 构成一个在 x_i 条件下的条件分布，并假设其服从正态分布，则所有 y_i 的条件分布的平均值位于给定 x 值的回归线上，呈线性关系。如果 $x=0$，则 β_0 是 $x=0$ 时 y 概率分布的均值；β_1 表示 x 每变动一个单位时 y 概率分布的均值的变化，即当 x 每变化一个单位时，y 平均变化 β_1 个单位。

②个别值表现形式（或称随机设定形式）。对于确定的 x_i，其对应的 y_i 值并不一定唯一，即 y_i 不一定全部等于 $E(y|x_i)$，而是分布在条件均值 $E(y|x_i)$ 的周围。这个时候 y_i 与 $E(y|x_i)$ 之间会产生一定的偏差，这个偏差可正可负是随机变量，代表除自变量以外的所有因素对 y 的影响，把这个偏差称为随机误差项，用 ε 表示。则有：

$$\varepsilon_i=y_i-E(y|x_i)=y_i-\beta_0-\beta_1x_i \tag{8-5}$$

即个别值表现形式为：

$$y_i=\beta_0+\beta_1x_i+\varepsilon_i \tag{8-6}$$

式（8-6）将问题中变量 y 与 x 之间的关系用两个部分描述：①一部分是由于 x 的变化引起 y 线性变化的部分，即 $\beta_0+\beta_1x_i$；②另一部分是由其他一切随机因素引起的随机误差项 ε_i。它表达了变量 y 与 x 之间的密切相关性，但密切程度并没有到 x 可以唯一确定 y 的这种特殊关系。误差项 ε，表示其他随机因素的影响，一般假定 ε 是不可观测的随机误差。

式（8-6）被称为理论回归函数，因为误差项 ε 是无法直接观测的，为了进行回归分析，对这一模型通常有 5 个假定：

假定1：零均值假定　　$E(\varepsilon_i|x_i)=0$

假定2：同方差假定　　$Var(\varepsilon_i|x_i)=E[\varepsilon_i-E(\varepsilon_i|x_i)]^2=E(\varepsilon_i^2)=\sigma^2$

假定3：正态性假定　　$\varepsilon_i\sim N(0,\sigma^2)$

假定4：无自相关假定　　$Cov(\varepsilon_i,\varepsilon_j)=E\{[\varepsilon_i-E(\varepsilon_i)][\varepsilon_j-E(\varepsilon_j)]\}=E[\varepsilon_i,\varepsilon_j]=0$

假定5：误差项 ε_i 与自变量 x_i 不相关

$$Cov(\varepsilon_i,x_i)=E\{[\varepsilon_i-E(\varepsilon_i)][x_i-E(x_i)]\}=E[\varepsilon_i,x_i]=0$$

（2）样本回归函数。将因变量 y 的样本观测值的条件均值表示为自变量 x 的某种函数，这个函数称为样本回归函数（简记 SRF）。样本回归函数的函数形式应与设定的总体回归函数的函数形式一致，也有两种表达形式。

①样本条件均值表现形式为：

$$\hat{y}_i=\hat{\beta}_0+\hat{\beta}_1x_i \tag{8-7}$$

式中，$\hat{y}_i$ 是与 x_i 相对应的样本条件均值，$\hat{\beta}_0$、$\hat{\beta}_1$ 分别表示样本回归函数的两个回归系数。

②个别值表达形式。对于确定的 x_i，其对应的 y_i 值并不一定唯一，即 y_i 不一定全部等于样本条件均值 $\hat{y}_i$，而是分布在 $\hat{y}_i$ 的周围。这个时候 y_i 与 $\hat{y}_i$ 之间会产生一定的偏差，这个偏差可正可负是随机变量，代表除自变量以外的所有因素对 y 的影响，把这个偏差称为残差项或剩余项，用 e 表示。则有：

$$e_i=y_i-\hat{y}_i=y_i-\hat{\beta}_0-\hat{\beta}_1x_i \tag{8-8}$$

个别值表现形式为：

$$y_i=\hat{\beta}_0+\hat{\beta}_1x_i+e_i \tag{8-9}$$

（3）总体回归函数和样本回归函数的区别与联系。总体回归函数与样本回归函数示意图如图 8-8 所示，主要表现在以下几点：

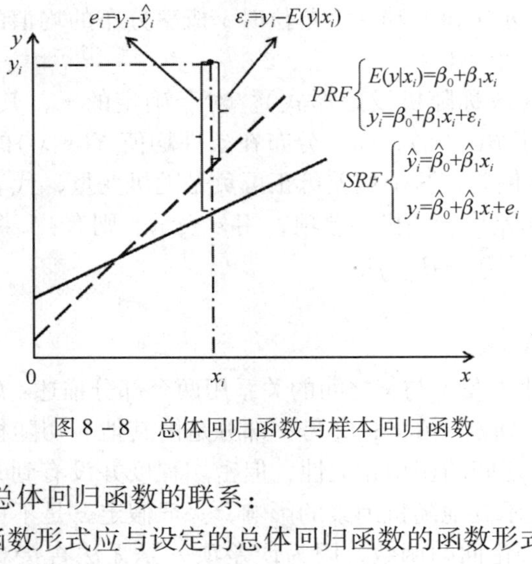

图 8-8　总体回归函数与样本回归函数

- 样本回归函数与总体回归函数的联系：

①样本回归函数的函数形式应与设定的总体回归函数的函数形式保持一致。

②样本回归函数的回归系数 $\hat{\beta}$ 是对总体回归函数参数 β 的估计。

③样本回归函数的因变量估计值 $\hat{y}_i$ 是总体回归函数因变量估计值 $E(y|x_i)$ 的估计。

④回归分析的目的是用样本回归函数去估计总体回归函数。

- 样本回归函数与总体回归函数的区别：

①总体回归线是未知的，但它是确定的；样本回归线随抽样波动而变化，可以有许多条。

②总体回归函数的参数 β 虽未知，但是确定的常数；样本回归函数的回归系数 $\hat{\beta}$ 可观测，但是随抽样而变化的随机变量。

③总体回归函数中的随机误差项 ε_i 是不可直接观测的；而样本回归函数中的残差 e_i 是只要估计出样本回归估计值就可以计算的数值。

8.3.2 一元线性回归模型参数的最小二乘估计

（1）最小二乘估计的概念。实际上，总体 x 和 y 的真值是不可能进行全面观察获取的，因而只能从总体中抽取部分资料作为样本，通过样本来推断总体。

样本回归函数中的 $\hat{\beta}_0$、$\hat{\beta}_1$、e_i 分别是总体回归函数 β_0、β_1、ε_i 的估计量，随着样本容量的增大，它们之间差异会越小。就样本回归函数 $\hat{y}_i = \hat{\beta}_0 + \hat{\beta}_1 x_i$ 而言，每输入一个 x_i，计算得到的 $\hat{y}_i$ 往往不一定与实际值 y_i 相等，很可能会存在一定的偏差 e_i，如图 8－9 所示，可以表示为：

$$e_i = y_i - \hat{y}_i \tag{8-10}$$

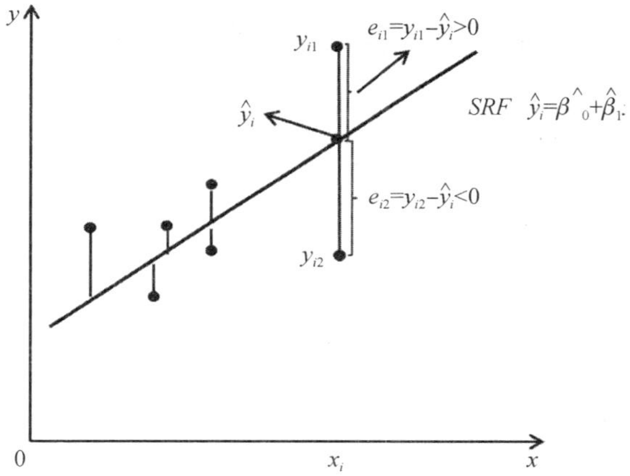

图 8－9 实际值与理论值的偏差

若要使样本回归线充分代表总体回归线，即 $\hat{\beta}_0$、$\hat{\beta}_1$、e_i 成为 β_0、β_1、ε_i 的最优估计量，则各个样本点与样本回归线应当最接近。换句话说，这样的散点趋势分布所拟合的回归线最优。显然，残差 e_i 的平方和刻画了全部观测值（相关点）与回归线的偏离程度。无论 e_i 是正偏离还是负偏离，都是描绘实际值与理论值的偏差。若要反映总偏差，不能将 e_i 直接汇总，而首先应当把 e_i 变成非负的形式，即变成 e_i^2，则有最小二乘法的形式为：

$$\sum_{i=1}^{n} e_i^2 = \min(\text{最小值}) \tag{8-11}$$

最小二乘法的依据是数学偏导数求极值的原理，其拟合的最优趋势线必须满足以下两个条件：① $\sum_{i=1}^{n}(y_i - \bar{y}_i) = 0$；② $\sum_{i=1}^{n}(y_i - \bar{y}_i)^2$ 达到最小值。

（2）最小二乘法估计参数的过程。

$$\sum_{i=1}^{n} e_i^2 = \sum_{i=1}^{n}(y_i - \hat{y}_i)^2 = \sum_{i=1}^{n}(y_i - \hat{\beta}_0 - \hat{\beta}_1 x_i)^2 \tag{8-12}$$

对式（8－12）求关于 $\hat{\beta}_0$，$\hat{\beta}_1$ 的一阶偏导数：

$$\begin{cases} \dfrac{\partial\left(\sum_{i=1}^{n} e_i^2\right)}{\partial \hat{\beta}_0} = 2\sum_{i=1}^{n}(y_i - \hat{\beta}_0 - \hat{\beta}_1 x_i)(-1) = 0 \\ \dfrac{\partial\left(\sum_{i=1}^{n} e_i^2\right)}{\partial \hat{\beta}_1} = 2\sum_{i=1}^{n}(y_i - \hat{\beta}_0 - \hat{\beta}_1 x_i)(-x_i) = 0 \end{cases} \tag{8-13}$$

该联立方程经整理后，得到以下方程：

$$\begin{cases} \sum_{i=1}^{n} y_i = n\hat{\beta}_0 + \hat{\beta}_1 \sum_{i=1}^{n} x_i \\ \sum_{i=1}^{n} x_i y_i = \hat{\beta}_0 \sum_{i=1}^{n} x_i + \hat{\beta}_1 \sum_{i=1}^{n} x_i^2 \end{cases} \tag{8-14}$$

求解式（8－14）可以得到回归系数 $\hat{\beta}_0$，$\hat{\beta}_1$ 的计算公式：

$$\begin{cases} \hat{\beta}_1 = \dfrac{n\sum_{i=1}^{n} x_i y_i - \sum_{i=1}^{n} x_i \sum_{i=1}^{n} y_i}{n\sum_{i=1}^{n} x_i^2 - \left(\sum_{i=1}^{n} x_i\right)^2} = \dfrac{\sum_{i=1}^{n}(x_i - \bar{x})(y_i - \bar{y})}{\sum_{i=1}^{n}(x_i - \bar{x})^2} \\ \hat{\beta}_0 = \dfrac{\sum_{i=1}^{n} y_i}{n} - \hat{\beta}_1 \dfrac{\sum_{i=1}^{n} x_i}{n} = \bar{y} - \hat{\beta}_1 \bar{x} \end{cases} \tag{8-15}$$

$\hat{\beta}_0$、$\hat{\beta}_1$ 分别是总体回归参数 β_0、β_1 的最小二乘估计值。由此可以得到样本回归模型：

$$\hat{y}_i = \hat{\beta}_0 + \hat{\beta}_1 x_i \tag{8-16}$$

【例 8－4】 根据例 8－1 的资料，求国内旅游人均花费对人均国内生产总值的回归方程。

【解】 根据表 8－2 中的数据和式（8－15），计算所需相关数据如表 8－4 所示。

表 8－4　例 8－4 的相关数据计算表

年份	国内旅游人均花费（元）y	人均国内生产总值（元）x	xy	x^2
2009	535.4	26180	14016772.0	685392400
2010	598.2	30808	18429345.6	949132864
2011	731.0	36302	26536762.0	1317835204

续表

年份	国内旅游人均花费（元）y	人均国内生产总值（元）x	xy	x^2
2012	767.9	39874	30619244.6	1589935876
2013	805.5	43684	35187462.0	1908291856
2014	839.7	47005	39470098.5	2209470025
2015	857.0	50028	42873996.0	2502800784
2016	888.2	53680	47678576.0	2881542400
2017	913.0	59201	54050513.0	3504758401
合计	6935.9	386762	308862769.7	17549159810

$$\begin{cases}\hat{\beta}_1 = \dfrac{n\sum\limits_{i=1}^{n} x_i y_i - \sum\limits_{i=1}^{n} x_i \sum\limits_{i=1}^{n} y_i}{n\sum\limits_{i=1}^{n} x_i^2 - \left(\sum\limits_{i=1}^{n} x_i\right)^2} = \dfrac{9 \times 308862769.7 - 386762 \times 6935.9}{9 \times 17549159810 - 386762^2} = 0.0116 \\ \hat{\beta}_0 = \bar{y} - \hat{\beta}_1 \bar{x} = \dfrac{6935.9}{9} - 0.0116 \times \dfrac{386762}{9} = 272.1623 \end{cases}$$

即国内旅游人均花费对人均国内生产总值的估计方程为 $\hat{y}_i = 272.1623 + 0.0116x_i$。回归系数 $\hat{\beta}_1 = 0.0116$ 表示人均国内生产总值每增加一元，国内旅游人均花费平均增加 0.0116 元。

（3）最小二乘法估计的统计性质。总体回归函数的参数 β_0、β_1 不能直接观测，只能通过样本观测值去估计，然而所得到的回归系数的估计量 $\hat{\beta}_0$、$\hat{\beta}_1$ 是随机变量。那么像这样估计的回归系数是否可靠？是否仅仅为抽样的偶然结果？还需要进行假设检验。对回归系数的检验，是建立在确定估计样本回归系数的概率分布性质基础上的。

样本回归系数的最小二乘估计量 $\hat{\beta}_0$、$\hat{\beta}_1$ 具有以下性质：

①最小二乘估计量 $\hat{\beta}_0$、$\hat{\beta}_1$ 都是 y_i 的线性函数，则有：

$$\begin{cases}\hat{\beta}_1 = \sum\limits_{i=1}^{n} k_i y_i \\ \hat{\beta}_0 = \bar{y} - \hat{\beta}_1 \bar{x}\end{cases} \tag{8-17}$$

②$\hat{\beta}_0$、$\hat{\beta}_1$ 的期望值等于总体回归系数 β_0、β_1 的真实值，最小二乘估计是总体回归系数的无偏估计，则有：

$$\begin{cases}E(\hat{\beta}_1) = \beta_1 \\ E(\hat{\beta}_0) = \beta_0\end{cases} \tag{8-18}$$

③回归系数最小二乘估计具有有效性。可以证明 $\hat{\beta}_0$、$\hat{\beta}_1$ 的方差和标准差分别为：

$$\begin{cases} Var(\hat{\beta}_1) = \dfrac{\sigma^2}{\sum_{i=1}^{n}(x_i - \bar{x})^2} \\ Var(\hat{\beta}_0) = \sigma^2 \dfrac{\sum_{i=1}^{n} x_i^2}{n\sum_{i=1}^{n}(x_i - \bar{x})^2} \end{cases} \tag{8-19}$$

$$\begin{cases} Se(\hat{\beta}_1) = \dfrac{\sigma}{\sqrt{\sum_{i=1}^{n}(x_i - \bar{x})^2}} \\ Se(\hat{\beta}_0) = \sigma\sqrt{\dfrac{\sum_{i=1}^{n} x_i^2}{n\sum_{i=1}^{n}(x_i - \bar{x})^2}} \end{cases} \tag{8-20}$$

式中，Se 表示标准差；σ^2 是随机误差 ε_i 的方差。

依据高斯的马尔科夫定理，在满足前面提出的5个基本假定都满足的条件下，在所有线性无偏估计中，最小二乘估计具有最小方差，回归系数的最小二乘估计是最佳线性无偏估计，这种特性的内容称为马尔科夫定理。

（4）方差 σ^2 的估计。由式8-19可知，$\hat{\beta}_0$、$\hat{\beta}_1$ 的方差除了关系到样本观测值外，还涉及总体随机误差 ε_i 的方差 σ^2，而 σ^2 是未知的。在一元线性回归函数最小二乘估计的基础上，可以得到 σ^2 的无偏估计量 $\hat{\sigma}^2$：

$$\hat{\sigma}^2 = \frac{\sum_{i=1}^{n} e_i^2}{n-k} \tag{8-21}$$

这里的 n 表示样本观测值的个数。k 表示多元回归模型中的参数，也是回归中要估计的回归系数 β_j 的个数，$k-1$ 表示自变量 x 的个数。在一元线性回归中 $k=2$，需要估计的回归系数为 β_0，β_1。

$\hat{\sigma}$ 称为估计标准误也称估计标准误差或剩余标准差，是回归直线随机离差的均方根，它反映了以回归直线为中心的各观察值与其估计值之间的平均离差程度，是回归模型的误差分析指标，可从另一方面显示回归模型拟合的优劣状况。

8.3.3 一元回归的拟合优度评价

拟合优度，是指样本观测值聚集在样本回归线周围的紧密程度。判断回归函数拟合程度优劣最常用的方法是考察指标：可决系数（又称样本判定系数）。

可决系数是样本回归线对数据拟合程度的综合度量。对回归直线拟合优度的检验是建立在因变量的总离差分解的基础之上。因变量 y 不同取值的波动称为离差，离差产生的原因有两个：①自变量 x 的取值不同；②除 x 以外（如 x 对 y 的非线性影响、测量误差、随机因素等）的影响。对一个实际的观测值 y_i 来说，离差的大小可用实际观测值 y_i 与其均值的离差

（$y_i-\bar{y}$）来表示，如图 8－10 所示。

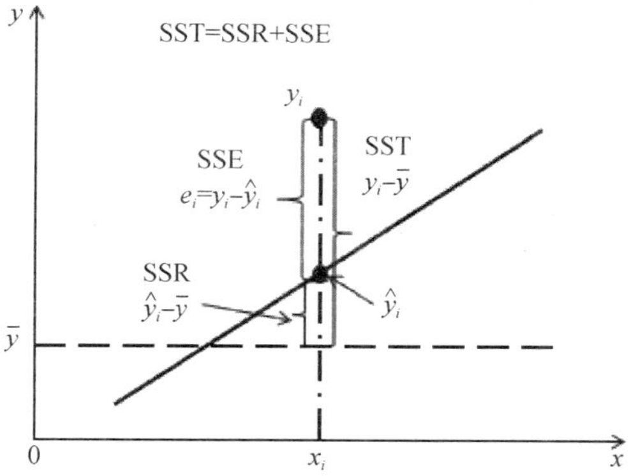

图 8－10　离差分析图

由图 8－10 可见，观测值 y_i 的离差（$y_i-\bar{y}$），总平方和 $\sum(y_i-\bar{y})^2$ 通常用 SST 表示，可以分解成两部分：①因变量的理论回归值与其样本均值的离差（$\hat{y}_i-\bar{y}$），可以理解成是自变量对因变量的影响，即线性相关关系引起的变化，是回归直线所能解释的部分，也叫解释离差，回归平方和 $\sum(\hat{y}_i-\bar{y})^2$ 通常用 SSR 表示；②实际值与理论值的离差（$y_i-\hat{y}_i$），是自变量以外的随机因素及非线性因素作用的结果，它是回归直线无法解释的离差，称为残差，也称剩余离差，残差平方和 $\sum(y_i-\hat{y}_i)^2$ 通常用 SSE 表示。即有：

$$y_i-\bar{y}=(\hat{y}_i-\bar{y})+(y_i-\hat{y}_i) \tag{8-22}$$

$$SST=SSR+SSE \tag{8-23}$$

从图 8－10 可知，回归直线拟合的好坏取决于 SSR 占 SST 的比重 SSR/SST 的大小，称为可决系数，用 R^2 表示，其计算公式为：

$$R^2=\frac{SSR}{SST}=\frac{\sum(\hat{y}_i-\bar{y})^2}{\sum(y_i-\bar{y})^2}=1-\frac{\sum(y_i-\hat{y}_i)^2}{\sum(y_i-\bar{y})^2} \tag{8-24}$$

R^2 表示全部偏差中有百分之几的偏差可由 x 与 y 的回归关系来解释。可决系数是对回归函数拟合程度的综合度量，可决系数越大，拟合程度越高；可决系数越小，拟合程度越差。可决系数具有如下性质：

（1）R^2 具有非负性。由 R^2 的定义可知，R^2 的分子分母均大于零，因此其比值必定大于零。

（2）R^2 的取值范围［0，1］。由 R^2 的计算公式可以看出，当所有的实际观测值都位于回归直线上时，SSE＝0，则 $R^2=1$，说明总平方和 SST 可以全部由回归平方和 SSR 来解释；当实际观测值并不是全部位于回归直线上，但又大致在其附近时，SSE＞0，则 $R^2<1$；当回归直线没有解释任何离差，即 SSR＝0，这时 $R^2=0$。

（3）可决系数 R^2 是样本观测值的函数，是一个随机变量。

（4）在一元线性回归中，R^2 是相关系数 r 的平方（在多元回归分析中这一关系不成立）。

8.3.4 一元线性回归函数的显著性检验

回归模型中的参数 β_0、β_1 被估计出来之后，还必须对其进行检验。如果通过检验发现模型有缺陷，则必须回到模型的设定阶段或参数估计阶段，重新选择因变量和自变量及形式，或者对数据进行加工整理后再次估计参数。

对线性回归函数的显著性检验包括两个方面的内容：一是对整个回归函数的显著性检验（F 检验），另一个是对各回归系数的显著性检验（t 检验）。

（1）整个回归函数的显著性检验（F 检验）。回归函数的显著性检验，是对回归模型总体的显著性检验，即对回归模型中所有因变量与自变量之间的线性关系在总体上是否显著成立做出推断。对于一元线性回归函数，检验自变量 x 与因变量 y 之间的线性关系是否显著，我们需要构造一个关于检验的统计量。该统计量的构造是以回归平方和（SSR）以及残差平方和（SSE）为基础，将 SSR 除以其相应自由度（自变量个数 k，一元线性回归中自由度为 1）后的结果称为均方回归 MSR；将 SSE 除以其相应自由度（$n-k$，一元线性回归中自由度为 $n-2$）后的结果称为均方残差 MSE。如果原假设 H_0 成立，则比值 MSR/MSE 的抽样分布将服从分子自由度为 1，分母自由度为 $n-2$ 的 F 分布，即：

$$F=\frac{SSR/1}{SSE/(n-2)}=\frac{MSR}{MSE}: F(1,n-2) \tag{8-25}$$

回归函数的显著性检验（F 检验）步骤：

①提出假设：H_0：$\beta_1=0$ ；H_1：$\beta_1\neq0$。

②这里的 F 检验其实就是方差分析的内容，见表 8-5。

③给定显著性水平 α，确定临界值 $F_\alpha(1,n-2)$；

④若 $F\geqslant F_\alpha(1,n-2)$，则拒绝 H_0，说明总体回归系数 $\beta_1\neq0$，即回归函数显著。

表 8-5　　一元线性回归函数的方差分析表

方差来源	平方和	自由度	均方	F 值
回归	SSR	1	$MSR=\frac{SSR}{1}$	$F=\frac{MSR}{MSE}$
误差	SSE	$n-2$	$MSE=\frac{SSE}{n-2}$	
总计	SST	$n-1$		

（2）回归系数的显著性检验（t 检验）的步骤。所谓回归系数检验，就是根据样本估计的结果对总体回归系数的有关假设进行检验。在一元线性回归模型 $y_i=\beta_0+\beta_1x_i+\varepsilon_i$ 中，如果回归系数 $\beta_1=0$，回归线是一条水平线，表明因变量 y 的取值不依赖于自变量 x，即两个变量间没有线性关系。如果回归系数 $\beta_1\neq0$，就可以得出两个变量之间存在线性关系的结论。因此，回归系数的显著性检验就是检验 β_1 是否等于零。回归系数的显著性检验（t 检验）步骤如下：

①提出假设：H_0：$\beta_1=0$；H_1：$\beta_1\neq0$

②t 检验的计算公式为：$t=\dfrac{\hat{\beta}_1}{Se(\hat{\beta}_1)}$，其中 $Se(\hat{\beta}_1)$ 是回归系数估计量 $\hat{\beta}_1$ 的标准差。

③给定显著性水平 α，确定临界值 $t_{\alpha/2}(n-2)$。

④若 $|t| \geq t_{\alpha/2}(n-2)$，则拒绝 H_0，总体回归系数 $\beta_1 \neq 0$；否则不能拒绝 H_0。

这里需要指出的是，在一元线性回归中，由于自变量只有一个，F 检验与 t 检验等价，如式 8－26 所示。

$$t^2 = \left[\frac{\hat{\beta}_1}{Se(\hat{\beta}_1)}\right]^2 = \left[\frac{\sum_{i=1}^{n}(\hat{y}_i - \bar{y})^2/(k-1)}{\sum_{i=1}^{n}(y_i - \hat{y}_i)^2/(n-2)}\right] = \left[\frac{SSR/1}{SSE/(n-2)}\right] = F \qquad (8-26)$$

在一元线性回归中，整个回归函数的显著性检验和回归系数的显著性检验是等价的，F 检验和 t 检验等价。

【例 8－5】 根据例 8－1 的资料，计算可决系数、估计标准误差，并对回归函数进行检验（$\alpha = 0.05$）。

【解】 根据表 8－2 中的数据，计算所需相关数据如表 8－6 所示。

表 8－6　　例 8－5 的计算数据

年份	国内旅游人均花费（元）y	人均国内生产总值（元）x	$\hat{y}$	$\sum(\hat{y}-\bar{y})^2$	$\sum(y-\bar{y})^2$	$\sum(y-\hat{y})^2$	$\sum(x-\bar{x})^2$
2009	535.4	26180	575.2992	38164.1179	55345.1764	1591.9437	282023508.1975
2010	598.2	30808	629.1359	20027.8260	29740.9186	957.0270	148000741.9753
2011	731.0	36302	693.0466	6023.1563	1572.5631	1440.4636	44509653.5309
2012	767.9	39874	734.5990	1300.0761	7.5931	1108.9574	9607244.6420
2013	805.5	43684	778.9200	68.3015	1214.1353	706.4950	504731.3086
2014	839.7	47005	817.5526	2199.3344	4767.1353	490.5065	16252544.3086
2015	857.0	50028	852.7186	6734.3480	7455.3631	18.3301	49765186.4198
2016	888.2	53680	895.2017	15511.7377	13816.6964	49.0236	114627952.6420
2017	913.0	59201	959.4265	35634.4598	20261.9409	2155.4175	263329953.1975
合计	6935.9	386762	6935.9000	125663.3577	134181.5222	8518.1645	928621516.2222

可决系数：$R^2 = \dfrac{SSR}{SST} = \dfrac{\sum(\hat{y}-\bar{y})^2}{\sum(y_i-\bar{y})^2} = \dfrac{125663.3577}{134181.5222} = 0.9365$

估计标准误差：$\hat{\sigma} = \sqrt{\dfrac{SSE}{n-2}} = \sqrt{\dfrac{\sum(y_i-\hat{y})}{n-2}} = \sqrt{\dfrac{8518.1645}{7}} = 34.8838$

下面进行 t 检验：

H_0：$\beta_1 = 0$；H_1：$\beta_1 \neq 0$

$$t = \frac{\hat{\beta}}{Se(\hat{\beta}_1)} = \hat{\beta}_1\sqrt{\frac{\sum(x-\bar{x})^2}{\hat{\sigma}}} = 10.1620$$

$t_{\alpha/2}(n-2) = t_{0.025}(7) = 2.365$，因为 $|t| = 10.1620 > t_{\alpha/2}$，所以拒绝原假设 H_0，即总体回归系数 $\beta_1 \neq 0$。

8.3.5 一元回归函数的预测区间

建立回归函数的主要目的就是为了能够用它进行预测。如果所拟合的样本回归函数通过了检验，被认为具有经济意义，同时被证明有较高的拟合度，就可以用来进行预测。所谓的预测是指根据自变量的取值去估计因变量的取值。

（1）点预测。点预测是指利用估计的回归方程，对自变量 x 的一个给定值 x_0，求出因变量 y 的平均值 $\hat{y}_0$。

$$\hat{y}_0 = \hat{\beta}_0 + \hat{\beta}_1 x_0 \tag{8-27}$$

式中：x_0 是给定自变量 x 具体数值；$\hat{y}_0$ 是给定 x_0 时 y 的平均值；$\hat{\beta}_0$、$\hat{\beta}_1$ 是已经估计出来的样本回归系数。

（2）预测误差。$\hat{y}_0$ 是根据样本回归函数计算出来的，它是样本观测函数，是一个随机变量。$\hat{y}_0$ 与所要预测 y 的真值之间必然存在一定的误差。在实际的回归预测中，发生预测误差的原因可以概括为四个：

①模型本身的误差因素。由于总体回归函数并未将所要影响 y 的因素都纳入模型，同时其具体的函数形式也只是实际变量之间数量关系的近似反映，因此必然存在误差。这一误差可以利用总体随机误差项的方差来评价。

②回归系数的估计值与真值不一致。由于样本回归系数是根据样本估计的，它与总体回归系数之间存在一定的误差，这一误差可以用回归系数的最小二乘估计量的方差来评价。

③自变量 x 的设定值与实际值的偏离。当给出的 x_0 在样本之外时，其本身也需要利用某种方法去进行预测。如果 x_0 与未来时期 x 的实际值不符，代入式（8－27）计算 y 的预测值当然与实际值有所不同。

④由于未来时期总体回归系数发生变化。研究客观经济现象的总体回归函数，其回归系数是一定时期内经济结构的数量特征，随着社会经济结构的变化也会有所变动，如果沿用根据样本期数据拟合的样本回归函数去进行预测，会造成误差。

以上的③、④点不属于回归方程本身的问题，而且也难以事先估计和控制。

（3）区间估计。由式（8－27）计算的 $\hat{y}_0$ 只是对 y_0 的平均值的点估计，是由样本回归函数计算的，是随机变量，因此 $\hat{y}_0$ 不一定等于因变量预测的真实个别值 y_0，需要对 y_0 可能的置信区间做出预测，也就是说要对 y_0 进行区间预测。

利用估计的回归方程，对一个给定的 x_0，求出 y 的一个估计值的区间就是区间估计。区间估计有两种类型：①置信区间估计：对自变量 x 的一个给定值 x_0，求出因变量 y 的平均值 $E(y_0)$ 的区间估计；②预测区间估计：对 x 的一个给定值 x_0，求出 y 的一个个别值 y_0 的区间估计。

①y 的平均值 $E(y_0)$ 的置信区间估计。设对自变量 x 的一个给定值 x_0，$E(y_0)$ 为给定 x_0 时 y 的平均值或期望值。当 $x = x_0$ 时，$\hat{y}_0 = \hat{\beta}_0 + \hat{\beta}_1 x_0$ 就是 $E(y_0)$ 的估计值。但是一般情况下 $\hat{y}_0$ 与 $E(y_0)$ 是有差异的，因此想用 $\hat{y}_0$ 推断 $E(y_0)$，必须考虑根据估计的回归方程得到离差 $\delta_0 = E(y_0) - \hat{y}_0$ 的分布，δ_0 服从正态分布，δ_0 的期望和方差为：

$$E(\delta_0) = E[\hat{y}_0 - E(y_0)] = 0 \tag{8-28}$$

$$Var(\delta_0) = E[\hat{y}_0 - E(y_0)]^2 = \sigma^2\left[\frac{1}{n} + \frac{(x_0 - \bar{x})^2}{\sum_{i=1}^{n}(x_i - \bar{x})^2}\right] \tag{8-29}$$

用 $\hat{\sigma} = \sum e_i^2/(n-2)$ 代替 σ，则 δ_0 的标准差为：

$$Se(\delta_0) = \hat{\sigma}\sqrt{\frac{1}{n} + \frac{(x_0 - \bar{x})^2}{\sum_{i=1}^{n}(x_i - \bar{x})^2}} \tag{8-30}$$

则 $E(y_0)$ 的 $1-\alpha$ 的置信区间为：$\hat{y}_0 \pm t_{\alpha/2}Se(\delta_0)$，即：

$$\hat{y}_0 \pm t_{\alpha/2}\hat{\sigma}\sqrt{\frac{1}{n} + \frac{(x_0 - \bar{x})^2}{\sum_{i=1}^{n}(x_i - \bar{x})^2}} \tag{8-31}$$

②y 的一个个别值 y_0 的预测区间估计。当 $x = x_0$ 时，$\hat{y}_0 = \hat{\beta}_0 + \hat{\beta}_1 x_0$ 是个别值 y_0 的估计值。但是一般情况下 $\hat{y}_0$ 与 y_0 是有差异的，因此想用 $\hat{y}_0$ 推断 y_0，必须考虑根据估计的回归方程得到残差 $\varepsilon_0 = y_0 - \hat{y}_0$ 的分布，ε_0 服从正态分布，e_0 的期望和方差为：

$$E(e_0) = E[\hat{y}_0 - y_0] = 0 \tag{8-32}$$

$$Var(e_0) = E[y_0 - E(\hat{y}_0)]^2 = \sigma^2\left[1 + \frac{1}{n} + \frac{(x_0 - \bar{x})^2}{\sum_{i=1}^{n}(x_i - \bar{x})^2}\right] \tag{8-33}$$

用 $\hat{\sigma} = \sum e_i^2/(n-2)$ 代替 σ，则 e_0 的标准差为：

$$Se(e_0) = \hat{\sigma}\sqrt{1 + \frac{1}{n} + \frac{(x_0 - \bar{x})^2}{\sum_{i=1}^{n}(x_i - \bar{x})^2}} \tag{8-34}$$

则 y_0 的 $1-\alpha$ 的置信区间为：

$$\hat{y}_0 \pm t_{\alpha/2}\hat{\sigma}\sqrt{1 + \frac{1}{n} + \frac{(x_0 - \bar{x})^2}{\sum_{i=1}^{n}(x_i - \bar{x})^2}} \tag{8-35}$$

回归预测的区间估计如图 8－11 所示。

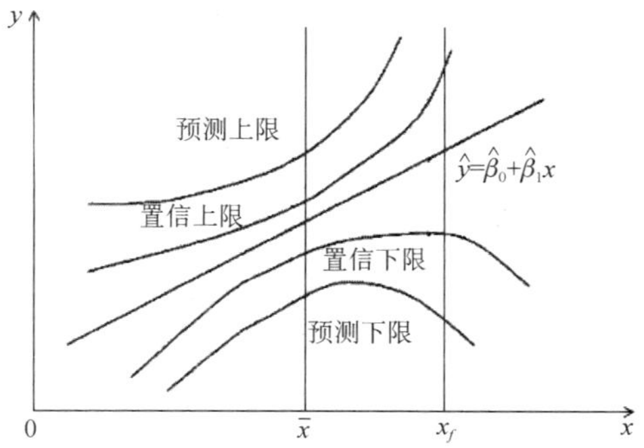

图 8－11　回归分析的区间估计

归纳两个预测区间的特点：首先由于 $Var(\delta_0) < Var(e_0)$，故总体均值的预测区间比个别值的预测区间要窄；其次样本容量 n 越大，则残差的方差越小，预测精度越高；最后在 n 一定时，当预测点 $x_0 = \bar{x}$时，残差的方差最小，预测区间最窄，离 $\bar{x}$ 越远，残差的方差越大，预测区间越宽，预测可信度下降。

【例 8-6】 根据例 8-1 的资料，若 2019 年的人均国内生产总值为 70000 元，求国内旅游人均花费 95% 的置信区间。

【解】 将 $x_0 = 70000$ 代入回归函数 $\hat{y}_0 = 272.1623 + 0.0116 \times 70000 = 1084.1623$（元），查表得 $t_{\alpha/2}(7) = 2.365$，其他数据参见表 8-4，代入式（8-31）和式（8-35）：

y 的平均值 95% 的置信区间为：

$$\hat{y}_0 \pm t_{\alpha/2}\hat{\sigma}\sqrt{\frac{1}{n} + \frac{(x_0 - \bar{x})^2}{\sum_{i=1}^{n}(x_i - \bar{x})^2}}$$

$$= 1084.1623 \pm 2.365 \times 34.8838 \times \sqrt{\frac{1}{9} + \frac{(70000 - 42973.5556)^2}{928621516.2222}}$$

$$= [1005.9965, 1162.3281]$$

y 的个别值的 95% 的置信区间：

$$\hat{y}_0 \pm t_{\alpha/2}\hat{\sigma}\sqrt{1 + \frac{1}{n} + \frac{(x_0 - \bar{x})^2}{\sum_{i=1}^{n}(x_i - \bar{x})^2}}$$

$$= 1084.1623 \pm 2.365 \times 34.8838 \times \sqrt{1 + \frac{1}{9} + \frac{(70000 - 42973.5556)^2}{928621516.2222}}$$

$$= [970.5130, 1197.8116]$$

两个区间的宽度不太一样，y 的个别值的预测区间要宽一些。二者的差别表明，估计 y 的平均值比预测 y 的个别值更精确。同样当 $x_0 = \bar{x}$时，预测区间也最准确。

8.3.6 Excel 在一元线性回归中的应用

以例 8-1 的数据资料为例，利用 Excel 进行相关与回归分析。

（1）绘制散点图。

第一步：启动 Excel，录入数据。新建一个工作部，在“A1：C10”区域输入数据资料，选择数据区域“B1：C10”，在菜单栏“插入”处选择“散点图”，在类型中选择一种图形（如第一个类型），结果如图 8-12 所示。

第二步：编辑横坐标和纵坐标标题。选择图片，在菜单栏“布局”下方找到“坐标轴标题”，进行横坐标和纵坐标标题的编辑。如图 8-13 所示。

（2）相关与回归分析。根据例 8-1 的资料，利用 Excel 进行相关与回归分析，步骤如下：

第一步：在点击菜单栏“数据”，在最右侧有“数据分析”，点击后弹出“数据分析”对话框，在对话框处找到“回归”，如图 8-14 所示。

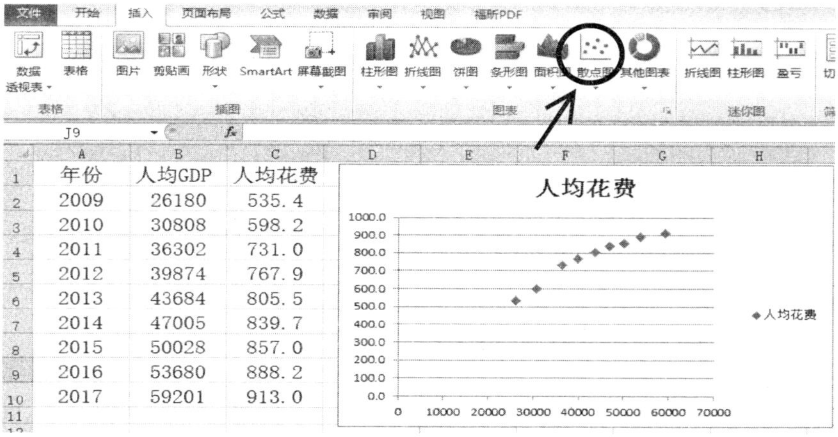

图 8－12　例 8－1 的数据散点图

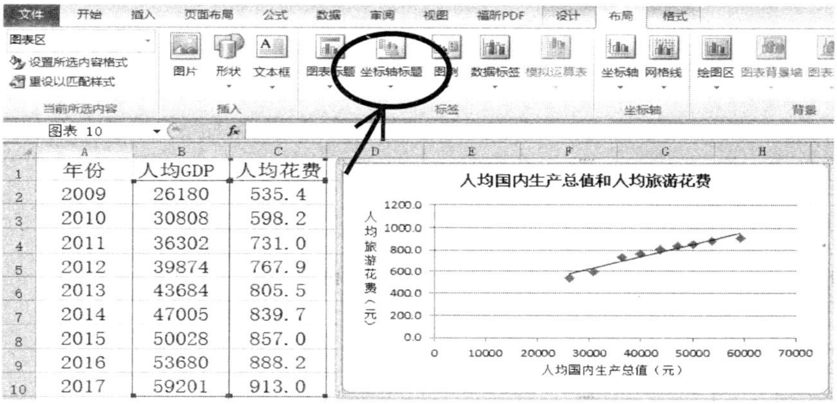

图 8－13　横坐标和纵坐标标题的编辑

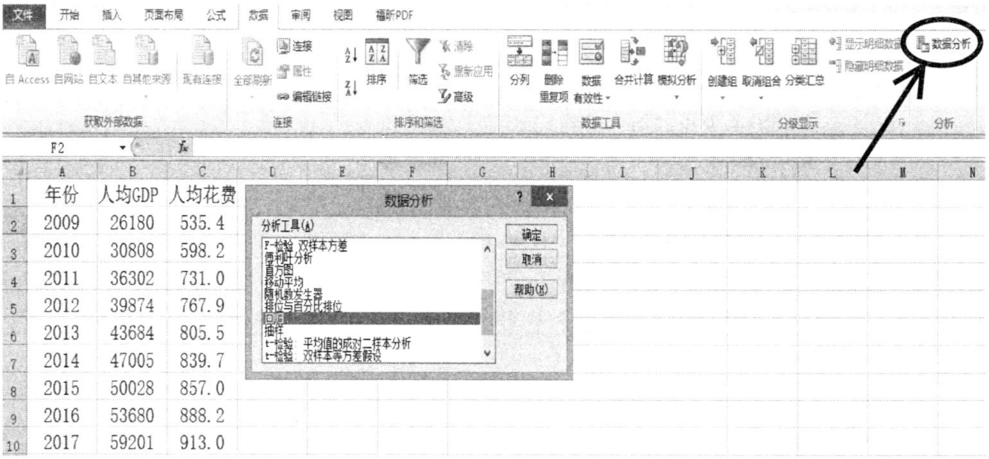

图 8－14　“数据分析”对话框

第二步：在 Y 值输入区域选择“C2：C10”处数据，在 X 值输入区域选择“B2：B10”

处数据，在“输出选项”中选择“输出区域”，并指定输出区域，如不指定默认为“新工作表组”，最后点击【确定】。如图 8 – 15 所示。

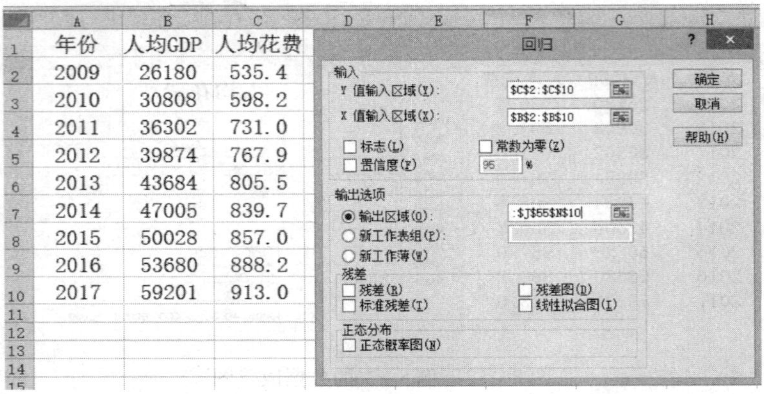

图 8 – 15 “回归”分析对话框

第三步：回归分析结果如图 8 – 16 所示。

SUMMARY OUTPUT								
回归统计								
Multiple R	0.96774	相关系数						
R Square	0.93652	可决系数						
Adjusted R	0.92745	修正可决系数						
标准误差	34.8838	$\hat{\sigma} = \sqrt{SSE/(n-2)}$						
观测值	9							
方差分析								
	df	SS	MS	F	gnificance F			
回归分析	1	125663.4	125663.4	103.267	1.92E-05			
残差	7	8518.165	1216.881					
总计	8	134181.5						
	Coefficien	标准误差	t Stat	P-value	Lower 95%	Upper 95%	下限 95.0%	上限 95.0%
Intercept	270.752	50.54888	5.356241	0.00106	151.2229	390.2811	151.2229	390.28108
X Variable	0.01163	0.001145	10.16203	1.9E-05	0.008926	0.01434	0.008926	0.0143397

图 8 – 16 例 8 – 1 的“回归”分析结果

由图 8 – 16 可见，方差分析中 F 检验的 $p = 1.92E-05$，回归系数 β_1 的 t 检验中 $p = 1.92E-05$，表明 F 检验与 t 检验等价。

例 8 – 4 中计算的 $\beta_0 = 272.1623$ 与图 8 – 16 中的 270.752 是计算过程中数据因四舍五入产生的误差。

8.4 多元线性回归

上一节主要介绍了涉及一个自变量和一个因变量的简单线性回归函数。在实际生活中，客观现象非常复杂，现象之间的联系方式和性质各不相同。影响因变量变化的自变量往往不止一个，而是多个，因此有必要对一个因变量与多个自变量联系起来进行分析。本节将重点介绍多元线性回归函数及其基本假设、回归函数未知参数的估计及其性质、回归函数及回归系数的显著性检验等。

8.4.1 多元线性回归函数

如果总体回归函数描述了一个因变量与多个自变量之间的线性关系，由此而设定的总体回归函数就是多元线性回归模型。

（1）多元总体线性回归模型。

$$y_i = \beta_0 + \beta_1 x_{1i} + \beta_2 x_{2i} + \cdots + \beta_k x_{ki} + \varepsilon \tag{8-36}$$

式中 β_0，β_1，…，β_k 是 $k+1$ 个未知参数，称为回归系数。y_i 称为被解释变量（因变量），而 x_{1i}，x_{2i}，…，x_{ki}是 k 个可以精确测量并可控制的一般变量，称为解释变量（自变量）。$k=1$ 时，式（8－36）即为一元线性回归函数，$k\geqslant 2$ 时，称多元线性回归函数，这里 ε 是随机误差。与一元线性回归函数一样，对随机误差项 ε，我们常假定其服从期望值为零、方差为 σ^2 的正态分布 $N(0,\sigma^2)$。

对一个实际问题，如果我们获得 n 组观测数据（x_{i1}，x_{i2}，…，x_{ik}；y_i），$i=1$，2，…，n，把这些观测值代入式（8－36）可得多元线性回归函数：

$$\begin{cases} y_1 = \beta_0 + \beta_1 x_{11} + \beta_2 x_{12} + \cdots + \beta_k x_{1k} + \varepsilon_1 \\ y_2 = \beta_0 + \beta_1 x_{21} + \beta_2 x_{22} + \cdots + \beta_k x_{2k} + \varepsilon_2 \\ \vdots \\ y_n = \beta_0 + \beta_1 x_{n1} + \beta_2 x_{n2} + \cdots + \beta_k x_{nk} + \varepsilon_n \end{cases} \tag{8-37}$$

写成矩阵形式为：

$$Y = X\beta + \varepsilon \tag{8-38}$$

其中：$Y = \begin{pmatrix} y_1 \\ y_2 \\ \vdots \\ y_n \end{pmatrix}$；$X = \begin{pmatrix} 1 & x_{11} & x_{12} & \cdots & x_{1k} \\ 1 & x_{21} & x_{22} & \cdots & x_{2k} \\ \vdots & \vdots & \vdots & \vdots & \vdots \\ 1 & x_{n1} & x_{n2} & \cdots & x_{nk} \end{pmatrix}$；$\beta = \begin{pmatrix} \beta_0 \\ \beta_1 \\ \vdots \\ \beta_k \end{pmatrix}$；$\varepsilon = \begin{pmatrix} \varepsilon_1 \\ \varepsilon_2 \\ \vdots \\ \varepsilon_n \end{pmatrix}$

对多元总体回归函数的条件均值形式为：

$$E(y \mid x_{2i}, x_{3i}, \cdots, x_{ki}) = \beta_1 + \beta_2 x_{2i} + \beta_3 x_{3i} + \cdots + \beta_k x_{ki} \tag{8-39}$$

（2）多元样本线性回归模型。由于总体回归方程中的参数 β_0，β_1，…，β_k 是未知的，需要利用样本数据去估计。当用样本估计量 $\hat{\beta}_0$，$\hat{\beta}_1$，…，$\hat{\beta}_k$，去估计回归方程中的未知参数时，得到多元样本回归方程，其一般形式可表示为：

$$\hat{y}_i = \hat{\beta}_0 + \hat{\beta}_1 x_{1i} + \hat{\beta}_2 x_{2i} + \cdots + \hat{\beta}_k x_{ki} \tag{8-40}$$

式中，$\hat{y}$ 是 y 的估计值，$\hat{\beta}_0$，$\hat{\beta}_1$，…，$\hat{\beta}_k$ 是参数 β_0，β_1，…，β_k 的估计值，其中 $\hat{\beta}_0$，$\hat{\beta}_1$，…，$\hat{\beta}_k$ 称为偏回归系数。$\hat{\beta}_1$ 表示当 x_{2i}，x_{3i}，…，x_{ki} 不变时，x_{1i} 每变动一个单位因变量 $\hat{y}_i$ 的平均变动量，其余的含义类似。

多元回归中，由样本函数得到的因变量估计值 $\hat{y}_i$ 与实际值 y_i 之间存在偏差，即残差 e_i。多元线性样本回归函数也可表示为：

$$y_i = \hat{y}_i + e_i$$

或 $y_i = \hat{\beta}_0 + \hat{\beta}_1 x_{1i} + \hat{\beta}_2 x_{2i} + \cdots + \hat{\beta}_k x_{ki} + e_i$ (8-41)

写成矩阵形式为：

$$Y = X\hat{\beta} + e \tag{8-42}$$

其中：$Y = \begin{pmatrix} y_1 \\ y_2 \\ \vdots \\ y_n \end{pmatrix}$；$X = \begin{pmatrix} 1 & x_{11} & x_{12} & \cdots & x_{1k} \\ 1 & x_{21} & x_{22} & \cdots & x_{2k} \\ \vdots & \vdots & \vdots & \vdots & \vdots \\ 1 & x_{n1} & x_{n2} & \cdots & x_{nk} \end{pmatrix}$；$\beta = \begin{pmatrix} \hat{\beta}_0 \\ \hat{\beta}_1 \\ \vdots \\ \hat{\beta}_k \end{pmatrix}$；$e = \begin{pmatrix} e_1 \\ e_2 \\ \vdots \\ e_n \end{pmatrix}$

8.4.2 多元线性回归函数的基本假定

为了对模型中的参数进行估计和推断，和一元线性回归相同，需要对回归函数做如下基本假定：

（1）解释变量 x_1，x_2，…，x_k 是确定性变量，不是随机变量；要求矩阵 X 中的自变量各列之间不存在线性关系，即自变量观测值矩阵 X 列满秩 $\text{Rank}(X) = k$，不存在多重共线性；样本容量的个数 n 应大于解释变量的个数 k。

（2）随机误差项 ε 具有零均值和同方差：$E(\varepsilon_i) = 0$；$Var(\varepsilon_i) = \sigma^2$。

（3）正态分布的假设条件：$\varepsilon_i : N(0, \sigma^2)$。

（4）无自相关假定。

（5）误差项 ε_i 与自变量 x_i 不相关。

与一元线性回归的基本假定相比，第（1）条是增加部分，其余的基本假定都相同。

8.4.3 多元线性回归模型参数的最小二乘估计

多元线性回归函数未知参数 β_0，β_1，…，β_k 的估计与一元线性回归函数的参数估计原理是一样的，所选择的估计方法应该使得估计值 $\hat{y}_i$ 与观测值 y_i 之间的残差 e_i 在所有样本点上达到最小，即用最小二乘估计模型的回归参数。

由式 8-41 可得残差为：

$$e_i = y_i - \hat{y}_i = y_i - (\hat{\beta}_0 + \hat{\beta}_1 x_{1i} + \hat{\beta}_2 x_{2i} + \cdots + \hat{\beta}_k x_{ki}) \quad i = 1, 2, \cdots, n \tag{8-43}$$

使残差平方和最小：

$$min\sum e_i^2 = \sum[y_i - (\hat{\beta}_0 + \hat{\beta}_1 x_{1i} + \hat{\beta}_2 x_{2i} + \cdots + \hat{\beta}_k x_{ki})]^2 \quad (8-44)$$

要达到最小，需满足：

$$\frac{\partial(\sum e_i^2)}{\partial \hat{\beta}_j} = 0 \quad j = 0,1,2,\cdots,k \quad (8-45)$$

即有：

$$\begin{cases} -2\sum[y_i - (\hat{\beta}_0 + \hat{\beta}_1 x_{1i} + \cdots + \hat{\beta}_k x_{ki})] = 0 \\ -2\sum x_{1i}[y_i - (\hat{\beta}_0 + \hat{\beta}_1 x_{1i} + \cdots + \hat{\beta}_k x_{ki})] = 0 \\ \vdots \\ -2\sum x_{ki}[y_i - (\hat{\beta}_0 + \hat{\beta}_1 x_{1i} + \cdots + \hat{\beta}_k x_{ki})] = 0 \end{cases} \quad (8-46)$$

整理可得：

$$\begin{cases} n\hat{\beta}_0 + \hat{\beta}_1\sum x_{1i} + \cdots + \hat{\beta}_k\sum x_{ki} = \sum y_i \\ \hat{\beta}_0\sum x_{1i} + \hat{\beta}_1\sum x_{1i}^2 + \cdots + \hat{\beta}_k\sum x_{1i}x_{ki} = \sum x_{1i}y_i \\ \vdots \\ \hat{\beta}_0\sum x_{ki} + \hat{\beta}_1\sum x_{1i}x_{ki} + \cdots + \hat{\beta}_k\sum x_{ki}^2 = \sum x_{ki}y_i \end{cases} \quad (8-47)$$

求解式（8－47）的方程组，即可得到多元线性回归系数 β_0，β_1，…，β_k 的估计值 $\hat{\beta}_0$，$\hat{\beta}_1$，…，$\hat{\beta}_k$。

8.4.4 多元回归的拟合优度评价

为了说明估计的模型对观测值的拟合程度，可以考察 y 的回归离差平方和 $\sum(\hat{y}_i - \bar{y})$ 占总离差平方和 $\sum(y_i - \bar{y})$ 的比值，这一比值称为多重可决系数，即有：

$$R^2 = \frac{SSR}{SST} = \frac{\sum(\hat{y}_i - \bar{y})}{\sum(y_i - \bar{y})} = 1 - \frac{\sum(y_i - \hat{y}_i)}{\sum(y_i - \bar{y})} = 1 - \frac{\sum e_i^2}{\sum(y_i - \bar{y})} \quad (8-48)$$

在式（8－48）中，由于样本容量一定的条件下，总离差平方和 SST 与自变量的个数无关，而残差平方和 $\sum e_i^2$ 会随着模型中自变量个数的增加而减少，至少不会增加。如果增加自变量个数，$\sum e_i^2$ 减少，多重可决系数 R^2 会增大。增加自变量个数就能增加模型拟合数据的程度，这一现象是不合理的。因此，对于因变量相同、自变量个数不同的模型在比较拟合程度时，不能简单地比较多重可决系数。在样本容量一定的情况下，增加自变量个数必定使得待估参数的个数增加，从而失去自由度。在实际情况中，有时增加的自变量并非必要。因此，需要用自由度进行修正，即修正可决系数：

$$\bar{R}^2 = 1 - \frac{\sum e_i^2/(n-k)}{\sum(y_i - \bar{y})/(n-1)} = 1 - \frac{n-1}{n-k} \times \frac{\sum e_i^2}{\sum(y_i - \bar{y})} = 1 - \frac{n-1}{n-k} \times (1 - R^2) \quad (8-49)$$

由式（8－49）可以看出，随着自变量个数的增加，$\bar{R}^2$ 将小于 R^2。

需要指出的是，这里的 $\bar{R}^2$ 和 R^2，只能说明列入模型中的所有自变量联合起来对因变量的影响程度，不能说明模型中各个自变量对因变量的影响程度。在回归分析中，不仅需要知道模型的拟合程度，还需要知道总体回归系数的可靠估计量。因此，在选择回归模型时，不能单纯地凭可决系数的高低判断模型的优劣。

8.4.5　多元线性回归函数的显著性检验

和一元线性回归一样，多元线性回归函数的显著性检验包括两个方面的内容：一是对整个回归函数的显著性检验（F 检验），另一个是对各回归系数的显著性检验（t 检验）。但是在一元线性回归函数的检验时，这两个检验是等价的，但在多元线性回归函数的检验时两者却不同。

（1）整个回归函数的显著性检验步骤（F 检验）。

①提出假设：H_0：$\beta_1=\beta_2=\cdots=\beta_k=0$

H_1：β_j（$j=1,2,\cdots,k$）不全为0

②根据表8－7构建 F 检验统计量。

表8－7　　多元线性回归函数的方差分析表

方差来源	平方和	自由度	均方和	F统计量
回归	SSR	$k-1$	$MSR=\dfrac{SSR}{k-1}$	$F=\dfrac{MSR}{MSE}$
误差	SSE	$n-k$	$MSE=\dfrac{SSE}{n-k}$	
总计	SST	$n-1$		

③给定显著性水平 α，查 F 分布表，得临界值 $F_\alpha(k-1,n-k)$。

④若 $F>F_\alpha(k-1,n-k)$，则拒绝原假设 H_0，说明总体回归系数 β_j 不全为零，即回归函数显著，回归模型中所有自变量联合起来对因变量有显著影响，回归模型有意义；反之，若 $F<F_\alpha(k-1,n-k)$，则不拒绝原假设 H_0，认为回归函数不显著，回归模型中所有自变量联合起来对因变量没有显著影响，回归模型没有意义。

（2）回归系数的显著性检验步骤（t 检验）。

①提出假设：H_0：$\beta_1=\beta_2=\cdots=\beta_k=0$

H_1：$\beta_j\neq0$（$j=1,2,\cdots,k$）

②t 检验统计量为：$t_{\beta j}=\dfrac{\hat{\beta}_j}{Se(\hat{\beta}_j)}$，其中 $Se(\hat{\beta}_j)=\sqrt{c_{jj}}\hat{\sigma}$ 是回归系数标准差，c_{jj} 是矩阵 $(X^TX)^{-1}$ 中第 j 行第 j 列主对角线元素。t 值共有 k 个，对每一个 $j=1,2,\cdots,k$ 可以计算一个 t 值；

③给定显著性水平 α，确定临界值 $t_{\alpha/2}(n-k)$；

④若 $|t_{\beta j}|>t_{\alpha/2}(n-k)$，则拒绝原假设 H_0，说明在其他自变量不变的情况下，自变量 x_j 对因变量 y 有显著影响；反之，若 $|t_{\beta j}|<t_{\alpha/2}(n-k)$，则不拒绝原假设 H_0，说明在其他自变

量不变的情况下，自变量 x_j 对因变量 y 没有显著影响。

有多少个回归系数，就要做多少次 t 检验。类似于一元线性回归函数，通过检验后的多元线性回归模型也可以用来进行预测。

8.4.6 Excel 在多元线性回归中的应用

以下通过例 8－7，利用 Excel 进行相关与回归分析。

【例 8－7】 人口的合理增长是影响国家发展的一个大问题，因此准确分析影响人口增长的因素是制定合理人口政策的关键。这里选取城镇居民人口占比、人均国内生产总值作为解释变量，人口自然增长率为被解释变量，通过收集 1999—2018 年各变量的原始数据，如表 8－8 所示，并利用 Excel 进行相关与回归分析。

表 8－8　　1999—2018 年人口自然增长率及其影响因素调查资料

时间	人口自然增长率（‰）y	城镇居民人口占比（%）x_1	人均国内生产总值（元）x_2
1999 年	8.18	34.78	7229
2000 年	7.58	36.22	7942
2001 年	6.95	37.66	8717
2002 年	6.45	39.09	9506
2003 年	6.01	40.53	10666
2004 年	5.87	41.76	12487
2005 年	5.89	42.99	14368
2006 年	5.28	44.34	16738
2007 年	5.17	45.89	20494
2008 年	5.08	46.99	24100
2009 年	4.87	48.34	26180
2010 年	4.79	49.95	30808
2011 年	4.79	51.27	36302
2012 年	4.95	52.57	39874
2013 年	4.92	53.73	43684
2014 年	5.21	54.77	47005
2015 年	4.96	56.10	50028
2016 年	5.86	57.35	53680
2017 年	5.32	58.52	59201
2018 年	3.81	59.58	64644

模型的设定：

为了计量城镇居民人口占比、人均国内生产总值对人口增长率的影响，引入以下回归模型：

$$\hat{y}=\hat{\beta}_0+\hat{\beta}_1x_1+\hat{\beta}_2x_2$$

其中 $\hat{\beta}_0$、$\hat{\beta}_1$、$\hat{\beta}_2$ 是回归系数。

（1）参数估计。用 Excel 软件中的“数据分析”项下的“回归”分析，对各变量的原始数据做线性回归分析，具体实施步骤参考前面所述的一元线性回归分析步骤，得到分析结果如图 8－17 所示。

SUMMARY OUTPUT								
回归统计								
Multiple R	0.90788							
R Square	0.82425							
Adjusted R Square	0.80357							
标准误差	0.462							
观测值	20							
方差分析								
	df	SS	MS	F	Significance F			
回归分析	2	17.0176	8.5088	39.864	3.81619E-07			
残差	17	3.62859	0.2134					
总计	19	20.6462						
	Coefficien	标准误差	t Stat	P-value	Lower 95%	Ipper 95%	下限 95.0	上限 95.0
Intercept	20.0034	2.29077	8.7322	1E-07	15.17027307	24.8365	15.1703	24.8365
X Variable 1	-0.3708	0.06366	-5.824	2E-05	-0.505107782	-0.2365	-0.5051	-0.2365
X Variable 2	0.00011	2.6E-05	4.2394	0.0006	5.5967E-05	0.00017	5.6E-05	0.00017

图 8－17　例 8－7 的回归分析结果

由图 8－17 可得回归方程为：

$\hat{y}_i = 20.0034 - 0.3708x_1 + 0.00011x_2$

（2）检验模型。

①经济意义检验。模型估计结果说明，人口增长率与城镇居民人口占比和人均国内生产总值有关。在假定其他变量不变的情况下，城镇居民人口占比每增加 1%，人口增长率平均下降 0.3708‰；人均国内生产总值每增加 1 元，人口增长率平均增长 0.00011‰。这一理论分析和经验判断一致。

②统计检验。

A. 拟合优度：可决系数 $R^2 = 0.82425$，修正可决系数 $\overline{R}^2 = 0.80357$，这说明模型对样本的拟合情况很好。

B. F 检验：针对假设 H_0：$\beta_1 = \beta_2 = 0$，H_1：β_1、β_2 不全为 0，给定显著性水平 $\alpha = 0.05$，在 F 分布表中查出自由度为 $k-1=2$ 和 $n-k=20-3=17$ 的临界值 $F_{0.05}(2,17)=3.59$，有 $F=39.864>F_\alpha$，$p=3.81619E07<\alpha$，拒绝原假设 H_0，说明回归方程显著，即“城镇居民人口占比”和“人均国内生产总值”联合作用下对“人口自然增长率”有显著影响。

C. t 检验：针对假设 H_0：$\beta_j = 0$，H_1：$\beta_j \neq 0$（$j=1$，2），给定显著性水平 $\alpha = 0.05$，在 t 分布表中查出临界值 $t_{\alpha/2}(n-1)=t_{0.025}(19)=2.093$，$\hat{\beta}_1$ 对应的检验统计量 $|t|=5.824>t_{\alpha/2}$，对应的 $p=2E-05<\alpha$；$\hat{\beta}_2$ 对应的检验统计量 $t=4.2394>t_{\alpha/2}$，对应的 $p=0.0006<\alpha$，结果显示都应当拒绝原假设 H_0。也就是说在其他解释变量不变的情况下，“城镇居民人口占比”和“人均国内生产总值”分别对“人口自然增长率”有显著影响。

本章小结

社会经济现象之间彼此联系、相互依赖，各现象之间的相互关系可以分为两种，一种是函数关系，一种是相关关系。函数关系和相关关系的区别表现在变量之间的具体关系值是否确定。函数关系是唯一确定的，相关关系则表现在一定范围，不是唯一确定的；其联系体现在函数关系有时通过相关关系表现出来，相关关系常常借用函数关系表达进行分析研究。函数关系是相关关系的特例。

判断现象之间是否存在相关关系及其程度，可以根据对客观现象的定性认识做出，也可以通过编制相关表、绘制相关图的方式来做出，而较精确的方式是计算相关系数 r。相关系数是测定变量之间相关程度和相关方向的代表性指标。相关系数的取值区间是 $[-1, 1]$，不同的取值有不同的含义。当 $|r|=1$ 时，变量 x 与 y 为完全相关，即函数关系；当 $0<|r|<1$ 时，表示 x 与 y 存在一定的线性相关，$|r|$ 越接近 1，表示相关程度越高，反之，越接近 0，相关程度越低，当 $|r|=0$ 时表示不相关，当 $r>0$ 表示正相关，当 $r<0$ 时，表示负相关。

回归分析是对具有相关关系的两个或两个以上变量之间数量变化的一般关系进行测定，确定一个相应的数学表达式，以便从一个已知量来推测另一个未知量，为估计预测提供一个重要的方法。回归分析按自变量的个数分为一元回归和多元回归，按回归线的形状分线性回归和非线性回归。这里重点介绍了总体回归函数和样本回归函数，用最小二乘估计对回归函数的参数进行估计，最小二乘法的基本思想是使估计值 $\hat{y}_i$ 与实际值 y 的偏差最小。回归模型中的参数被估计出来后，还必须对其进行检验。回归模型的检验包括整个回归函数的显著性检验（F 检验）和回归系数的显著性检验（t 检验），在一元线性回归中这两个检验是等价的。为检验回归方程对数据的拟合程度，即考察方程的拟合优度，计算可决系数 R^2 或修正可决系数 $\bar{R}^2$，它是回归平方和占总平方和的比例。

最后，利用回归模型进行估计和预测。因变量的估计和预测有点估计和区间估计两个方面的内容。点估计分 y 的个别值的点估计和 y 的平均值的点估计两种情况。对于自变量 x 的一个给定值 x_0，根据回归方程求出因变量的一个估计值的区间就是区间估计。区间估计也有两种类型：一个是置信区间估计；另一个是预测区间估计。

综合训练

一、思考题

1. 什么是相关关系？它与函数关系有何不同？
2. 相关分析与回归分析有何区别与联系？

3. 说明相关系数的取值范围及其判断标准。

4. 区别下列现象为相关关系或为函数关系：

(1) 物体体积随温度升高而膨胀，随压力加大而收缩。

(2) 测量的次数越多，其平均长度越接近实际长度。

(3) 家庭收入越多，其消费支出也有增长的趋势。

(4) 秤砣的误差越大，权衡的误差也越大。

(5) 物价越上涨，商品的需求量越小。

(6) 文化程度越高，人口的平均寿命也越长。

(7) 圆的半径越长，圆周也越长。

(8) 农作物的收获量和雨量、气温、施肥量有密切的关系。

5. 拟合回归函数 $y_c = a + bx$ 有什么要求？回归函数中参数 a、b 的经济含义是什么？

6. 什么是估计标准误差？这个指标有什么作用？

7. 什么是置信区间估计和预测区间估计？二者有何区别？

8. 在回归分析中，F 检验和 t 检验各有什么作用？

9. 一元线性回归中有哪些假定条件？

10. 简述一元线性回归方程检验和回归系数检验的基本步骤。

二、单项选择题

1. 测定变量之间相关密切程度的代表性指标是（　　）。

A. 估计标准误　　B. 两个变量的协方差

C. 相关系数　　D. 两个变量的标准差

2. 相关系数的取值范围是（　　）。

A. $0 < r < 1$　　B. $-1 < r < 1$

C. $-1 \leqslant r \leqslant 1$　　D. $-1 \leqslant r \leqslant 0$

3. 在价格不变的条件下，商品销售额和销售量之间存在着（　　）。

A. 不完全的依存关系　　B. 不完全的随机关系

C. 完全的随机关系　　D. 完全的依存关系

4. 回归分析中的两个变量（　　）。

A. 都是随机变量　　B. 关系是对等的

C. 都是给定的量　　D. 一个是自变量，一个是因变量

5. 某校对学生的考试成绩和学习时间的关系进行测定，建立了考试成绩倚学习时间的线性回归函数为：$y_c = a + bx_c = 180 - 5x_c$，该方程明显有错，错误在于（　　）。

A. a 值的计算有误，b 值是对的　　B. b 值的计算有误，a 值是对的

C. a 值和 b 值的计算都有误　　D. 自变量和因变量的关系搞错了

6. 估计标准误差说明回归直线的代表性，因此（　　）。

A. 估计标准误差数值越大，说明回归直线的代表性越大

B. 估计标准误差数值越大，说明回归直线的代表性越小

C. 估计标准误差数值越小，说明回归直线的代表性越小

D. 估计标准误差数值越小，说明回归直线的实用价值越小

7. 在简单回归直线 $y_c = a + bx$ 中，b 表示（　　）。

A. 当 x 增加一个单位时，y 增加 a 的数量

B. 当 y 增加一个单位时，x 增加 b 的数量

C. 当 x 增加一个单位时，y 的平均增加值

D. 当 y 增加一个单位时，x 的平均增加值

8. 判断现象之间相关关系密切程度的主要方法是（　　）。

A. 对客观现象做定性分析　　B. 编制相关表

C. 绘制相关图　　D. 计算相关系数

9. 两个变量间的相关关系称为（　　）。

A. 单相关　　B. 无相关

C. 复相关　　D. 多相关

10. 已知 $\sum(x-\bar{x})^2 = 400$，$\sum(x-\bar{x})(y-\bar{y}) = -1000$，$\sum(y-\bar{y})^2 = 3000$，则相关系为（　　）。

A. 0.925　　B. −0.913

C. 0.957　　D. 0.913

三、多项选择题

1. 线性回归分析中（　　）。

A. 自变量是可控制量，因变量是随机的

B. 两个变量不是对等的关系

C. 利用一个回归函数，两个变量可以互相推算

D. 根据回归系数可判定相关的方向

E. 对于没有明显因果关系的两变量可求得两个回归函数

2. 线性回归函数 $y_c = a + bx$ 中的 b 称为回归系数，回归系数的作用是（　　）。

A. 可确定两变量之间因果的数量关系

B. 可确定两变量的相关方向

C. 可确定两变量相关的密切程度

D. 可确定因变量的实际值与估计值的变异程度

E. 可确定当自变量增加一个单位时，因变量的平均增加值

3. 可用来判断现象之间相关方向的指标有（　　）。

A. 估计标准误差　　B. 相关系数

C. 回归系数　　D. 两个变量的协方差

E. 两个变量的标准差

4. 在回归分析中，就两个相关变量 x 与 y 而言，变量 y 倚变量 x 的回归和变量 x 倚变量 y 的回归所得的两个回归函数是不同的，这种不同表现在（　　）。

A. 方程中参数估计的方法不同　　B. 方程中参数的数值不同

C. 参数表示的实际意义不同　　D. 估计标准误差的计算方法不同

E. 估计标准误差的数值不同

5. 现象之间相互联系的类型有（　　）。

A. 函数关系　　B. 回归关系

C. 相关关系　　D. 随机关系

E. 结构关系

6. 下列现象属于相关关系的是（　　）。

A. 家庭收入越多，则消费也增长

B. 圆的半径越长，则圆的面积越大

C. 产量越高，总成本越多

D. 施肥量增加，粮食产量也增加

E. 体积随温度升高而膨胀，随压力加大而减小

7. 线性回归分析的特点是（　　）。

A. 两个变量不是对等关系

B. 回归系数只能取正值

C. 自变量是给定的，因变量是随机的

D. 可求出两个回归函数

E. 利用一个回归函数，两个变量可以相互换算

8. 线性相关分析与线性回归分析的区别在于（　　）。

A. 相关的两个变量都是随机的，而回归分析中自变量是给定的数值，因变量是随机的

B. 回归分析中两个变量都是随机的，而相关中自变量是给定的数值，因变量是随机的

C. 相关系数有正负号，而回归系数只能取正值

D. 相关的两个变量是对等关系，而回归分析中的两个变量不是对等关系

E. 相关分析中根据两个变量只能计算出一个相关系数，而回归分析中根据两个变量可以求出两个回归函数

9. 对于简单线性回归方程的回归系数 $\hat{\beta}_1$，下列说法正确的是（　　）。

A. $\hat{\beta}_1$ 是回归直线的斜率

B. $\hat{\beta}_1$ 的绝对值介于 0:1 之间

C. $\hat{\beta}_1$ 接近 0 表明自变量对因变量的影响不大

D. $\hat{\beta}_1$ 与 r 有相同的符号

E. $\hat{\beta}_1$ 常用最小二乘法求出

10. 判断现象之间有无相关关系的方法有（　　）。

A. 编制相关表　　B. 绘制相关图

C. 计算估计标准误差　　D. 对客观现象做定性分析

E. 计算相关系数

四、判断题

1. 正相关是指因素标志和结果标志的数量变动方向都是上升的。（　　）

2. 只有当相关系数接近于 +1 时，才能说明两变量之间存在高度相关关系。（　　）

3. 回归系数 β 和相关系数 r 都可用来判断现象之间相关的密切程度。 (　　)

4. 按线性回归函数 $y_c = a + bx$ 拟合的直线，是一条具有平均意义的直线。 (　　)

5. 由变量 y 倚变量 x 回归和由变量 x 倚变量 y 回归所得到的回归函数之所以不同，主要是因为方程中参数表示的意义不同。 (　　)

6. 当变量 x 按固定数额增加时，变量 y 按大致固定数额下降，则说明变量之间存在负直线相关关系。 (　　)

7. 回归估计标准误差的大小与因变量的方差无关。 (　　)

8. 相关系数值越大，说明相关程度越高；相关系数值越小，说明相关程度越低。 (　　)

9. 利用最小二乘法拟合的线性回归函数，要求实际测定的所有相关点和直线上的距离平方和为零。 (　　)

10. 在一元线性回归和多元线性回归中，F 检验和 t 检验是等价的。 (　　)

五、计算题

1. 有 10 个同类企业的生产性固定资产年均价值和工业增加值资料如表 8－9 所示。

表 8－9

企业编号	生产性固定资产价值（元）	工业增加值（万元）
1	318	524
2	910	1019
3	200	638
4	409	815
5	415	913
6	502	928
7	314	605
8	1210	1516
9	1022	1219
10	1225	1624
合计	6525	9801

根据资料：

（1）计算相关系数，说明两变量相关的方向和程度。

（2）编制线性回归函数，指出方程参数的经济意义。

（3）计算估计标准误差。

（4）估计生产性固定资产（自变量）为 1100 万元时，工业增加值（因变量）的可能值。

2. 检查五位同学统计学的学习时间与成绩分数如表 8－10 所示。

表 8－10

学习时数（小时）	学习成绩（分）
4	40
6	60
7	50
10	70
13	90

根据资料：

（1）建立学习成绩（y）倚学习时间（x）的线性回归函数。

（2）计算估计标准误差。

（3）对成绩的方差进行分析，指出总误差平方和中有多大比重可由回归函数来解释。

（4）计算出学习时数与学习成绩之间的相关系数。

3. 根据某地区历年人均收入（元）与商品销售额（万元）资料计算的有关数据如下：（x 代表人均收入，y 代表销售额）

$$n = 9 \quad \sum x = 546 \quad \sum y = 260 \quad \sum x^2 = 34362 \quad \sum xy = 16918$$

计算：（1）建立以商品销售额为因变量的线性回归函数，并解释回归系数的含义。

（2）若 2018 年人均收入为 4000 元，试推算该年商品销售额。

4. 某部门 8 个企业产品销售额和销售利润资料如表 8－11 所示。

表 8－11

企业编号	产品销售额	销售利润
1	170	8.1
2	220	12.5
3	390	18.0
4	430	22.0
5	480	26.5
6	650	40.0
7	950	64.0
8	1000	67.0

要求：（1）计算产品销售额与利润额的相关系数。

（2）建立以利润额为因变量的线性回归函数，说明斜率的经济意义。

（3）当企业产品销售额为 500 万元时，销售利润是多少？

5. 某地经回归分析，其每亩地施肥量（x）和每亩粮食产量（y）的回归函数为：$y_c = 500 + 10.5x$，试解释式中回归系数的经济含义。若每亩最高施肥量为 40 斤，最低施肥量为 20 斤，问每亩粮食产量的范围是多少？

6. 根据某企业产品销售额（万元）和销售利润率（%）资料计算出如下数据：$n = 7$，$\sum x = 1890$，$\sum y = 31.1$，$\sum x^2 = 535500$，$\sum y^2 = 174.15$，$\sum xy = 9318$。

要求：(1) 确定以利润为因变量的线性回归函数。

(2) 解释式中回归系数的经济含义。

(3) 当销售额为500万元时，利润率是多少?

7. 若 X 表示在一家分店工作的销售员人数，Y 表示这家分店的年销售额（千元），已经求出 Y 对 X 的回归方程的估计结果如表8－12所示。

表8－12

预测量	系数	标准差	t 值
常数	80	11.333	7.06
X	50	5.482	9.12

方差分析

离差来源	平方和（SS）	自由度（df）	方差
来自回归	6828.6	1	6828.6
来自残差	2298.8	28	82.1
总计	9127.4	29	

（四舍五入到第二位小数）

(1) 写出估计的回归方程。

(2) 在研究中涉及多少家分店。

(3) 计算 F 统计量，在0.05置信水平下检验关系的显著性。

(4) 预测有12名售货员的某分店的年销售收入。

8. 表8－13给出 Y 对 X_1、X_2 回归的结果：(15分)

表8－13

离差来源	平方和（SS）	自由度（df）	平方和的均值
来自回归（RSS）	65965		
来自残差（ESS）			
总计（TSS）	66042	14	

(1) 填充上表中的空白部分。

(2) 计算 F 检验统计量，检验 X_1、X_2 对 Y 是否有显著影响?

9. 某地区统计调查资料得到，每户平均年收入为6800元，均方差为800元，每户平均年消费支出为5200元，方差为40000元，支出对于收入的回归系数为0.2。

要求：(1) 计算收入与支出的相关系数。

(2) 拟合支出对于收入的回归函数。

(3) 估计年收入在7300元时的消费支出额。

(4) 收入每增加1元，支出平均增加多少元?

第九章 时间序列

学习目标
- ☐ 了解时间序列的概念、种类和编制原则
- ☐ 掌握时间序列的水平指标和速度指标的计算方法
- ☐ 了解时间序列的影响因素及模型
- ☐ 掌握时间序列趋势变动分析与预测的方法
- ☐ 了解季节变动分析与预测的方法

【案例导入】

中国经济、人口与旅游消费发展趋势如何?

表 9－1　　2007—2018 年我国国内生产总值等数据资料

年份	国内生产总值（亿元）	年末人口数（万人）	人口自然增长率（‰）	国内旅游消费总额（亿元）
2007	270092. 3	132129	5. 17	7770. 6
2008	319244. 6	132802	5. 08	8749. 3
2009	348517. 7	133450	4. 87	10183. 7
2010	412119. 3	134091	4. 79	12579. 8
2011	487940. 2	134735	4. 79	19305. 4
2012	538580. 0	135404	4. 95	22706. 2
2013	592963. 2	136072	4. 92	26276. 1
2014	641280. 6	136782	5. 21	30311. 9
2015	685992. 9	137462	4. 96	34195. 1
2016	740060. 8	138271	5. 86	39390. 0
2017	820754. 3	139008	5. 32	45660. 7
2018	900309. 5	139538	3. 81	51278. 3

资料来源：国家统计局网站。

试根据表 9－1 的资料解决以下问题：

（1）表 9－1 中所包含的时间序列的种类有哪些？

（2）我国国内生产总值、人口数、国内旅游消费总额增长速度如何？

（3）最近5年我国年平均国内生产总值、年平均人口数是多少？

（4）如何建立国内生产总值、国内旅游消费总额等的趋势模型，并预测相关年份的国内生产总值、国内旅游消费总额？

（5）若进一步知道各年分季度的国内旅游消费总额，怎样测定季节变动对国内旅游消费总额的影响情况？

为了回答上述问题，本章主要讨论：时间序列的种类，对时间序列进行比较分析、平均分析，依据乘法模型对时间序列进行分解分析以及对现象未来的发展情况进行预测等内容。

9.1 时间序列概述

9.1.1 时间序列的概念和作用

时间序列是指将同一指标的数值按其发生的时间先后顺序排列而成的数列，也称时间数列、动态数列。任何一个时间序列都具有两个基本要素：一是现象数值所属的时间，可以是年度、季度、月份或其他时间；二是指标数值。例如，表9－1列举了我国2007—2018年国内生产总值、年末人口数、人口自然增长率、国内旅游消费总额等经济指标的时间序列。

时间序列可以反映社会经济现象的发展变化过程，描述现象的发展状态和结果；可以研究社会经济现象的发展趋势和发展速度；可以探索现象发展变化的规律；对某些社会经济现象进行预测，展望现象未来的变化态势。

9.1.2 时间序列的种类

根据时间序列中指标的表现形式不同，时间序列可以分为绝对数时间序列、相对数时间序列和平均数时间序列三种。

（1）绝对数时间序列。把反映某一现象的总量指标数值按时间先后顺序排列而形成的序列称为总量指标时间序列或绝对数时间序列，它主要反映该现象在各个时间上达到的绝对水平。例如，表9－1中的国内生产总值、年末人口数和国内旅游消费总额序列都是绝对数时间序列。

绝对数时间序列按数值所反映的时间状态不同，又可分为时期序列和时点序列。

时期序列是指序列中每一个指标值都反映现象在一段时间内发展过程的总量，即由时期指标所构成的序列。时点序列是指序列中每一个指标值都反映现象在某一时点上达到的水平，即由时点指标所构成的序列。

（2）相对数时间序列。相对数时间序列是将某一相对数指标按时间先后顺序排列而成的，反映社会经济现象之间相互联系的变化过程。因为各指标值的计算基础不同，所以，相对数时间序列中不同时间的指标值是不能直接相加的，相加后的结果没有实际意义。例如，表9-1中的人口自然增长率序列是相对数时间序列。

（3）平均数时间序列。平均数时间序列是将同一平均数指标按时间先后顺序排列而形成的序列，反映现象总体的一般水平的发展变化过程。在平均数时间序列中，各个指标也不能相加，相加后的结果亦无实际意义。

绝对数时间序列是最基本的时间序列，相对数时间序列和平均数时间序列都是由绝对数时间序列派生出来的。

9.1.3 时间序列的编制原则

编制时间序列的目的是通过某一系列指标数值的对比，反映社会经济现象的动态发展过程及其趋势和规律性。因此，保证时间序列中各期指标数值的可比性，就成为编制时间序列的基本原则。具体应注意以下几点：

（1）时间跨度尽可能一致。在时期序列中，由于各期指标数值的大小与时期的长短有直接关系，因此，各时期指标时间的跨度应当前后一致，从而便于通过时期序列指标的数值大小对某种现象的变化做出正确判断。在时点序列中，各指标数值表明的是一定时点上的状态，为了便于分析，一般也要求编制时间间隔相等的时点序列。由总量指标时间序列派生出来的相对指标时间序列和平均指标时间序列也要注意其时间间隔问题。

（2）总体范图一致。在编制时间序列时，每一时期指标数值的地域范围、隶属关系范围等应该保持一致。如果总体范围有了变动，则各时期的指标数值就不能直接对比，必须对不同时期的指标数值进行相应的调整，然后再进行对比，才能正确表明所研究的问题。否则，对比分析将失去意义。

（3）指标的经济内容一致。对于同一个经济指标，在时间序列中，它所包含的经济内容应该是一致的，以便使不同历史时期的统计资料具备可比性。

（4）计算口径一致。计算口径主要指计算方法、计算价格以及计量单位等。例如劳动生产率指标，在同一序列中，要么都是全员劳动生产率；要么都是生产工人劳动生产率；要么都按总产出计算；要么都是按国内生产总值计算；要么都按某种实物量计算；要么都按可比价格的价值计算，显然前后期计算口径不一致的数值是不能直接对比的。

9.2 时间序列的分析指标

为了研究事物或现象发展的规模和速度，可以运用一系列动态分析指标。动态分析指标包括两大类：一类为水平指标，包括发展水平与平均发展水平、增长量与平均增长量，这类指标主要反映社会经济现象发展变化和增减变化的规模、水平的绝对程度。另一类为速度指标，包括发展速度与增长速度、平均发展速度与平均增长速度，主要反映社会经济现象变化快慢的相对程度。

9.2.1 发展水平和平均发展水平

（1）发展水平。发展水平是现象在不同时间上所达到的规模或水平的数量反映。也就是时间序列中的每一项指标数值。

根据发展水平在时间序列中所处位置的不同，可分为最初水平、中间水平和最末水平。各期的发展水平可用符号 a_0，a_1，…，a_{n-1}，a_n 表示。最初水平（a_0）是时间序列中第一项指标数值；最末水平（a_n）是时间序列中最后一项指标数值，其他各项指数值就是中间水平。在动态分析中，当对比两期发展水平时，所研究的那一时期的发展水平，称为报告期水平或计算期水平；作为对比基础的水平称为基期水平。

（2）平均发展水平。平均发展水平又称为序时平均数或动态平均数，是根据序列中不同时间上的发展水平计算的平均数。它将现象在不同时间上的差异抽象化，反映现象在一段时间内发展的一般水平。

平均发展水平和前述的一般平均数（静态平均数）有相同之处，但也存在区别，具体表现为：①计算的依据不同：一般平均数是根据变量数列计算的，而序时平均数是根据时间序列计算的；②说明的内容不同：一般平均数是表明总体内部各单位的一般水平，而序时平均数是表明整个总体在不同时间上的一般水平。它们的相同之处在于，都是把现象总体的个别数量差异抽象化，反映现象的一般水平。

由于不同时间序列中的指标表现形式不同，序时平均数有不同的计算方法。

①绝对数时间序列的序时平均数。由于绝对数时间序列有时期序列和时点序列之分，序时平均数的计算方法也有所不同。

A. 时期序列序时平均数。时期序列中各项数据相加等于一段时期内现象的总量，所以计算时期序列的平均数，采用简单算术平均法。其计算公式为：

$$\bar{a}=\frac{a_1+a_2+\cdots+a_n}{n}=\frac{\sum_{i=1}^{n}a_i}{n} \tag{9-1}$$

【例 9-1】 根据表 9-1 的国内生产总值序列，计算 2007—2018 年的平均国内生产总值。

【解】 $\bar{a}=\frac{\sum_{i=1}^{n}a_i}{n}=\frac{270092.3+319244.6+\cdots+900309.5}{12}=\frac{6757855.4}{12}$

$=563154.62$（亿元）

B. 时点序列序时平均数。根据所掌握的时点资料的不同，计算方法亦有所不同。时点序列一般都是不连续序列，但是，若是逐日记录而且逐日排列形成的时点序列资料，则可将其看成连续的时点序列，以此为标准，可将时点序列分为连续时点序列和间断时点序列。

一是根据连续时点序列计算序时平均数。

连续时点序列中有间隔相等和间隔不等两种情况。对于间隔相等的连续时点序列，资料是逐日排列形成的。其平均数的计算采用式（9-1）所示的简单算术平均数的方法。例如，已知某单位一个月内每天当班的工人人数，要计算该月的每天平均工人数，可将每天的工人数相加，再除以该月的日历天数即可。

对于间隔不等的连续时点序列，如果被研究的现象每隔一段时间才有变动，则用每次变动持续的间隔长度（f）为权数对各时点水平（a）加权，其计算公式为：

$$\bar{a}=\frac{a_1f_1+a_2f_2+\cdots+a_nf_n}{\sum f}=\frac{\sum af}{\sum f} \tag{9-2}$$

【例 9－2】 某企业 2019 年 8 月 1 日至 12 日设备数为 103 台。8 月 13 日至月底增加到 110 台，试计算该企业 8 月份平均拥有设备数。

【解】 根据式（9－2）计算可得该企业 8 月份平均设备数为：

$$\bar{a}=\frac{\sum af}{\sum f}=\frac{103\times 12+110\times 19}{12+19}=107\text{（台）}$$

二是根据间断时点序列计算序时平均数。

间断时点序列中也有间隔相等和间隔不等两种情况。间隔相等的间断时点序列，一般情况下，可以假定所研究的现象在两个相邻时点之间的变动是均匀的，则相邻两个时点之间的序时平均数可以通过将两个相邻时点指标数值相加后除以 2 近似求得，然后根据这些平均数，再用简单算术平均法，求得整个研究时间的序时平均数。这种计算方法称为“首末折半法”，其计算公式为：

$$\bar{a}=\frac{\frac{a_1+a_2}{2}+\frac{a_2+a_3}{2}+\cdots+\frac{a_{n-1}+a_n}{2}}{n-1}=\frac{\frac{a_1}{2}+a_2+\cdots+a_{n-1}+\frac{a_n}{2}}{n-1} \tag{9-3}$$

【例 9－3】 已知某企业 2019 年 6 月至 9 月各月末职工人数见表 9－2。试计算该企业 7、8、9 各月和第三季度的平均职工人数。

表 9－2　　某企业 2019 年 6—9 月末职工人数

月末	6	7	8	9
职工人数（人）	136	142	140	152

【解】 根据表 9－2 资料，平均职工人数计算如下：

$$7\text{ 月份平均职工人数}=\frac{136+142}{2}=139\text{（人）}$$

$$8\text{ 月份平均职工人数}=\frac{142+140}{2}=141\text{（人）}$$

$$9\text{ 月份平均职工人数}=\frac{140+152}{2}=146\text{（人）}$$

$$\text{第三季度平均职工人数}=\frac{\frac{136+142}{2}+\frac{142+140}{2}+\frac{140+152}{2}}{4-1}=\frac{\frac{136}{2}+142+140+\frac{152}{2}}{3}=142\text{（人）}$$

对于间隔不等间断时点序列，在计算各个相邻两点的序时平均数的基础上，再用时间间隔的长度为权数对相邻两点的序时平均数进行加权平均，就可以求得整个研究时间的序时平均数。其计算公式为：

$$\bar{a}=\frac{\frac{a_1+a_2}{2}f_1+\frac{a_2+a_3}{2}f_2+\cdots+\frac{a_{n-1}+a_n}{2}f_{n-1}}{\sum f} \tag{9-4}$$

【例 9－4】 某企业某年钢材库存量资料见表 9－3，试计算该企业钢材的年平均库存量。

表 9－3　　某企业某年钢材库存量

日期	1 月 1 日	4 月 1 日	7 月 1 日	12 月 31 日
钢材库存量（吨）	200	245	360	205

【解】 根据表 9－3 资料计算的该企业钢材年平均库存量为：

$$库存量=\frac{\frac{200+245}{2}\times 3+\frac{245+360}{2}\times 3+\frac{360+205}{2}\times 6}{3+3+6}=272.5\ （吨）$$

②相对数或平均数时间序列的序时平均数。相对数和平均数通常是由两个绝对数对比形成的，即观察值 $c=a/b$，计算序时平均数时，应先分别求出构成相对数或平均数的分子 a 和分母 b 的平均数，然后再进行对比，即得相对数或平均数序列的序时平均数，其计算公式为：

$$\bar{c}=\frac{\bar{a}}{\bar{b}} \tag{9-5}$$

【例 9－5】 某企业某年各季度销售收入和流动资金资料见表 9－4。

表 9－4　　某企业某年各季度销售收入与流动资金资料

时间	第一季度	第二季度	第三季度	第四季度
销售收入（万元）	110	120	126	125
期初流动资金余额（万元）	90	70	78	52
流动资金周转次数（次）	1.375	1.62	2.1	1.64

又知该年末流动资金余额为 100 万元。计算该企业该年流动资金季平均周转次数。

【解】 设销售收入为 a，期初流动资金余额为 b，流动资金季周转次数为 c，则

$$\bar{a}=\frac{\sum_{i=1}^{n}a}{n}=\frac{110+120+126+125}{4}=120.25（万元）$$

$$\bar{b}=\frac{\frac{b_1}{2}+b_2+\cdots+b_{n-1}+\frac{b_n}{2}}{n-1}=\frac{\frac{90}{2}+70+78+52+\frac{100}{2}}{5-1}=73.75\ （万元）$$

$$\bar{c}=\frac{\bar{a}}{\bar{b}}=\frac{120.25}{73.75}=1.63\ （次）$$

9.2.2　增长量与平均增长量

（1）增长量。增长量又称增减量，是报告期水平与基期水平之差，它说明现象在一定时期内增减变化的绝对数量。若二者之差为正数，表示增长；若为负数，则表示下降。由于所选基期的不同，增长量分为逐期增长量和累计增长量。逐期增长量是报告期水平减去前一期水平的差额，说明现象逐期增长的数量；累计增长量则是报告期水平与基期水平（一般是最初水平）相减的差额，说明一定时期内的总增长量。

逐期增长量：a_1-a_0，a_2-a_1，…，a_n-a_{n-1} (9－6)

累计增长量：a_1-a_0，a_2-a_0，…，a_n-a_0 (9－7)

显然，两者之间存在一定的数量关系：逐期增长量之和等于相应的累计增长量；两个相邻的累计增长量之差等于相应时期的逐期增长量。即：

$$\sum_{i=1}^{n}(a_i-a_{i-1})=a_i-a_0 \qquad (9-8)$$

$$(a_i-a_0)-(a_{i-1}-a_0)=a_i-a_{i-1} \qquad (9-9)$$

（2）平均增长量。平均增长量是观察期内各个逐期增长量的平均数，反映现象在一段时期内平均每期增长的数量，一般用简单算术平均法计算。其计算公式为：

$$\text{平均增长量}=\frac{\text{逐期增长量之和}}{\text{逐期增长量个数}}=\frac{\text{累计增长量}}{\text{时间序列项数}-1} \qquad (9-10)$$

【例 9－6】 根据表 9－1 我国国内生产总值资料，计算各年逐期增长量及各年以 2007 年为基期的累计增长量、年平均增长量。

【解】 各年逐期增长量和累计增长量计算结果如表 9－5 所示。

表 9－5 国内生产总值增长量计算表 单位：万元

年份	国内生产总值	逐期增长量	累计增长量
2007	270092.3	—	—
2008	319244.6	49152.3	49152.3
2009	348517.7	29273.1	78425.4
2010	412119.3	63601.6	142027.0
2011	487940.2	75820.9	217847.9
2012	538580.0	50639.8	268487.7
2013	592963.2	54383.2	322870.9
2014	641280.6	48317.4	371188.3
2015	685992.9	44712.3	415900.6
2016	740060.8	54067.9	469968.5
2017	820754.3	80693.5	550662.0
2018	900309.5	79555.2	630217.2

2007—2018 年国内生产总值的年平均增长量为：

$$\text{年平均增长量}=\frac{630217.2}{12-1}=57292.47\ (\text{万元})$$

9.2.3 发展速度和增长速度

（1）发展速度。发展速度是现象在两个不同时期发展水平对比的结果，用于描述现象在观察期内的相对发展变化程度。其计算公式为：

$$\text{发展速度}=\frac{\text{报告期水平}}{\text{基期水平}}\times 100\% \qquad (9-11)$$

由于选择基期的不同，发展速度分为环比发展速度和定基发展速度。

环比发展速度是报告期水平与前一期水平之比，说明报告期水平相对于前一期水平的发展程度，其计算公式为：

$$环比发展速度=\frac{报告期水平}{前一期水平}=\frac{a_i}{a_{i-1}}(i=1,2,\cdots,n) \tag{9-12}$$

定基发展速度则是报告期水平与某一固定基期水平（通常为最初水平）之比，说明报告期水平相对于该固定基期水平的发展程度，表明现象在较长时期内总的发展速度，也称为总速度。其计算公式为：

$$定期发展速度=\frac{报告期水平}{固定基期水平}=\frac{a_i}{a_0}(i=1,2,\cdots,n) \tag{9-13}$$

环比发展速度与定基发展速度的关系是：各环比发展速度的连乘积等于相应时期的定基发展速度；相邻时期的定基发展速度之商等于相应时期的环比发展速度。即：

$$\frac{a_i}{a_0}=\frac{a_1}{a_0}\times\frac{a_2}{a_1}\times\cdots\times\frac{a_i}{a_{i-1}} \tag{9-14}$$

$$\frac{a_i}{a_0}\div\frac{a_{i-1}}{a_0}=\frac{a_i}{a_{i-1}} \tag{9-15}$$

利用上述关系，可以根据一种发展速度去推算另一种发展速度。

（2）增长速度。增长速度又称为增减速度，是报告期增长量与基期发展水平之比。用于描述现象在观察期内的相对增长速度。其计算公式为：

$$增长速度=\frac{增长量}{基期水平}=\frac{报告期水平-基期水平}{基期水平}=发展速度-1 \tag{9-16}$$

增长速度由于采用的基期不同，可分为环比增长速度和定基增长速度，前者是逐期增长量与前一期水平之比，用于描述现象逐期增长的程度；后者是累计增长量与某一固定时期水平之比，用于描述现象在观察期内总的增长程度。

环比增长速度和定基增长速度公式为：

$$环比增长速度=\frac{逐期增长量}{前一期水平}=环比发展速度-1 \tag{9-17}$$

$$定基增长速度=\frac{累计增长量}{基期水平}=定基发展速度-1 \tag{9-18}$$

需要指出的是，环比增长速度和定基增长速度并无直接的换算关系。在由环比增长速度推算定基增长速度时，可先将环比增长速度加 1 后连乘，再将结果减 1，即得定基增长速度。

9.2.4 平均发展速度和平均增长速度

（1）平均发展速度。平均发展速度是一定时期内各期环比发展速度的平均数，反映现象在一定时期内逐期发展变化的一般程度。由于一定时期内现象发展的总速度等于各期环比发展速度的连乘积，所以求环比发展速度的平均数不能用算术平均数法而要用几何平均法，其计算公式为：

$$\bar{x}=\sqrt[n]{\frac{a_1}{a_0}\times\frac{a_2}{a_1}\times\cdots\times\frac{a_n}{a_{n-1}}}=\sqrt[n]{\prod\frac{a_i}{a_{i-1}}}=\sqrt[n]{\frac{a_n}{a_0}} \tag{9-19}$$

式中，$\bar{x}$ 为平均发展速度；n 为环比发展速度的个数，它等于观察数据的个数减 1。

(2) 平均增长速度。平均增长速度是用于描述现象在整个观察期内平均增长变化的程度，它通常用平均发展速度减1来求得。即：

$$平均增长速度 = 平均发展速度 - 1 \tag{9-20}$$

平均增长速度可能为正值，也可能为负值，为正值时表明现象在该段时期内平均来说是递增的；为负值时表明现象在该段时期内平均来说是递减的。

需要强调的是，平均增长速度不能由各期的环比增长速度直接平均而求得，也不能根据一定时期的总增长速度去直接计算。平均增长速度只能通过与平均发展速度的数量关系，即由平均发展速度减1去计算求得。

【例9-7】 根据表9-1我国国内生产总值资料，计算各年的发展速度、增长速度和2007—2018年间国内生产总值的年平均增长速度。

【解】 各年的发展速度和增长速度计算结果如表9-6所示。

表9-6　国内生产总值速度计算表

年份	国内生产总值（万元）	逐期增长量（万元）	环比发展速度（%）	环比增长速度（%）	定基发展速度（%）	定基增长速度（%）
2007	270092.3	—	—	—	—	—
2008	319244.6	49152.3	118.20	18.20	118.20	18.20
2009	348517.7	29273.1	109.17	9.17	129.04	29.04
2010	412119.3	63601.6	118.25	18.25	152.59	52.59
2011	487940.2	75820.9	118.40	18.40	180.66	80.66
2012	538580	50639.8	110.38	10.38	199.42	99.42
2013	592963.2	54383.2	110.10	10.10	219.56	119.56
2014	641280.6	48317.4	108.15	8.15	237.45	137.45
2015	685992.9	44712.3	106.97	6.97	254.00	154.00
2016	740060.8	54067.9	107.88	7.88	274.02	174.02
2017	820754.3	80693.5	110.90	10.90	303.88	203.88
2018	900309.5	79555.2	109.69	9.69	333.33	233.33

资料来源：国家统计局网站。

2007—2018年国内生产总值的年平均增长速度为：

$$年平均增长速度 = \sqrt[11]{333.33} - 1 = 11.57\%$$

9.3　时间序列的构成因素与模型

9.3.1　时间序列的构成因素

现象在其发展变化过程中，每一时刻都受到许多因素的影响。在诸多影响因素中，有的是长期起作用的，对事物的发展变化发挥决定性作用的因素。有的只是短期起作用，或者只是偶然发挥非决定性作用的因素。在分析时间序列的变动规律时，事实上不可能对每一个影响因素都一一划分开来，分别去作精确分析。但是，可以将众多影响因素，按照对现象变化影响的类型，划分为若干种时间序列的构成要素，然后，对这几类构成要素分别进行分析，以揭示时间序列的变动规律性。影响时间序列的构成要素通常可归纳为四种，即长期趋势、季节变动、循环变动、不规则变动。

（1）长期趋势（T）。长期趋势是时间序列的主要构成因素，它是指现象在较长时期内持续发展变化的一种趋向或状态。可能呈现出不断向上增长的态势，也可能呈现为不断降低的趋势，是受某种固定的起根本性作用的因素影响的结果。例如，中国改革开放以来经济持续增长，表现为国内生产总值逐年增长的态势。

（2）季节变动（S）。本来意义上的季节变动是指受自然因素的影响，在一年中随季节的更替而发生的有规律的变动。现在对季节变动的概念有了扩展，对一年内或更短的时间内由于社会、政治、经济、自然因素影响，形成的以一定时期为周期的有规则的重复变动，都称为季节变动。例如，农业产品的生产、某些商品的销售量变动都呈现出季节性的周期变动。

（3）循环变动（C）。循环变动是指某种现象在比较长的时期内呈现出的有一定规律性的周期性波动。循环变动与长期趋势不同，它不是单一方向的持续变动，而是有涨有落的交替波动。循环变动与季节变动也不同，循环变动的周期长短很不一致，不像季节变动那样有明显的按月或按季的固定周期规律，循环变动的规律性不甚明显，通常较难识别。

（4）不规则变动（I）。不规则变动是时间序列分离了长期趋势、季节变动、循环变动以后的波动。不规则变动是由那些影响时间序列短期的、不可预期的和不重复出现的众多偶然因素引起的，呈现为无规则的随机变动。时间序列的变动一般都是以上四种构成因素或其中一部分因素的影响而形成的。时间序列分析的任务之一，就是对序列中的这几种构成因素进行统计测定和分析，从中划分出各种因素的具体作用，揭示其变动的规律和特征，为认识和预测事物发展提供依据。

9.3.2 时间序列构成因素的组合模型

形成时间序列变动的四种构成因素，按照它们影响方式的不同，可以设定为不同的组合模型，其中最常用的有乘法模型和加法模型。

以 Y 表示时间序列的变量数值；T 表示长期趋势成分；S 表示季节变动成分；C 表示循环变动成分；I 表示不规则变动成分；下标 t 表示时间（$t=1, 2, \cdots, n$），n 为时间序列的项数。乘法模型和加法模型的表现形式分别为：

乘法模型 $$Y_t = T_t \cdot S_t \cdot C_t \cdot I_t \tag{9-21}$$

乘法模型是假定四种因素对现象发展的影响是相互的，长期趋势成分选取与 Y 相同计量单位的绝对量，以长期趋势为基础，其余成分则均以比率（相对量）表示。

加法模型 $$Y_t = T_t + S_t + C_t + I_t \tag{9-22}$$

加法模型是假定四种因素的影响是独立的，每种成分均以与时间序列变量值 Y 相同计量单位的绝对量来表示。

需要说明的是，时间序列组合模型中包含了四种因素，这是时间序列的完备模式，但是并不是在每个时间序列中这四种因素都同时存在。一般来说，在时间序列中长期趋势是经常存在的，季节变动因素和循环变动因素则不一定存在。当季节变动成分或循环变动成分不存在时，在乘法模型中 S 或 C 取值为1，在加法模型中 S 或 C 取值为0。有时也把长期趋势和循环变动合并称为趋势—循环因素。要分别研究各种构成因素的变动规律以及对时间序列的影响，就需要从时间序列中把各种构成因素分解出来。只有这样，才能识别某种构成因素是否存在，也才能分别描述各种构成因素的变动规律。

9.4 时间序列趋势变动分析

时间序列的长期趋势是就一个较长的时期而言的，一般地说分析长期趋势所选的时期越长越好。对长期趋势的测定和分析，是时间序列分析的重要内容，其主要目的有三个：一是为了认识现象随时间发展变化的趋势和规律性；二是为了对现象未来的发展趋势做出预测；三是为了从时间序列中剔除长期趋势成分，以便分解出其他类型的影响因素。时间序列线性趋势的测定方法有许多种，最常用的有移动平均法、指数平滑法和模型法等。

9.4.1 移动平均法

移动平均法的基本原理，是通过移动平均消除时间序列中的不规则变动和其他变动，从而揭示出时间序列的长期趋势。所谓移动平均，是选择一定的用于平均的时距项数 K，采用对序列逐项递移的方式，对原序列递移的 K 项计算一系列序时平均数。由这些序时平均数所形成的新序列，一定程度上消除或削弱了原序列中的由于短期偶然因素引起的不规则变动和其他成分，对原序列的波动起到一定的修匀作用，从而呈现出现象在较长时期的发展趋势。这种移动平均值也是对现象发展趋势的预测值。

在图9－1中，原序列为 t_1，t_2，…，t_7，分别取时距项数 $K=3$ 和 $K=4$，采用对原序列逐项递移的方式，对原序列递移的 K 项计算一系列序时平均数，这些序时平均数形成新序列，一定程度上消除或削弱了原序列中的不规则变动和其他成分，呈现出现象的长期趋势。

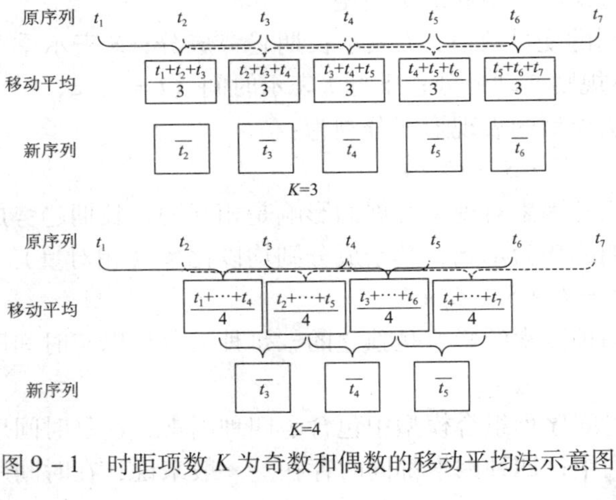

图9－1 时距项数 K 为奇数和偶数的移动平均法示意图

【例9－8】 根据表9－1我国国内生产总值资料来说明移动平均数的计算方法。

【解】 分别采用三项移动平均和四项移动平均，计算结果如表9－7所示。

表9－7　　国内生产总值移动平均计算表　　单位：亿元

年份	国内生产总值	三项移动平均	四项移动平均	移正平均
2007	270092.3	—		—
2008	319244.6	312618.2	337493.5	—
2009	348517.7	359960.5	391955.5	364724.5
2010	412119.3	416192.4	446789.3	419372.4
2011	487940.2	479546.5	507900.7	477345.0
2012	538580.0	539827.8	565191.0	536545.8
2013	592963.2	590941.3	614704.2	589947.6
2014	641280.6	640078.9	665074.4	639889.3
2015	685992.9	689111.4	722022.2	693548.3
2016	740060.8	748936.0	786779.4	754400.8
2017	820754.3	820374.9		—
2018	900309.5	—		—

说明：本表采用Excel计算，由于计算过程中的四舍五入，数据计算可能存在一定误差。

利用Excel可以方便地计算移动平均数，方法是在Excel工作表中输入国内生产总值数据（例如B3：B14中），单击“数据”中的“数据分析”，点击“移动平均”，输入数据区域“B3：B14”，若是四次移动平均，在“间隔”中输入“4”，在“输出区域”中输入指定的区域（C3），点“确定”（如图9－1所示），即得到四次移动平均的结果（如图9－2所示）。要作移正平均，只需对四次移动平均的结果再作“间隔”为“2”的移动平均即可。

用Excel作四次移动平均的窗口如图9－2所示。

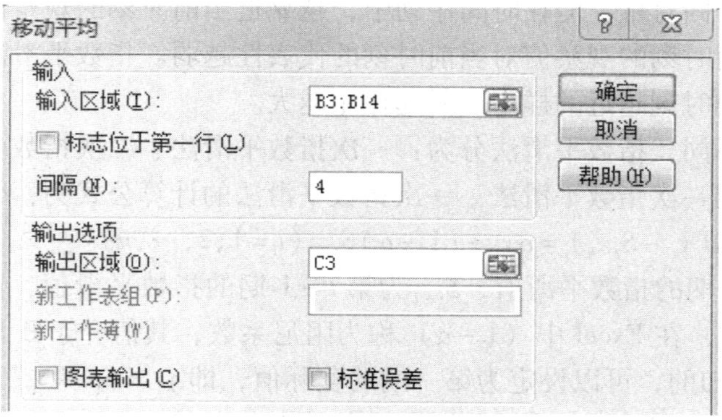

图9－2　Excel四次移动平均对话框

用Excel作四次移动平均的输出形式如图9－3所示。

通过图9－1和例9－8可以看出，移动平均法具有以下特点：

（1）移动平均对原序列有修匀或平滑的作用，使得原序列的上下波动被削弱了，而且平均时距项数K越大，对数列的修匀作用越强。

	A	B	C	D
1	年份	国内生产	四次移动	移正平均
2		总值	平均	
3	2007	270092.3		
4	2008	319244.6		
5	2009	348517.7		
6	2010	412119.3	337493.5	
7	2011	487940.2	391955.5	364724.5
8	2012	538580	446789.3	419372.4
9	2013	592963.2	507900.7	477345
10	2014	641280.6	565191	536545.8
11	2015	685992.9	614704.2	589947.6
12	2016	740060.8	665074.4	639889.3
13	2017	820754.3	722022.2	693548.3
14	2018	900309.5	786779.4	754400.8

图 9－3　Excel 四次移动平均对话框

（2）移动平均时距项数 K 为奇数时，只需一次移动平均，其移动平均值作为移动平均项数的中间一期的数值；而当移动平均时距项数 K 为偶数时，移动平均值代表的是这偶数项的中间位置的水平，无法对正某时期，则需再进行一次相邻两平均值的移动平均，这样才能使平均值对正某一时期，称为移正平均，也称中心化的移动平均数。

（3）当序列包含季节变动时，移动平均时距项数 K 应与季节变动长度一致（如 4 个季度或 12 个月），才能消除其季节变动；若序列包含周期变动时，平均时距项数 K 应和周期长度基本一致，才能较好地消除周期波动。

（4）移动平均以后，其序列的项数较原序列减少，当 K 为奇数时，新序列首尾各减少 $(K-1)/2$ 项；K 为偶数时，首尾各减少 $K/2$ 项。移动平均会使原序列失去部分信息，而且平均项数越大，失去的信息越多，所以移动平均的项数不宜过大。

9.4.2　指数平滑法

指数平滑法是另一种计算长期变动趋势的方法。移动平均法在逐期进行移动平均时，将每个样本点的作用等同对待。但在时间序列中，越靠近当前时刻的观察值越能反映当前时刻的性质，而远离当前时刻的观察值对当前时刻的代表性越弱。指数平滑法在计算移动平均时引入一个权数使当前时刻越近的样本点所起作用越大。

根据平滑次数不同，指数平滑法分为：一次指数平滑法、二次指数平滑法和三次指数平滑法等。这里只介绍一次指数平滑法。一次指数平滑法的计算公式为：

$$S_t = S_{t-1} + \alpha(y_t - S_{t-1}) = \alpha y_t + (1-\alpha)S_{t-1}(t=1,2,\cdots,n) \qquad (9-23)$$

式中，S_t 为第 t 期的指数平滑值，S_{t-1} 为第 $t-1$ 期的指数平滑值，y_t 为第 t 期的实际观测值，α 为平滑系数，在 Excel 中（$1-\alpha$）称为阻尼系数，其值介于 0 与 1 之间。第一期的平滑值 S_1 通常是未知的，可以设定为第一期的实际值，即 $y_1 = S_1$。

指数平滑的基本思想是：如果 t 期的指数平滑值 S_t 与第 t 期的实际值 y_t 完全相同，则可以将第 t 期的指数平滑值 S_t 直接作为第 $t+1$ 期的指数平滑值 S_{t+1}；如果两者之间有误差，则这种误差由两部分组成：①不规则随机误差，所占比例为 $1-\alpha$；②现象从 $t-1$ 期到 t 期的实质性变化，所占比例为 α。通过剔除不规则随机误差部分，反映现象的实质性变化。α 的值越大误差中实质性变化的比例越大，剔除的不规则随机误差部分越小，对数据的修匀作用越小；反之，α 的值越小误差中实质性变化的比例越小，剔除的不规则随机误差部分越大，对数据的修匀作用越强。

系数 α 的大小决定了平滑的程度，它与移动平均的间隔有类似的性质，适当取 α 值是决定指数平滑结果优劣的重要因素。一般通过多次试算，然后比较各种 α 的趋势线以选出一个最优值。

需要注意的是，以指数平滑预测的结果存在滞后偏差，即当时间序列呈下降趋势时，预测值往往偏高；反之，则偏低。另外，一次指数平滑预测只能做下一期的预测。

【例 9-9】 对表 9-1 中 2007—2018 年国内生产总值数据作指数平滑。

【解】 指数平滑值的计算可利用 Excel 中的“数据分析”。方法是：进入 Excel 工作簿的“数据分析”→“指数平滑”，根据对话框提示输入原始数据区域、阻尼系数（Excel 对话框中的阻尼系数是指 $1-\alpha$）、输出区域等即可。注意 Excel 中指数平滑值的位置是按 $t-1$ 期的平滑值作为 t 期趋势估计值处理的。分别取 α 为 0.1、0.3 和 0.7，计算的国内生产总值数据平滑值如表 9-8 所示。

表 9-8 **国内生产总值平滑值计算结果** 单位：亿元

年份	国内生产总值	国内生产总值平滑值		
		$\alpha=0.1$	$\alpha=0.3$	$\alpha=0.7$
2007	270092.3	—	—	—
2008	319244.6	270092.3	270092.3	270092.3
2009	348517.7	275007.5	284838	304498.9
2010	412119.3	282358.5	303941.9	335312.1
2011	487940.2	295334.6	336395.1	389077.1
2012	538580	314595.2	381858.6	458281.3
2013	592963.2	336993.7	428875.1	514490.4
2014	641280.6	362590.6	478101.5	569421.4
2015	685992.9	390459.6	527055.2	619722.8
2016	740060.8	420012.9	574736.5	666111.9
2017	820754.3	452017.7	624333.8	717876.1
2018	900309.5	488891.4	683260	789890.8

根据表 9-8 绘制的时间序列图如图 9-4 所示，反映了三种平滑系数对序列的修匀作用。

9.4.3 趋势方程拟合法

趋势方程拟合法，是通过拟合以时间 t 为自变量、所考察指标为因变量的回归方程来测定现象的长期趋势。此回归方程也称为趋势方程。

时间序列的长期趋势可分为线性趋势和非线性趋势①。当时间序列的长期趋势近似地呈现为直线发展，每期的增减数量大致相同时，则称时间序列具有线性趋势。线性趋势的特点

① 本章只介绍线性趋势方程拟合法。

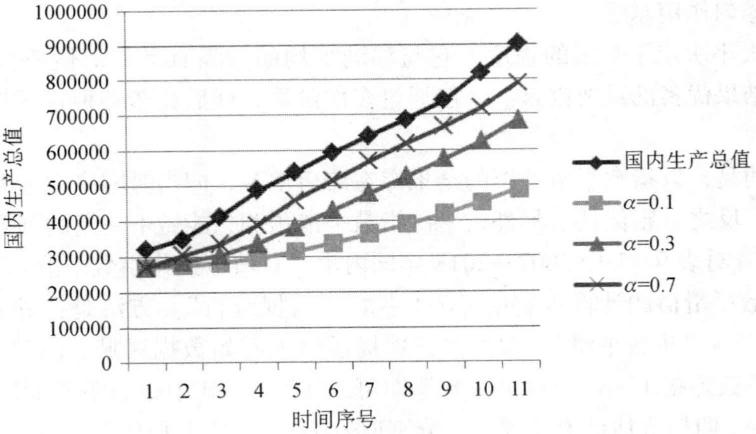

图 9－4　三种平滑系数对序列的修匀作用比较

是其变化率或趋势线的斜率基本保持不变。当时间序列在各时期的变动随时间而异，各时期的变化率或趋势线的斜率有明显变动但又有一定规律性时，现象的长期趋势将不再是线性的，这时现象的长期趋势可能是非线性趋势。对于线性趋势和非线性趋势可以分别用不同的模型去拟合。

线性趋势拟合法是利用线性回归的方法对原时间序列拟合线性方程，消除其他成分变动，从而揭示出序列长期线性趋势的方法。线性趋势方程的一般形式为：

$$\hat{y}_t = \hat{a} + \hat{b}_i \tag{9-24}$$

式中，$\hat{y}_t$ 为时间序列 y_t 的趋势值，t 为时间的标号；$\hat{a}$ 为截距项，是当 $t=0$ 时 $\hat{y}_t$ 的初始值；$\hat{b}$ 为趋势线的斜率，表示当时间 t 变动一个单位时，趋势值 $\hat{y}_t$ 的平均变动数量。

通常可以利用第八章中最小二乘法去估计线性趋势方程的参数 $\hat{a}$ 和 $\hat{b}$，即

$$\hat{b} = \frac{n\sum ty - \sum t\sum y}{n\sum t^2 - \left(\sum t\right)^2} \tag{9-25}$$

$$\hat{a} = \frac{\sum y_i}{n} - \hat{b}\frac{\sum t}{n} = \bar{y} - \hat{b}\bar{t} \tag{9-26}$$

式中，n 为时间序列的项数，即时期的个数；$\hat{a}$ 和 $\hat{b}$ 分别为线性势方程参数 a 和 b 的最小二乘估计值；y 为时间序列中各时期的实际观测值。

用时间序列数据估计的线性趋势方程及参数，还应当用第八章介绍的对线性回归方程的检验方法去检验其统计显著性。

【例 9－10】 某啤酒厂最近 10 年的啤酒销售量资料如表 9－9 所示，试建立趋势方程。

表 9－9　　某啤酒厂最近 10 年的啤酒销售量　　单位：万吨

年份	啤酒销售量	逐年增长量
1	188	—
2	346	158

续表

年份	啤酒销售量	逐年增长量
3	518	172
4	685	167
5	856	171
6	1026	170
7	1198	172
8	1369	171
9	1542	173
10	1714	172

【解】 因为逐年增长量基本相等，所以可拟合线性趋势方程。

设趋势方程为：$\hat{y}_t = \hat{a} + \hat{b}t$

将解题所需数据的计算结果列于表 9－10 中。

表 9－10　　啤酒销售量直线趋势方程计算表

年份序号 t	啤酒销售量 y	ty	t^2
1	188	188	1
2	346	692	4
3	518	1554	9
4	685	2740	16
5	856	4280	25
6	1026	6156	36
7	1198	8386	49
8	1369	10952	64
9	1542	13878	81
10	1714	17140	100
$\sum t = 55$	$\sum y = 9442$	$\sum ty = 65966$	$\sum t^2 = 385$

由此可得：

$$\hat{b} = \frac{n\sum ty - \sum t \sum y}{n\sum t^2 - (\sum t)^2} = \frac{10 \times 65966 - 55 \times 9442}{10 \times 385 - 55^2} = 170.1212$$

$$\hat{a} = \frac{\sum y}{n} - \hat{b}\frac{\sum t}{n} = \frac{9442}{10} - 170.121212 \times \frac{55}{10} = 8.5333$$

所以，线性趋势方程为：

$\hat{y}_t = 8.5333 + 170.1212t$

趋势方程不仅可以测定出时间序列中各期的趋势值，而且所拟合的趋势方程还具有延伸外推的功能，可以根据方程进行预测。例如，根据上述线性趋势方程，可预测该啤酒厂第 11 年的啤酒销售量为：

$\hat{y}_t = 8.5333 + 170.1212 \times 11 = 1879.8667$（万吨）

根据趋势方程进行预测是假定现象始终按照平均增长量增加，一般不宜做长期预测。

线性趋势方程拟合的计算也可以利用 Excel 实现。Excel 的“回归”可计算出参数的估计值 a 和 b。运用 Excel 回归分析的过程为：在“数据分析”中选择“回归”，单击“确定”按钮后出现一个回归对话框（见图 9－5）；在“y 值输入区域”一栏输入时间序列实际值的起止单元格（在本例中为 B2：B11）；在“x 值输入区域”一栏输入时间序号 t 的起止单元格（在本例中为 A2：A11）；在“输出区域”一栏指定显示输出结果的单元格起点（本例为 D2）；最后单击“确定”按钮，即可得到直线趋势方程的估计结果，如图 9－6 所示。

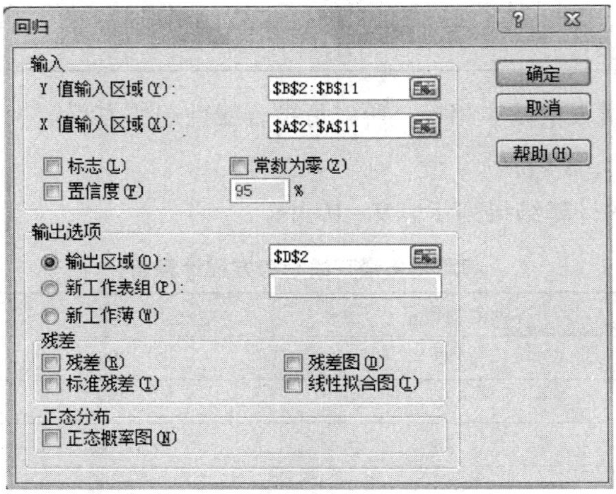

图 9－5　Excel 回归分析对话框

	A	B	C	D	E	F	G	H	I
1	SUMMARY OUTPUT								
2									
3	回归统计								
4	Multiple	0.999966834							
5	R Square	0.999933668							
6	Adjusted	0.999925377							
7	标准误差	4.449548837							
8	观测值	10							
9									
10	方差分析								
11		df	SS	MS	F	gnificance F			
12	回归分析	1	2387651.21	2387651	120597.7	5.29E-18			
13	残差	8	158.387879	19.79848					
14	总计	9	2387809.6						
15									
16		Coefficients	标准误差	t Stat	P-value	Lower 95%	Upper 95%	下限 95.0%	上限 95.0%
17	Intercept	8.533333333	3.03962052	2.807368	0.022936	1.523956	15.54271	1.523956	15.54271
18	X Variabl	170.1212121	0.4898792	347.2718	5.29E-18	168.9915	171.2509	168.9915	171.2509

图 9－6　Excel 回归分析输出结果

由 Excel 输出结果中可见，可决系数为 $R^2 = 0.99993$，回归方程显著性检验的 F 统计量为 120597.7，明显大于临界值 F_α，检验估计的斜率系数 $\hat{b}$ 的 t 统计量为 347.2718，明显大于临界值 $t_{\alpha/2}$，F 检验和 t 检验的 P 值为 $5.29E-18$，远远小于显著性水平 α。说明该啤酒厂的啤酒销售量的线性趋势是较为明显的。

9.5 时间序列季节变动分析

季节变动（用 S 表示）是指社会经济现象受自然季节、社会风俗、节假日或人文习惯等因素的影响，而形成的在一年内有规则的周期性波动。如商业活动中的“销售旺季”和“销售淡季”、旅游业的“旅游旺季”和“旅游淡季”等。所谓季节变动不仅仅是指随着一年中四季而变动，而是泛指一年内有规律的、按一定周期（年、季、月、周、日）重复出现的变化。季节变动会给人们的社会经济生活带来某种影响，如会影响某些商品的生产、销售与库存。

季节变动分析是对时间序列进行整理和分析，从而消除长期趋势因素和偶然因素等对现象发展的影响，使现象因受季节因素的影响而产生的波动显现出来的分析方法。分析季节变动的目的在于掌握季节变动的周期、幅度等规律，以便预测未来，及时采取措施，克服其不良影响，更好地组织生产经营活动，提高经济效益。分析季节变动，需要根据过去该现象季节变动的规律性，获得分季、分月的资料，按年计算的资料是不能分析季节变动的。

9.5.1 原始资料平均法

分析季节变动的方法很多，从是否考虑长期趋势的影响来看可分为两种：一是不考虑长期趋势的影响，根据原始时间序列直接去测定季节变动；二是根据剔除长期趋势后的数据测定季节变动。

当时间序列的长期趋势近似于水平趋势时，测定时间序列的季节变动可不考虑长期趋势的影响，直接采用原始资料平均法。原始资料平均法又称“同期平均法”“按月（或季）平均法”，是在现象不存在长期趋势或长期趋势不明显的情况下，测定季节变动的一种最基本的方法，其基本步骤如下：

（1）计算各年同期（月或季）的平均数 $\bar{y}_i$（$i=1, 2, \cdots, 12$ 月或 $i=1, 2, 3, 4$ 季度），目的是消除数据上的不规则变动。

（2）计算全部数据的总平均数 $\bar{y}$，找出整个序列的水平趋势。

（3）计算季节比率 S_i，即：

$$S_i=\frac{\bar{y}_i}{\bar{y}}(i=1,2,\cdots,12\text{ 月或 }i=1,2,3,4\text{ 季度}) \qquad (9-27)$$

季节比率是进行季节变动分析的重要数据，通过季节比率可以显示和分析季节变动的规律性。在乘法模型中，各期季节比率的总和等于周期 L（$L=12$ 或 $=4$），或平均等于 1，即

$$\sum S_i = L \quad \text{或} \quad \bar{S}=\frac{\sum S_i}{L}=1$$

【例 9－11】 某服装公司 2016—2018 年各月销售量资料见表 9－11，试用按月（或季）平均法计算各月的季节指数。

表 9－11　　2016—2018 年各月销售量资料及季节指数计算表

月份	各年销售量（万件）			合计	同月平均	季节指数（%）
	2016 年	2017 年	2018 年	(4)＝(1)＋(2)＋(3)	(5)＝(4)÷(3)	(6)＝(5)÷1260.56
	(1)	(2)	(3)			
1 月	80.0	120.0	320.0	520.0	173.3	13.8
2 月	120.0	200.0	400.0	720.0	240.0	19.0
3 月	200.0	350.0	700.0	1250.0	416.7	33.1
4 月	500.0	850.0	1500.0	2850.0	950.0	75.4
5 月	800.0	1500.0	2400.0	4700.0	1566.7	124.3
6 月	2500.0	4500.0	6800.0	13800.0	4600.0	364.9
7 月	2400.0	6400.0	7200.0	16000.0	5333.3	423.1
8 月	600.0	900.0	1500.0	3000.0	1000.0	79.3
9 月	200.0	400.0	600.0	1200.0	400.0	31.7
10 月	100.0	250.0	400.0	750.0	250.0	19.8
11 月	60.0	100.0	200.0	360.0	120.0	9.5
12 月	40.0	80.0	110.0	230.0	76.7	6.1
合计	7600.0	15650.0	22130.0	45380.0	15126.7	1200.0
平均	633.3	1304.2	1844.2	3781.7	1260.56	100.0

【解】 根据上述步骤，销售量季节指数计算过程见表 9－11。

表 9－11 中的“季节指数”一栏，是以指数形式表现的典型销售量。每个指数代表 2016—2018 年间每个月份的平均销售量。比如，一月份的季节指数为 13.8%，表示该月份销售量为全年平均月销售量的 13.8%，而全年月平均销售量则作为 100%。这样从各月的季节指数序列，可以清楚地表明该公司销售量的季节变动趋势。即 1、2、3、4 月份是销售淡季，5、6、7 月份为销售旺季，7 月份比全年月平均销售量高 323.1%（432.1%－100%），8 月份开始下降，到 12 月份降到最低点，比全年月平均销售量低 93.9%（6.1%－100%）。

原始资料平均法计算简单，易于理解。应用该方法的基本假定是：原时间序列没有明显的长期趋势和循环波动，因而，通过若干年同期数值的平均，不仅可以消除不规则波动，而且当平均的周期与循环周期一致时，循环波动也可以在平均过程中得以消除，但实际上，许多时间序列所包含的长期趋势和循环波动，很少能够通过平均予以消除。因此，当时间序列存在明显的长期趋势时，该方法的季节指数不够准确。当存在剧烈的上升趋势时，年末季节指数明显高于年初的季节指数；当存在下降趋势时，年末的季节指数明显低于年初的季节指数。只有当序列的长期趋势和循环波动不明显或影响不重要，可以忽略不计时，应用该方法比较合适。

9.5.2　趋势剔除法

趋势剔除法，就是在现象具有明显长期趋势的情况下，测定季节变动的一种基本方法。其基本思路为：先从时间序列中将长期趋势剔除掉，然后再应用“同期平均法”剔除循环变动和不规则变动，最后通过计算季节比率来测定季节变动的程度。剔除长期趋势的方法可用移动平均法或者趋势方程拟合法。假定包含季节变动的时间序列各影响因素是以乘法模型形式组合，其结构为 $Y=T \cdot C \cdot S \cdot I$，以移动平均法为例，计算季节变动的基本步骤如下：

（1）对原序列计算平均项数等于季节周期 L（如 12 个月或 4 个季度）的中心化移动平均数，以消除季节变动 S 和不规则变动 I，所得移动平均的结果若以 M 表示，M 只包含了趋势变动 T 和循环变动 C。

（2）为了剔除原序列中的趋势变动 T 和循环变动 C，将原序列各项数据除以移动平均序列对应时间的各项数据 M，即消除趋势变动和循环变动的序列为：

$$\frac{Y}{M}=\frac{T \cdot C \cdot S \cdot I}{T \cdot C}=S \cdot I \tag{9-28}$$

（3）Y/M 是消除了长期趋势影响的时间序列，它是一个相对数。将消除趋势变动和循环变动的序列各年同月（或同季）的比率数据进行平均，以消除不规则变动 I，再分别除以全部 $S \cdot I$ 数据的总平均数，即得季节变动比率。

【例 9－12】 根据表 9－11 的资料，按趋势剔除法计算销售量的季节指数。

【解】 首先求出 12 个月移动平均趋势值 M，并求得 Y/M，计算结果见表 9－12。

然后将表 9－12 中的 Y/M 重新排列，见表 9－13，求出各年同月平均数，使不规则变动消除，进一步计算出季节指数，如表 9－13 所示。

表 9－12　　某服装公司销售量趋势剔除计算表

时间	销售量 Y	移动平均 M	Y/M	时间	销售量 Y	移动平均 M	Y/M
2016.1	80	—	—	2017.7	6400	1312.5	4.87619
2	120	—	—	8	900	1329.167	0.677116
3	200	—	—	9	400	1352.083	0.29584
4	500	—	—	10	250	1393.75	0.179372
5	800	—	—	11	100	1458.333	0.068571
6	2500	—	—	12	80	1591.667	0.050262
7	2400	635	3.779528	2018.1	320	1720.833	0.185956
8	600	640	0.9375	2	400	1779.167	0.224824
9	200	649.5833	0.30789	3	700	1812.5	0.386207
10	100	670.4167	0.149161	4	1500	1827.083	0.820981
11	60	714.1667	0.084014	5	2400	1837.5	1.306122
12	40	826.6667	0.048387	6	6800	1842.917	3.689803
2017.1	120	1076.667	0.111455	7	7200	—	—
2	200	1255.833	0.159257	8	1500	—	—
3	350	1276.667	0.274151	9	600	—	—
4	850	1291.25	0.658277	10	400	—	—
5	1500	1299.167	1.154586	11	200	—	—
6	4500	1302.5	3.454894	12	110	—	—

表 9－13　　某服装公司销售量季节指数计算表

	2016	2017	2018	合计	同月平均	季节指数
1	—	0. 111455	0. 185956	0. 297411	0. 148706	0. 149451
2	—	0. 159257	0. 224824	0. 384081	0. 192041	0. 193003
3	—	0. 274151	0. 386207	0. 660358	0. 330179	0. 331833
4	—	0. 658277	0. 820981	1. 479258	0. 739629	0. 743335
5	—	1. 154586	1. 306122	2. 460708	1. 230354	1. 236519
6	—	3. 454894	3. 689803	7. 144697	3. 572349	3. 590248
7	3. 779528	4. 87619	—	8. 655718	4. 327859	4. 349544
8	0. 9375	0. 677116	—	1. 614616	0. 807308	0. 811353
9	0. 30789	0. 29584	—	0. 60373	0. 301865	0. 303378
10	0. 149161	0. 179372	—	0. 328533	0. 164267	0. 16509
11	0. 084014	0. 068571	—	0. 152585	0. 076293	0. 076675
12	0. 048387	0. 050262	—	0. 098649	0. 049325	0. 049572
合计	—	—	—	23. 88034	11. 94017	12
平均	—	—	—	1. 990029	0. 995014	1

9. 5. 3　季节变动的调整

包含有季节变动因素的时间序列，由于受季节的影响而产生波动，可能使序列的其他特征（例如长期趋势）不能清晰地表现出来。为此，经常需要从时间序列中消除季节变动的影响，这称为季节变动的调整。

当已确定序列的季节指数 S 以后，消除季节变动的直接方法是将原序列除以季节指数，即：

$$\frac{Y}{S}=\frac{T\cdot C\cdot S\cdot I}{S}=T\cdot C\cdot I \qquad (9-29)$$

【例 9－13】　利用前面趋势剔除法计算的季节指数，对某服装公司 2018 年的销售量作季节调整。

【解】　计算结果如表 9－14 所示。

表 9－14　　2018 年消除季节影响的销售量时间序列

月份	原序列 Y	季节指数	剔除季节影响的序列
1	320	0. 149451	2141. 17
2	400	0. 193003	2072. 507
3	700	0. 331833	2109. 495
4	1500	0. 743335	2017. 933
5	2400	1. 236519	1940. 933
6	6800	3. 590248	1894. 02
7	7200	4. 349544	1655. 346

续表

月份	原序列 Y	季节指数	剔除季节影响的序列
8	1500	0.811353	1848.764
9	600	0.303378	1977.731
10	400	0.16509	2422.921
11	200	0.076675	2608.412
12	110	0.049572	2218.995

2018 年该服装公司销售量原数据与季节调整后数据的对比，如图 9－7 所示。

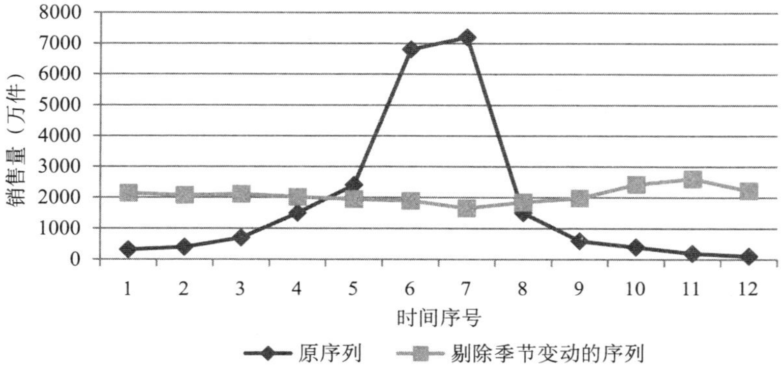

图 9－7　季节调整前后的 2018 年服装销售量

本章小结

时间序列是指将同一指标的数值按时间先后顺序排列而成的数列。根据时间序列中指标的表现形式不同，时间序列可以分为绝对数时间序列、相对数时间序列和平均数时间序列三种，其中绝对数时间序列又分为时期序列和时点序列。可比性是时间序列编制的基本原则。

时间序列各期的实际水平称为发展水平，其平均数称为平均发展水平（序时平均数），不同类型的时间序列计算序时平均数的方法有所不同。时间序列的水平指标还包括增长量（逐期、累计）和平均增长量。累计增长量等于相应逐期增长量之和，平均增长量是观察期内各个逐期增长量的平均数。速度分析指标有发展速度、增长速度、平均发展速度和平均增长速度。定基发展速度即发展总速度，它等于相应时期内各环比发展速度的连乘积；增长速度等于发展速度减 1；平均发展速度是环比发展速度的平均数，其计算方法通常采用几何平均法；平均增长速度等于平均发展速度减 1。

时间序列的构成要素有四种：长期趋势变动（T）、季节变动（S）、不规则变动（I）和循环变动（C）。按照它们的影响方式不同，可设定为不同的组合模型，其中常用的是乘法模型和加法模型。

长期趋势的分析方法主要有移动平均法、指数平滑法和趋势方程拟合法。移动平均法的关键在于选择平均项数，能消除序列中的季节影响（平均项数与季节周期长度必须一致）；指数平滑法的关键在于确定平滑系数；趋势方程拟合法通常采用最小二乘法来估计趋势方程中的参数。

季节比率的测定方法有原始资料平均法和趋势剔除法。原始资料平均法适用于水平趋势的季节序列；趋势剔除法适用于有明显上升（或下降）趋势的季节序列；当没有季节因素影响时，季节比率为1或100%，序列的季节调整即以原始数据除以对应季节的季节比率，目的是从时间序列中去掉季节影响，便于分析其他成分。

综合训练

一、思考题

1. 什么是时间序列？它在统计分析中有何重要作用？
2. 简述时间序列的编制原则。
3. 举例说明时期序列与时点序列的区别。
4. 时间序列有哪些水平指标？如何计算平均发展水平？逐期增长量与累计增长量有何关系？
5. 时间序列有哪些速度分析指标？它们之间的关系是什么？
6. 时间序列受几种因素的影响？
7. 测定长期趋势的移动平均法、指数平滑法和趋势拟合法各有什么特点？
8. 简述“原始资料平均法”和“趋势剔除法”的基本步骤。

二、单项选择题

1. 根据时期数列计算平均发展水平应采用（　　）。

A. 简单算术平均法　　B. 加权算术平均法

C. 简单调和平均法　　D. 加权调和平均法

2. 累计增长量等于相应时期各个逐期增长量的（　　）。

A. 和　　B. 差

C. 积　　D. 商

3. 定基发展速度等于相应时期各个环比发展速度的（　　）。

A. 和　　B. 差

C. 积　　D. 商

4. 下列时间数列中，各期指标值可直接相加的是（　　）。

A. 时期数列　　B. 时点数列

C. 相对数数列　　D. 平均数数列

5. 根据间隔相等的间断时点数列计算平均发展水平的方法是（　　）。

A. 简单几何平均法　　B. 简单算术平均法

C. 加权算术平均法　　D. 首尾折半法

6. 现象在其发展变化过程中所呈现出来的那种持续上升或持续下降的趋势是（　　）。

A. 长期趋势　　B. 季节变动

C. 循环变动　　D. 随机波动

7. 某企业生产某种产品，其产量年年增加 5 万吨，则该产品产量的环比增长速度（　　）。

A. 年年下降　　B. 年年上升

C. 年年相同　　D. 升降不定

8. 移动平均法之所以能用来测定长期趋势，是因为由移动平均数形成的新序列剔除下列哪一因素的影响（　　）。

A. 短期偶然因素　　B. 短期基本因素

C. 长期偶然因素　　D. 长期基本因素

9. 计算移动平均数所采用的移动平均项数越多，则数列所表现的下列哪一因素值就越明显。（　　）。

A. 长期趋势　　B. 季节变动

C. 循环变动　　D. 随机波动

10. 以年度为周期的规律性变动是（　　）。

A. 长期趋势　　B. 季节变动

C. 循环变动　　D. 随机波动

11. 季节指数反映了某一月份或季度的数值占全年平均数值的大小。如果现象的发展没有季节变动，则各期的季节指数应（　　）。

A. 等于 0　　B. 等于 100%

C. 小于 100%　　D. 大于 100%

12. 用原始资料平均法测定季节变动，适合于（　　）。

A. 有增长趋势的序列　　B. 有下降趋势的序列

C. 呈水平趋势的序列　　D. 各种季节序列

13. 在时间序列的乘法模型中，与原序列 Y 计量单位相同的，通常是（　　）。

A. 长期趋势 T　　B. 季节变动 S

C. 循环变动 C　　D. 不规则变动 I

14. 某产品单位成本从 2014 年到 2019 年的平均发展速度为 97.5%，说明该产品单位成本（　　）。

A. 2019 年是 2014 年的 97.5%　　B. 平均每年降低 0.5%

C. 平均每年降低 2.5%　　D. 2019 年比 2014 年降低 97.5%

15. 季节比率说明的是（　　）。

A. 各季节绝对水平的差异　　B. 各季节相对差异

C. 各季节趋势的影响　　D. 各季节的不规则差异

三、多项选择题

1. 对于时间序列，下列说法正确的是（　　）。

A. 序列是按数值大小顺序排列的
B. 序列是按时间顺序排列的
C. 序列中的数值都有可加性
D. 序列是进行动态分析的基础
E. 编制时应注意数值的可比性

2. 时间序列的可比性原则主要指（　　）。
A. 时间长度要一致
B. 经济内容要一致
C. 计算方法要一致
D. 总体范围要一致
E. 计算口径与计量单位要一致

3. 时间数列按其指标的作用和表现形式不同分为（　　）。
A. 绝对数时间数列
B. 相对数时间数列
C. 平均数时间数列
D. 空间数列
E. 时空结合数列

4. 时点数列的特点包括（　　）。
A. 数列中各项指标值可以相加
B. 数列中各项指标值不能相加
C. 数列中各项指标值的大小与时间间隔长短有直接关系
D. 数列中各项指标值的大小与时间间隔长短无直接关系
E. 数列中各项指标值是通过间断登记取得的

5. 时间序列的水平分析指标包括（　　）。
A. 发展水平
B. 增长水平
C. 平均发展水平
D. 平均增长量
E. 增长1%的绝对值

6. 环比发展速度与定基发展速度的关系是（　　）。
A. 各定基发展速度的连乘积等于环比发展速度
B. 各环比发展速度的连乘积等于定基发展速度
C. 相邻的两个定基发展速度之商等于相应时期的环比发展速度
D. 相邻的两个定基发展速度之积等于相应时期的环比发展速度
E. 各环比发展速度之和等于定基发展速度

7. 影响时间序列水平变动的因素包括（　　）。
A. 长期趋势
B. 季节变动
C. 循环变动
D. 随机波动
E. 时间变动

8. 测定长期趋势的方法主要有（　　）。
A. 时距扩大法
B. 同季（月）平均法
C. 移动平均法
D. 直接观察法
E. 趋势模型法

9. 季节变动分析的趋势循环剔除法适用于（　　）。
A. 考虑不规则变动的影响
B. 考虑长期趋势的影响
C. 不考虑长期趋势的影响
D. 考虑循环变动的影响
E. 不考虑不规则变动的影响

10. 关于季节变动的测定，下列说法正确的是（　　）。

A. 目的在于掌握事物变动的季节周期性

B. 常用的方法是按月（季）平均法

C. 需要计算季节比率

D. 按月计算的季节比率之和应等于400%

E. 按季计算的季节比率之和应等于400%

四、判断题

1. 在加法模型中，当季节变动成分S或循环变动成分C不存在时，通常将S或C取值为1。（　　）

2. 根据季度时间序列资料计算的各季节比率之和应为1。（　　）

3. 在对时间序列做季节变动分析时，所计算的季节比率是各年同期（月或季）平均数相对于整个序列平均水平的程度。（　　）

4. 对时间序列数据做季节调整的目的是揭示时间序列中季节变动的影响。（　　）

5. 在年度时间序列中，不可能存在季节变动成分。（　　）

6. 时间序列中的发展水平都是统计绝对数。（　　）

7. 只有增长速度大于100%才能说明事物的变动是增长的。（　　）

8. 相对数时间序列中的数值相加没有实际意义。（　　）

9. 时期序列有连续时期数列和间断时期数列两种。（　　）

10. 发展速度可以为负值。（　　）

五、计算题

1. 某公司某年9月末有职工250人，10月上旬的人数变动情况是：10月4日新招聘12名大学生上岗，6日有4名老职工退休离岗，8日有3名青年工人应征入伍，同日又有3名职工辞职离岗，9日招聘7名营销人员上岗。试计算该公司10月上旬的平均在岗人数。

2. 某银行2019年部分月份的现金库存额资料如表9－15所示。

表9－15

日期	1月1日	2月1日	3月1日	4月1日	5月1日	6月1日	7月1日
库存额（万元）	500	480	450	520	550	600	580

（1）具体说明这个时间序列属于哪一种时间序列。

（2）分别计算该银行2019年第一季度、第二季度和上半年的平均现金库存额。

3. 某工业企业2019年下半年各月的总产值和职工人数资料如表9－16所示。

表9－16

月　份	7	8	9	10	11	12
总产值（万元）	72	75	76	85	90	110
月初职工人数（人）	800	810	810	830	850	900

又知该企业12月末的职工人数为910人。试计算该企业2019年下半年：

（1）人均总产值。

（2）平均每季人均总产值。

（3）平均每月人均总产值。

（4）平均每天的人均总产值。

4. 在整理历史数据时发现缺失了一些数据，请补充表 9－17 空栏中的数据，并计算这段时间的平均增长速度。

表 9－17

年份	产量（吨）	与上年比较		
		增长绝对量（吨）	发展速度（%）	增长速度（%）
2013	94.8			
2014		8.2		
2015				6.3
2016			108.2	
2017	121.2			
2018		7.0		

5. 已知甲、乙两省某种产品的产量资料如表 9－18 所示。

表 9－18

年份	2011	2012	2013	2014	2015
甲省产量（万吨）	4567	5361	6483	7060	8716
乙省产量（万吨）	40044	42904	45995	49100	51900

（1）分别计算甲、乙两省该产品产量的年平均发展速度。

（2）若今后两省仍按所求平均速度发展，试计算多少年后甲省可赶上乙省产量。

（3）若甲省想在今后 15 年内赶上乙省，则其平均发展速度应为多少（乙省速度不变）？

6. 某地 2015—2019 年各年粮食产量资料如表 9－19 所示。

表 9－19

年份	产量（万吨）
2015	320
2016	330
2017	345
2018	358
2019	370

试用最小平方法拟合该地粮食产量的直线趋势方程，并据此预测该地 2020 年的粮食产量。

7. 某单位上半年职工人数统计资料如表 9－20 所示。

表 9－20

时间	1月1日	2月1日	4月1日	6月30日
人数（人）	1002	1050	1020	1008

试计算：（1）第一季度平均人数。

（2）上半年平均人数。

8. 某地区 2016—2019 年各季度的鲜蛋销售量数据如表 9－21 所示。

表 9－21

单位：万千克

年份	一季度	二季度	三季度	四季度
2016	13.1	13.9	7.9	8.6
2017	10.8	11.5	9.7	11.0
2018	14.6	17.5	16.0	18.2
2019	18.4	20.0	16.9	18.0

（1）用移动平均法消除季节变动。（2）用指数平滑法预测长期趋势。

（3）拟合线性模型测定长期趋势。（4）预测 2020 年各季度鲜蛋销售量。

9. 某市 2015—2019 年各季度的旅游业产值如表 9－22 所示。

表 9－22

单位：百万元

年份	一季度	二季度	三季度	四季度
2015	25.2	17.1	12.6	19.3
2016	25.4	18.4	14.1	18.9
2017	23.8	19.4	13.8	21.0
2018	26.0	19.1	15.7	21.6
2019	25.1	18.6	15.1	20.8

（1）用同季（月）平均法计算该市各季度旅游业产值的季节指数。

（2）按趋势剔除法计算季节指数。

第十章
统计指数

学习目标

- □ 理解统计指数的含义、掌握统计指数的分类
- □ 理解综合指数的概念和特点，掌握综合指数的编制方法
- □ 理解平均指数的概念和特点，掌握平均指数的编制方法
- □ 理解指数体系的概念和作用
- □ 掌握利用指数体系进行因素分析
- □ 了解几种常用的经济指数

【案例导入】

如何运用统计指数进行对比分析

国家统计局定期公布一些常用的价格指数，以此作为反映我国经济活动的“晴雨表”，如居民消费价格指数、商品零售价格指数、工业生产者价格指数、70 个大中城市的住宅销售价格指数等。在国家统计局公布的数据中，运用最广泛的是居民消费价格指数，它常常用于通货膨胀的测度。

国家统计局公布的数据显示，2019 年 4 月份全国 CPI（居民消费价格指数）环比略涨，同比涨幅略有扩大。从环比看，CPI 由上月下降 0.4% 转为上涨 0.1%。其中，食品价格下降 0.1%，影响 CPI 下降约 0.01 个百分点；非食品价格上涨 0.1%，影响 CPI 上涨约 0.09 个百分点。从同比看，CPI 上涨 2.5%，涨幅比上月扩大 0.2 个百分点。其中，食品价格上涨 6.1%，影响 CPI 上涨约 1.19 个百分点；非食品价格上涨 1.7%，影响 CPI 上涨约 1.35 个百分点。

就居民消费价格指数而言，它是居民消费的各种货物和服务的价格变动的综合概括。消费品市场上的货物和服务种类繁多、数不胜数，各种商品的价格变动方向和程度也各不相同：有的涨价，有的跌价；有的涨（跌）得多，有的涨（跌）得少。怎样科学地衡量市场物价变动的一般水平，并非一个简单的数量对比问题，必须通过专门的统计指数法来加以研究。

10.1 统计指数概述

10.1.1 统计指数的概念

统计指数是从反映物价变动开始而产生的。18 世纪后半期，欧洲各国为反映商品价格的变动，用两个不同时期的物价水平进行比较，得到的相对数即指数，用以反映物价变动的程度，这就是指数的起源。随着统计的发展，指数应用和指数理论不断发展，逐步扩展到社会经济的各个领域。

指数的概念有广义和狭义两种理解。广义的指数是指用以反映社会经济现象数量变动或差异程度的相对数，一般用百分数表示。狭义的指数是指综合反映复杂现象总体数量变动或差异程度的特殊相对数。例如，反映全部工业产品产量的综合变动的工业产品产量指数等。在统计学中，指数理论主要是研究狭义指数。

10.1.2 统计指数的分类

（1）按其反映的对象范围不同，统计指数分为个体指数和总指数。个体指数是反映个别现象数量变动的相对数。例如研究某种商品价格变动的指数即为个体指数。常用的个体指数有：个体物价指数、个体产量指数、个体成本指数等。

总指数是反映复杂现象总体数量综合变动的相对数。例如，说明多种商品价格综合变动的物价总指数，说明多种商品销售量变动的销售量总指数等。

此外，指数分析法常与统计分组法相结合，即对总体进行分类或分组，从而需要编制类（组）指数，这样在总指数与个体指数之间就产生了类指数。如消费品价格总指数与每种消费品价格个体指数之间的食品类、衣着类、家庭设备用品类等类指数。类指数实质上也是一种总指数。

（2）按反映现象的特征不同，统计指数分为数量指标指数和质量指标指数。这是根据指数的对比指标性质所做的区分。如果一个指数的对比指标具有数量指标的特征（也即具有总量或绝对数的形式），它一般就属于数量指标指数。如果一个指数的对比指标具有质量指标的特征（也即表现为平均数或相对数的形式），它就属于质量指标指数。例如，物价指数、股价指数和成本指数等都是质量指标指数，而销售量指数和产量指数等则是数量指标指数。

但是，诸如商品的销售额指数、产品的成本总额指数或总产值指数等，它们所对比的现象虽然都属于数量指标，却具有价值总额的特殊形式，这些价值总额通常可以分解为一个数量因子与一个质量因子的乘积，而相应的指数则反映了两个因子共同变化的影响。因此，在指数分析中，它们既不属于数量指标指数，也不属于质量指标指数，为区别起见，通常称为总值指数（或价值指数）。

（3）按反映的时间状态不同，统计指数分为动态指数和静态指数。动态指数又叫时间性指数，由两个不同时间的指标对比形成，反映社会经济现象在不同时间上的发展变化。动态指数按所对比的基期的不同，分为定基指数和环比指数两种。静态指数包括空间指数和计划完成情况指数两种，空间指数是指不同空间的同类现象水平在同一时间对比的结果，反映现象在不同空间的差异程度。计划完成情况指数则是将某种现象的实际水平与计划水平对比的结果，反映计划的完成情况。静态指数属于广义的统计指数。

10.1.3 统计指数的作用

（1）综合反映复杂现象总体数量的变动方向和变动程度。这是指数的根本作用。指数一般用百分数表示，百分数大于或小于 100%，表示变动的升降方向，大于或小于 100% 的数额表示变动的升降程度。例如，物价指数为 110%，表示物价的上升幅度为 10%。同时，还可以利用分子和分母两个总量指标的差额计算绝对变动情况。

（2）利用指数体系可以对现象的变动进行因素分析。社会经济现象的数量变动，受多个因素的影响，利用有关指数理论，一方面可以分析复杂社会经济现象总体变动中各个因素变动对总体变动的影响程度和影响方向；另一方面可以分析复杂现象平均水平的变动中各个因素变动对总平均水平变动的影响。

（3）可以分析经济现象总体的长期变化趋势。由于用指数进行变动比较可以解决不同性质数列之间不能对比的问题，因此，指数法适用于有联系而又性质不同的时间数列之间的对比关系，通过对指数数列的分析还可以反映现象在较长时间的发展变化趋势。

10.2 总指数的编制方法

总指数的编制方法有综合指数和平均数指数两种重要形式。

10.2.1 综合指数

（1）综合指数的概念和特点。综合指数是由两个不同时期的总量指标对比而形成的指数。它是总指数计算的基本形式。凡是一个总量指标可以分解为两个或两个以上的因素指标，将其中一个或一个以上的因素指标固定下来，研究另一个因素指标的变动，这种指数即为综合指数。

综合指数有其鲜明的特点：

①先综合后对比，即首先将不可直接加总的复杂现象（如多种产品或多种商品），借助同度量因素，使之过渡到能够进行加总；所谓同度量因素是指把不能直接加总的现象总体过渡到可以加总的现象总体的因素。例如，要计算社会商品零售价格总指数，由于商品的价格不能直接加总而无法计算，用同度量因素销售量把价格过渡到销售额即可加总。同样，要计算社会商品销售量指数，由于实物量计量单位不同不能加总，用同度量因素价格把它过渡到销售额即可，同度量因素不是随意选定的，它是从现象的经济联系中选择的。

②将同度量因素固定在同一时期，以测定所要研究的因素。价值总量的变动中不仅包含

所研究现象（指数化指标）的变动，也包含了同度量因素的变动。因此，在引进同度量因素的同时，还必须将同度量因素的时期固定下来，使所得的指数只反映指数化指标的变动。

③必须以全面资料为基础，且分子、分母所包含的范围必须一致。

（2）综合指数的编制。综合指数的编制，关键是要在现象的经济联系中寻找同度量因素，再把它固定下来以反映所要研究现象总体某种因素的变化情况。我们用 q 表示数量指标、p 表示质量指标、下标 1 表示报告期、下标 0 表示基期、K 表示个体指数、$\bar{k}$ 表示总指数。

【例 10－1】 假设某公司三种商品的销售量及价格资料如表 10－1 所示。计算商品销售量总指数和商品价格总指数。

表 10－1　　某公司三种商品的销售量及价格资料

商品	计量单位	销售量		销售价格（元）	
		基期 q_0	报告期 q_1	基期 p_0	报告期 p_1
甲	件	120	100	2	4
乙	支	800	1000	0.4	0.6
丙	个	100000	120000	0.15	0.15
合计	—	—	—	—	—

要反映三种商品的销售量变动情况，若计算各种商品的个体销售量指数，直接把每种商品的报告期销售量与基期销售量对比即可，即 q_1/q_0。

根据表 10－1 的资料，三种商品的销售量个体指数分别为：$\frac{100}{120}\times 100\% = 83.33\%$，$\frac{1000}{800}\times 100\% = 125\%$，$\frac{120000}{100000}\times 100\% = 120\%$，表示报告期与基期相比三种商品的销售量分别减少了 16.67%、增长了 25% 及 20%。

但是，若要计算三种商品销售量总指数以综合反映销售量的变动情况，显然不能简单地加总比较。计算销售量总指数需要引入销售价格作为同度量因素，用销售量乘以销售价格，使不能加总的销售量转化为可以加总的销售额。同时，销售价格还起到权数的作用，因为销售价格直接影响销售额，销售价格高的产品其销售量乘以销售价格所得销售额相对较大，对销售量总指数的影响也较大，而销售价格低的产品其销售量乘以销售价格所得销售额相对较小，对销售量总指数的影响也较小。

要反映三种商品的销售价格变动情况，若计算各种商品的个体销售价格指数，直接把每种商品的报告期销售价格与基期销售价格对比即可，即 p_1/p_0。

根据表 10－1 资料，三种商品的销售价格个体指数分别为：$4/2\times 100\% = 200\%$，$0.6/0.4\times 100\% = 150\%$，$0.15/0.15\times 100\% = 100\%$，表示报告期与基期相比三种商品的销售价格分别增长了 100%、50% 及零增长。

但是，要反映不同商品销售价格的总变动，应以各种商品的销售量为同度量因素，用销售价格乘以销售量，使不能加总的销售价格转化为可以加总的销售额。这里的销售量，一方面起到同度量的作用，另一方面还起到权数的作用。销售量高的商品其销售价格乘以销售量所得销售额相对较大，对销售价格总指数的影响也较大；销售量低的商品其销售价格乘以销售量所得销售额相对较小，对销售价格总指数的影响也较小。

由此可见，同度量因素不仅具有同度量的作用，还具有权数的作用。因此，同度量因素也称为权数。

在引进同度量因素的同时，还必须将同度量因素的时期固定下来。同度量因素固定的时期如何选择，是国内外统计理论长期讨论的一个重要问题。

①把同度量因素固定在基期——拉氏指数。德国经济学家埃蒂恩·拉斯贝尔斯（Etienne Laspeyres）在1864年提出，计算指数时把同度量因素固定在基期，称为拉斯贝尔斯指数，简称拉式指数。将同度量因素固定在基期，所计算的指数不包含同度量因素的变化，只单纯反映指数化指标的变化。拉氏数量指标指数和拉氏质量指标指数计算公式分别为：

拉氏数量指标指数：

$$\overline{K}_q = \frac{\sum q_1 p_0}{\sum q_0 p_0} \tag{10-1}$$

拉氏质量指标指数：

$$\overline{K}_p = \frac{\sum p_1 q_0}{\sum p_0 q_0} \tag{10-2}$$

②把同度量因素固定在报告期——帕氏指数。1874年，另一位德国经济学家哈曼·帕舍（Hermann Paasche）提出，计算指数时应该把同度量因素固定在报告期。帕氏数量指标指数和帕氏质量指标指数计算公式分别为：

帕氏数量指标指数：

$$\overline{K}_q = \frac{\sum q_1 p_1}{\sum q_0 p_1} \tag{10-3}$$

帕氏质量指标指数：

$$\overline{K}_p = \frac{\sum p_1 q_1}{\sum p_0 q_1} \tag{10-4}$$

【解】 利用以上指数公式，对表10－1的数据进行计算汇总，结果见表10－2。

表10－2　　某公司三种商品销售量及销售价格指数计算表

商品	计量单位	销售量		销售价格（元）		销售额（元）			
		基期 q_0	报告期 q_1	基期 p_0	报告期 p_1	基期 p_0q_0	报告期 p_1q_1	假定 p_0q_1	假定 p_1q_0
甲	件	120	100	2	4	240	400	200	480
乙	支	800	1000	0.4	0.6	320	600	400	480
丙	个	100000	120000	0.15	0.15	15000	18000	18000	15000
合计	—	—	—	—	—	15560	19000	18600	15960

- 按拉氏指数公式计算如下：

三种商品的拉氏销售量总指数为：

$$\overline{K}_q = \frac{\sum q_1p_0}{\sum q_0p_0} = \frac{18600}{15560} = 119.54\%$$

计算结果表明：在物价水平不变的情况下，三种商品的销售量总的来说（或平均来说）比基期增长了19.54%。上述公式中的分母 $\sum p_0q_0$ 为基期销售额，分子 $\sum p_0q_1$ 为报告期商品销售量按基期销售价格计算的销售额，即如果销售价格不变，报告期的销售额。但是分子分母的差异是由于销售量变动而引起的，所以，上述计算结果还表示由于三种商品销售量平均增长19.54%，使销售额增长了19.54%。

由于销售量的增长使销售额绝对值增加了：

$$\sum q_1p_0 - \sum q_0p_0 = 18600 - 15560 = 3040（元）$$

三种商品的拉氏销售价格总指数为：

$$K_p = \frac{\sum p_1q_0}{\sum p_0q_0} = \frac{15960}{15560} = 102.57\%$$

计算结果表明：在销售量不变的情况下，报告期三种商品的销售价格总的（平均）来说比基期上涨了2.57%，由于销售价格上涨2.57%，使销售额增长了2.57%。

由于销售价格的上涨使销售额绝对值增加了：

$$\sum p_1q_0 - \sum p_0q_0 = 15960 - 15560 = 400（元）$$

- 按帕氏指数公式计算如下：

三种商品的帕氏销售量总指数为：

$$\overline{K}_q = \frac{\sum q_1p_1}{\sum q_0p_1} = \frac{19000}{15960} = 119.05\%$$

计算结果表明：在报告期价格水平下，三种商品的销售量增长了19.05%，由于销售量的增长使销售额绝对值增加了：

$$\sum q_1p_1 - \sum q_0p_1 = 19000 - 15960 = 3040（元）$$

三种商品的帕氏销售价格总指数为：

$$\overline{K}_p = \frac{\sum p_1q_1}{\sum p_0q_1} = \frac{19000}{18600} = 102.15\%$$

计算结果表明：在按报告期销售量计算时，三种商品的价格上涨了2.15%。由于价格的上涨，使销售额绝对值增加了：

$$\sum p_1q_1 - \sum p_0q_1 = 19000 - 18600 = 400（元）$$

③把同度量因素固定在某一特定时期——固定权数指数。计算商品销售量指数时，为了便于各个时期指数的相互对比，还可用不变价格或某一特定时期的价格为同度量因素，目的是为了消除各时期价格变动的影响，反映数量的变化。即：

$$\overline{K}_q = \frac{\sum q_1p_n}{\sum q_0p_n} \qquad (10-5)$$

10.2.2 平均数指数

（1）平均数指数的概念和特点。平均数指数是总指数的又一重要形式。运用综合指数法编制总指数，要求掌握全面的统计资料，但是，有时候却难以取得。而平均指数则弥补了综合指数的这一不足，它是以个体指数为基础，通过对个体指数的加权平均得到的总指数。即先计算个别单位（如个别产品或个别商品）的个体指数，然后以基期或报告期的总量指标为权数进行加权平均来测定现象的变动程度。

平均数指数有三个特点：第一，先对比后综合；第二，权数可以是基期或报告期总量指标也可采用固定权数；第三，可以借助非全面资料计算，也可以采用全面资料。特别是在全面资料不易取得的场合有其特有的使用价值。平均数指数有加权算术平均数指数、加权调和平均数指数和固定权数的平均数指数等形式。

（2）平均数指数的编制。

①加权算术平均数指数。加权算术平均数指数，是以个体指数为变量值，以一定时期的总值指标为权数，采用加权算术平均的形式求得的一种总指数。其计算公式为：

数量指标指数：

$$\overline{K_q} = \frac{\sum k_q \cdot p_0 q_0}{\sum p_0 q_0} = \frac{\sum \frac{q_1}{q_0} \cdot p_0 q_0}{\sum p_0 q_0} = \frac{\sum q_1 p_0}{\sum q_0 p_0} \tag{10-6}$$

质量指标指数：

$$\overline{K_p} = \frac{\sum k_p \cdot p_0 q_0}{\sum p_0 q_0} = \frac{\sum \frac{p_1}{p_0} \cdot p_0 q_0}{\sum p_0 q_0} = \frac{\sum p_1 q_0}{\sum p_0 q_0} \tag{10-7}$$

可以看出，以基期总值作权数的算术平均数指数是拉氏指数的变形，二者之间只存在计算形式上的差别。

【例 10－2】 根据表 10－3 的有关资料，用加权算术平均法计算销售量及销售价格总指数。

表 10－3　　某公司商品个体指数及销售额统计表

商品	计量单位	销售量			销售价格（元）			销售额（元）	
		基期 q_0	报告期 q_1	个体指数 k_q（%）	基期 p_0	报告期 p_1	个体指数 k_p（%）	基期 p_0q_0	报告期 p_1q_1
甲	件	120	100	83.33	2	4	200	240	400
乙	支	800	1000	125	0.4	0.6	150	320	600
丙	个	100000	120000	120	0.15	0.15	100	15000	18000
合计	—	—	—	—	—	—	—	15560	19000

【解】 销售量总指数为：

$$\overline{K_q} = \frac{\sum k_q \cdot p_0 q_0}{\sum p_0 q_0} = \frac{\sum \frac{q_1}{q_0} \cdot p_0 q_0}{\sum p_0 q_0}$$

$$= \frac{0.8333 \times 240 + 1.25 \times 320 + 1.2 \times 15000}{240 + 320 + 15000} = \frac{18600}{15560} = 119.54\%$$

销售量变动对销售额绝对值的影响为：

$$\sum k_q \cdot p_0 q_0 - \sum p_0 q_0 = 18600 - 15560 = 3040\text{（元）}$$

销售价格总指数为：

$$\overline{K}_p = \frac{\sum k_p \cdot p_0 q_0}{\sum p_0 q_0} = \frac{\sum \frac{p_1}{p_0} \cdot p_0 q_0}{\sum p_0 q_0}$$

$$= \frac{2 \times 240 + 1.5 \times 320 + 1 \times 15000}{240 + 320 + 15000} = \frac{15960}{15560} = 102.57\%$$

销售价格变动对销售额绝对值的影响为：

$$\sum k_p \cdot p_0 q_0 - \sum p_0 q_0 = 15960 - 15560 = 400\text{（元）}$$

上述计算结果与前述拉氏指数结果完全相同。所以，就同一资料，以基期总值为权数的加权算术平均数指数与拉氏综合指数的经济意义和计算结果完全相同。

②加权调和平均数指数。加权调和平均数指数，是以个体指数为变量值，以一定时期的总值指标为权数，采用加权调和平均的形式求得的一种总指数。其计算公式为：

数量指标指数：

$$\overline{K}_q = \frac{\sum p_1 q_1}{\sum \frac{1}{k_q} p_1 q_1} = \frac{\sum p_1 q_1}{\sum \frac{1}{q_1/q_0} p_1 q_1} = \frac{\sum q_1 p_1}{\sum q_0 p_1} \qquad (10-8)$$

质量指标指数：

$$\overline{K}_p = \frac{\sum p_1 q_1}{\sum \frac{1}{k_p} p_1 q_1} = \frac{\sum p_1 q_1}{\sum \frac{1}{p_1/p_0} p_1 q_1} = \frac{\sum p_1 q_1}{\sum p_0 q_1} \qquad (10-9)$$

可以看出，以报告期总值作权数的调和平均数指数是帕氏综合指数的变形，二者之间只存在计算形式上的差别。

【例 10-3】 根据表 10-3 的有关资料，用加权调和平均法计算销售量及销售价格总指数。

【解】 销售量总指数为：

$$\overline{K}_q = \frac{\sum p_1 q_1}{\sum \frac{1}{k_q} p_1 q_1} = \frac{\sum p_1 q_1}{\sum \frac{1}{q_1/q_0} p_1 q_1}$$

$$= \frac{400 + 600 + 18000}{\frac{1}{0.8333} \times 400 + \frac{1}{1.25} \times 600 + \frac{1}{1.2} \times 18000} = \frac{19000}{15960} = 119.04\%$$

销售量变动对销售额绝对值的影响为：

$$\sum p_1 q_1 - \sum \frac{1}{k_q} p_1 q_1 = 19000 - 15960 = 3040\text{（元）}$$

销售价格总指数为：

$$\overline{K}_p = \frac{\sum p_1q_1}{\sum \frac{1}{k_p}p_1q_1} = \frac{\sum p_1q_1}{\sum \frac{1}{p_1/p_0}p_1q_1}$$

$$= \frac{400 + 600 + 18000}{\frac{1}{2} \times 400 + \frac{1}{1.5} \times 600 + \frac{1}{1} \times 18000} = \frac{19000}{18600} = 102.15\%$$

销售价格变动对销售额绝对值的影响为：

$$\sum p_1q_1 - \sum \frac{1}{k_p}p_1q_1 = 19000 - 18600 = 400\text{（元）}$$

上述计算结果与前述帕氏综合指数结果完全相同。所以，就同一资料，以报告期总值为权数的加权调和平均数指数与帕氏综合指数的经济意义和计算结果完全相同。

③固定权数平均数指数。固定权数平均数指数是以指数化指标的个体指数为基础，使用固定权数对个体指数或类指数进行加权平均计算的一种总指数。所谓固定权数是指加权平均计算中的权数用比重形式固定下来，在一段时间内不作变动并固定使用的权数。其计算公式为：

固定加权算术平均指数：

$$\bar{k} = \frac{\sum kw}{\sum w} \quad (10-10)$$

固定加权调和平均指数：

$$\bar{k} = \frac{\sum w}{\sum \frac{w}{k}} \quad (10-11)$$

式中，k 为个体指数；w 为固定权数，它与加权算术平均指数的权数 q_0p_0 的口径与范围不同。因此，固定权数的平均指数是一种独立形式指数，而不是综合指数的变形。

权数既可用频数，也可用频率，其计算结果是相同的。在平均数指数计算中，其权数的两种表现都可以使用。像前面所述的加权算术平均数指数和加权调和平均数指数就是使用频数为权数，即以基期、报告期或假定的总量指标为权数计算的平均数指数，它们的计算都需要有具体的总量指标数值。但实际中往往缺少全面实际资料或不容易或难于及时取得具体有关总量指标的资料。这时可以用频率即权数的比重代替实际数值为权数，使无法取得或无法确定权数具体数值时，可以进行平均数指数的计算。

下面以居民消费价格指数为例，说明固定权数的平均数指数的应用。

【例 10－4】 某市居民消费价格指数计算表如表 10－4 所示，试计算该市居民消费价格总指数。

表 10－4　　居民消费价格指数计算表

商品类别	类指数 k（%）	固定权数 w	$k \cdot w$
一、食品类	104.15	42	43.743
二、衣着类	95.46	15	14.319
三、家庭设备用品及服务类	102.70	11	11.297

续表

商品类别	类指数 k（%）	固定权数 w	$k \cdot w$
四、医疗保健及个人用品	110.43	3	3.313
五、交通和通信工具类	98.53	4	3.941
六、娱乐教育用品及服务类	101.26	5	5.063
七、烟酒及用品类	103.50	14	14.490
八、居住类	108.75	6	6.525
合　计	—	100	102.69

【解】 根据表 10－4 资料，采用固定加权平均法计算的居民消费价格总指数为：

$$\bar{k}=\frac{\sum kw}{\sum w}=\frac{102.69}{100}=102.69\%$$

计算结果表明：该市居民消费价格报告期比基期平均上涨了 2.69%。

10.3 指数体系与因素分析

10.3.1 指数体系的意义及其作用

在经济分析中，一个指数通常只能说明某一方面的问题，而实践中往往需要将多个指数结合起来加以运用，这就要求建立相应的指数体系。

指数体系可以有两种不同的含义。广义的指数体系类似于指标体系的概念，泛指由若干个内容上相互关联的统计指数所结成的体系。根据考察问题的需要，构成这种体系的指数可多可少。例如，工业品批发价格（或出厂价格）指数、农产品收购价格指数、消费品零售价格指数等构成了市场物价指数体系。

狭义的指数体系仅指几个指数之间在一定的经济联系基础上所结成的较为严密的数量关系式。其最为典型的表现形式就是：一个总值指数等于若干个（两个或两个以上）因素指数的乘积。下面专门讨论这种形式的指数体系。例如：

销售额指数＝销售量指数×销售价格指数

总产值指数＝产量指数×产品价格指数

总成本指数＝产量指数×单位产品成本指数

显然，这些指数体系都是建立在有关对比指标之间的经济联系基础之上的，因而它们具有非常实际的经济分析意义。

指数体系的分析作用主要有：第一，它是因素分析的依据，利用指数体系可以分析复杂现象总体数量总变动中各因素变动影响的程度和方向；第二，利用各指数之间的联系可以进行指数间的相互换算。

10.3.2 总量变动的因素分析

所谓因素分析法是借助于指数体系从相对数和绝对数两方面分析现象的总变动中受各种因素变动影响的情况。

（1）总量变动的两因素分析。这里的总量通常是诸如总产值、总成本或销售额这样的价值总量。对现象的总量变动进行因素分析的方法多种多样，通过建立指数体系来进行因素分析则具有直观、明显的经济意义，因而在实践中获得了广泛的应用。

如果总量变动只受两个相关因素变动的影响，或只需要分解为两个影响因素，则可进行两因素分析。以销售额指数为例，当我们要考虑多种商品的销售额变动及其因素影响时，如果都用拉氏指数来编制销售量指数和销售价格指数，或者都用帕氏指数来编制销售量指数和销售价格指数，那么，它们与销售额之间就难以形成严密的指数体系。为了满足相对数分析和绝对数分析的需要，实际分析中比较常用的是拉氏数量指标指数和帕氏质量指标指数形成的指数体系。即销售量指数选择拉氏指数来编制，销售价格指数选择帕氏指数来编制。该指数体系可表示为：

相对数分析：

$$\frac{\sum q_1p_1}{\sum q_0p_0} = \frac{\sum q_1p_0}{\sum q_0p_0} \times \frac{\sum q_1p_1}{\sum q_1p_0} \tag{10-12}$$

绝对额分析：

$$(\sum q_1p_1 - \sum q_0p_0) = (\sum q_1p_0 - \sum q_0p_0) + (\sum q_1p_1 - \sum q_1p_0) \tag{10-13}$$

进行因素分析的步骤是：首先计算所研究现象总变动的相对程度和绝对差额，其次分别计算两个影响因素指数及由此引起的所研究现象变动的绝对差额，最后列出三者之间的数量关系并进行文字的综合说明。

【例 10－5】 根据表 10－2 资料，对三种商品销售额的变动及其原因进行分析。

【解】 销售额总变动程度及增减绝对额：

$$\bar{k}_{pq} = \frac{\sum q_1p_1}{\sum q_0p_0} = \frac{19000}{15560} = 122.11\%$$

$$\sum q_1p_1 - \sum q_0p_0 = 19000 - 15560 = 3440\text{（元）}$$

其中：销售量变动影响程度及由于销售量变动引起的销售额的增减绝对额：

$$\bar{K}_q = \frac{\sum q_1p_0}{\sum q_0p_0} = \frac{18600}{15560} = 119.54\%$$

$$\sum q_1p_0 - \sum q_0p_0 = 18600 - 15560 = 3040\text{（元）}$$

销售价格变动影响程度及由于销售价格变动引起的销售额的增减绝对额：

$$\bar{K}_p = \frac{\sum p_1q_1}{\sum p_0q_1} = \frac{19000}{18600} = 102.15\%$$

$$\sum p_1q_1 - \sum p_0q_1 = 19000 - 18600 = 400\text{（元）}$$

计算结果表明：这三种商品的销售额报告期比基期增长22.11%，增加的绝对额为3440元。其中：由于销售量增长了19.54%，使销售额增长19.54%，增加3040元；由于销售价格上涨2.15%，使销售额上涨2.15%，增加400元。三者之间的关系为：

122.11% = 119.54% × 102.15%

3440(元) = 3040(元) + 400(元)

（2）总量变动的多因素分析。多因素分析就是将所研究现象分解为三个或三个以上的影响因素，分别测定各影响因素的变动程度及其影响作用。例如，工业企业原材料支出总额的变动可以分解为产品产量、单位产品原材料消耗量和单位原材料价格三个因素的变动影响，因此，需要编制原材料支出总额指数及其包括的三个因素指数形成的总量指标指数体系来进行多因素分析。多因素分析原理和方法与两因素分析是一致的，但在分析过程中要注意：

①各因素的排列顺序。一般是数量指标在前，质量指标在后；主要指标在前，次要指标在后。总之，要根据所研究现象的经济内容，依据各因素之间的内在联系加以具体确定。

②相邻因素相乘的经济含义。例如下例中研究工业生产原材料支出额变动时，影响原材料支出额变动的各因素的排列顺序为产品产量、单位产品原材料消耗量和单位原材料价格，相邻的两个因素相乘都应有明确的经济意义。

③在编制多因素指标所组成的综合指数时，为测定某一因素指标的变动影响，要把其中两个或两个以上的因素固定不变。原则上仍需遵循综合指数编制的一般要求，但由于指数体系中往往会有多个数量指标或多个质量指标，在具体操作时可采取逐项固定的方法，即未变动的因素做同度量因素时固定在基期，已变动的因素做同度量因素时固定在报告期。

以工业生产原材料支出额的变动为例。

工业生产原材料支出额 = 产品产量 × 单位产品原材料消耗量 × 单位原材料价格

由此建立的指数体系为：

原材料支出额指数 = 产品产量指数 × 单耗指数 × 单位原材料价格指数

相对数和绝对数表示的两种形式如下：

$$\frac{\sum q_1 m_1 p_1}{\sum q_0 m_0 p_0} = \frac{\sum q_1 m_0 p_0}{\sum q_0 m_0 p_0} \times \frac{\sum q_1 m_1 p_0}{\sum q_1 m_0 p_0} \times \frac{\sum q_1 m_1 p_1}{\sum q_1 m_1 p_0} \tag{10-14}$$

$$\begin{aligned}\sum q_1 m_1 p_1 - \sum q_0 m_0 p_0 = & \left(\sum q_1 m_0 p_0 - \sum q_0 m_0 p_0\right) + \left(\sum q_1 m_1 p_0 - \sum q_1 m_0 p_0\right) \\ & + \left(\sum q_1 m_1 p_1 - \sum q_1 m_1 p_0\right)\end{aligned} \tag{10-15}$$

其中：q 代表产品产量；m 代表单位产品原材料消耗量；p 代表单位原材料价格；0、1分别代表基期和报告期。

【例10-6】 设有某企业三种产品的产量、单耗和原材料单价的相关资料，以及原材料支出额的计算资料分别见表10-5和表10-6。试分析原材料支出额的变动情况及其原因。

表10-5　三种产品的产量和单耗情况

产品名称	产量（台）		材料名称	单耗（千克）		原材料单价（元）	
	基期 q_0	报告期 q_1		基期 m_0	报告期 m_1	基期 p_0	报告期 p_1
甲	50	60	A	150	145	3	3.2

续表

产品名称	产量（台）		材料名称	单耗（千克）		原材料单价（元）	
	基期 q_0	报告期 q_1		基期 m_0	报告期 m_1	基期 p_0	报告期 p_1
乙	50	50	B	62	65	1.5	1.8
丙	150	200	C	90	90	0.5	0.85

表 10－6　三种产品原材料支出额计算表

产品名称	原材料支出额（元）			
	$q_0m_0p_0$	$q_1m_1p_1$	$q_1m_0p_0$	$q_1m_1p_0$
甲	22500	27840	27000	26100
乙	4650	5850	4650	4875
丙	6750	15300	9000	9000
合计	33900	48990	40650	39975

【解】　• 原材料支出额的总变动情况：

原材料支出额指数：$\bar{k}_{qmp}=\dfrac{\sum q_1m_1p_1}{\sum q_0m_0p_0}=\dfrac{48990}{33900}=144.51\%$

原材料支出实际总差额：$\sum q_1m_1p_1-\sum q_0m_0p_0=48990-33900=15090$（元）

其中：

• 产量变动的影响：

产量指数：$\bar{k}_q=\dfrac{\sum q_1m_0p_0}{\sum q_0m_0p_0}=\dfrac{40650}{33900}=119.91\%$

产量影响增加的绝对额：$\sum q_1m_0p_0-\sum q_0m_0p_0=40650-33900=6750$（元）

• 单位产品原材料消耗量变动的影响：

产品单耗指数：$\bar{k}_m=\dfrac{\sum q_1m_1p_0}{\sum q_1m_0p_0}=\dfrac{39975}{40650}=98.34\%$

单耗影响增加的绝对额：$\sum q_1m_1p_0-\sum q_1m_0p_0=39975-40650=-675$（元）

• 单位原材料价格变动的影响：

原材料价格指数：$\bar{k}_p=\dfrac{\sum q_1m_1p_1}{\sum q_1m_1p_0}=\dfrac{48990}{39975}=122.55\%$

单价影响增加的绝对额：$\sum q_1m_1p_1-\sum q_1m_1p_0=48990-39975=9015$（元）

四者之间的体系关系及分析说明：

$144.51\%=119.91\%\times98.34\%\times122.55\%$

15090（元）=6750（元）－675（元）+9015（元）

计算结果表明：原材料支出额报告期比基期增长 44.51%，增加的绝对额为 15090 元，其中：由于产量增长 19.91%，使原材料支出额增加 6750 元；由于单耗减少 1.66%，使原材料支出额减少675元；由于单位原材料价格上升22.55%，使原材料支出额增加9015元。从中可知，该企业原材料支出额的增加，主要在于原材料价格上升的影响。

10.4 常用的经济指数

统计指数的应用范围相当广泛，下面介绍几种常用的经济指数。

10.4.1 居民消费价格指数（CPI）

居民消费价格指数在国外称之为消费者价格指数（Consumer Price Index，CPI），是度量一组代表性消费品及服务项目价格水平随时间而变动的指数，反映居民家庭所购买的消费品和服务价格水平变动的情况。通常被用来作为反映通货膨胀或通货紧缩程度的指标，借以观察和分析价格水平的变动对居民货币工资的影响，为研究居民生活、进行宏观经济分析与决策和进行价格总水平的监测和调控提供依据。我国现行居民消费价格指数主要是采用固定加权算术平均数指数的方法编制的。固定权数的平均数指数是计算总指数的一种独立的形式，它简便灵活，使用方便，适合利用市场调查的资料进行计算。其计算公式为：

$$\text{固定加权算术平均指数} = \frac{\sum KW}{W}$$

式中，K代表类指数；W代表固定权数。

居民消费价格指数的编制过程如下：

（1）消费品分类和代表性商品的选择。居民消费价格指数包括居民用于日常生活的全部消费品和服务项目。现行国家统计制度规定，将居民消费的商品分为八大类：①食品；②衣着；③家庭设备用品；④交通和通信工具；⑤娱乐教育文化用品；⑥医疗保健用品；⑦居住；⑧服务项目。每个大类包括若干个中类，中类之下又有基本分类，基本分类中包括若干代表性商品。由于社会商品的种类繁多，要编制包括所有商品的价格指数客观上是不可能的，因此必须从全部商品中选择一些购销量较大的商品作为代表性商品。用这些代表性商品的价格升降情况来综合反映全部商品价格变动的趋势和程度。

（2）居民消费价格指数的编制。

①计算代表性商品的环比价格指数。

$$K_p = \frac{p_1}{p_0}$$

式中，K_p是代表性商品的环比价格指数，如果所属代表性商品有n种，则需分别计算n个环比价格指数。

②计算各代表性商品环比价格指数的几何平均数，形成基本中类指数。

$$\overline{K}_p = \sqrt[n]{k_{p1}k_{p2}\cdots k_{pn}}$$

式中，$\overline{K}_p$代表基本中类指数。

③计算中类指数：$\overline{K}_{类} = \frac{\sum KW}{\sum W}$

④计算大类指数。

⑤计算总指数。

注：中类指数、大类指数和总指数的编制公式均采用固定加权算术平均指数的公式，如表10－7所示。

表10－7　居民消费价格指数的编制与计算

商品类别及名称	代表规格品	计量单位	平均价格		权数 W	指数（%）	KW（%）
			p_0	p_1		$K=p_1/p_0$	
一、食品					45	100.3	4513.5
（一）粮食类					25	102.1	2552.5
1. 大米					60	102.4	6144
基本分类							
	旱米	千克	2.2	2.2	40	100	4000
	东北米	千克	2.93	3	40	102.4	4096
	月牙米	千克	2.29	2.4	20	104.8	2096
2. 面粉					10	104.4	1044
基本分类	精粉	千克	2.3	2.4	20	104.4	2088
3. 粗粮					20	101.8	2036
基本分类							
4. 其他					10	98.2	982
（二）副食品类					48	98.5	4728
（三）烟酒类					13	103.5	1345.5
（四）其他食品					14	100	1400
二、衣着					8	98.7	789.6
三、家庭设备用品					6	97.8	586.8
四、交通和通信					7	118.6	830.2
五、教育文化和娱乐					2	100.8	201.6
六、医疗保健					10	99.6	996
七、居住					12	100.1	1201.2
八、服务项目					10	110.5	1205

①根据基本分类所属各规格品的报告期和基期的平均价格，计算环比价格指数。如：东北米的价格指数 $= 3.00 \div 2.93 = 102.4\%$

②计算各规格品环比价格指数的几何平均数。如大米基本分类指数：

$\overline{K}_p = \sqrt[3]{100\% \times 102.4\% \times 104.8\%} = 102.4\%$

③计算中类指数，如粮食中类指数：

$$\overline{K}_{中类} = \frac{\sum KW}{\sum W}$$

$$= \frac{102.4\% \times 60 + 104.4\% \times 10 + 101.8\% \times 20 + 98.2\% \times 10}{100} = 102.1\%$$

④计算大类指数，如食品类指数：

$$\overline{K}_{大类} = \frac{\sum KW}{\sum W}$$

$$= \frac{102.1\% \times 25 + 98.5\% \times 48 + 103.5\% \times 13 + 100\% \times 14}{25 + 48 + 13 + 14} = 100.3\%$$

⑤计算居民消费价格指数：

$$\overline{K}_{总} = \frac{\sum KW}{\sum W}$$

$$= \frac{100.3\% \times 45 + 98.7\% \times 8 + 97.8\% \times 6 + 118.6\% \times 7 + \cdots + 110.5\% \times 10}{45 + 8 + 6 + 7 + 2 + 10 + 12 + 10}$$

$$= 102.24\%$$

计算结果表明，该地区居民消费价格指数为102.24%，报告期与基期相比消费品价格综合上升了2.24%。

10.4.2 生产者物价指数（PPI）

PPI是衡量工业企业产品出厂价格变动趋势和变动程度的指数，是反映某一时期生产领域价格变动情况的重要经济指标，也是制定有关经济政策和国民经济核算的重要依据。目前，我国PPI的调查产品有4000多种（含规格品9500多种），覆盖全部39个工业行业大类，涉及调查种类186个。

根据价格传导规律，PPI对CPI有一定的影响。PPI反映生产环节的价格水平，CPI反映消费环节的价格水平。整体价格水平的波动一般首先出现在生产领域，然后通过产业链向下游产业扩散，最后波及消费品。

PPI通常作为观察通货膨胀水平的重要指标。由于食品价格因季节变化加大，而能源价格也经常出现意外波动，为了能更清晰地反映出整体商品的价格变化情况，一般将食品和能源价格的变化剔除，从而形成"核心生产者物价指数"，进一步观察通货膨胀率变化趋势。

一般来说，PPI上升并不是好事，如果生产者转移成本，终端消费品价格上扬，通胀风险加大；如果不转移，企业利润下降，经济有下行风险。

10.4.3 股票价格指数

在发育较为充分的市场经济条件下，股票价格的波动和走向是反映经济景气状况的重要方面，也是影响投资人的决策和行为的主要因素之一。股票价格指数（简称"股价指数"）可以衡量整个股票市场价格变动的基本趋势，人们形象地称之为市场经济的"晴雨表"。股价指数的编制方法多种多样，各有所长，综合指数是其中的一种重要编制方法。

设入编指数的各种股票的价格为p，相应股票的发行量（或交易量）为q，则综合形式的股价指数为：

$$\bar{k}_p = \frac{\sum p_t q}{\sum p_0 q}$$

其中，同度量因素通常固定在基期水平上（即采用拉氏公式），为的是简便和可比；但也可以固定在计算期水平上（即采用帕氏公式）。

我国的上证 30 指数、香港恒生指数和美国的标准普尔 500 指数等，都是采用综合公式编制的。以美国的标准普尔 500 指数为例，该指数由美国的标准普尔（Standard and Poor）公司逐年、逐月编制，目前其入编股票共计 500 种，其中包括 400 种工业股、20 种运输业股、40 种金融业股和 40 种公用事业股，对比基期为 1941—1943 年，采用拉氏公式，权数为基期各种股票的发行量。该指数具有较强的代表性和广泛的影响力。

除了综合指数方法之外，股价指数还可以采用其他方式编制。以著名的美国道·琼斯指数为例，其基本编制方法是：对入编指数的各种股票分别计算不同时期的简单平均价格，通过对比就得到相应日期的股价指数。其计算公式为：

$$\bar{k}_p = \frac{\overline{p_1}}{\overline{p_0}} = \frac{\sum p_t}{\sum p_0}$$

可见，该种股价指数实际上是运用平均数指数方法编制的（故通常又被称为“道·琼斯股价平均数”），但其中没有加权。这样做，在很大程度上是约定俗成，习惯使然。其特点是：一方面简化了资料的采集和指数的计算，同时又排除了结构变化对指数的影响。不过，也正是由于没有进行合理的加权，就不能适当区分不同股票的重要性程度，也即将大小公司的股价变动同等看待。这在分析上是一个弱点。尽管如此，由于道·琼斯指数的编制历史悠久，且入编公司的代表性较强，因而影响显著，应用广泛。

本章小结

广义的指数是说明现象数量变动的相对数。一般情况下的指数是指狭义的指数，即反映不能直接加总和不能直接对比的复杂现象总体数量变动的相对数。

指数按研究对象的范围不同分为个体指数和总指数；按反映现象的数量特征不同分为数量指标指数和质量指标指数；按反映的时间状况不同分为动态指数和静态指数。指数的作用主要有：可以综合反映复杂现象总体数量的变动方向和程度；可以对现象的总变动进行因素分析；可以研究现象数量的长期变化趋势。

总指数的编制方法分综合指数和平均数指数两种形式。综合指数是通过同度量因素使不同度量、不能加总的现象转化为同度量的现象，再将两个时期的综合总量对比计算的总指数。同度量因素不仅具有同度量作用还具有权数的作用。拉氏综合指数将同度量因素固定在基期；帕氏综合指数将同度量因素固定在报告期。平均数指数是通过对个体指数加权平均而求得的总指数，在一定条件下，综合指数与平均数指数存在变形关系。

指数体系是指相互联系且在数值上具有一定数量对应关系的、3 个或 3 个以上的指数所形成的体系。通过指数体系中各个指数之间的数量联系关系，可以对复杂现象的总变动从相对数和绝对数两个方面进行因素分析，从而说明各因素对现象总体总变动的影响程度和绝对效果，同时还可以通过指数体系进行指数推算。

综合训练

一、思考题

1. 什么是统计指数？它有什么作用？
2. 简述综合指数的编制要点。
3. 何为同度量因素？它有什么作用？
4. 拉氏指数和帕氏指数有何区别？
5. 如何编制平均数指数？它们在经济分析中有何应用？
6. 简述指数体系的概念和作用。
7. 简要说明我国居民消费价格指数的编制方法。

二、单项选择题

1. 甲产品报告期产量与基期产量的比值是110%，这是（　　）。

A. 综合指数　　B. 总指数
C. 个体指数　　D. 平均数指数

2. 下列指数中属于数量指标指数的是（　　）。

A. 物价指数　　B. 平均工资指数
C. 销售量指数　　D. 销售额指数

3. 拉氏指数方法是指在编制综合指数时，（　　）。

A. 用基期的变量值加权　　B. 用报告期的变量值加权
C. 用固定某一时期的变量值加权　　D. 选择有代表性时期的变量值加权

4. 同度量因素的两个主要作用是（　　）。

A. 比较作用和平衡作用　　B. 比较作用和推算作用
C. 平衡作用和加权作用　　D. 同度量作用和加权作用

5. 由三个指数构成的指数体系中，两个因素指数公式中的同度量因素必须固定在（　　）。

A. 基期　　B. 报告期
C. 同一时期　　D. 不同时期

6. 某百货公司本期与上年同期相比，商品销售额增长6%，商品价格上涨11%，则商品销售量增减的百分比为（　　）。

A. −3%　　B. −4.5%
C. +4.7%　　D. +17.7%

7. 消费价格指数反映了（ ）。
A. 商品零售价格的变动趋势和程度
B. 居民购买生活消费品价格的变动趋势和程度
C. 居民购买服务项目价格的变动趋势和程度
D. 居民购买生活消费品和服务项目价格的变动趋势和程度
8. 在指数体系中，对象指数分子与分母之差等于各因素指数分子与分母之差的（ ）。
A. 和　　B. 差
C. 积　　D. 商
9. 指数的分类，按指数化指标分子分母的比较时期不同，可分为（ ）。
A. 动态指数和静态指数　　B. 定基指数和环比指数
C. 个体指数和总指数　　D. 数量指标指数和质量指标指数
10. 综合指数与加权平均数指数关系在于（ ）。
A. 在一般条件下，两类指数间有变形关系
B. 在权数固定的条件下，两类指数间有变形关系
C. 在一定的权数条件下，两类指数有变形关系
D. 在一定同度量因素条件下，两类指数间有变形关系

三、多项选择题

1. 下列指数中，属于数量指标指数的有（ ）。
A. 价格指数　　B. 产量指数
C. 职工人数指数　　D. 销售量指数
E. 单位产品成本指数
2. 综合指数的编制方法有（ ）。
A. 基期加权综合法　　B. 报告期加权综合法
C. 交叉加权综合法　　D. 固定加权综合法
E. 连锁替代法
3. 编制综合指数的要点包括（ ）。
A. 引入同度量因素　　B. 确定指数化因素
C. 固定同度量因素的时期　　D. 选择指数编制方法
E. 明确指数的经济意义
4. 在统计指数分析中，同度量因素的作用有（ ）。
A. 媒介作用　　B. 权数作用
C. 比较作用　　D. 平均作用
E. 同度量作用
5. 编制统计指数的作用主要有（ ）。
A. 综合反映现象总体变动的方向和程度
B. 综合反映现象总体数量特征及其分布规律
C. 利用指数之间的联系，进行因素分析

D. 综合反映总体内部的构成和性质
E. 利用指数分析法对社会经济现象变化作综合评价和测定
6. 指数按其所表明的指标的性质不同可分为（　　）。
A. 个体指数　　B. 总指数
C. 组（类）指数　　D. 数量指标指数
E. 质量指标指数
7. 对某商店某时期商品销售额变动情况分析，其指数体系包括（　　）。
A. 销售量指数　　B. 销售价格指数
C. 总平均价格指数　　D. 销售额指数
E. 个体指数
8. 进行总量指标的因素分析时，因素指数是（　　）。
A. 可变指数　　B. 结构指数
C. 固定指数　　D. 数量指标指数
E. 质量指标指数
9. 报告期和基期数值之比可以称为（　　）。
A. 动态相对数　　B. 发展速度
C. 增长速度　　D. 比例相对数
E. 统计指数
10. 综合指数和平均数指数的区别联系表现在（　　）。
A. 在解决复杂总体不能直接同度量问题的思想不同
B. 在计算时，综合指数先综合后对比，平均指数先对比后综合
C. 在运用资料的条件上不同
D. 在经济分析中的具体作用上有所区别
E. 在一定权数条件下，两类指数有变形关系

四、判断题

1. 指数既可表明现象的动态变化，也可表明现象的静态变化。（　　）
2. 同度量因素只有先发生同度量作用，然后才能发生权数作用。（　　）
3. 综合指数是总指数的唯一形式。（　　）
4. 将综合指数变形为加权算术平均指数，应以综合指数公式的分子为权数。（　　）
5. 编制数量指标综合指数时，其同度量因素的时期可以固定在基期，也可以固定在报告期或某一特定时期。（　　）
6. 综合指数是两个总量指标对比所得到的一种总指数。（　　）
7. 加权平均数指数只能作为综合指数的变形应用。（　　）
8. 如果某类商品的销售量下降10%，销售价格上涨10%，则其销售额不变。（　　）

五、计算题

1. 已知某地区2018年的居民消费支出总额为300亿元，2019年比上年的消费支出总额增长12%，居民消费价格总指数为105%。试计算，2019年与2018年对比：

（1）居民因购买消费品（包括货物和服务）增加的开支数额总共是多少？
（2）消费品的销售量增加了百分之几？居民因此增加的开支数额是多少？
（3）由于消费品价格的上涨，居民增加的开支数又是多少？
（4）试运用指数体系，验证以上三方面的分析结论能否保持协调一致。

2. 某企业两种产品的单位成本及产量资料如表 10－8 所示。

表 10－8

产品名称	计量单位	单位成本（元）		产量（件）	
		基期	报告期	基期	报告期
甲	台	50	55	50	51
乙	件	20	19	100	120

（1）分别用拉氏指数和帕氏指数来编制两种产品的产量总指数和单位成本总指数。
（2）比较两种公式编制出来的产量总指数和单位成本总指数的差异。

3. 市场上 4 种蔬菜的销售资料如表 10－9 所示。

表 10－9

品种	销售额（元）		个体价格指数（%）
	基期	计算期	
白菜	880.0	1008	112.50
黄瓜	448.0	475	95.00
萝卜	308.0	288	90.00
西红柿	403.2	510	125.00
合计	2039.2	2281	——

（1）用基期加权的算术平均指数公式编制 4 种蔬菜的价格总指数。
（2）用计算期加权的调和平均指数公式编制 4 种蔬菜的价格总指数。
（3）比较两种公式编制出来的销售价格总指数的差异。

4. 某企业生产甲、乙两种产品，其有关资料如表 10－10 所示。

表 10－10

产品名称	产量（件）		原材料单耗（千克/件）		原材料单价（元/千克）	
	基期	报告期	基期	报告期	基期	报告期
甲	20	22	5	4	50	58
乙	9	10	8	8	95	100

试对该企业甲、乙两种产品原材料总消耗额的变动进行因素分析。

5. 某企业三种产品有关资料如表 10－11 所示。

表 10－11

商品名称	产值（万元）		产量增长（%）
	基期（p_0q_0）	报告期（p_1q_1）	
甲	2450	2950	20
乙	1440	2400	25
丙	850	1500	40
合　计	4740	6850	—

（1）计算 3 种商品产值总指数。

（2）从相对量和绝对量上简要分析产量及价格的变动对产值变动的影响。

附录　常用统计表

附表 1　　**标准正态分布表**

Z	0.00	0.01	0.02	0.03	0.04	0.05	0.06	0.07	0.08	0.09
0.0	0.500000	0.503989	0.507978	0.511966	0.515953	0.519939	0.523922	0.527903	0.531881	0.535856
0.1	0.579260	0.543795	0.547758	0.551717	0.555670	0.559618	0.563559	0.567495	0.571424	0.575345
0.2	0.579260	0.583200	0.587100	0.591000	0.594800	0.598700	0.602600	0.606400	0.610300	0.614100
0.3	0.617911	0.621720	0.625516	0.629300	0.633072	0.636831	0.640576	0.644309	0.648027	0.651732
0.4	0.655422	0.659097	0.662757	0.666402	0.670031	0.673645	0.677242	0.680822	0.684386	0.687933
0.5	0.691462	0.694974	0.698468	0.701944	0.705401	0.708840	0.712260	0.715661	0.719043	0.722405
0.6	0.725747	0.729069	0.732371	0.735653	0.738914	0.742154	0.745373	0.748571	0.751748	0.754903
0.7	0.758036	0.761148	0.764238	0.767305	0.770350	0.773373	0.776373	0.779350	0.782305	0.785236
0.8	0.788145	0.791030	0.793892	0.796731	0.799546	0.802337	0.805105	0.807850	0.810570	0.813267
0.9	0.815940	0.818589	0.821214	0.823814	0.826391	0.828944	0.831472	0.833977	0.836457	0.838913
1.0	0.841345	0.843752	0.846136	0.848495	0.850830	0.853141	0.855428	0.857690	0.859929	0.862143
1.1	0.864334	0.866500	0.868643	0.870762	0.872857	0.874928	0.876976	0.879000	0.881000	0.882977
1.2	0.884930	0.886861	0.888768	0.890651	0.892512	0.894350	0.896165	0.897958	0.899727	0.901475
1.3	0.903200	0.904902	0.906582	0.908241	0.909877	0.911492	0.913085	0.914657	0.916207	0.917736
1.4	0.919243	0.920730	0.922196	0.923641	0.925066	0.926471	0.927855	0.929219	0.930563	0.931888
1.5	0.933193	0.934478	0.935745	0.936992	0.938220	0.939429	0.940620	0.941792	0.942947	0.944083
1.6	0.945201	0.946301	0.947384	0.948449	0.949497	0.950529	0.951543	0.952540	0.953521	0.954486
1.7	0.955435	0.956367	0.957284	0.958185	0.959070	0.959941	0.960796	0.961636	0.962462	0.963273
1.8	0.964070	0.964852	0.965620	0.966375	0.967116	0.967843	0.968557	0.969258	0.969946	0.970621
1.9	0.971283	0.971933	0.972571	0.973197	0.973810	0.974412	0.975002	0.975581	0.976148	0.976705
2.0	0.977250	0.977784	0.978308	0.978822	0.979325	0.979818	0.980301	0.980774	0.981237	0.981691
2.1	0.982136	0.982571	0.982997	0.983414	0.983823	0.984222	0.984614	0.984997	0.985371	0.985738
2.2	0.986097	0.986447	0.986791	0.987126	0.987455	0.987776	0.988089	0.988396	0.988696	0.988989
2.3	0.989276	0.989556	0.989830	0.990097	0.990358	0.990613	0.990863	0.991106	0.991344	0.991576
2.4	0.991802	0.992024	0.992240	0.992451	0.992656	0.992857	0.993053	0.993244	0.993431	0.993613
2.5	0.993790	0.993963	0.994132	0.994297	0.994457	0.994614	0.994766	0.994915	0.995060	0.995201
2.6	0.995339	0.995473	0.995604	0.995731	0.995855	0.995975	0.996093	0.996207	0.996319	0.996427
2.7	0.996533	0.996636	0.996736	0.996833	0.996928	0.997020	0.997110	0.997197	0.997282	0.997365
2.8	0.997445	0.997523	0.997599	0.997673	0.997744	0.997814	0.997882	0.997948	0.998012	0.998074
2.9	0.998134	0.998193	0.998250	0.998305	0.998359	0.998411	0.998462	0.998511	0.998559	0.998605
3.0	0.998650	0.998694	0.998736	0.998777	0.998817	0.998856	0.998893	0.998930	0.998965	0.998999
3.1	0.999032	0.999065	0.999096	0.999126	0.999155	0.999184	0.999211	0.999238	0.999264	0.999289
3.2	0.999313	0.999336	0.999359	0.999381	0.999402	0.999423	0.999443	0.999462	0.999481	0.999499
3.3	0.999517	0.999534	0.999550	0.999566	0.999581	0.999596	0.999610	0.999624	0.999638	0.999651
3.4	0.999663	0.999675	0.999687	0.999698	0.999709	0.999720	0.999730	0.999740	0.999749	0.999758
3.5	0.999767	0.999776	0.999784	0.999792	0.999800	0.999807	0.999815	0.999822	0.999828	0.999835
3.6	0.999841	0.999847	0.999853	0.999858	0.999864	0.999869	0.999874	0.999879	0.999883	0.999888
3.7	0.999892	0.999896	0.999900	0.999904	0.999908	0.999912	0.999915	0.999918	0.999922	0.999925
3.8	0.999928	0.999931	0.999933	0.999936	0.999938	0.999941	0.999943	0.999946	0.999948	0.999950
3.9	0.999952	0.999954	0.999956	0.999958	0.999959	0.999961	0.999963	0.999964	0.999966	0.999967
4.0	0.999968	0.999970	0.999971	0.999972	0.999973	0.999974	0.999975	0.999976	0.999977	0.999978
4.1	0.999979	0.999980	0.999981	0.999982	0.999983	0.999983	0.999984	0.999985	0.999985	0.999986
4.2	0.999987	0.999987	0.999988	0.999988	0.999989	0.999989	0.999990	0.999990	0.999991	0.999991
4.3	0.999991	0.999992	0.999992	0.999993	0.999993	0.999993	0.999993	0.999994	0.999994	0.999994
4.4	0.999995	0.999995	0.999995	0.999995	0.999996	0.999996	0.999996	0.999996	0.999996	0.999996
4.5	0.999997	0.999997	0.999997	0.999997	0.999997	0.999997	0.999997	0.999998	0.999998	0.999998
4.6	0.999998	0.999998	0.999998	0.999998	0.999998	0.999998	0.999998	0.999998	0.999999	0.999999
4.7	0.999999	0.999999	0.999999	0.999999	0.999999	0.999999	0.999999	0.999999	0.999999	0.999999
4.8	0.999999	0.999999	0.999999	0.999999	0.999999	0.999999	0.999999	0.999999	0.999999	0.999999
4.9	1.000000	1.000000	1.000000	1.000000	1.000000	1.000000	1.000000	1.000000	1.000000	1.000000

附表 2　　*t* 分布表

df	P(2): P(1):	0.900 0.450	0.800 0.400	0.700 0.350	0.600 0.300	0.500 0.250	0.400 0.200	0.300 0.150	0.200 0.100	0.100 0.050	0.050 0.025	0.020 0.010	0.010 0.005	0.005 0.0025	0.002 0.001	0.001 0.0005
1		0.1584	0.3249	0.5095	0.7265	1.0000	1.3764	1.9626	3.0777	6.3138	12.7062	31.8205	63.6567	127.3213	318.3088	636.6192
2		0.1421	0.2887	0.4447	0.6172	0.8165	1.0607	1.3862	1.8856	2.9200	4.3027	6.9646	9.9248	14.0890	22.3271	31.5991
3		0.1366	0.2767	0.4242	0.5844	0.7649	0.9785	1.2498	1.6377	2.3534	3.1824	4.5407	5.8409	7.4533	10.2145	12.9240
4		0.1338	0.2707	0.4142	0.5686	0.7407	0.9410	1.1896	1.5332	2.1318	2.7764	3.7469	4.6041	5.5976	7.1732	8.6103
5		0.1322	0.2672	0.4082	0.5594	0.7267	0.9195	1.1558	1.4759	2.0150	2.5706	3.3649	4.0321	4.7733	5.8934	6.8688
6		0.1311	0.2648	0.4043	0.5534	0.7176	0.9057	1.1342	1.4398	1.9432	2.4469	3.1427	3.7074	4.3168	5.2076	5.9588
7		0.1303	0.2632	0.4015	0.5491	0.7111	0.8960	1.1192	1.4149	1.8946	2.3646	2.9980	3.4995	4.0293	4.7853	5.4079
8		0.1297	0.2619	0.3995	0.5459	0.7064	0.8889	1.1081	1.3968	1.8595	2.3060	2.8965	3.3554	3.8325	4.5008	5.0413
9		0.1293	0.2610	0.3979	0.5435	0.7027	0.8834	1.0997	1.3830	1.8331	2.2622	2.8214	3.2498	3.6897	4.2968	4.7809
10		0.1289	0.2602	0.3966	0.5415	0.6998	0.8791	1.0931	1.3722	1.8125	2.2281	2.7638	3.1693	3.5814	4.1437	4.5869
11		0.1286	0.2596	0.3956	0.5399	0.6974	0.8755	1.0877	1.3634	1.7959	2.2010	2.7181	3.1058	3.4966	4.0247	4.4370
12		0.1283	0.2590	0.3947	0.5386	0.6955	0.8726	1.0832	1.3562	1.7823	2.1788	2.6810	3.0545	3.4284	3.9296	4.3178
13		0.1281	0.2586	0.3940	0.5375	0.6938	0.8702	1.0795	1.3502	1.7709	2.1604	2.6503	3.0123	3.3725	3.8520	4.2208
14		0.1280	0.2582	0.3933	0.5366	0.6924	0.8681	1.0763	1.3450	1.7613	2.1448	2.6245	2.9768	3.3257	3.7874	4.1405
15		0.1278	0.2579	0.3928	0.5357	0.6912	0.8662	1.0735	1.3406	1.7531	2.1314	2.6025	2.9467	3.2860	3.7328	4.0728
16		0.1277	0.2576	0.3923	0.5350	0.6901	0.8647	1.0711	1.3368	1.7459	2.1199	2.5835	2.9208	3.2520	3.6862	4.0150
17		0.1276	0.2573	0.3919	0.5344	0.6892	0.8633	1.0690	1.3334	1.7396	2.1098	2.5669	2.8982	3.2224	3.6458	3.9651
18		0.1274	0.2571	0.3915	0.5338	0.6884	0.8620	1.0672	1.3304	1.7341	2.1009	2.5524	2.8784	3.1966	3.6105	3.9216
19		0.1274	0.2569	0.3912	0.5333	0.6876	0.8610	1.0655	1.3277	1.7291	2.0930	2.5395	2.8609	3.1737	3.5794	3.8834
20		0.1273	0.2567	0.3909	0.5329	0.6870	0.8600	1.0640	1.3253	1.7247	2.0860	2.5280	2.8453	3.1534	3.5518	3.8495
21		0.1272	0.2566	0.3906	0.5325	0.6864	0.8591	1.0627	1.3232	1.7207	2.0796	2.5176	2.8314	3.1352	3.5272	3.8193
22		0.1271	0.2564	0.3904	0.5321	0.6858	0.8583	1.0614	1.3212	1.7171	2.0739	2.5083	2.8188	3.1188	3.5050	3.7921
23		0.1271	0.2563	0.3902	0.5317	0.6853	0.8575	1.0603	1.3195	1.7139	2.0687	2.4999	2.8073	3.1040	3.4850	3.7676
24		0.1270	0.2562	0.3900	0.5314	0.6848	0.8569	1.0593	1.3178	1.7109	2.0639	2.4922	2.7969	3.0905	3.4668	3.7454
25		0.1269	0.2561	0.3898	0.5312	0.6844	0.8562	1.0584	1.3163	1.7081	2.0595	2.4851	2.7874	3.0782	3.4502	3.7251
26		0.1269	0.2560	0.3896	0.5309	0.6840	0.8557	1.0575	1.3150	1.7056	2.0555	2.4786	2.7787	3.0669	3.4350	3.7066
27		0.1268	0.2559	0.3894	0.5306	0.6837	0.8551	1.0567	1.3137	1.7033	2.0518	2.4727	2.7707	3.0565	3.4210	3.6896
28		0.1268	0.2558	0.3893	0.5304	0.6834	0.8546	1.0560	1.3125	1.7011	2.0484	2.4671	2.7633	3.0469	3.4082	3.6739
29		0.1268	0.2557	0.3892	0.5302	0.6830	0.8542	1.0553	1.3114	1.6991	2.0452	2.4620	2.7564	3.0380	3.3962	3.6594
30		0.1267	0.2556	0.3890	0.5300	0.6828	0.8538	1.0547	1.3104	1.6973	2.0423	2.4573	2.7500	3.0298	3.3852	3.6460
31		0.1267	0.2555	0.3889	0.5298	0.6825	0.8534	1.0541	1.3095	1.6955	2.0395	2.4528	2.7440	3.0221	3.3749	3.6335
32		0.1267	0.2555	0.3888	0.5297	0.6822	0.8530	1.0535	1.3086	1.6939	2.0369	2.4487	2.7385	3.0149	3.3653	3.6218
33		0.1266	0.2554	0.3887	0.5295	0.6820	0.8526	1.0530	1.3077	1.6924	2.0345	2.4448	2.7333	3.0082	3.3563	3.6109
34		0.1266	0.2553	0.3886	0.5294	0.6818	0.8523	1.0525	1.3070	1.6909	2.0322	2.4411	2.7284	3.0020	3.3479	3.6007
35		0.1266	0.2553	0.3885	0.5292	0.6816	0.8520	1.0520	1.3062	1.6896	2.0301	2.4377	2.7238	2.9960	3.3400	3.5911
36		0.1266	0.2552	0.3884	0.5291	0.6814	0.8517	1.0516	1.3055	1.6883	2.0281	2.4345	2.7195	2.9905	3.3326	3.5821
37		0.1265	0.2552	0.3883	0.5289	0.6812	0.8514	1.0512	1.3049	1.6871	2.0262	2.4314	2.7154	2.9852	3.3256	3.5737
38		0.1265	0.2551	0.3882	0.5288	0.6810	0.8512	1.0508	1.3042	1.6860	2.0244	2.4286	2.7116	2.9803	3.3190	3.5657
39		0.1265	0.2551	0.3882	0.5287	0.6808	0.8509	1.0504	1.3036	1.6849	2.0227	2.4258	2.7079	2.9756	3.3128	3.5581
40		0.1265	0.2550	0.3881	0.5286	0.6807	0.8507	1.0500	1.3031	1.6839	2.0211	2.4233	2.7045	2.9712	3.3069	3.5510
50		0.1263	0.2547	0.3875	0.5278	0.6794	0.8489	1.0473	1.2987	1.6759	2.0086	2.4033	2.6778	2.9370	3.2614	3.4960
60		0.1262	0.2545	0.3872	0.5272	0.6786	0.8477	1.0455	1.2958	1.6706	2.0003	2.3901	2.6603	2.9146	3.2317	3.4602
70		0.1261	0.2543	0.3869	0.5268	0.6780	0.8468	1.0442	1.2938	1.6669	1.9944	2.3808	2.6479	2.8987	3.2108	3.4350
80		0.1261	0.2542	0.3867	0.5265	0.6776	0.8461	1.0432	1.2922	1.6641	1.9901	2.3739	2.6387	2.8870	3.1953	3.4163
90		0.1260	0.2541	0.3866	0.5263	0.6772	0.8456	1.0424	1.2910	1.6620	1.9867	2.3685	2.6316	2.8779	3.1833	3.4019
100		0.1260	0.2540	0.3864	0.5261	0.6770	0.8452	1.0418	1.2901	1.6602	1.9840	2.3642	2.6259	2.8707	3.1737	3.3905
200		0.1258	0.2537	0.3859	0.5252	0.6757	0.8434	1.0391	1.2858	1.6525	1.9719	2.3451	2.6006	2.8385	3.1315	3.3398
500		0.1257	0.2535	0.3855	0.5247	0.6750	0.8423	1.0375	1.2832	1.6479	1.9647	2.3338	2.5857	2.8195	3.1066	3.3101
1000		0.1257	0.2534	0.3854	0.5246	0.6747	0.8420	1.0370	1.2824	1.6464	1.9623	2.3301	2.5808	2.8133	3.0984	3.3003
∞		0.1257	0.2533	0.3853	0.5244	0.6745	0.8416	1.0364	1.2816	1.6449	1.9600	2.3263	2.5758	2.8070	3.0902	3.2905

注：P(2)：单尾；P(1)：双尾。

附表 3 卡方分布表（右尾）

df/α	0.995	0.99	0.975	0.95	0.90	0.75	0.25	0.10	0.05	0.025	0.01	0.005
1	0.000	0.000	0.001	0.004	0.016	0.102	1.323	2.706	3.841	5.024	6.635	7.879
2	0.010	0.020	0.051	0.103	0.211	0.575	2.773	4.605	5.991	7.378	9.210	10.597
3	0.072	0.115	0.216	0.352	0.584	1.213	4.108	6.251	7.815	9.348	11.345	12.838
4	0.207	0.297	0.484	0.711	1.064	1.923	5.385	7.779	9.488	11.143	13.277	14.860
5	0.412	0.554	0.831	1.145	1.610	2.675	6.626	9.236	11.070	12.833	15.086	16.750
6	0.676	0.872	1.237	1.635	2.204	3.455	7.841	10.645	12.592	14.449	16.812	18.548
7	0.989	1.239	1.690	2.167	2.833	4.255	9.037	12.017	14.067	16.013	18.475	20.278
8	1.344	1.646	2.180	2.733	3.490	5.071	10.219	13.362	15.507	17.535	20.090	21.955
9	1.735	2.088	2.700	3.325	4.168	5.899	11.389	14.684	16.919	19.023	21.666	23.589
10	2.156	2.558	3.247	3.940	4.865	6.737	12.549	15.987	18.307	20.483	23.209	25.188
11	2.603	3.053	3.816	4.575	5.578	7.584	13.701	17.275	19.675	21.920	24.725	26.757
12	3.074	3.571	4.404	5.226	6.304	8.438	14.845	18.549	21.026	23.337	26.217	28.300
13	3.565	4.107	5.009	5.892	7.042	9.299	15.984	19.812	22.362	24.736	27.688	29.819
14	4.075	4.660	5.629	6.571	7.790	10.165	17.117	21.064	23.685	26.119	29.141	31.319
15	4.601	5.229	6.262	7.261	8.547	11.037	18.245	22.307	24.996	27.488	30.578	32.801
16	5.142	5.812	6.908	7.962	9.312	11.912	19.369	23.542	26.296	28.845	32.000	34.267
17	5.697	6.408	7.564	8.672	10.085	12.792	20.489	24.769	27.587	30.191	33.409	35.718
18	6.265	7.015	8.231	9.390	10.865	13.675	21.605	25.989	28.869	31.526	34.805	37.156
19	6.844	7.633	8.907	10.117	11.651	14.562	22.718	27.204	30.144	32.852	36.191	38.582
20	7.434	8.260	9.591	10.851	12.443	15.452	23.828	28.412	31.410	34.170	37.566	39.997
21	8.034	8.897	10.283	11.591	13.240	16.344	24.935	29.615	32.671	35.479	38.932	41.401
22	8.643	9.542	10.982	12.338	14.041	17.240	26.039	30.813	33.924	36.781	40.289	42.796
23	9.260	10.196	11.689	13.091	14.848	18.137	27.141	32.007	35.172	38.076	41.638	44.181
24	9.886	10.856	12.401	13.848	15.659	19.037	28.241	33.196	36.415	39.364	42.980	45.559
25	10.520	11.524	13.120	14.611	16.473	19.939	29.339	34.382	37.652	40.646	44.314	46.928
26	11.160	12.198	13.844	15.379	17.292	20.843	30.435	35.563	38.885	41.923	45.642	48.290
27	11.808	12.879	14.573	16.151	18.114	21.749	31.528	36.741	40.113	43.195	46.963	49.645
28	12.461	13.565	15.308	16.928	18.939	22.657	32.620	37.916	41.337	44.461	48.278	50.993
29	13.121	14.256	16.047	17.708	19.768	23.567	33.711	39.087	42.557	45.722	49.588	52.336
30	13.787	14.953	16.791	18.493	20.599	24.478	34.800	40.256	43.773	46.979	50.892	53.672
31	14.458	15.655	17.539	19.281	21.434	25.390	35.887	41.422	44.985	48.232	52.191	55.003
32	15.134	16.362	18.291	20.072	22.271	26.304	36.973	42.585	46.194	49.480	53.486	56.328
33	15.815	17.074	19.047	20.867	23.110	27.219	38.058	43.745	47.400	50.725	54.776	57.648
34	16.501	17.789	19.806	21.664	23.952	28.136	39.141	44.903	48.602	51.966	56.061	58.964
35	17.192	18.509	20.569	22.465	24.797	29.054	40.223	46.059	49.802	53.203	57.342	60.275
36	17.887	19.233	21.336	23.269	25.643	29.973	41.304	47.212	50.998	54.437	58.619	61.581
37	18.586	19.960	22.106	24.075	26.492	30.893	42.383	48.363	52.192	55.668	59.893	62.883
38	19.289	20.691	22.878	24.884	27.343	31.815	43.462	49.513	53.384	56.896	61.162	64.181
39	19.996	21.426	23.654	25.695	28.196	32.737	44.539	50.660	54.572	58.120	62.428	65.476
40	20.707	22.164	24.433	26.509	29.051	33.660	45.616	51.805	55.758	59.342	63.691	66.766
41	21.421	22.906	25.215	27.326	29.907	34.585	46.692	52.949	56.942	60.561	64.950	68.053
42	22.138	23.650	25.999	28.144	30.765	35.510	47.766	54.090	58.124	61.777	66.206	69.336
43	22.859	24.398	26.785	28.965	31.625	36.436	48.840	55.230	59.304	62.990	67.459	70.616
44	23.584	25.148	27.575	29.787	32.487	37.363	49.913	56.369	60.481	64.201	68.710	71.893
45	24.311	25.901	28.366	30.612	33.350	38.291	50.985	57.505	61.656	65.410	69.957	73.166

附表 4

F 分布表

a=0.10

m / n	1	2	3	4	5	6	7	8	9	10	15	20	25	30	40	50	60	200
1	39.86	49.50	53.59	55.83	57.24	58.20	58.91	59.44	59.86	60.19	61.22	61.74	62.05	62.26	62.53	62.69	62.79	63.17
2	8.53	9.00	9.16	9.24	9.29	9.33	9.35	9.37	9.38	9.39	9.42	9.44	9.45	9.46	9.47	9.47	9.47	9.49
3	5.54	5.46	5.39	5.34	5.31	5.28	5.27	5.25	5.24	5.23	5.20	5.18	5.17	5.17	5.16	5.15	5.15	5.14
4	4.54	4.32	4.19	4.11	4.05	4.01	3.98	3.95	3.94	3.92	3.87	3.84	3.83	3.82	3.80	3.80	3.79	3.77
5	4.06	3.78	3.62	3.52	3.45	3.40	3.37	3.34	3.32	3.30	3.24	3.21	3.19	3.17	3.16	3.15	3.14	3.12
6	3.78	3.46	3.29	3.18	3.11	3.05	3.01	2.98	2.96	2.94	2.87	2.84	2.81	2.80	2.78	2.77	2.76	2.73
7	3.59	3.26	3.07	2.96	2.88	2.83	2.78	2.75	2.72	2.70	2.63	2.59	2.57	2.56	2.54	2.52	2.51	2.48
8	3.46	3.11	2.92	2.81	2.73	2.67	2.62	2.59	2.56	2.54	2.46	2.42	2.40	2.38	2.36	2.35	2.34	2.31
9	3.36	3.01	2.81	2.69	2.61	2.55	2.51	2.47	2.44	2.42	2.34	2.30	2.27	2.25	2.23	2.22	2.21	2.17
10	3.29	2.92	2.73	2.61	2.52	2.46	2.41	2.38	2.35	2.32	2.24	2.20	2.17	2.16	2.13	2.12	2.11	2.07
11	3.23	2.86	2.66	2.54	2.45	2.39	2.34	2.30	2.27	2.25	2.17	2.12	2.10	2.08	2.05	2.04	2.03	1.99
12	3.18	2.81	2.61	2.48	2.39	2.33	2.28	2.24	2.21	2.19	2.10	2.06	2.03	2.01	1.99	1.97	1.96	1.92
13	3.14	2.76	2.56	2.43	2.35	2.28	2.23	2.20	2.16	2.14	2.05	2.01	1.98	1.96	1.93	1.92	1.90	1.86
14	3.10	2.73	2.52	2.39	2.31	2.24	2.19	2.15	2.12	2.10	2.01	1.96	1.93	1.91	1.89	1.87	1.86	1.82
15	3.07	2.70	2.49	2.36	2.27	2.21	2.16	2.12	2.09	2.06	1.97	1.92	1.89	1.87	1.85	1.83	1.82	1.77
16	3.05	2.67	2.46	2.33	2.24	2.18	2.13	2.09	2.06	2.03	1.94	1.89	1.86	1.84	1.81	1.79	1.78	1.74
17	3.03	2.64	2.44	2.31	2.22	2.15	2.10	2.06	2.03	2.00	1.91	1.86	1.83	1.81	1.78	1.76	1.75	1.71
18	3.01	2.62	2.42	2.29	2.20	2.13	2.08	2.04	2.00	1.98	1.89	1.84	1.80	1.78	1.75	1.74	1.72	1.68
19	2.99	2.61	2.40	2.27	2.18	2.11	2.06	2.02	1.98	1.96	1.86	1.81	1.78	1.76	1.73	1.71	1.70	1.65
20	2.97	2.59	2.38	2.25	2.16	2.09	2.04	2.00	1.96	1.94	1.84	1.79	1.76	1.74	1.71	1.69	1.68	1.63
21	2.96	2.57	2.36	2.23	2.14	2.08	2.02	1.98	1.95	1.92	1.83	1.78	1.74	1.72	1.69	1.67	1.66	1.61
22	2.95	2.56	2.35	2.22	2.13	2.06	2.01	1.97	1.93	1.90	1.81	1.76	1.73	1.70	1.67	1.65	1.64	1.59
23	2.94	2.55	2.34	2.21	2.11	2.05	1.99	1.95	1.92	1.89	1.80	1.74	1.71	1.69	1.66	1.64	1.62	1.57
24	2.93	2.54	2.33	2.19	2.10	2.04	1.98	1.94	1.91	1.88	1.78	1.73	1.70	1.67	1.64	1.62	1.61	1.56
25	2.92	2.53	2.32	2.18	2.09	2.02	1.97	1.93	1.89	1.87	1.77	1.72	1.68	1.66	1.63	1.61	1.59	1.54
26	2.91	2.52	2.31	2.17	2.08	2.01	1.96	1.92	1.88	1.86	1.76	1.71	1.67	1.65	1.61	1.59	1.58	1.53
27	2.90	2.51	2.30	2.17	2.07	2.00	1.95	1.91	1.87	1.85	1.75	1.70	1.66	1.64	1.60	1.58	1.57	1.52
28	2.89	2.50	2.29	2.16	2.06	2.00	1.94	1.90	1.87	1.84	1.74	1.69	1.65	1.63	1.59	1.57	1.56	1.50
29	2.89	2.50	2.28	2.15	2.06	1.99	1.93	1.89	1.86	1.83	1.73	1.68	1.64	1.62	1.58	1.56	1.55	1.49
30	2.88	2.49	2.28	2.14	2.05	1.98	1.93	1.88	1.85	1.82	1.72	1.67	1.63	1.61	1.57	1.55	1.54	1.48
31	2.87	2.48	2.27	2.14	2.04	1.97	1.92	1.88	1.84	1.81	1.71	1.66	1.62	1.60	1.56	1.54	1.53	1.47
32	2.87	2.48	2.26	2.13	2.04	1.97	1.91	1.87	1.83	1.81	1.71	1.65	1.62	1.59	1.56	1.53	1.52	1.46
33	2.86	2.47	2.26	2.12	2.03	1.96	1.91	1.86	1.83	1.80	1.70	1.64	1.61	1.58	1.55	1.53	1.51	1.46
34	2.86	2.47	2.25	2.12	2.02	1.96	1.90	1.86	1.82	1.79	1.69	1.64	1.60	1.58	1.54	1.52	1.50	1.45
35	2.85	2.46	2.25	2.11	2.02	1.95	1.90	1.85	1.82	1.79	1.69	1.63	1.60	1.57	1.53	1.51	1.50	1.44
36	2.85	2.46	2.24	2.11	2.01	1.94	1.89	1.85	1.81	1.78	1.68	1.63	1.59	1.56	1.53	1.51	1.49	1.43
37	2.85	2.45	2.24	2.10	2.01	1.94	1.89	1.84	1.81	1.78	1.68	1.62	1.58	1.56	1.52	1.50	1.48	1.43
38	2.84	2.45	2.23	2.10	2.01	1.94	1.88	1.84	1.80	1.77	1.67	1.61	1.58	1.55	1.52	1.49	1.48	1.42
39	2.84	2.44	2.23	2.09	2.00	1.93	1.88	1.83	1.80	1.77	1.67	1.61	1.57	1.55	1.51	1.49	1.47	1.41
40	2.84	2.44	2.23	2.09	2.00	1.93	1.87	1.83	1.79	1.76	1.66	1.61	1.57	1.54	1.51	1.48	1.47	1.41
41	2.83	2.44	2.22	2.09	1.99	1.92	1.87	1.82	1.79	1.76	1.66	1.60	1.56	1.54	1.50	1.48	1.46	1.40
42	2.83	2.43	2.22	2.08	1.99	1.92	1.86	1.82	1.78	1.75	1.65	1.60	1.56	1.53	1.50	1.47	1.46	1.40
43	2.83	2.43	2.22	2.08	1.99	1.92	1.86	1.82	1.78	1.75	1.65	1.59	1.55	1.53	1.49	1.47	1.45	1.39
44	2.82	2.43	2.21	2.08	1.98	1.91	1.86	1.81	1.78	1.75	1.65	1.59	1.55	1.52	1.49	1.46	1.45	1.39
45	2.82	2.42	2.21	2.07	1.98	1.91	1.85	1.81	1.77	1.74	1.64	1.58	1.55	1.52	1.48	1.46	1.44	1.38
46	2.82	2.42	2.21	2.07	1.98	1.91	1.85	1.81	1.77	1.74	1.64	1.58	1.54	1.52	1.48	1.46	1.44	1.38
47	2.82	2.42	2.20	2.07	1.97	1.90	1.85	1.80	1.77	1.74	1.64	1.58	1.54	1.51	1.48	1.45	1.44	1.37
48	2.81	2.42	2.20	2.07	1.97	1.90	1.85	1.80	1.77	1.73	1.63	1.57	1.54	1.51	1.47	1.45	1.43	1.37
49	2.81	2.41	2.20	2.06	1.97	1.90	1.84	1.80	1.76	1.73	1.63	1.57	1.53	1.51	1.47	1.44	1.43	1.36
50	2.81	2.41	2.20	2.06	1.97	1.90	1.84	1.80	1.76	1.73	1.63	1.57	1.53	1.50	1.46	1.44	1.42	1.36
51	2.81	2.41	2.19	2.06	1.96	1.89	1.84	1.79	1.76	1.73	1.62	1.57	1.53	1.50	1.46	1.44	1.42	1.36
52	2.80	2.41	2.19	2.06	1.96	1.89	1.84	1.79	1.75	1.72	1.62	1.56	1.52	1.50	1.46	1.43	1.42	1.35
53	2.80	2.41	2.19	2.05	1.96	1.89	1.83	1.79	1.75	1.72	1.62	1.56	1.52	1.49	1.46	1.43	1.41	1.35
54	2.80	2.40	2.19	2.05	1.96	1.89	1.83	1.79	1.75	1.72	1.62	1.56	1.52	1.49	1.45	1.43	1.41	1.34
55	2.80	2.40	2.19	2.05	1.95	1.88	1.83	1.78	1.75	1.72	1.61	1.55	1.52	1.49	1.45	1.43	1.41	1.34
56	2.80	2.40	2.18	2.05	1.95	1.88	1.83	1.78	1.75	1.71	1.61	1.55	1.51	1.48	1.45	1.42	1.41	1.34
57	2.80	2.40	2.18	2.05	1.95	1.88	1.82	1.78	1.74	1.71	1.61	1.55	1.51	1.48	1.44	1.42	1.40	1.34
58	2.79	2.40	2.18	2.04	1.95	1.88	1.82	1.78	1.74	1.71	1.61	1.55	1.51	1.48	1.44	1.42	1.40	1.33
59	2.79	2.39	2.18	2.04	1.95	1.88	1.82	1.78	1.74	1.71	1.61	1.55	1.51	1.48	1.44	1.42	1.40	1.33
60	2.79	2.39	2.18	2.04	1.95	1.87	1.82	1.77	1.74	1.71	1.60	1.54	1.50	1.48	1.44	1.41	1.40	1.33
61	2.79	2.39	2.18	2.04	1.94	1.87	1.82	1.77	1.74	1.71	1.60	1.54	1.50	1.47	1.44	1.41	1.39	1.32
62	2.79	2.39	2.17	2.04	1.94	1.87	1.82	1.77	1.73	1.70	1.60	1.54	1.50	1.47	1.43	1.41	1.39	1.32
63	2.79	2.39	2.17	2.04	1.94	1.87	1.81	1.77	1.73	1.70	1.60	1.54	1.50	1.47	1.43	1.41	1.39	1.32
64	2.79	2.39	2.17	2.03	1.94	1.87	1.81	1.77	1.73	1.70	1.60	1.54	1.50	1.47	1.43	1.40	1.39	1.32
65	2.78	2.39	2.17	2.03	1.94	1.87	1.81	1.77	1.73	1.70	1.59	1.53	1.49	1.47	1.43	1.40	1.38	1.31
66	2.78	2.38	2.17	2.03	1.94	1.87	1.81	1.77	1.73	1.70	1.59	1.53	1.49	1.46	1.42	1.40	1.38	1.31
67	2.78	2.38	2.17	2.03	1.94	1.86	1.81	1.76	1.73	1.70	1.59	1.53	1.49	1.46	1.42	1.40	1.38	1.31
68	2.78	2.38	2.17	2.03	1.93	1.86	1.81	1.76	1.73	1.69	1.59	1.53	1.49	1.46	1.42	1.40	1.38	1.31
69	2.78	2.38	2.16	2.03	1.93	1.86	1.81	1.76	1.72	1.69	1.59	1.53	1.49	1.46	1.42	1.39	1.38	1.30
70	2.78	2.38	2.16	2.03	1.93	1.86	1.80	1.76	1.72	1.69	1.59	1.53	1.49	1.46	1.42	1.39	1.37	1.30
71	2.78	2.38	2.16	2.03	1.93	1.86	1.80	1.76	1.72	1.69	1.59	1.52	1.48	1.46	1.42	1.39	1.37	1.30
72	2.78	2.38	2.16	2.02	1.93	1.86	1.80	1.76	1.72	1.69	1.58	1.52	1.48	1.45	1.41	1.39	1.37	1.30
73	2.78	2.38	2.16	2.02	1.93	1.86	1.80	1.76	1.72	1.69	1.58	1.52	1.48	1.45	1.41	1.39	1.37	1.30
74	2.77	2.38	2.16	2.02	1.93	1.86	1.80	1.75	1.72	1.69	1.58	1.52	1.48	1.45	1.41	1.39	1.37	1.29
75	2.77	2.37	2.16	2.02	1.93	1.85	1.80	1.75	1.72	1.69	1.58	1.52	1.48	1.45	1.41	1.38	1.37	1.29
76	2.77	2.37	2.16	2.02	1.92	1.85	1.80	1.75	1.72	1.68	1.58	1.52	1.48	1.45	1.41	1.38	1.36	1.29
77	2.77	2.37	2.16	2.02	1.92	1.85	1.80	1.75	1.71	1.68	1.58	1.52	1.48	1.45	1.41	1.38	1.36	1.29
78	2.77	2.37	2.16	2.02	1.92	1.85	1.80	1.75	1.71	1.68	1.58	1.52	1.47	1.45	1.41	1.38	1.36	1.29
79	2.77	2.37	2.15	2.02	1.92	1.85	1.79	1.75	1.71	1.68	1.58	1.51	1.47	1.44	1.40	1.38	1.36	1.29
80	2.77	2.37	2.15	2.02	1.92	1.85	1.79	1.75	1.71	1.68	1.57	1.51	1.47	1.44	1.40	1.38	1.36	1.28
81	2.77	2.37	2.15	2.02	1.92	1.85	1.79	1.75	1.71	1.68	1.57	1.51	1.47	1.44	1.40	1.38	1.36	1.28
82	2.77	2.37	2.15	2.01	1.92	1.85	1.79	1.75	1.71	1.68	1.57	1.51	1.47	1.44	1.40	1.37	1.36	1.28
83	2.77	2.37	2.15	2.01	1.92	1.85	1.79	1.75	1.71	1.68	1.57	1.51	1.47	1.44	1.40	1.37	1.35	1.28
84	2.77	2.37	2.15	2.01	1.92	1.85	1.79	1.74	1.71	1.68	1.57	1.51	1.47	1.44	1.40	1.37	1.35	1.28
85	2.77	2.37	2.15	2.01	1.92	1.84	1.79	1.74	1.71	1.67	1.57	1.51	1.47	1.44	1.40	1.37	1.35	1.28
86	2.76	2.37	2.15	2.01	1.92	1.84	1.79	1.74	1.71	1.67	1.57	1.51	1.47	1.44	1.40	1.37	1.35	1.27
87	2.76	2.36	2.15	2.01	1.91	1.84	1.79	1.74	1.70	1.67	1.57	1.51	1.46	1.43	1.39	1.37	1.35	1.27
88	2.76	2.36	2.15	2.01	1.91	1.84	1.79	1.74	1.70	1.67	1.57	1.50	1.46	1.43	1.39	1.37	1.35	1.27
89	2.76	2.36	2.15	2.01	1.91	1.84	1.79	1.74	1.70	1.67	1.57	1.50	1.46	1.43	1.39	1.37	1.35	1.27
90	2.76	2.36	2.15	2.01	1.91	1.84	1.78	1.74	1.70	1.67	1.56	1.50	1.46	1.43	1.39	1.36	1.35	1.27
91	2.76	2.36	2.14	2.01	1.91	1.84	1.78	1.74	1.70	1.67	1.56	1.50	1.46	1.43	1.39	1.36	1.34	1.27
92	2.76	2.36	2.14	2.01	1.91	1.84	1.78	1.74	1.70	1.67	1.56	1.50	1.46	1.43	1.39	1.36	1.34	1.27
93	2.76	2.36	2.14	2.01	1.91	1.84	1.78	1.74	1.70	1.67	1.56	1.50	1.46	1.43	1.39	1.36	1.34	1.27
94	2.76	2.36	2.14	2.01	1.91	1.84	1.78	1.74	1.70	1.67	1.56	1.50	1.46	1.43	1.39	1.36	1.34	1.26
95	2.76	2.36	2.14	2.00	1.91	1.84	1.78	1.74	1.70	1.67	1.56	1.50	1.46	1.43	1.39	1.36	1.34	1.26
96	2.76	2.36	2.14	2.00	1.91	1.84	1.78	1.74	1.70	1.67	1.56	1.50	1.46	1.43	1.39	1.36	1.34	1.26
97	2.76	2.36	2.14	2.00	1.91	1.84	1.78	1.73	1.70	1.67	1.56	1.50	1.46	1.43	1.38	1.36	1.34	1.26
98	2.76	2.36	2.14	2.00	1.91	1.84	1.78	1.73	1.70	1.66	1.56	1.50	1.45	1.42	1.38	1.36	1.34	1.26
99	2.76	2.36	2.14	2.00	1.91	1.83	1.78	1.73	1.70	1.66	1.56	1.50	1.45	1.42	1.38	1.36	1.34	1.26
100	2.76	2.36	2.14	2.00	1.91	1.83	1.78	1.73	1.69	1.66	1.56	1.49	1.45	1.42	1.38	1.35	1.34	1.26

a=0.05

n \ m	1	2	3	4	5	6	7	8	9	10	15	20	25	30	40	50	60	200
1	161.45	199.50	215.71	224.58	230.16	233.99	236.77	238.88	240.54	241.88	245.95	248.01	249.26	250.10	251.14	251.77	252.20	253.68
2	18.51	19.00	19.16	19.25	19.30	19.33	19.35	19.37	19.38	19.40	19.43	19.45	19.46	19.46	19.47	19.48	19.48	19.49
3	10.13	9.55	9.28	9.12	9.01	8.94	8.89	8.85	8.81	8.79	8.70	8.66	8.63	8.62	8.59	8.58	8.57	8.54
4	7.71	6.94	6.59	6.39	6.26	6.16	6.09	6.04	6.00	5.96	5.86	5.80	5.77	5.75	5.72	5.70	5.69	5.65
5	6.61	5.79	5.41	5.19	5.05	4.95	4.88	4.82	4.77	4.74	4.62	4.56	4.52	4.50	4.46	4.44	4.43	4.39
6	5.99	5.14	4.76	4.53	4.39	4.28	4.21	4.15	4.10	4.06	3.94	3.87	3.83	3.81	3.77	3.75	3.74	3.69
7	5.59	4.74	4.35	4.12	3.97	3.87	3.79	3.73	3.68	3.64	3.51	3.44	3.40	3.38	3.34	3.32	3.30	3.25
8	5.32	4.46	4.07	3.84	3.69	3.58	3.50	3.44	3.39	3.35	3.22	3.15	3.11	3.08	3.04	3.02	3.01	2.95
9	5.12	4.26	3.86	3.63	3.48	3.37	3.29	3.23	3.18	3.14	3.01	2.94	2.89	2.86	2.83	2.80	2.79	2.73
10	4.96	4.10	3.71	3.48	3.33	3.22	3.14	3.07	3.02	2.98	2.85	2.77	2.73	2.70	2.66	2.64	2.62	2.56
11	4.84	3.98	3.59	3.36	3.20	3.09	3.01	2.95	2.90	2.85	2.72	2.65	2.60	2.57	2.53	2.51	2.49	2.43
12	4.75	3.89	3.49	3.26	3.11	3.00	2.91	2.85	2.80	2.75	2.62	2.54	2.50	2.47	2.43	2.40	2.38	2.32
13	4.67	3.81	3.41	3.18	3.03	2.92	2.83	2.77	2.71	2.67	2.53	2.46	2.41	2.38	2.34	2.31	2.30	2.23
14	4.60	3.74	3.34	3.11	2.96	2.85	2.76	2.70	2.65	2.60	2.46	2.39	2.34	2.31	2.27	2.24	2.22	2.16
15	4.54	3.68	3.29	3.06	2.90	2.79	2.71	2.64	2.59	2.54	2.40	2.33	2.28	2.25	2.20	2.18	2.16	2.10
16	4.49	3.63	3.24	3.01	2.85	2.74	2.66	2.59	2.54	2.49	2.35	2.28	2.23	2.19	2.15	2.12	2.11	2.04
17	4.45	3.59	3.20	2.96	2.81	2.70	2.61	2.55	2.49	2.45	2.31	2.23	2.18	2.15	2.10	2.08	2.06	1.99
18	4.41	3.55	3.16	2.93	2.77	2.66	2.58	2.51	2.46	2.41	2.27	2.19	2.14	2.11	2.06	2.04	2.02	1.95
19	4.38	3.52	3.13	2.90	2.74	2.63	2.54	2.48	2.42	2.38	2.23	2.16	2.11	2.07	2.03	2.00	1.98	1.91
20	4.35	3.49	3.10	2.87	2.71	2.60	2.51	2.45	2.39	2.35	2.20	2.12	2.07	2.04	1.99	1.97	1.95	1.88
21	4.32	3.47	3.07	2.84	2.68	2.57	2.49	2.42	2.37	2.32	2.18	2.10	2.05	2.01	1.96	1.94	1.92	1.84
22	4.30	3.44	3.05	2.82	2.66	2.55	2.46	2.40	2.34	2.30	2.15	2.07	2.02	1.98	1.94	1.91	1.89	1.82
23	4.28	3.42	3.03	2.80	2.64	2.53	2.44	2.37	2.32	2.27	2.13	2.05	2.00	1.96	1.91	1.88	1.86	1.79
24	4.26	3.40	3.01	2.78	2.62	2.51	2.42	2.36	2.30	2.25	2.11	2.03	1.97	1.94	1.89	1.86	1.84	1.77
25	4.24	3.39	2.99	2.76	2.60	2.49	2.40	2.34	2.28	2.24	2.09	2.01	1.96	1.92	1.87	1.84	1.82	1.75
26	4.23	3.37	2.98	2.74	2.59	2.47	2.39	2.32	2.27	2.22	2.07	1.99	1.94	1.90	1.85	1.82	1.80	1.73
27	4.21	3.35	2.96	2.73	2.57	2.46	2.37	2.31	2.25	2.20	2.06	1.97	1.92	1.88	1.84	1.81	1.79	1.71
28	4.20	3.34	2.95	2.71	2.56	2.45	2.36	2.29	2.24	2.19	2.04	1.96	1.91	1.87	1.82	1.79	1.77	1.69
29	4.18	3.33	2.93	2.70	2.55	2.43	2.35	2.28	2.22	2.18	2.03	1.94	1.89	1.85	1.81	1.77	1.75	1.67
30	4.17	3.32	2.92	2.69	2.53	2.42	2.33	2.27	2.21	2.16	2.01	1.93	1.88	1.84	1.79	1.76	1.74	1.66
31	4.16	3.30	2.91	2.68	2.52	2.41	2.32	2.25	2.20	2.15	2.00	1.92	1.87	1.83	1.78	1.75	1.73	1.65
32	4.15	3.29	2.90	2.67	2.51	2.40	2.31	2.24	2.19	2.14	1.99	1.91	1.85	1.82	1.77	1.74	1.71	1.63
33	4.14	3.28	2.89	2.66	2.50	2.39	2.30	2.23	2.18	2.13	1.98	1.90	1.84	1.81	1.76	1.72	1.70	1.62
34	4.13	3.28	2.88	2.65	2.49	2.38	2.29	2.23	2.17	2.12	1.97	1.89	1.83	1.80	1.75	1.71	1.69	1.61
35	4.12	3.27	2.87	2.64	2.49	2.37	2.29	2.22	2.16	2.11	1.96	1.88	1.82	1.79	1.74	1.70	1.68	1.60
36	4.11	3.26	2.87	2.63	2.48	2.36	2.28	2.21	2.15	2.11	1.95	1.87	1.81	1.78	1.73	1.69	1.67	1.59
37	4.11	3.25	2.86	2.63	2.47	2.36	2.27	2.20	2.14	2.10	1.95	1.86	1.81	1.77	1.72	1.68	1.66	1.58
38	4.10	3.24	2.85	2.62	2.46	2.35	2.26	2.19	2.14	2.09	1.94	1.85	1.80	1.76	1.71	1.68	1.65	1.57
39	4.09	3.24	2.85	2.61	2.46	2.34	2.26	2.19	2.13	2.08	1.93	1.85	1.79	1.75	1.70	1.67	1.65	1.56
40	4.08	3.23	2.84	2.61	2.45	2.34	2.25	2.18	2.12	2.08	1.92	1.84	1.78	1.74	1.69	1.66	1.64	1.55
41	4.08	3.23	2.83	2.60	2.44	2.33	2.24	2.17	2.12	2.07	1.92	1.83	1.78	1.74	1.69	1.65	1.63	1.54
42	4.07	3.22	2.83	2.59	2.44	2.32	2.24	2.17	2.11	2.06	1.91	1.83	1.77	1.73	1.68	1.65	1.62	1.53
43	4.07	3.21	2.82	2.59	2.43	2.32	2.23	2.16	2.11	2.06	1.91	1.82	1.76	1.72	1.67	1.64	1.62	1.53
44	4.06	3.21	2.82	2.58	2.43	2.31	2.23	2.16	2.10	2.05	1.90	1.81	1.76	1.72	1.67	1.63	1.61	1.52
45	4.06	3.20	2.81	2.58	2.42	2.31	2.22	2.15	2.10	2.05	1.89	1.81	1.75	1.71	1.66	1.63	1.60	1.51
46	4.05	3.20	2.81	2.57	2.42	2.30	2.22	2.15	2.09	2.04	1.89	1.80	1.75	1.71	1.65	1.62	1.60	1.51
47	4.05	3.20	2.80	2.57	2.41	2.30	2.21	2.14	2.09	2.04	1.88	1.80	1.74	1.70	1.65	1.61	1.59	1.50
48	4.04	3.19	2.80	2.57	2.41	2.29	2.21	2.14	2.08	2.03	1.88	1.79	1.74	1.70	1.64	1.61	1.59	1.49
49	4.04	3.19	2.79	2.56	2.40	2.29	2.20	2.13	2.08	2.03	1.88	1.79	1.73	1.69	1.64	1.60	1.58	1.49
50	4.03	3.18	2.79	2.56	2.40	2.29	2.20	2.13	2.07	2.03	1.87	1.78	1.73	1.69	1.63	1.60	1.58	1.48
51	4.03	3.18	2.79	2.55	2.40	2.28	2.20	2.13	2.07	2.02	1.87	1.78	1.72	1.68	1.63	1.59	1.57	1.48
52	4.03	3.18	2.78	2.55	2.39	2.28	2.19	2.12	2.07	2.02	1.86	1.78	1.72	1.68	1.62	1.59	1.57	1.47
53	4.02	3.17	2.78	2.55	2.39	2.28	2.19	2.12	2.06	2.01	1.86	1.77	1.71	1.67	1.62	1.59	1.56	1.47
54	4.02	3.17	2.78	2.54	2.39	2.27	2.18	2.12	2.06	2.01	1.86	1.77	1.71	1.67	1.61	1.58	1.56	1.46
55	4.02	3.16	2.77	2.54	2.38	2.27	2.18	2.11	2.06	2.01	1.85	1.76	1.71	1.67	1.61	1.58	1.55	1.46
56	4.01	3.16	2.77	2.54	2.38	2.27	2.18	2.11	2.05	2.00	1.85	1.76	1.70	1.66	1.61	1.57	1.55	1.45
57	4.01	3.16	2.77	2.53	2.38	2.26	2.18	2.11	2.05	2.00	1.85	1.76	1.70	1.66	1.60	1.57	1.55	1.45
58	4.01	3.16	2.76	2.53	2.37	2.26	2.17	2.10	2.05	2.00	1.84	1.75	1.70	1.66	1.60	1.57	1.54	1.45
59	4.00	3.15	2.76	2.53	2.37	2.26	2.17	2.10	2.04	2.00	1.84	1.75	1.69	1.65	1.60	1.56	1.54	1.44
60	4.00	3.15	2.76	2.53	2.37	2.25	2.17	2.10	2.04	1.99	1.84	1.75	1.69	1.65	1.59	1.56	1.53	1.44
61	4.00	3.15	2.76	2.52	2.37	2.25	2.16	2.09	2.04	1.99	1.83	1.75	1.69	1.65	1.59	1.56	1.53	1.43
62	4.00	3.15	2.75	2.52	2.36	2.25	2.16	2.09	2.03	1.99	1.83	1.74	1.68	1.64	1.59	1.55	1.53	1.43
63	3.99	3.14	2.75	2.52	2.36	2.25	2.16	2.09	2.03	1.98	1.83	1.74	1.68	1.64	1.58	1.55	1.52	1.43
64	3.99	3.14	2.75	2.52	2.36	2.24	2.16	2.09	2.03	1.98	1.83	1.74	1.68	1.64	1.58	1.55	1.52	1.42
65	3.99	3.14	2.75	2.51	2.36	2.24	2.15	2.08	2.03	1.98	1.82	1.73	1.68	1.63	1.58	1.54	1.52	1.42
66	3.99	3.14	2.74	2.51	2.35	2.24	2.15	2.08	2.03	1.98	1.82	1.73	1.67	1.63	1.58	1.54	1.52	1.42
67	3.98	3.13	2.74	2.51	2.35	2.24	2.15	2.08	2.02	1.98	1.82	1.73	1.67	1.63	1.57	1.54	1.51	1.41
68	3.98	3.13	2.74	2.51	2.35	2.24	2.15	2.08	2.02	1.97	1.82	1.73	1.67	1.63	1.57	1.54	1.51	1.41
69	3.98	3.13	2.74	2.50	2.35	2.23	2.15	2.08	2.02	1.97	1.81	1.72	1.67	1.62	1.57	1.53	1.51	1.41
70	3.98	3.13	2.74	2.50	2.35	2.23	2.14	2.07	2.02	1.97	1.81	1.72	1.66	1.62	1.57	1.53	1.50	1.40
71	3.98	3.13	2.73	2.50	2.34	2.23	2.14	2.07	2.01	1.97	1.81	1.72	1.66	1.62	1.56	1.53	1.50	1.40
72	3.97	3.12	2.73	2.50	2.34	2.23	2.14	2.07	2.01	1.96	1.81	1.72	1.66	1.62	1.56	1.53	1.50	1.40
73	3.97	3.12	2.73	2.50	2.34	2.23	2.14	2.07	2.01	1.96	1.81	1.72	1.66	1.62	1.56	1.52	1.50	1.40
74	3.97	3.12	2.73	2.50	2.34	2.22	2.14	2.07	2.01	1.96	1.80	1.71	1.66	1.61	1.56	1.52	1.49	1.39
75	3.97	3.12	2.73	2.49	2.34	2.22	2.13	2.06	2.01	1.96	1.80	1.71	1.65	1.61	1.55	1.52	1.49	1.39
76	3.97	3.12	2.72	2.49	2.33	2.22	2.13	2.06	2.01	1.96	1.80	1.71	1.65	1.61	1.55	1.52	1.49	1.39
77	3.97	3.12	2.72	2.49	2.33	2.22	2.13	2.06	2.00	1.96	1.80	1.71	1.65	1.61	1.55	1.51	1.49	1.39
78	3.96	3.11	2.72	2.49	2.33	2.22	2.13	2.06	2.00	1.95	1.80	1.71	1.65	1.61	1.55	1.51	1.49	1.38
79	3.96	3.11	2.72	2.49	2.33	2.22	2.13	2.06	2.00	1.95	1.79	1.70	1.65	1.60	1.55	1.51	1.48	1.38
80	3.96	3.11	2.72	2.49	2.33	2.21	2.13	2.06	2.00	1.95	1.79	1.70	1.64	1.60	1.54	1.51	1.48	1.38
81	3.96	3.11	2.72	2.48	2.33	2.21	2.12	2.05	2.00	1.95	1.79	1.70	1.64	1.60	1.54	1.51	1.48	1.38
82	3.96	3.11	2.72	2.48	2.33	2.21	2.12	2.05	2.00	1.95	1.79	1.70	1.64	1.60	1.54	1.50	1.48	1.37
83	3.96	3.11	2.71	2.48	2.32	2.21	2.12	2.05	1.99	1.95	1.79	1.70	1.64	1.60	1.54	1.50	1.48	1.37
84	3.95	3.11	2.71	2.48	2.32	2.21	2.12	2.05	1.99	1.95	1.79	1.70	1.64	1.59	1.54	1.50	1.47	1.37
85	3.95	3.10	2.71	2.48	2.32	2.21	2.12	2.05	1.99	1.94	1.79	1.70	1.64	1.59	1.54	1.50	1.47	1.37
86	3.95	3.10	2.71	2.48	2.32	2.21	2.12	2.05	1.99	1.94	1.78	1.69	1.63	1.59	1.53	1.50	1.47	1.37
87	3.95	3.10	2.71	2.48	2.32	2.20	2.12	2.05	1.99	1.94	1.78	1.69	1.63	1.59	1.53	1.50	1.47	1.36
88	3.95	3.10	2.71	2.48	2.32	2.20	2.12	2.05	1.99	1.94	1.78	1.69	1.63	1.59	1.53	1.49	1.47	1.36
89	3.95	3.10	2.71	2.47	2.32	2.20	2.11	2.04	1.99	1.94	1.78	1.69	1.63	1.59	1.53	1.49	1.47	1.36
90	3.95	3.10	2.71	2.47	2.32	2.20	2.11	2.04	1.99	1.94	1.78	1.69	1.63	1.59	1.53	1.49	1.46	1.36
91	3.95	3.10	2.70	2.47	2.31	2.20	2.11	2.04	1.98	1.94	1.78	1.69	1.63	1.58	1.53	1.49	1.46	1.36
92	3.94	3.10	2.70	2.47	2.31	2.20	2.11	2.04	1.98	1.94	1.78	1.69	1.63	1.58	1.53	1.49	1.46	1.35
93	3.94	3.09	2.70	2.47	2.31	2.20	2.11	2.04	1.98	1.93	1.78	1.68	1.62	1.58	1.52	1.49	1.46	1.35
94	3.94	3.09	2.70	2.47	2.31	2.20	2.11	2.04	1.98	1.93	1.77	1.68	1.62	1.58	1.52	1.49	1.46	1.35
95	3.94	3.09	2.70	2.47	2.31	2.20	2.11	2.04	1.98	1.93	1.77	1.68	1.62	1.58	1.52	1.48	1.46	1.35
96	3.94	3.09	2.70	2.47	2.31	2.19	2.11	2.04	1.98	1.93	1.77	1.68	1.62	1.58	1.52	1.48	1.46	1.35
97	3.94	3.09	2.70	2.47	2.31	2.19	2.11	2.04	1.98	1.93	1.77	1.68	1.62	1.58	1.52	1.48	1.45	1.35
98	3.94	3.09	2.70	2.46	2.31	2.19	2.10	2.03	1.98	1.93	1.77	1.68	1.62	1.58	1.52	1.48	1.45	1.34
99	3.94	3.09	2.70	2.46	2.31	2.19	2.10	2.03	1.98	1.93	1.77	1.68	1.62	1.57	1.52	1.48	1.45	1.34
100	3.94	3.09	2.70	2.46	2.31	2.19	2.10	2.03	1.97	1.93	1.77	1.68	1.62	1.57	1.52	1.48	1.45	1.34

a=0. 025

n \ m	1	2	3	4	5	6	7	8	9	10	15	20	25	30	40	50	60	200
1	647.8	799.5	864.2	899.6	921.8	937.1	948.2	956.7	963.3	968.6	984.9	993.1	998.1	1001.4	1005.6	1008.1	1009.8	1015.7
2	38.51	39.00	39.17	39.25	39.30	39.33	39.36	39.37	39.39	39.40	39.43	39.45	39.46	39.46	39.47	39.48	39.48	39.49
3	17.44	16.04	15.44	15.10	14.88	14.73	14.62	14.54	14.47	14.42	14.25	14.17	14.12	14.08	14.04	14.01	13.99	13.93
4	12.22	10.65	9.98	9.60	9.36	9.20	9.07	8.98	8.90	8.84	8.66	8.56	8.50	8.46	8.41	8.38	8.36	8.29
5	10.01	8.43	7.76	7.39	7.15	6.98	6.85	6.76	6.68	6.62	6.43	6.33	6.27	6.23	6.18	6.14	6.12	6.05
6	8.81	7.26	6.60	6.23	5.99	5.82	5.70	5.60	5.52	5.46	5.27	5.17	5.11	5.07	5.01	4.98	4.96	4.88
7	8.07	6.54	5.89	5.52	5.29	5.12	4.99	4.90	4.82	4.76	4.57	4.47	4.40	4.36	4.31	4.28	4.25	4.18
8	7.57	6.06	5.42	5.05	4.82	4.65	4.53	4.43	4.36	4.30	4.10	4.00	3.94	3.89	3.84	3.81	3.78	3.70
9	7.21	5.71	5.08	4.72	4.48	4.32	4.20	4.10	4.03	3.96	3.77	3.67	3.60	3.56	3.51	3.47	3.45	3.37
10	6.94	5.46	4.83	4.47	4.24	4.07	3.95	3.85	3.78	3.72	3.52	3.42	3.35	3.31	3.26	3.22	3.20	3.12
11	6.72	5.26	4.63	4.28	4.04	3.88	3.76	3.66	3.59	3.53	3.33	3.23	3.16	3.12	3.06	3.03	3.00	2.92
12	6.55	5.10	4.47	4.12	3.89	3.73	3.61	3.51	3.44	3.37	3.18	3.07	3.01	2.96	2.91	2.87	2.85	2.76
13	6.41	4.97	4.35	4.00	3.77	3.60	3.48	3.39	3.31	3.25	3.05	2.95	2.88	2.84	2.78	2.74	2.72	2.63
14	6.30	4.86	4.24	3.89	3.66	3.50	3.38	3.29	3.21	3.15	2.95	2.84	2.78	2.73	2.67	2.64	2.61	2.53
15	6.20	4.77	4.15	3.80	3.58	3.41	3.29	3.20	3.12	3.06	2.86	2.76	2.69	2.64	2.59	2.55	2.52	2.44
16	6.12	4.69	4.08	3.73	3.50	3.34	3.22	3.12	3.05	2.99	2.79	2.68	2.61	2.57	2.51	2.47	2.45	2.36
17	6.04	4.62	4.01	3.66	3.44	3.28	3.16	3.06	2.98	2.92	2.72	2.62	2.55	2.50	2.44	2.41	2.38	2.29
18	5.98	4.56	3.95	3.61	3.38	3.22	3.10	3.01	2.93	2.87	2.67	2.56	2.49	2.44	2.38	2.35	2.32	2.23
19	5.92	4.51	3.90	3.56	3.33	3.17	3.05	2.96	2.88	2.82	2.62	2.51	2.44	2.39	2.33	2.30	2.27	2.18
20	5.87	4.46	3.86	3.51	3.29	3.13	3.01	2.91	2.84	2.77	2.57	2.46	2.40	2.35	2.29	2.25	2.22	2.13
21	5.83	4.42	3.82	3.48	3.25	3.09	2.97	2.87	2.80	2.73	2.53	2.42	2.36	2.31	2.25	2.21	2.18	2.09
22	5.79	4.38	3.78	3.44	3.22	3.05	2.93	2.84	2.76	2.70	2.50	2.39	2.32	2.27	2.21	2.17	2.14	2.05
23	5.75	4.35	3.75	3.41	3.18	3.02	2.90	2.81	2.73	2.67	2.47	2.36	2.29	2.24	2.18	2.14	2.11	2.01
24	5.72	4.32	3.72	3.38	3.15	2.99	2.87	2.78	2.70	2.64	2.44	2.33	2.26	2.21	2.15	2.11	2.08	1.98
25	5.69	4.29	3.69	3.35	3.13	2.97	2.85	2.75	2.68	2.61	2.41	2.30	2.23	2.18	2.12	2.08	2.05	1.95
26	5.66	4.27	3.67	3.33	3.10	2.94	2.82	2.73	2.65	2.59	2.39	2.28	2.21	2.16	2.09	2.05	2.03	1.92
27	5.63	4.24	3.65	3.31	3.08	2.92	2.80	2.71	2.63	2.57	2.36	2.25	2.18	2.13	2.07	2.03	2.00	1.90
28	5.61	4.22	3.63	3.29	3.06	2.90	2.78	2.69	2.61	2.55	2.34	2.23	2.16	2.11	2.05	2.01	1.98	1.88
29	5.59	4.20	3.61	3.27	3.04	2.88	2.76	2.67	2.59	2.53	2.32	2.21	2.14	2.09	2.03	1.99	1.96	1.86
30	5.57	4.18	3.59	3.25	3.03	2.87	2.75	2.65	2.57	2.51	2.31	2.20	2.12	2.07	2.01	1.97	1.94	1.84
31	5.55	4.16	3.57	3.23	3.01	2.85	2.73	2.64	2.56	2.50	2.29	2.18	2.11	2.06	1.99	1.95	1.92	1.82
32	5.53	4.15	3.56	3.22	3.00	2.84	2.71	2.62	2.54	2.48	2.28	2.16	2.09	2.04	1.98	1.93	1.91	1.80
33	5.51	4.13	3.54	3.20	2.98	2.82	2.70	2.61	2.53	2.47	2.26	2.15	2.08	2.03	1.96	1.92	1.89	1.78
34	5.50	4.12	3.53	3.19	2.97	2.81	2.69	2.59	2.52	2.45	2.25	2.13	2.06	2.01	1.95	1.90	1.88	1.77
35	5.48	4.11	3.52	3.18	2.96	2.80	2.68	2.58	2.50	2.44	2.23	2.12	2.05	2.00	1.93	1.89	1.86	1.75
36	5.47	4.09	3.50	3.17	2.94	2.78	2.66	2.57	2.49	2.43	2.22	2.11	2.04	1.99	1.92	1.88	1.85	1.74
37	5.46	4.08	3.49	3.16	2.93	2.77	2.65	2.56	2.48	2.42	2.21	2.10	2.03	1.97	1.91	1.87	1.84	1.73
38	5.45	4.07	3.48	3.15	2.92	2.76	2.64	2.55	2.47	2.41	2.20	2.09	2.01	1.96	1.90	1.85	1.82	1.71
39	5.43	4.06	3.47	3.14	2.91	2.75	2.63	2.54	2.46	2.40	2.19	2.08	2.00	1.95	1.89	1.84	1.81	1.70
40	5.42	4.05	3.46	3.13	2.90	2.74	2.62	2.53	2.45	2.39	2.18	2.07	1.99	1.94	1.88	1.83	1.80	1.69
41	5.41	4.04	3.45	3.12	2.89	2.74	2.62	2.52	2.44	2.38	2.17	2.06	1.99	1.93	1.87	1.82	1.79	1.68
42	5.40	4.03	3.45	3.11	2.89	2.73	2.61	2.51	2.43	2.37	2.16	2.05	1.98	1.92	1.86	1.81	1.78	1.67
43	5.39	4.02	3.44	3.10	2.88	2.72	2.60	2.50	2.43	2.36	2.16	2.04	1.97	1.92	1.85	1.80	1.77	1.66
44	5.39	4.02	3.43	3.09	2.87	2.71	2.59	2.50	2.42	2.36	2.15	2.03	1.96	1.91	1.84	1.80	1.77	1.65
45	5.38	4.01	3.42	3.09	2.86	2.70	2.58	2.49	2.41	2.35	2.14	2.03	1.95	1.90	1.83	1.79	1.76	1.64
46	5.37	4.00	3.42	3.08	2.86	2.70	2.58	2.48	2.41	2.34	2.13	2.02	1.94	1.89	1.82	1.78	1.75	1.63
47	5.36	3.99	3.41	3.07	2.85	2.69	2.57	2.48	2.40	2.33	2.13	2.01	1.94	1.89	1.82	1.77	1.74	1.63
48	5.35	3.99	3.40	3.07	2.84	2.69	2.56	2.47	2.39	2.33	2.12	2.01	1.93	1.88	1.81	1.77	1.73	1.62
49	5.35	3.98	3.40	3.06	2.84	2.68	2.56	2.46	2.39	2.32	2.11	2.00	1.92	1.87	1.80	1.76	1.73	1.61
50	5.34	3.97	3.39	3.05	2.83	2.67	2.55	2.46	2.38	2.32	2.11	1.99	1.92	1.87	1.80	1.75	1.72	1.60
51	5.33	3.97	3.38	3.05	2.83	2.67	2.55	2.45	2.38	2.31	2.10	1.99	1.91	1.86	1.79	1.75	1.71	1.60
52	5.33	3.96	3.38	3.04	2.82	2.66	2.54	2.45	2.37	2.31	2.10	1.98	1.91	1.85	1.78	1.74	1.71	1.59
53	5.32	3.96	3.37	3.04	2.82	2.66	2.54	2.44	2.36	2.30	2.09	1.98	1.90	1.85	1.78	1.73	1.70	1.58
54	5.32	3.95	3.37	3.03	2.81	2.65	2.53	2.44	2.36	2.30	2.09	1.97	1.90	1.84	1.77	1.73	1.70	1.58
55	5.31	3.95	3.36	3.03	2.81	2.65	2.53	2.43	2.36	2.29	2.08	1.97	1.89	1.84	1.77	1.72	1.69	1.57
56	5.31	3.94	3.36	3.02	2.80	2.64	2.52	2.43	2.35	2.29	2.08	1.96	1.89	1.83	1.76	1.72	1.69	1.56
57	5.30	3.94	3.35	3.02	2.80	2.64	2.52	2.42	2.35	2.28	2.07	1.96	1.88	1.83	1.76	1.71	1.68	1.56
58	5.29	3.93	3.35	3.02	2.79	2.64	2.51	2.42	2.34	2.28	2.07	1.95	1.88	1.82	1.75	1.71	1.68	1.55
59	5.29	3.93	3.35	3.01	2.79	2.63	2.51	2.42	2.34	2.27	2.07	1.95	1.87	1.82	1.75	1.70	1.67	1.55
60	5.29	3.93	3.34	3.01	2.79	2.63	2.51	2.41	2.33	2.27	2.06	1.94	1.87	1.82	1.74	1.70	1.67	1.54
61	5.28	3.92	3.34	3.00	2.78	2.62	2.50	2.41	2.33	2.27	2.06	1.94	1.86	1.81	1.74	1.69	1.66	1.54
62	5.28	3.92	3.33	3.00	2.78	2.62	2.50	2.40	2.33	2.26	2.05	1.94	1.86	1.81	1.74	1.69	1.66	1.53
63	5.27	3.91	3.33	3.00	2.78	2.62	2.50	2.40	2.32	2.26	2.05	1.93	1.86	1.80	1.73	1.69	1.65	1.53
64	5.27	3.91	3.33	2.99	2.77	2.61	2.49	2.40	2.32	2.26	2.05	1.93	1.85	1.80	1.73	1.68	1.65	1.52
65	5.26	3.91	3.32	2.99	2.77	2.61	2.49	2.39	2.32	2.25	2.04	1.93	1.85	1.80	1.72	1.68	1.65	1.52
66	5.26	3.90	3.32	2.99	2.77	2.61	2.49	2.39	2.31	2.25	2.04	1.92	1.85	1.79	1.72	1.67	1.64	1.52
67	5.26	3.90	3.32	2.98	2.76	2.60	2.48	2.39	2.31	2.25	2.04	1.92	1.84	1.79	1.72	1.67	1.64	1.51
68	5.25	3.90	3.31	2.98	2.76	2.60	2.48	2.38	2.31	2.24	2.03	1.92	1.84	1.79	1.71	1.67	1.63	1.51
69	5.25	3.89	3.31	2.98	2.76	2.60	2.48	2.38	2.30	2.24	2.03	1.91	1.84	1.78	1.71	1.66	1.63	1.50
70	5.25	3.89	3.31	2.97	2.75	2.59	2.47	2.38	2.30	2.24	2.03	1.91	1.83	1.78	1.71	1.66	1.63	1.50
71	5.24	3.89	3.31	2.97	2.75	2.59	2.47	2.38	2.30	2.23	2.02	1.91	1.83	1.78	1.70	1.66	1.62	1.50
72	5.24	3.88	3.30	2.97	2.75	2.59	2.47	2.37	2.30	2.23	2.02	1.90	1.83	1.77	1.70	1.65	1.62	1.49
73	5.24	3.88	3.30	2.97	2.75	2.59	2.47	2.37	2.29	2.23	2.02	1.90	1.82	1.77	1.70	1.65	1.62	1.49
74	5.23	3.88	3.30	2.96	2.74	2.58	2.46	2.37	2.29	2.23	2.02	1.90	1.82	1.77	1.69	1.65	1.62	1.49
75	5.23	3.88	3.30	2.96	2.74	2.58	2.46	2.37	2.29	2.22	2.01	1.90	1.82	1.76	1.69	1.65	1.61	1.48
76	5.23	3.87	3.29	2.96	2.74	2.58	2.46	2.36	2.29	2.22	2.01	1.89	1.82	1.76	1.69	1.64	1.61	1.48
77	5.23	3.87	3.29	2.96	2.74	2.58	2.46	2.36	2.28	2.22	2.01	1.89	1.81	1.76	1.69	1.64	1.61	1.48
78	5.22	3.87	3.29	2.95	2.73	2.58	2.45	2.36	2.28	2.22	2.01	1.89	1.81	1.76	1.68	1.64	1.60	1.47
79	5.22	3.87	3.29	2.95	2.73	2.57	2.45	2.36	2.28	2.22	2.00	1.89	1.81	1.75	1.68	1.63	1.60	1.47
80	5.22	3.86	3.28	2.95	2.73	2.57	2.45	2.35	2.28	2.21	2.00	1.88	1.81	1.75	1.68	1.63	1.60	1.47
81	5.22	3.86	3.28	2.95	2.73	2.57	2.45	2.35	2.28	2.21	2.00	1.88	1.80	1.75	1.68	1.63	1.60	1.46
82	5.21	3.86	3.28	2.95	2.73	2.57	2.45	2.35	2.27	2.21	2.00	1.88	1.80	1.75	1.67	1.63	1.59	1.46
83	5.21	3.86	3.28	2.94	2.72	2.56	2.44	2.35	2.27	2.21	2.00	1.88	1.80	1.75	1.67	1.62	1.59	1.46
84	5.21	3.86	3.28	2.94	2.72	2.56	2.44	2.35	2.27	2.20	1.99	1.88	1.80	1.74	1.67	1.62	1.59	1.46
85	5.21	3.85	3.27	2.94	2.72	2.56	2.44	2.35	2.27	2.20	1.99	1.87	1.80	1.74	1.67	1.62	1.59	1.45
86	5.20	3.85	3.27	2.94	2.72	2.56	2.44	2.34	2.27	2.20	1.99	1.87	1.79	1.74	1.67	1.62	1.58	1.45
87	5.20	3.85	3.27	2.94	2.72	2.56	2.44	2.34	2.26	2.20	1.99	1.87	1.79	1.74	1.66	1.62	1.58	1.45
88	5.20	3.85	3.27	2.93	2.71	2.56	2.43	2.34	2.26	2.20	1.99	1.87	1.79	1.74	1.66	1.61	1.58	1.45
89	5.20	3.85	3.27	2.93	2.71	2.55	2.43	2.34	2.26	2.20	1.99	1.87	1.79	1.73	1.66	1.61	1.58	1.44
90	5.20	3.84	3.26	2.93	2.71	2.55	2.43	2.34	2.26	2.19	1.98	1.86	1.79	1.73	1.66	1.61	1.58	1.44
91	5.19	3.84	3.26	2.93	2.71	2.55	2.43	2.33	2.26	2.19	1.98	1.86	1.78	1.73	1.66	1.61	1.57	1.44
92	5.19	3.84	3.26	2.93	2.71	2.55	2.43	2.33	2.26	2.19	1.98	1.86	1.78	1.73	1.65	1.61	1.57	1.44
93	5.19	3.84	3.26	2.93	2.71	2.55	2.43	2.33	2.25	2.19	1.98	1.86	1.78	1.73	1.65	1.60	1.57	1.43
94	5.19	3.84	3.26	2.93	2.70	2.55	2.43	2.33	2.25	2.19	1.98	1.86	1.78	1.72	1.65	1.60	1.57	1.43
95	5.19	3.84	3.26	2.92	2.70	2.54	2.42	2.33	2.25	2.19	1.98	1.86	1.78	1.72	1.65	1.60	1.57	1.43
96	5.19	3.83	3.26	2.92	2.70	2.54	2.42	2.33	2.25	2.18	1.97	1.85	1.78	1.72	1.65	1.60	1.56	1.43
97	5.18	3.83	3.25	2.92	2.70	2.54	2.42	2.33	2.25	2.18	1.97	1.85	1.77	1.72	1.64	1.60	1.56	1.43
98	5.18	3.83	3.25	2.92	2.70	2.54	2.42	2.32	2.25	2.18	1.97	1.85	1.77	1.72	1.64	1.59	1.56	1.42
99	5.18	3.83	3.25	2.92	2.70	2.54	2.42	2.32	2.25	2.18	1.97	1.85	1.77	1.72	1.64	1.59	1.56	1.42
100	5.18	3.83	3.25	2.92	2.70	2.54	2.42	2.32	2.24	2.18	1.97	1.85	1.77	1.71	1.64	1.59	1.56	1.42

a=0.01

n \ m	1	2	3	4	5	6	7	8	9	10	15	20	25	30	40	50	60	200
1	4052.2	4999.5	5403.4	5624.6	5763.6	5859.0	5928.4	5981.1	6022.5	6055.8	6157.3	6208.7	6239.8	6260.6	6286.8	6302.5	6313.0	6350.0
2	98.50	99.00	99.17	99.25	99.30	99.33	99.36	99.37	99.39	99.40	99.43	99.45	99.46	99.47	99.47	99.48	99.48	99.49
3	34.12	30.82	29.46	28.71	28.24	27.91	27.67	27.49	27.35	27.23	26.87	26.69	26.58	26.50	26.41	26.35	26.32	26.18
4	21.20	18.00	16.69	15.98	15.52	15.21	14.98	14.80	14.66	14.55	14.20	14.02	13.91	13.84	13.75	13.69	13.65	13.52
5	16.26	13.27	12.06	11.39	10.97	10.67	10.46	10.29	10.16	10.05	9.72	9.55	9.45	9.38	9.29	9.24	9.20	9.08
6	13.75	10.92	9.78	9.15	8.75	8.47	8.26	8.10	7.98	7.87	7.56	7.40	7.30	7.23	7.14	7.09	7.06	6.93
7	12.25	9.55	8.45	7.85	7.46	7.19	6.99	6.84	6.72	6.62	6.31	6.16	6.06	5.99	5.91	5.86	5.82	5.70
8	11.26	8.65	7.59	7.01	6.63	6.37	6.18	6.03	5.91	5.81	5.52	5.36	5.26	5.20	5.12	5.07	5.03	4.91
9	10.56	8.02	6.99	6.42	6.06	5.80	5.61	5.47	5.35	5.26	4.96	4.81	4.71	4.65	4.57	4.52	4.48	4.36
10	10.04	7.56	6.55	5.99	5.64	5.39	5.20	5.06	4.94	4.85	4.56	4.41	4.31	4.25	4.17	4.12	4.08	3.96
11	9.65	7.21	6.22	5.67	5.32	5.07	4.89	4.74	4.63	4.54	4.25	4.10	4.01	3.94	3.86	3.81	3.78	3.66
12	9.33	6.93	5.95	5.41	5.06	4.82	4.64	4.50	4.39	4.30	4.01	3.86	3.76	3.70	3.62	3.57	3.54	3.41
13	9.07	6.70	5.74	5.21	4.86	4.62	4.44	4.30	4.19	4.10	3.82	3.66	3.57	3.51	3.43	3.38	3.34	3.22
14	8.86	6.51	5.56	5.04	4.69	4.46	4.28	4.14	4.03	3.94	3.66	3.51	3.41	3.35	3.27	3.22	3.18	3.06
15	8.68	6.36	5.42	4.89	4.56	4.32	4.14	4.00	3.89	3.80	3.52	3.37	3.28	3.21	3.13	3.08	3.05	2.92
16	8.53	6.23	5.29	4.77	4.44	4.20	4.03	3.89	3.78	3.69	3.41	3.26	3.16	3.10	3.02	2.97	2.93	2.81
17	8.40	6.11	5.18	4.67	4.34	4.10	3.93	3.79	3.68	3.59	3.31	3.16	3.07	3.00	2.92	2.87	2.83	2.71
18	8.29	6.01	5.09	4.58	4.25	4.01	3.84	3.71	3.60	3.51	3.23	3.08	2.98	2.92	2.84	2.78	2.75	2.62
19	8.18	5.93	5.01	4.50	4.17	3.94	3.77	3.63	3.52	3.43	3.15	3.00	2.91	2.84	2.76	2.71	2.67	2.55
20	8.10	5.85	4.94	4.43	4.10	3.87	3.70	3.56	3.46	3.37	3.09	2.94	2.84	2.78	2.69	2.64	2.61	2.48
21	8.02	5.78	4.87	4.37	4.04	3.81	3.64	3.51	3.40	3.31	3.03	2.88	2.79	2.72	2.64	2.58	2.55	2.42
22	7.95	5.72	4.82	4.31	3.99	3.76	3.59	3.45	3.35	3.26	2.98	2.83	2.73	2.67	2.58	2.53	2.50	2.36
23	7.88	5.66	4.76	4.26	3.94	3.71	3.54	3.41	3.30	3.21	2.93	2.78	2.69	2.62	2.54	2.48	2.45	2.32
24	7.82	5.61	4.72	4.22	3.90	3.67	3.50	3.36	3.26	3.17	2.89	2.74	2.64	2.58	2.49	2.44	2.40	2.27
25	7.77	5.57	4.68	4.18	3.85	3.63	3.46	3.32	3.22	3.13	2.85	2.70	2.60	2.54	2.45	2.40	2.36	2.23
26	7.72	5.53	4.64	4.14	3.82	3.59	3.42	3.29	3.18	3.09	2.81	2.66	2.57	2.50	2.42	2.36	2.33	2.19
27	7.68	5.49	4.60	4.11	3.78	3.56	3.39	3.26	3.15	3.06	2.78	2.63	2.54	2.47	2.38	2.33	2.29	2.16
28	7.64	5.45	4.57	4.07	3.75	3.53	3.36	3.23	3.12	3.03	2.75	2.60	2.51	2.44	2.35	2.30	2.26	2.13
29	7.60	5.42	4.54	4.04	3.73	3.50	3.33	3.20	3.09	3.00	2.73	2.57	2.48	2.41	2.33	2.27	2.23	2.10
30	7.56	5.39	4.51	4.02	3.70	3.47	3.30	3.17	3.07	2.98	2.70	2.55	2.45	2.39	2.30	2.25	2.21	2.07
31	7.53	5.36	4.48	3.99	3.67	3.45	3.28	3.15	3.04	2.96	2.68	2.52	2.43	2.36	2.27	2.22	2.18	2.04
32	7.50	5.34	4.46	3.97	3.65	3.43	3.26	3.13	3.02	2.93	2.65	2.50	2.41	2.34	2.25	2.20	2.16	2.02
33	7.47	5.31	4.44	3.95	3.63	3.41	3.24	3.11	3.00	2.91	2.63	2.48	2.39	2.32	2.23	2.18	2.14	2.00
34	7.44	5.29	4.42	3.93	3.61	3.39	3.22	3.09	2.98	2.89	2.61	2.46	2.37	2.30	2.21	2.16	2.12	1.98
35	7.42	5.27	4.40	3.91	3.59	3.37	3.20	3.07	2.96	2.88	2.60	2.44	2.35	2.28	2.19	2.14	2.10	1.96
36	7.40	5.25	4.38	3.89	3.57	3.35	3.18	3.05	2.95	2.86	2.58	2.43	2.33	2.26	2.18	2.12	2.08	1.94
37	7.37	5.23	4.36	3.87	3.56	3.33	3.17	3.04	2.93	2.84	2.56	2.41	2.31	2.25	2.16	2.10	2.06	1.92
38	7.35	5.21	4.34	3.86	3.54	3.32	3.15	3.02	2.92	2.83	2.55	2.40	2.30	2.23	2.14	2.09	2.05	1.90
39	7.33	5.19	4.33	3.84	3.53	3.30	3.14	3.01	2.90	2.81	2.54	2.38	2.29	2.22	2.13	2.07	2.03	1.89
40	7.31	5.18	4.31	3.83	3.51	3.29	3.12	2.99	2.89	2.80	2.52	2.37	2.27	2.20	2.11	2.06	2.02	1.87
41	7.30	5.16	4.30	3.81	3.50	3.28	3.11	2.98	2.87	2.79	2.51	2.36	2.26	2.19	2.10	2.04	2.01	1.86
42	7.28	5.15	4.29	3.80	3.49	3.27	3.10	2.97	2.86	2.78	2.50	2.34	2.25	2.18	2.09	2.03	1.99	1.85
43	7.26	5.14	4.27	3.79	3.48	3.25	3.09	2.96	2.85	2.76	2.49	2.33	2.23	2.17	2.08	2.02	1.98	1.83
44	7.25	5.12	4.26	3.78	3.47	3.24	3.08	2.95	2.84	2.75	2.47	2.32	2.22	2.15	2.07	2.01	1.97	1.82
45	7.23	5.11	4.25	3.77	3.45	3.23	3.07	2.94	2.83	2.74	2.46	2.31	2.21	2.14	2.05	2.00	1.96	1.81
46	7.22	5.10	4.24	3.76	3.44	3.22	3.06	2.93	2.82	2.73	2.45	2.30	2.20	2.13	2.04	1.99	1.95	1.80
47	7.21	5.09	4.23	3.75	3.43	3.21	3.05	2.92	2.81	2.72	2.44	2.29	2.19	2.12	2.03	1.98	1.94	1.79
48	7.19	5.08	4.22	3.74	3.43	3.20	3.04	2.91	2.80	2.71	2.44	2.28	2.18	2.12	2.02	1.97	1.93	1.78
49	7.18	5.07	4.21	3.73	3.42	3.19	3.03	2.90	2.79	2.71	2.43	2.27	2.18	2.11	2.02	1.96	1.92	1.77
50	7.17	5.06	4.20	3.72	3.41	3.19	3.02	2.89	2.78	2.70	2.42	2.27	2.17	2.10	2.01	1.95	1.91	1.76
51	7.16	5.05	4.19	3.71	3.40	3.18	3.01	2.88	2.78	2.69	2.41	2.26	2.16	2.09	2.00	1.94	1.90	1.75
52	7.15	5.04	4.18	3.70	3.39	3.17	3.00	2.87	2.77	2.68	2.40	2.25	2.15	2.08	1.99	1.93	1.89	1.74
53	7.14	5.03	4.17	3.70	3.38	3.16	3.00	2.87	2.76	2.68	2.40	2.24	2.14	2.07	1.98	1.92	1.88	1.73
54	7.13	5.02	4.17	3.69	3.38	3.16	2.99	2.86	2.76	2.67	2.39	2.24	2.14	2.07	1.98	1.92	1.88	1.72
55	7.12	5.01	4.16	3.68	3.37	3.15	2.98	2.85	2.75	2.66	2.38	2.23	2.13	2.06	1.97	1.91	1.87	1.71
56	7.11	5.01	4.15	3.67	3.36	3.14	2.98	2.85	2.74	2.66	2.38	2.22	2.12	2.05	1.96	1.90	1.86	1.71
57	7.10	5.00	4.15	3.67	3.36	3.14	2.97	2.84	2.74	2.65	2.37	2.22	2.12	2.05	1.95	1.90	1.86	1.70
58	7.09	4.99	4.14	3.66	3.35	3.13	2.96	2.83	2.73	2.64	2.36	2.21	2.11	2.04	1.95	1.89	1.85	1.69
59	7.08	4.98	4.13	3.65	3.34	3.12	2.96	2.83	2.72	2.64	2.36	2.20	2.10	2.03	1.94	1.88	1.84	1.69
60	7.08	4.98	4.13	3.65	3.34	3.12	2.95	2.82	2.72	2.63	2.35	2.20	2.10	2.03	1.94	1.88	1.84	1.68
61	7.07	4.97	4.12	3.64	3.33	3.11	2.95	2.82	2.71	2.63	2.35	2.19	2.09	2.02	1.93	1.87	1.83	1.67
62	7.06	4.96	4.11	3.64	3.33	3.11	2.94	2.81	2.71	2.62	2.34	2.19	2.09	2.02	1.92	1.87	1.82	1.67
63	7.06	4.96	4.11	3.63	3.32	3.10	2.94	2.81	2.70	2.62	2.34	2.18	2.08	2.01	1.92	1.86	1.82	1.66
64	7.05	4.95	4.10	3.63	3.32	3.10	2.93	2.80	2.70	2.61	2.33	2.18	2.08	2.01	1.91	1.85	1.81	1.65
65	7.04	4.95	4.10	3.62	3.31	3.09	2.93	2.80	2.69	2.61	2.33	2.17	2.07	2.00	1.91	1.85	1.81	1.65
66	7.04	4.94	4.09	3.62	3.31	3.09	2.92	2.79	2.69	2.60	2.32	2.17	2.07	2.00	1.90	1.84	1.80	1.64
67	7.03	4.94	4.09	3.61	3.30	3.08	2.92	2.79	2.68	2.60	2.32	2.16	2.06	1.99	1.90	1.84	1.80	1.64
68	7.02	4.93	4.08	3.61	3.30	3.08	2.91	2.78	2.68	2.59	2.31	2.16	2.06	1.99	1.89	1.84	1.79	1.63
69	7.02	4.93	4.08	3.60	3.29	3.08	2.91	2.78	2.68	2.59	2.31	2.15	2.05	1.98	1.89	1.83	1.79	1.63
70	7.01	4.92	4.07	3.60	3.29	3.07	2.91	2.78	2.67	2.59	2.31	2.15	2.05	1.98	1.89	1.83	1.78	1.62
71	7.01	4.92	4.07	3.60	3.29	3.07	2.90	2.77	2.67	2.58	2.30	2.15	2.05	1.98	1.88	1.82	1.78	1.62
72	7.00	4.91	4.07	3.59	3.28	3.06	2.90	2.77	2.66	2.58	2.30	2.14	2.04	1.97	1.88	1.82	1.78	1.61
73	7.00	4.91	4.06	3.59	3.28	3.06	2.89	2.77	2.66	2.57	2.29	2.14	2.04	1.97	1.87	1.81	1.77	1.61
74	6.99	4.90	4.06	3.58	3.28	3.06	2.89	2.76	2.66	2.57	2.29	2.14	2.03	1.96	1.87	1.81	1.77	1.60
75	6.99	4.90	4.05	3.58	3.27	3.05	2.89	2.76	2.65	2.57	2.29	2.13	2.03	1.96	1.87	1.81	1.76	1.60
76	6.98	4.90	4.05	3.58	3.27	3.05	2.88	2.75	2.65	2.56	2.28	2.13	2.03	1.96	1.86	1.80	1.76	1.60
77	6.98	4.89	4.05	3.57	3.26	3.05	2.88	2.75	2.65	2.56	2.28	2.12	2.02	1.95	1.86	1.80	1.76	1.59
78	6.97	4.89	4.04	3.57	3.26	3.04	2.88	2.75	2.64	2.56	2.28	2.12	2.02	1.95	1.86	1.80	1.75	1.59
79	6.97	4.88	4.04	3.57	3.26	3.04	2.87	2.75	2.64	2.55	2.27	2.12	2.02	1.95	1.85	1.79	1.75	1.58
80	6.96	4.88	4.04	3.56	3.26	3.04	2.87	2.74	2.64	2.55	2.27	2.12	2.01	1.94	1.85	1.79	1.75	1.58
81	6.96	4.88	4.03	3.56	3.25	3.03	2.87	2.74	2.63	2.55	2.27	2.11	2.01	1.94	1.85	1.79	1.74	1.58
82	6.95	4.87	4.03	3.56	3.25	3.03	2.87	2.74	2.63	2.54	2.27	2.11	2.01	1.94	1.84	1.78	1.74	1.57
83	6.95	4.87	4.03	3.55	3.25	3.03	2.86	2.73	2.63	2.54	2.26	2.11	2.01	1.93	1.84	1.78	1.74	1.57
84	6.95	4.87	4.02	3.55	3.24	3.02	2.86	2.73	2.63	2.54	2.26	2.10	2.00	1.93	1.84	1.78	1.73	1.56
85	6.94	4.86	4.02	3.55	3.24	3.02	2.86	2.73	2.62	2.54	2.26	2.10	2.00	1.93	1.83	1.77	1.73	1.56
86	6.94	4.86	4.02	3.55	3.24	3.02	2.85	2.73	2.62	2.53	2.25	2.10	2.00	1.93	1.83	1.77	1.73	1.56
87	6.94	4.86	4.02	3.54	3.24	3.02	2.85	2.72	2.62	2.53	2.25	2.10	1.99	1.92	1.83	1.77	1.72	1.55
88	6.93	4.85	4.01	3.54	3.23	3.01	2.85	2.72	2.62	2.53	2.25	2.09	1.99	1.92	1.83	1.76	1.72	1.55
89	6.93	4.85	4.01	3.54	3.23	3.01	2.85	2.72	2.61	2.53	2.25	2.09	1.99	1.92	1.82	1.76	1.72	1.55
90	6.93	4.85	4.01	3.53	3.23	3.01	2.84	2.72	2.61	2.52	2.24	2.09	1.99	1.92	1.82	1.76	1.72	1.55
91	6.92	4.85	4.00	3.53	3.23	3.01	2.84	2.71	2.61	2.52	2.24	2.09	1.98	1.91	1.82	1.76	1.71	1.54
92	6.92	4.84	4.00	3.53	3.22	3.00	2.84	2.71	2.61	2.52	2.24	2.08	1.98	1.91	1.82	1.75	1.71	1.54
93	6.92	4.84	4.00	3.53	3.22	3.00	2.84	2.71	2.60	2.52	2.24	2.08	1.98	1.91	1.81	1.75	1.71	1.54
94	6.91	4.84	4.00	3.53	3.22	3.00	2.84	2.71	2.60	2.52	2.24	2.08	1.98	1.91	1.81	1.75	1.71	1.53
95	6.91	4.84	3.99	3.52	3.22	3.00	2.83	2.70	2.60	2.51	2.23	2.08	1.98	1.90	1.81	1.75	1.70	1.53
96	6.91	4.83	3.99	3.52	3.21	3.00	2.83	2.70	2.60	2.51	2.23	2.07	1.97	1.90	1.81	1.74	1.70	1.53
97	6.90	4.83	3.99	3.52	3.21	2.99	2.83	2.70	2.60	2.51	2.23	2.07	1.97	1.90	1.80	1.74	1.70	1.53
98	6.90	4.83	3.99	3.52	3.21	2.99	2.83	2.70	2.59	2.51	2.23	2.07	1.97	1.90	1.80	1.74	1.70	1.52
99	6.90	4.83	3.99	3.51	3.21	2.99	2.83	2.70	2.59	2.51	2.22	2.07	1.97	1.90	1.80	1.74	1.69	1.52
100	6.90	4.82	3.98	3.51	3.21	2.99	2.82	2.69	2.59	2.50	2.22	2.07	1.97	1.89	1.80	1.74	1.69	1.52

主要参考文献

［1］向蓉美，王青华，马丹．统计学［M］．第二版．北京：机械工业出版社，2017.

［2］袁卫，庞皓，贾俊平等．统计学［M］．第四版．北京：高等教育出版社，2014.

［3］宋廷山，葛金田，王光玲．统计学——以 Excel 为分析工具［M］．第二版．北京：北京大学出版社，2012.

［4］李付梅，王超．统计学［M］．北京：北京大学出版社，2014.

［5］贾俊平，何晓群，金勇进．统计学［M］．第五版．北京：中国人民大学出版社，2012.

［6］孙海涛，宋荣兴．统计学［M］．大连：东北财经大学出版社，2017.

［7］李继根．统计学［M］．上海：华东师范大学出版社，2015.

［8］马军海．管理统计学［M］．北京：北京大学出版社，2010.

［9］李金昌，苏为华．统计学［M］．第五版．北京：机械工业出版社，2019.

［10］刘后平，王丽英．统计学［M］．大连：东北财经大学出版社，2017.

［11］朱钰，杨殿学．统计学［M］．北京：国防工业出版社，2014.

［12］阮红伟．统计学［M］．第二版．北京：北京大学出版社，2014.

［13］刘锦，葛联迎．统计学［M］．北京：中国财政经济出版社，2014.

［14］夏南新．统计学［M］．北京：高等教育出版社，2014.

［15］梁前德，陈元江．统计学［M］．第三版．北京：高等教育出版社，2015.